中国金融四十人论坛

CHINA FINANCE 40 FORUM

致力于夯实中国金融学术基础，探究金融领域前沿课题，引领金融理念突破与创新，推动中国金融改革与发展。

重组与突破

黄奇帆　著

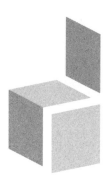

中信出版集团｜北京

图书在版编目（CIP）数据

重组与突破 / 黄奇帆著 . -- 北京 : 中信出版社，
2024.4（2025.10重印）
ISBN 978-7-5217-6405-5

Ⅰ . ①重… Ⅱ . ①黄… Ⅲ . ①经济管理 Ⅳ . ① F2

中国国家版本馆 CIP 数据核字（2024）第 036071 号

重组与突破

著者： 黄奇帆
出版发行 : 中信出版集团股份有限公司
　　　　　（北京市朝阳区东三环北路 27 号嘉铭中心　邮编　100020）
承印者： 北京通州皇家印刷厂

开本 : 787mm×1092mm 1/16　　印张 : 31　　　字数 : 358 千字
版次 : 2024 年 4 月第 1 版　　　印次 : 2025 年 10 月第12次印刷
书号 : ISBN 978-7-5217-6405-5
定价 : 88.00 元

"中国金融四十人论坛书系"专注于宏观经济和金融领域，着力金融政策研究，力图引领金融理念突破与创新，打造高端、权威、兼具学术品质与政策价值的智库书系品牌。

中国金融四十人论坛是一家非营利性金融专业智库平台，专注于经济金融领域的政策研究与交流。论坛正式成员由40位40岁上下的金融精锐组成。论坛致力于以前瞻视野和探索精神，夯实中国金融学术基础，研究金融领域前沿课题，推动中国金融业改革与发展。

自2009年以来，"中国金融四十人论坛书系"及旗下"新金融书系""浦山书系"已出版190余部专著。凭借深入、严谨、前沿的研究成果，该书系已经在金融业内积累了良好口碑，并形成了广泛的影响力。

目 录

第二部分
行业的重组与管理

自 序

世界是可以重组的

——关于重组方法论的若干思考①

在工作过程中，以及在企业和地方发展中，我们总会遇到各种各样的困难、瓶颈乃至危机，如果能够运用重组的思维方法，逢凶化吉、摆脱困境，那无疑是一大幸事。人生和事业在不断重组、不断解决难题的过程中跌宕起伏，会化育成生命的乐章，奏响重组的旋律。我在 50 余载的工作历程中，有幸参与、主导了一系列重组，包括在上海重组本地股、振兴工业、开发浦东，以及在重庆推进经济社会各领域改革，从中我深刻领悟到重组的真谛与妙趣。其真谛在于资源优化配置；其妙趣在于，"山重水复疑无路，柳暗花明又一村"。重组是一种科学的世界观和方法论，是智慧的结晶、思维的张力和经验的累积，也是管理者心路历程中最愉悦的篇章。本书辑录了我在重庆工作期间，每每遇到难题时，"以重组求突破"的

① 本文系 2010 年 1 月我在北大光华新年论坛上发表的演讲词。文章的标题《世界是可以重组的》来源于 2009 年 9 月与友人讨论托马斯·弗里德曼的《世界是平的》，谈到"世界是平的""地球是圆的"这个话题，引申出企业是可以重组的、产业链是可以重组的，以及"世界是可以重组的"等有意义的概念。在金融危机的过程中，整个世界正是依赖重组摆脱了困境，在金融危机以后，要更多依赖重组的思维来抓住机遇，重整旗鼓。时过十多年，深感此文与《重组与突破》这本书的内容完全契合，特置于此，是为自序。

思维与实践，以期与读者分享重组的感悟。

世界是可以重组的

"重组"二字真是奇妙。"千里为重"，意指空间的转换和历史的邈远；"组"，"糸"旁指"丝绳"，"且"部为"加力"，寓意抓住主干，理清乱麻。两个字组合起来，就是站在历史和战略的高度，发挥聪明才智，抓住问题主线，对事物的构成要素重新进行排列组合，形成最优解决方案。

唯物辩证法告诉我们，世界是物质的，物质是运动的，世界上的一切事物都是矛盾的对立统一。毛泽东同志在《矛盾论》中写道，"唯物辩证法的宇宙观主张从事物的内部、从一事物对他事物的关系去研究事物的发展，即把事物的发展看作是事物内部的必然的自己的运动，而每一事物的运动都和它的周围其他事物互相联系着和互相影响着"，其中，"外因是变化的条件，内因是变化的根据，外因通过内因而起作用"，"同一性是有条件的、相对的"。[①] 站在这样的哲学高度理解重组，就是通过改变事物的联系方式和运行条件，使其内部结构优化，进而使运动的方式、运动的轨迹朝着理想的方向和预期的目标转化。

无论是词源学考证，还是哲学辩证思考，都告诉我们，重组是一个广泛适用的概念，世间万事万物都是可以重组的。

深化改革离不开重组。所谓改革，就是抓住处理政府和市场关系的"牛鼻子"，通过优化资源要素配置方式来提升综合效率。实

---

① 参见《毛泽东选集》（第一卷）。

际上，改革是体制、机制、制度的重组，重组是资源配置方式的改革，改革与重组异曲同工，是一而二、二而一的关系。我们处在一个深刻转型的时代，原有体制弊端尚未根除，新生市场机制有待发育，如何破解长周期、大范围、反复出现的历史遗留问题？如何处理改革、发展、稳定等各项工作中产生的新矛盾、新问题？如何依托现有条件，着力解决现实的问题，实现预期目标？这些都需要我们运用重组的思维和办法，通过边界条件的调整变化，使市场这只"看不见的手"和政府这只"看得见的手"协调配合、相得益彰。

转变经济发展方式离不开重组。经济发展的动力转换、方式转变、结构调整，本质上都是通过经济要素、创新驱动、资产结构、股权结构、组织结构、管理模式等方面的经营运作，以促进资源配置最优化和整体功能最大化。这里面包含诸多重组操作，包括资产重组、组织重组、管理重组、资源重组、要素重组、权利重组等，其目的都是通过重组达到"1+1>2"或"5-2>3"的效果。可以说，人类生产生活的各个领域，包括经济、技术、社会、文化、生态，都涉及重组。大千世界，没有什么是不可以重组的。

重组的道路有千万条，重组的方式有千万种，但在困难面前，如何才能抽丝剥茧、条分缕析，迅速找到最合适的重组路径，从而实现问题的解决、发展的突破呢？这就需要把握重组的一般规律，明白重组的目的、条件、方法和注意事项。

重组的五种目的

在企业负责人或者政府官员日常需要处理的事项中，绝大部分用常规方法就可以处理，不需要重组。整天坐在办公室里想重组，为了重组而重组，那是自寻烦恼。重组历来是以问题为导向的，是有明确目的的。一般在五种情况下，要启动重组的思维。

一是实现超常规发展，需要重组思维。企业要想迅速扩大规模、占领市场，获得战略机会，地方要想加快发展、弯道超车，一般的方法往往是行不通的，这时就需要转变思路，考虑用重组的方法来推动。

二是化解历史遗留问题，需要创新的重组思维。一些问题由来已久、长周期存在，如果一直都没有得到解决，那么这些问题在传统的坐标体系内一定是无解的。这个时候，就要考虑用重组的办法去解决。

三是解决广泛存在的问题，需要独特的重组思维。既然一个问题是普遍存在的，那么甲想解决它，乙也想解决它，但大家却都没有想出好的办法，这就说明常规的办法是解决不了这个问题的，应该用独特的重组思维来解决。

四是遇上爆发性、危机性、冲撞性的尖锐问题时，也需要重组思维。当今世界风云变幻，在新时期、新形势、新条件下谋求新的突破，延续并不断增强竞争力，就不能墨守成规、一成不变。尤其是在金融危机爆发时，常规的办法一般不管用，因此必须用重组来摆脱危机，用重组来抓住机遇。

五是在社会发展中产生了新政策、新制度、新环境、新条件，企业的活动空间骤然放大的背景下，需要有重组思维。例如，经济全球化使资源配置的范围超越了国界，各个国家和地区都在世界范围内寻求要素的最佳组合和资源的最优利用。一个地方要想分享全球化红利，就必须运用重组思维，在全球范围内对资源要素进行优化配置，这样才能更好地提高经济质量和效益，实现经济可持续发展。

重组涉及五种制度条件

资产重组、资本重组以及投融资体制改革，都涉及市场的微观制度和宏观制度，重组必须根植于市场经济的微观、宏观制度之中。一般来说，从微观到宏观，整个市场制度可以概括为以下五个层次。

第一，微观制度涉及工商企业、金融企业的制度。法人治理结构、产权结构等都属于这类制度范畴，具体表现为内部管理的控制，也表现为企业的产权。不管是工商企业还是金融企业，不管是国有企业还是民营企业，都涉及这个问题。

第二，涉及国家投融资体制调整中的投资管理制度和投资控制制度。计划经济时期，所有项目都由国家审批；改革开放后，逐步进行了调整，一些项目不再需要政府审批，而是企业自己做主，但国家也有一套投资管理的制度来监管和约束企业。

第三，重组伴随资本流动，因此会涉及金融监管制度。对于投融资，国家不可能放任自流。一般来说，资金市场方面，国家对商业银行有监管；保险市场方面，对保险公司有监管；资本市场方面，对证券公司和上市公司有监管；但重组过程中会涉及资金市场、保险市场、资本市场的穿透和叠加，因此国家对三大市场监管存在一个综合监管的问题。

第四，涉及国家宏观调控制度。市场经济有其局限性，对市场难以触及或因市场竞争引发社会不公的地方，国家会采用法律、经济、行政的手段进行干预，使其朝着良性方向发展。重组与这套制度安排密切关联。

第五，如果是跨国重组，除了要考虑各个国家上述四个层面的经济制度，还要考虑国与国之间法律和文化的差异。

推进重组的五种方法

当遇到上述五种需要重组的情况时，可以从五个方面去寻求解决方案。

第一，边界调整法。任何企业都是在一定边界条件下运行的，调整边界条件往往能改变企业的运营环境，实现优劣的转换。比如，在某种历史条件下，国有企业普遍存在负债率高、冗余人员多、社会负担重等问题，一个企业可能有 90% 以上的负债率、50% 以上的冗员，还承担着养老、医疗、教育等各种社会负担，这样的企业的领导肯定不好当。20 世纪 90 年代以来的国有企业改革，很大程度上就是对企业发展边界进行调整，通过关闭破产、核销坏账、债转股、实行下岗再就业、消除企业冗员、剥离企业社会职能等方式，使企业重新焕发活力。实际上，国企边界得以调整后，许多优秀企业就脱颖而出了。

第二，资源优化配置法。资源优化配置法，即在市场原则下，通过资源的重新优化配置，提高各种要素的利用效率，取得更大的收益。近 20 年来，全球经济跨国发展进程中，在产业链、供应链、价值链三链的重组整合方面，既有企业业务流程的水平整合，将企业的研发设计、原料采购、生产加工、物流配送的各个环节外包出去，表现为企业的横向合作或分工，也有上中下游产业链的垂直整合，表现为产业链上的纵向合作或并购。跨国公司通过这种水平与垂直的重组整合，形成了产业链集群化、供应链系统化、价值链枢组化的特征，该特征已经成为现代国际化大产业的重要标志。资源优化配置法同样适用于企业间的收购兼并、资产重组，包括企业上市，垃圾股重组，各种大小集团强强联合，或者优势企业与弱势企业的合并。这不是为合并而合并，而是为了实现资源优化配置。资源优化重组中很重要的一点是要做到利益均沾、风险共担，使参与资源配置的各个方面都得到好处，实现多赢。

第三，利益分配法。简单地讲就是切"蛋糕"的方法，通过改变利益分配方式或者分配比例来进行重组，提高效率。以前，利益"蛋糕"有一定的分配格局，现在为了打开新局面、实现新目的，把这个"蛋糕"重新划分后形成新的分配格局，从而实现资源的重新整合，化解一定的矛盾，解决一定的问题。

第四，结构调整法。结构调整法就是对企业内部或者系统内部的体制结构进行改革，包括合并分立、层级压缩，最终目的是实现资源向优秀企业集中，资金向优秀产品集中，资本向优秀企业家集中，进而减少企业内部的扯皮、消耗、"出血点"，提高企业的效益。

第五，管理政策调整法。比如，对无法适配工作要求的管理层人员进行调整，起用懂市场、会管理、善经营的企业家或职业经理人，对管理方法进行更新；或者出台新的政策措施，从运转机制上调动各方积极性，促进企业高效规范运行。

重组的五个注意事项

不管遇到哪种情况，也不管用什么方法进行重组，都要把握以下五个要点。

其一，不能在重组时搞"民粹主义"。一定要清楚，重组是管理层的事情，是有一定权力、资源、资金、实力的管理者之间默契的行动。一个企业去收购另一个企业的过程，一定是两个企业的领导相互讨论、达成共识的过程，资源的优化配置一定是有权力且相互关联的几个方面的管理者共同做出的决策。

其二，重组要讲时机、讲机遇。可能在某个时点，重组不仅能够成功，而且成本很低。但是，到了另一个时点，重组虽然能做成，但成本却可能提高了一倍。或者再换一个时点，同样的重组方案没准就失败了。因此，重组时要择机而行、果断处置。

其三，重组一定要尽可能照顾方方面面的利益。重组的各方应该是多赢的。在讨论 ST（特别处理）企业的重组时，我提出过一个"四边形法则"。简单地讲，ST 企业的重组一定涉及四类主体：一是把企业搞得一塌糊涂的原大股东；二是新的战略投资者、新的大股东，或者说战略重组方；三是散户股民；四是 ST 企业的债权人。重组时，这四个方面的利益要互补，实现四方共赢。首先，不能让战略投资者承担全部坏账，否则他们就不愿意重组了；其次，不能让银行消化所有赖账，银行是不会同意的；最后，不能欺负股民，影响社会稳定。当然，也不能让原来的大股东净身出户，使其股权受到冲击。这个过程中，有各个方面积极性调动的问题，而要义在于，以实现"多赢"作为行事准则。

其四，重组必须在阳光下作业，合乎法律，合乎市场规则，合乎社会公共利益，如果变成几个有权力的人搞了一些阴谋诡计，赚了一笔钱，但损害了社会利益，利己害人，这是行不通的。

其五，重组要基于自身实力，量力而行，适可而止。你有 10 元的能力，可以拿出 3 元去重组。但若拿出全部老本，甚至以高杠杆、高负债去重组，那就得不偿失了，不仅眼前的问题得不到解决，新的问题也会层出不穷，甚至会陷入意料不到的债务危机。这个时候，当局者迷，旁观者清，应该冷静再冷静，注意审时度势。

重组者须具备的五大素质

如何熟练掌握并运用这些重组法则呢？我的体会是，一个好的重组推动者，须具备五大素质。

一是善于将各种知识融会贯通。一个好的重组者，不仅要有较为全面的知识体系，知晓我们身处的这个世界各种现象内在的逻辑关系，还要受过案例的训练，而不是依靠死记硬背。重组是不能有框框的，本书提供的几十个案例也不是为了给大家设立框框，而是重在开启思路。攻读 MBA（工商管理硕士）最重要的方法，就是去讨论 100 个、200 个案例，头脑会变得越来越灵活，然后，遇到问题时要忘记所有案例，不受条条框框的限制，根据具体问题来想措施、想方法，思考哪个方法最好，这个方法有没有后遗症，如果有后遗症可以用什么措施来预防。有时，某一次重组很可能和其他案例异曲同工，但是正如赫拉克利特所说，人不可能两次踏进同一条河流。

二是善于化繁为简。古人说："大道至简。"把复杂问题切割成几个简单问题，然后一个一个地解决，解决以后叠加起来又互为前提，这样就把复杂问题简单化了。但是，简单化并不是违反游戏规则。比如，后文将提到的银行重组的案例，如果把银行资本金充足问题与不良资产问题搅在一起，把处理银行不良资产与引进战略投资者的问题搅在一起，就会无法厘清问题，所有问题都无法解决。因为如果无法处理不良资产，算不清楚资本金，那么战略投资者也不会来。同时，如果资本金不到位，那么处理不良资产也会遇到困难。因为资本金到位后，银行存贷规模可以放大，100亿元可以做成200亿元，30亿元不良资产在100亿元存贷规模里的占比为30%，在200亿元里就只占15%，银行的信用状况就得以优化。因此，资本金充足是银行可以合规、合法做大做强的基础，但不良债务的处理又是补充资本金、吸引战略投资者的前提和条件。由此来看，重组要善于把复杂问题分解成几个简单问题，这几个简单问题是一个不能分割、互为前提的整体，对于每个简单问题都要用有力的措施确保实施到位，最后将其组装起来，这样就把复杂问题解决了。有些重组不成功，往往是因为把简单问题复杂化了，或者把复杂的问题变得更复杂了。

三是善于运用国家各类政策。重组必须善于把国家的各类政策、各类金融工具用足、用好、用活。也就是说，必须把国家的法律制度、市场经济的游戏规则，根据实际情况用得恰到好处。这些游戏规则就像万花筒，这个案例这样转，那个案例那样转，每转一次就是一个不同的图案。其实，原理差不多，区别在于组合的方法不同。比如股权分置改革，国家关于上市公司的政策有十几条，在实际操作中，我们不能把股改跟这十几条政策完全脱开，就股改论股改，那是不容易奏效的。反之，如果把股改前后国家许可的资本市场的各种制度、方法和工具弄清楚，根据当时的股改状况，再提出合理的操作方案，就会使股改得到三个好的预期：一是股改后上市公司的发展肯定好于股改前，二是股改后上市公司的总市值绝不会低于股改前的总市值，三是企业的业务、管理更有前景。如果股改方案给人的感觉是有这三个好的预期，那就是成功的。然而，能否达到这样的目的，就和股改方案中各种政策工具是否用足、用好有关。

四是善于利用身边的条件、资源。重组要从身边做起。任何一种重组，都是基于问题的解决、困难的解决。我们身边往往就有现存的各种资源、信息和关键因素，就看我们是不是独具慧眼，能否抽丝剥茧、条分缕析，透过现象看到本质，进而通过事物发展边界条件的调整，抓住关键环节，实现资源要素配置的最优化和效用最大化。重组这件事，不靠天、不靠地，不靠外力、不靠运气，靠的是管理者系统的思维、正确的判断、有效的决策，因为重组的资源要素就在管理者身边。

五是在重组中善于把握底线思维，不留后遗症。要防止在重组中"头痛医头、脚痛医脚"，不能解决了一个问题，又引发了另一个更大的问题；要防止在重组中把现在的问题推向未来，现在的问题看似解决了，却引发了未来性质更严重的危机；要防止在重组中以邻为壑，不能把自己的问题转嫁给别人。例如，2000年美国为解决房地产不景气问题，把房地产中的问题贷款重组成次级债，引发了2008年的次债危机，而后，为了解决金融危机问题，美国大量的财政透支又引发了2010年美国政府债务危机，这些都是反面教材。

总之，用重组、整合的心态去面对各种各样的重大问题，碰到难题、解决难题后，你常常会有一种"柳暗花明又一村"的感觉。重组的最高境界就是，你已经把中央的政策、法律限制的问题、手中可以操作的杠杆资源、老百姓能够接受的条件，都装在脑子里形成一个框，在这个框里，你可以对所有的东西任意地组合，但是"随心所欲不逾矩"。到了这一步，组合出来的方案，就能得到方方面面的支持和认同。

　　以上就是我的重组心得，概括起来就是：重组的本质是资源优化配置、体制机制创新，重组的奥妙在于"随心所欲不逾矩""柳暗花明又一村"。对企业家而言，掌握了重组这个工具，就多了一种运筹财富、摆脱危机的本事；对政府官员而言，掌握了重组这个工具，就多了一种为国家、为社会、为人民服务的能力。

引 言

写在前面

——从上任之初的遭遇战说起

2001 年 10 月 12 日，星期五，是我到任重庆市副市长的日子。当时的重庆，GDP（国内生产总值）仅 1 900 多亿元，财政收入不到 200 亿元，正处在底子薄、矛盾多、任务重的发展"破冰期"。上任后的一年里，许多急事、难事接踵而来，考验着我这个"新官"。得益于多年形成的重组思路和实践经验，我不回避矛盾，迎难而上，见招拆招，将矛盾一一化解。至今回忆起来，过往种种情形仍历历在目，令人回味。

一、点金烂尾楼

一座烂尾楼，36 次上访

重庆市委、市政府毗邻办公。报到当天，我路过市委大院，只见门口围着两三百人，黑压压一片，明显是上访的。把自己安顿好后，我顺口问了一句："这些上访群众是从哪里来的？"马上有人回答："是地铁中心花园的上访者。"

过了大约一个月，一天下午，我正在单位办公，忽然听到市政府门口吵吵闹闹，起身一看，又是一堆人围着。一打听，还是地铁中心花园的上访者。

事情已经过去一个月了，怎么还没解决？于是，我把当时分管稳定的办公厅副主任叫到办公室。他说："这个地铁中心花园是1992年开建的房地产项目，包括高层住宅、写字楼和商铺。1997年，由于开发商资金链断裂，成了烂尾楼，1 000多户居民的钱套在了里面。为了讨说法，随后4年里，他们36次到市委、市政府上访。市政府有关副市长、秘书长，大大小小的协调会开了不下20次，大家都感觉很棘手，拿不出有效的解决方案，因此只能暂时把老百姓劝回家。可问题得不到解决，过一段时间老百姓又会来，如此反复，成了老大难。"

听了他的简要介绍，我初步判断，这是一起烂尾楼坏账造成的信访积案，就接着问："按照你掌握的情况，这个项目是否存在严重的资金'跑路'，就是开发商有没有拿银行贷款去炒股、赌博，造成项目亏空？构不构成刑事案件？"这位同志回答："开发投资量与实物量大体平衡，开发商的资金基本沉淀在项目上了。"

开发商玩的是"空手道"

我当即决定："你通知项目相关单位，包括银行、施工单位、房管局、重庆市建设委员会（简称市建委），还有法院、公安等方面的同志，今晚七点半开会，我先听听情况。"

晚上七点半，我一进会议室，就看见房间里满满当当坐了70多个人。我之前只是说"相关单位"，怎么会有那么多相关单位？原来这件事前后协调了20多次，各方面的单位、部门都搅了进来，全成了相关单位。

见状，我就让大家分别发言，报告地铁中心花园纠纷的来龙去脉。

原来，地铁中心花园的开发商是个小老板，玩的是"空手道"，其本身资本金不足，完全靠负债造楼。这个项目位于解放碑，建筑总面积近10万平方米。1992年，重庆工程造价比沿海地区低得多，每平方米仅2000多元，整个项目建完要花2亿多元。那么这个小老板是怎么运作的呢？

首先，征地动迁要补偿。他跟居民说："暂时先不补偿，你们到亲戚朋友家里借住，等3年后房子造好了，我给你们分新房。3年过渡期里，我每年再给你们动迁费15%的高利息。"既然有钱拿，将来还能住新房，那么动迁居民自然乐意。而且，最初3年，大家确实拿到了高利息，所以相安无事。

其次，工程建设要花钱，他就用土地作为抵押向银行贷款。银行答应贷给他1.64亿元，但要求利息必须是15%，而且放款之初就扣一年利息，即2400多万元，这就是俗称的"砍头债"。他饥不择食，当即答应，从银行拿到了1.4亿元。

最后，还差6000多万元，他就搞售房返租，承诺20%的回报率，这实际上是一种变相的非法集资。于是，800多户购房者上了套。

等勉强凑够了2亿元，他就开工搞建设。但房子刚刚建到七八层时，建筑施工就用了1亿多元，而支付给动迁群众、售房返租户和银行的高利息，又用去几千万元，因此资金很快就见底了。1997年，银行见开发商连续两年都不能还本付息，遂起诉到法院，申请冻结资产。这样一来，开发商彻底变成了穷光蛋。老百姓的高利息没了着落，就找他算账。后来发现找他没用，就开始到政府上访。

这个项目涉及 1 000 多户老百姓，3 000 多人，每次只要出动 10%，就是 300 多人，足够"包围"市政府了。因此，1998 年以后，关于地铁中心花园的集访就没间断过。

惯常办法行不通

其实，这件事性质很明确，就是项目业主骗了百姓、坑了银行。按照惯常思维，有两种办法。一是把开发商控制住，强制开发商还钱。但现在开发商没有钱，抓了也没用，死扣还是解不开。二是为了社会稳定，政府出钱兜底。但当年市级预算内财政收入还不到 100 亿元，财政本来就吃紧，没钱兜底。再说，政府有钱也不能这么做，因为这么做毫无道理。既然两条路都走不通，事情就僵住了。大家都想解决，但都束手无策，开了 20 多次协调会也没能破局。各方胶着，都没有办法。

打破僵局只能靠重组

我边听大家发言，边思考。地铁中心花园位于重庆最好的地段，如果 10 万平方米的房子能建造好，当时可以卖出 4 亿多元，是物有所值的。但问题是，开发商东拼西凑的 2 亿多元，其中一半以上付了各种高利息，现在还拖欠银行贷款本金 1.64 亿元、拆迁户补偿款和售房返租户购房款 1.2 亿元、施工单位工程款 3 000 万元，加上 1997 年以后拖欠的银行利息和老百姓的利息、租金 6 000 多万元，总共是约 3.7 亿元。同时，要建好房子，后续还得花 6 000 万元。如果有人接手，总计需要投入 4.3 亿元，而房子卖完大体可以回收 4 亿多元，基本没的赚，哪有人肯干？

重组追求的是多方共赢，任何一方的利益严重受损，重组都推不动。具体到这个项目，战略重组者是"救生员"，即便不求赚大钱，起码也要有利可图；银行贷款是国家资产，也不能血本无归；老百姓挣钱不易，更不能让他们承担坏账。按照这样的逻辑，我提出了解决方案。

第一，银行贷款本金要收回，但高利息取消。面对空手套白狼的房地产商，银行违规放高利贷，搞的还是"砍头债"，本身运作就不规范，理应予以纠正，使其受到惩罚。而且，为了维护社会稳定，拍卖烂尾楼所得的款项要优先清偿老百姓和工程队的欠账。那样的话，银行 1.64 亿元贷款的本金清偿率可能低于 10%。所以，我告诉银行，这个企业是个"要饭"的企业，如果重组，银行还有可能收回本金和国家法定的正常利息，就别指望收取高利息了。那天，经过认真的讨论，银行接受了 100% 还本保息的方案。

第二，拖欠施工单位的 3 000 万元工程款必须如数偿还，否则就会出现欠薪连环套。对此，施工单位当然满意。

第三，足额偿还老百姓的 1.2 亿元补偿款和购房款，但 15%~20% 的高利息不能作数。按照中央治理金融"三乱"的清偿政策，对售房返租户只能还本。拆迁户则按照补偿款加银行法定利息来清偿。因此，如果老百姓曾经有 3 年收到过 15%~20% 的利息，那么必须从补偿款里抵扣回来。总体上，归还老百姓的部分，连本带息大概是 1 亿元。

这三个减法算下来，项目债务就由 3.7 亿元"消肿"为 2.1 亿元。战略重组者只需支付 2.1 亿元就能拿到产权，之后再花 6 000 多万元把房子建好，总成本也不过 2.7 亿元。而建好的房子出售时，应该可以卖到3亿~4亿元，总体上有利可图，重组者自然就有动力。

这个"烫手山芋"国企要先接

重组思路定了，下一步最重要的是找人接盘。按理说，处理烂尾楼有利可图，如果有民营企业老板愿意挑头，肯定首先让民营企业来做。但当时没人相信烂尾楼里有"黄金"，都认为这是"烫手山芋"，避之唯恐不及。否则，问题早就解决了，老百姓也不用经年累月地上访，市政府更不用一次次开会协调。

其实，这样一个矛盾多、问题复杂的烂摊子，也只有让国有企业来接盘才能"普度众生"。当时，重庆市城市建设投资（集团）有限公司（简称城投公司）的负责人就坐在我对面。他也是刚到城投公司不久。我对他说："这2.1亿元你出，明天就把楼盘接过去，春节前先还掉欠1 000多户老百姓的1亿元。"这位负责人听了我的指令，看起来很惊讶，明显不愿意蹚这趟浑水。他说："黄市长，你不了解情况……"我打断他的话："过去不了解，现在了解了，你按指令办就行了！"

他本来还想说什么，听我这么一说，面对我这个新来的副市长，也不好再开口。其他人也不再说话了，只是暗自交头接耳。

短短一个多小时，我就做出这样的决定，现在回想，当时很多人肯定觉得这个决定是轻率的，甚至是荒唐的。

结局皆大欢喜

这件事是2001年11月中旬定下来的。在随后的一个多月里，欠老百姓的 1 亿元被陆续分发到了 1 000 多户老百姓手中。

到了 2002 年 1 月，我印象中正好是重庆市人民代表大会闭幕的时候，地铁中心花园的拆迁户再一次来到市政府。他们送来了一块匾，感谢市政府帮他们讨回公道，了却了多年心愿！这是他们最后一次来访，这件事从此风平浪静。

后来的事情还有一点戏剧性。实际上，城投公司并没有真的掏出 2.1 亿元现金。清偿老百姓的 1 亿元，当然是城投公司直接掏腰包。然而，欠银行的 8 000 多万元，由于债务主体变更了，银行对城投公司这个新业主很有信心，不急于马上收回贷款本金，甚至还愿意再借给城投公司几千万元，帮助其把楼建造好，城投公司可以等房屋销售变现以后再还钱给银行。拖欠建筑施工单位的 3 000 万元工程款，由于施工单位不着急要钱，只要求继续承建工程，这样施工单位最后拿到的钱远不止 3 000 万元。所以，城投公司真正需要立马掏腰包的，就是给老百姓的 1 亿元。城投公司通过处置这个烂尾楼项目，还赚了一笔钱。最后，这成了一件皆大欢喜的事情。

这样一个具体的重组操作，解决了一个久拖未决的信访积案，既给市委、市政府分了忧，又指挥国有投资平台救苦救难，表现出了应有的担当。

由点及面的大突破

其实，当时像地铁中心花园这样的烂尾楼，重庆主城就有 70 多座，都是难啃的"硬骨头"，在 120 多个"四久工程"里占大多数。它们积累了 200 多亿元的银行坏账和大量的社会矛盾。2001—2002 年，当你站在重庆万豪酒店的楼顶时会发现，在重庆最繁华的解放碑地区，几乎每座高楼周围都有四五座烂尾楼。地铁中心花园只不过是其中一个普通案例，但它的成功处置起到了良好的示范作用。自此，国有企业开始介入烂尾楼处置。当看到国有企业处理了10多座烂尾楼以后，民营企业也发现，烂尾楼并不都是"烫手山芋"，处置过程中也有"黄金"，于是纷纷跟进，后来就连一些外资企业如摩根士丹利也介入进来。在此后的两三年里，重庆的烂尾楼通过债务重组被快速消化，最后变成了一处处亮丽的城市风景。

二、城市基础设施配套费提标

配套费标准15年未调整

我刚到重庆时就听说，全市财政体量很小，2000年地方财政一般预算收入仅约为87亿元，机动财力也很弱，土地出让金和城市基础设施配套费加起来一年只有3亿元。当时，重庆每年房产在建量约为1 000万平方米，城市配套费只收1亿元，与上海每年上百亿元的规模相比，真是天壤之别。我当时认为这里面有两个问题：一是重庆的配套费标准过低，大概44元/平方米，即便全额征缴，一年也就4亿多元；二是配套费减免权的管理失之于宽，操作不够规范，相关委办局常常以减负的名义无序操作。结果，2000年实际征收的配套费才1.16亿元。

我到重庆半个多月后，即2001年11月初的一天，时任市建委主任找我汇报工作。他抱怨说："重庆的城市配套费标准定于1986年，之后15年一直没调整过，已经明显偏低了。市建委两年前提出调整标准，可是各个方面反复研究，就是没有定论。"我问："为什么一直定不下来，症结在哪里？"他说："大家普遍认为调标会影响发展环境，推高房价，因此多数人不赞成。同时，还有人认为，应该在原来8个单位的基础上，再加入几个单位参与分配。于是，大家就陷入了争吵，拖了两年都没动静。"

配套费定价要遵循市场逻辑

我跟他说："城市配套费大概44元/平方米，本来标准就低，你不通过提标来增加收入，反而眼巴巴地盯着一块既有的'小蛋糕'，大家切来切去，怎么可能分得均？这么一点钱都不够8个单位分的，竟然还要再加几家，这真是匪夷所思。"

其实，这是搞错了城市配套费的定价逻辑。城市基础设施配套费，按建设项目建筑面积计征，专项用于城市道路桥梁、公共交通、供水供气、园林绿化、环境卫生等设施建设，是地方政府筹集市政公用设施建设资金的重要渠道。如果配套费标准过低，那么城市水电交通、消防安全、学校医院等配套设施跟不上，建造出再好的房子也卖不上好价钱；反之，如果适当提高标准，把城市基础设施搞好，那么开发商和老百姓都能受益。其中是有市场逻辑的，配套费定价应该遵循这个逻辑，而不是背道而驰。按照房地产业的规律，城市配套费一般应相当于房价的6%。1986年，重庆房价每平方米才几百元，配套费标准定成大概44元/平方米当然没问题，也符合现实规律。但现在是2001年，全市房价已经涨到了1 700元/平方米，按6%的标准计算，配套费应该在100元/平方米左右。考虑到未来发展因素，标准定成110元/平方米都是合理的。

听了这套理论，这位同志茅塞顿开，连忙跑回去研究。不久就送来一份报告，请求把配套费标准调整到 110 元 / 平方米，并提请市政府常务会审议。11 月 4 日，配套费提标方案启动讨论，物价局局长首先提出异议，他的理由是配套费上涨，房价也会跟着涨。我分析说："按经济逻辑，目前重庆城市配套费本来就该收 110 元 / 平方米。重庆周边的大城市，如成都、长沙、武汉、西安的配套费都大概为 100 元 / 平方米，唯独重庆还是 15 年前的标准，即 1986 年的大概 44 元 / 平方米，这很不合理。如果你不提标，那么本该政府多收的大概 66 元 / 平方米，就会落入房地产商的腰包。房地产商即使多赚了钱，也不会压低房价。但是，如果政府手里没钱，那么想为百姓做事也是有心无力的，城市配套就做不到位，老百姓即使住进新房也无法正常生活，从而怨声载道。如果提高标准，让房地产商把该交的钱交上来，也不会贸然提高房价，市场有市场的规律。再说，如果政府拿到这笔钱，那么会 100% 用于公共基础设施建设，可以有效改善城市环境和群众生活。"物价局局长一听有道理，转而支持调价方案。

方案当天通过，次日就执行

这样的讨论持续了一周，到了 11 月 10 日，大家统一了意见，初步确定了调价标准、新的分配原则和加强配套费减免管理的相关意见。11 月 13 日，市政府常务会审议通过了这个方案。在大家表决后，我特意说了一段话："配套费提标属于重大价格调整，应该今天通过，明天就宣布生效。否则拖上一两个月，房地产商听到风声，就会在提价前扎堆报批开发项目，势必会造成政府规费损失，甚至可能出现灰色交易，诱发腐败。"市长非常支持我的意见，当天签批后就报送市委签批。

2001 年 11 月 14 日，调标方案正式实施，重庆城市配套费由大体 44 元／平方米调到了 110 元／平方米，每平方米涨了大概 66 元。与此同时，加强了政府相关部门不得随意减免配套费的管控制度。次年，全市配套费收入猛增到近 10 亿元，极大地支持了当时的市政基础设施建设。由于"蛋糕"做大了，重新切分就变得更顺利，原本想参与分配的单位也都如愿以偿，各单位分配比例也得到了很好的平衡。

2015 年前后，重庆每年一般公共预算收入就有 2 000 多亿元，可能感觉增收 10 亿元不算什么稀罕事。可是，2002 年重庆地方财政一般预算收入只有 100 亿元左右，可谓"吃饭财政"，因此当时通过城市配套费的合理调整增收 10 亿元是一件了不得的大事，市政府手头顿时宽裕不少。

三、李家沱大桥债务重组

荣智健讨债来了

2001 年 11 月 12 日，正当我研究城市基础设施配套费问题的时候，中信泰富集团主席荣智健给我写来一封信。他在信中写道，1997 年他在重庆出资 1 亿美元，折合人民币 8 亿元，以 BOT（建设—经营—移交）模式修建了李家沱大桥，当时他跟重庆市政府商定 20 年经营权，每年税后固定回报率为 14.5%。项目开始的头两年，市政府正常付款，可是自 2000 年起他就没有收到钱了。我在上海工作时跟荣智健打过交道。他听说我调任重庆，就写信过来提醒。

看完荣智健的信，我不由得眉头一皱。当年，这种约定固定回报率的 BOT 融资项目，在地方基础设施建设中很流行。政府和企业签约时，往往按照银行基准利率加上 20 年贴现率 3.5%，再加上 2%~3% 的投资利润，来承诺固定回报率。一般而言，每年 10%~12% 的固定回报率算是比较合理的。但李家沱大桥 BOT 项目的条件有些苛刻，每年税后的固定回报率达到 14.5%，即税前在 17% 左右。也就是说，重庆每年要支付给中信泰富 1.3 亿元，而且是连续支付 20 年。当时，亚洲金融危机刚过，中国人民银行已连续 8 次降息，中长期贷款利率仅为 5%。这样算来，重庆太吃亏了。

于是，我找来市建委主任询问事情的来龙去脉。原来，李家沱大桥建成于 1997 年，之后每年大约收取过桥费 1 400 万元，其中 400 万元用于支付员工工资和各项维护成本。1998 年，市政府向中信泰富支付首笔 1.3 亿元时，就拿不出钱，只好向银行贷款偿付。1999 年，挪借了其他资金来偿付。到了 2000 年，资金彻底没了着落。算下来，到 2001 年底，重庆市政府欠了 2.6 亿元。

弄清细节后，我当即把市财政局等部门的同志也找来，一起做内部专题分析。假如向银行贷款 8 亿元，期限 20 年，那么按 5% 的年利率计算，每年还本付息约 7 000 万元。假如贷款 10 亿元，将中信泰富的 8 亿元本金和 2.6 亿元欠息一次性还清，那么今后 20 年每年还本付息也不过 8 000 多万，远低于向中信泰富承诺的每年 1.3 亿元。既然如此，宁愿向银行贷款，以低息贷替换高息贷，20 年能省下 10 亿元的融资成本。

跟荣智健谈判

如果能够实现债务重组，城投公司就可以接盘做李家沱大桥的业主。于是，我找来城投公司的负责人说："现在派你到香港跟荣智健谈判，给他两个选择：第一，我们愿意遵守原来承诺的利息，但要将8亿元本金和2.6亿元欠息一次性还清，终止BOT协议，收回李家沱大桥的权益；第二，如果保持原投资模式，就得把固定回报率降下来，现在银行利率是5%，加上20年贴现率3.5%，再加2个百分点的利润率，我们能够接受的税后固定回报率是10.5%。"

随后，城投公司赴港谈判。中信泰富最终选择了第一个方案，接受连本带息一次性偿还，但要求必须在年底前还清。

为重庆节省了10多亿元

收到消息，我马上找银行借钱。当时找的是建设银行重庆分行。由于贷款数额较大，分行行长向总行紧急报告，报告里提到，重庆市新上任的副市长黄奇帆，提出贷款10亿元偿还李家沱大桥的债务重组方案。建行总行经研究后认为，该债务重组方案风险可控，较为可行，很快批准了这个贷款请求。

虽然贷款资金到位了，但还得换汇，我直接跟国家外汇管理局打电话汇报了沟通事由，得到了国家外汇管理局的支持，特事特办。就这样，2001年12月底前，重庆结清了跟中信泰富的债务。

这件事让这位城投公司负责人印象深刻，后来他经常念叨："通过李家沱大桥项目的债务重组，重庆前前后后节省了10多亿元的城建资金，还有效避免了政策风险，确实是一记妙招！"

四、公交集团转企改制

2001年12月上旬的一天，我收到一份报告，是关于重庆公交集团转企改制的。市委主要领导跟我提过这件事，说公交集团事业转企业改革推进得不够顺利，拖了两三年，也没有达成共识，要求我抓一抓。

三大分歧阻挡了改革

随后 10 天里，我把近两年关于公交集团转企改制的报告通读了一遍，寻找问题的症结。实际上，对于公交集团由机关事业单位转为企业的这个改革大方向，各方面没有异议，分歧主要集中在三个方面。

第一，原有亏损怎么处置？由于城市公交具有公益性，重庆公交集团当时已连续亏损 5 年，政策性亏损额达到 5.5 亿元。对于这笔坏账，公交集团的意见是由财政兜底，等补足注册资本金后再推动改革。但市财政没有钱，所以反对，认为亏损不该由财政承担。双方各执一词，争论不休。

第二，转制后票价是否调整？具体包括月票要不要涨价，对老人、残疾人、学生、军人的优惠是否继续，等等。一方认为，重庆公交 10 年没调价了，理应调整；另一方认为，重庆经济落后，老百姓很穷，不能调价，如果要调价，就必须开听证会。公说公有理，婆说婆有理，调价一事就陷入了僵持状态。

第三，下岗职工如何安置？安置下岗职工要花费一两亿元，但这笔钱该由谁来出也无法明确。此外，公交集团转企改革以后，依然存在政策性亏损，那么财政是否应该继续补贴？大家也莫衷一是。

由于无法厘清这三个问题，公交集团转企改革一拖再拖，延误了两年多时间。

把复杂问题分解为简单问题

把阻碍公交集团改革的前因后果梳理一遍后不难发现，这个复杂问题可以分解为三个简单问题，再经过仔细琢磨，发现这三个问题其实都算不上大问题。事情想清楚后，2001 年 12 月 20 日，我主持召开专题会议，针对三个问题谈了意见。

第一，关于处置 5.5 亿元亏损，我认为，这不是改制的前提条件。当时，公交集团账面净资产有 12 亿元，既然亏损了 5.5 亿元，那就减掉 5.5 亿元，新注册一家资本金为 6.5 亿元的公司。这样也可以正常运行，何必非要等财政补上亏损再注册呢？

第二，关于票价调整，重庆的公交票价近 10 年都没有调整过，确实该调整了，但必须通过听证会，社会接受了再报市政府审定。同时，原有的惠民政策坚持"三不变"，即 60 岁以上退休职工免费乘车政策不变，复员军人免票政策不变，学生、残疾人等享受的优惠政策不变，不能因票价调整造成优惠政策缩水。

第三，关于职工下岗安置问题，政府该给的政策、该拿的钱，照规定执行，而且公交集团可以转让变现部分资产，用于冲抵坏账和填补社保缺口。同时，公交专营权包括公司牌、线路牌等国家资源，可以作为无形资产免费注入公交公司，今后城市发展中新增的公司牌、线路牌统一拍卖，所得可以用于公交场站建设。至于大家担心的转制后的政策性亏损补贴是否会因重组而中断，则可以先给一个过渡期，继续执行原定的 5 年扭亏目标，剩下 3 年里继续执行原定每年补贴 7 000 万元的政策。

就这样，运用重组思维，一个拖了两三年的问题迎刃而解。随后一周，大家就达成了改革共识，形成了重组方案。

重组成效立竿见影

2001 年底，重庆公交集团转企改革正式启动。2002 年 3 月，重庆公交控股集团挂牌成立。2003 年，集团扭亏为盈，补齐了职工养老保险等福利欠账，步入了良性发展轨道。

经过 10 多年的发展，重庆公交集团的面貌焕然一新，已由成立时净资产不足 7 亿元、资产负债率 90% 以上、只有 2 000 辆破旧不堪的车辆的小企业，成长为一家净资产达上百亿元、资产负债率不到 40%、每年盈利过亿元、拥有上万辆新车的大集团。改革的顺利推进，使其成了一家排名全国前列的公交公司。

五、实施"生命工程"

一年 5 辆大客车翻下悬崖

2002 年是重庆交通事故多发之年，当年发生了 5 辆长途客车翻下悬崖，造成上百人死伤。每发生一起特大交通事故，市里就开一次会，通报批评、安全检查、治理超限超载，然后处分一批干部。这边还没喘口气，那边又发生一起事故，接着又是开会、大检查、查处干部……如此恶性循环。

在危险路段装防撞护栏

2002 年 8 月，为了完成市委主要领导交办的"8 小时重庆"收尾工作，我深入区县调研。半夜里，车子在通往巫溪县的路上行驶，两边全是几十米甚至几百米深的悬崖峭壁。我强烈地感觉到，重庆辖区87%是山区，几千公里的道路修在悬崖峭壁上，每天几十万辆车在这样的路上行驶，如果没有很好的防护设施，那么稍有不慎，就会发生翻车事故。仅仅依靠制度设计、思想工作，或者管理要求，很难根治这个问题。因为这不是主观责任的问题，所以要想解决问题，就必须在基础设施硬件方面下功夫。

于是，我跟随行的重庆市交通委员会（简称市交委，2018年更名为重庆市交通局）负责人说："高速公路的防撞护栏可以有效减少交通事故，现在，高等级公路旁边的水泥防撞墩基本是摆设，只能起到警示作用，应该考虑在危险路段安装类似于高速公路上的防撞护栏。我上个月下基层，到黔江区调研，发现一些重要的二级公路上设有这种防撞护栏，应下决心推广这项措施。"他认为这确实是个好办法。

用重组思想解决资金难题

回到主城，我立即召集有关部门研究这个问题，并提出用两年时间，在全市域范围内高等级公路的所有危险路段都安装防撞护栏，将其作为"生命工程"来抓。但是，抓好这件事的关键在于钱从哪儿来？

当时我们测算，修建一公里防撞护栏的成本约为14万元，如果高差超过6米的悬崖陡坡路段全部装上，全市大约要修建5 000公里，预计需要投入七八亿元。那么钱从哪里来？我当时决定从四个方面予以筹集。每公里防撞护栏的修建费用，由市政府补贴4万元，负责修路的重庆高等级公路建设投资有限公司（简称高投司）承担

4万元，区县政府负担4万元。在修建防撞护栏方面，区县政府很有积极性，因为重大交通事故处理遵循属地原则，一旦出事，区长和县长是要受处分的。

但是，还有每公里2万元的费用没有着落，怎么办？我们考虑由保险公司来承担，理由是：长途客运车辆和乘客都购买了机动车交通事故责任强制保险（简称交强险），如果发生一起重大事故，保险公司往往要赔偿几百万元到几千万元，遇上重大恶性事故，甚至要赔偿上亿元，保险公司出少量的钱参与修建防撞护栏，是"花钱买平安"，从成本收益看也划算。而且，政府也不是强迫企业出钱，而是按市场规则办事，即在组织重庆公路客运保险业务招标时，把承担每公里2万元的防撞护栏费作为前置条件，企业愿意承担的话再参与竞标。

就这样，从基本面上思考问题，从根本上分析原因、寻找办法，再辅之以资产重组的思想化解资金难题，一个长周期、大范围广泛存在的问题就得以顺利解决。这种工作方法，也是我在重庆能够举重若轻地解决问题的关键。

交通部来重庆开现场会

由于方案设计合理，防撞护栏安装工作推进顺利，两年内，5 000多公里危险路段的防撞护栏即安装完毕。后来，这项措施转变为重庆的公路安全标准，重庆所有的新建高等级公路，甚至通乡通村公路的危险路段，相继普及了防撞护栏，安装总长度超过1万公里。由此，重庆杜绝了悬崖翻车事故，即便有车辆撞上护栏，也会被弹回来，不至于翻下悬崖。当然，如果撞上护栏，车辆所属公司和司机要赔偿护栏维修损失，实践中，这笔救命钱没有出现过赖账的情况，他们都乐意支付，因为护栏救了他们的命。

关于防撞护栏，还发生了一件巧合的事。巫山与奉节交界处有个叫龙王淌的路段，海拔1 200多米。在安装防撞护栏前一年的农历腊月二十九，一辆从深圳开回来的车在这段公路上翻下悬崖，发生了伤亡事故。安装"生命工程"后，在同一个位置又出了一次事故，但防撞护栏把客车挡在了悬崖边上，因此救了一车人的性命。

后来，针对在山区二级公路大规模安装防撞护栏的做法，交通部专门组织在重庆召开现场会，进行全国推广，这成了全国内陆崇山峻岭地区改善交通系统安全的一个经验。

六、消除闹心的堵点

一间破房子把路堵了4年

一个个棘手的问题，让我这个新任副市长忙得不亦乐乎。2001年12月30日，再过一天，就是我到重庆的第一个元旦了。我决定自己开车出去转转。

汽车驶上黄花园大桥，准备往江北开。大桥是双向六车道，起初，车子跑起来很顺畅，但没多久就堵在了桥上。马路对面，来车方向也堵得一塌糊涂。看样子半小时都动弹不了，索性我就把车停靠在路边，出来看看情况。原来尽管黄花园大桥和江北的路都是双向六车道，但是大桥与江北的路的连接部分，居然有500米左右的路段少了两车道，只有四车道，形成了一个"瓶颈"。

我问过旁边的司机朋友才知道，这里天天堵、月月堵，已经堵了4年了！

走到堵点附近，我发现"卡脖子"的是一个凸起的小山包。上到半山腰一看，上面有间小房子，一边是厕所，另一边是储藏室。就是这间小房子把路堵了整整4年。小房子跟旁边一所学校相连，一看就知道是动迁留下的"尾巴"。

开了几次会都没解决

摸清情况以后，第二天，也就是2001年12月31日，我把建委主任、规划局局长、国土局局长和江北区的负责人，一股脑全叫到了办公室。我说："你们知不知道那个地方堵了4年了？"

他们都说："知道。"

我说："眼看着路堵成那样，你们怎么不协调？"

他们说："房子属于市商委下面的一个高职学院，是拆迁留下的'尾巴'。对于这个小房子，市国土局的意见是就近选址安置，再补偿1 600万元，但学校要价6 000万元，双方开了几次会都谈不拢。这件事，有分管商业的领导和商委给学校撑腰，城建口的同志很为难。于是，就这样协调了几年，成了现在这样。"

我气得拍了桌子

这番话气得我把桌子一拍："你们学过'三讲'没有？都学到了什么地方？学习'三讲'是要入脑入心见行动，绝不是说一套做一套！什么叫讲政治？老百姓堵了4年，不是偶然堵，而是天天堵，干部却熟视无睹，这就是不讲政治！什么叫讲大局？领导干部应该有点起码的系统工程理念，整条路都是双向六车道，就那个地方是四车道，少了两条车道，有没有一点系统工程的基本常识？有没有一点大局观？什么叫讲正气？一个事业单位，全然不顾大局，要挟政府、坑害百姓，政府内部还互相扯皮，罔顾老百姓被堵了4年的事实，哪有正气可言？"

这件事的情况很清楚，原有补偿方案也科学合理，不必再开会讨论。于是，我当即指示，规划局当天下午发布动迁公告，国土局按原定的"占多少补多少、就近选址安置"原则对学校给予补偿，江北区负责具体落实。同时，我也交代市建委通知学校，如果在元旦放假期间就把堵点的房子拆除掉，市政府除了按正常标准补偿1 600万元外，另加500万元加班费。其他不合理要求，一概不予考虑。最后，我还补充了一句："如果到1月5日还没动迁，你们集体做检讨！"

5天之后的检查

元旦假期结束后，1月5日，我乘晚班飞机回到重庆。回宿舍要经过那个路段，我就专门去看了看。工地上灯火通明，原来的小房子和小山包全部拆除了。

学校不是普通百姓，而是国有事业单位，如果因为学生要在那里上课，暂时不能搬迁，可以另当别论。但是，用一个储藏室和一个厕所，以团体利益为筹码敲国家竹杠，这绝不容许。处理这种事，不能瞻前顾后，该干就得干。

这件事本身并不属于重组，但在重组过程中，经常会碰到类似不讲道理的利益主体。此时，政府要果断决策、快速行动，否则扯来扯去，很多有益于公众的事情就会被这类扯皮和要挟拖得不了了之。

七、三峡博物馆地下通道始末

2001年12月中旬的一天上午，我陪同书记、市长去人民广场附近，检查三峡博物馆的建设施工进度。三峡博物馆的前身为1951年成立的西南博物馆——在渝中区枇杷山，1955年更名为重庆市博物馆。20世纪90年代以来，随着三峡工程的上马和三峡移民的推进，三峡库区淹没搬迁过程中形成了大量文物，要集中搬到一个博物馆去，原来的博物馆显然不够用。1999年4月，重庆市政府决定新建一个博物馆，2000年9月，国办发文定名为中国三峡博物馆。三峡博物馆的馆址定在人民大礼堂的中轴线上，人民大礼堂、人民广场、博物馆三位一体，像一把巨型的琵琶。博物馆与大礼堂正对着，中间是人民广场，寓意两个不同时期的标志性建筑的历史对话，而人民广场又是老百姓休闲娱乐的好去处。这种设计理念，融入历史和社会的人文情怀以及老百姓对未来的美好憧憬，的确很有眼光、很大气。

这个博物馆，是中央和地方共建的国家一级博物馆。项目总占地45亩，总建筑面积4万多平方米，地下1层、地上4层，共5层。总投资6亿多元，国家发展改革委拨了1.1亿元，三峡文物保护结余资金出了1.2亿元，剩下的3亿多元全部由市政府掏。2000年，重庆一年的财政收入为100多亿元，可机动使用的财力只有10多亿元，花这么多钱建设一个博物馆，负担的确很重。

博物馆腰部的大围裙

在博物馆施工现场，摆放了三块展板，其中一块是专门介绍博物馆设计方案的。按当时的设计，三峡博物馆并没有下穿道，而是门前有条通行汽车的主干道，二层加了一个大平台作为进出口。也就是说，博物馆出入口并不在一楼的地面上，而是在二楼的大平台，老百姓进出博物馆，需要通过三峡广场，再走很高的一段台阶。这样，三峡博物馆远远看着就像腰部围了一个"大围裙"，既不美观，也不方便老百姓进出。

为什么会有这样的设计呢？原因就是博物馆门前地面下紧靠着一条四车道的公路，为了给过往车辆留出空间，只能增加一个二层平台作为出入口。当时，我就感觉这个"围裙"设计得不太好，问包叙定市长为什么不设计一条地下通道。他叹了一口气说："三峡博物馆最初搞建筑设计的时候，几个招标的设计方案都有下穿道。后来，经过几个部门的测算，搞下穿道这边六七百米，那边六七百米，两边加起来就有 1 500 米，会涉及周边密集居民区的动迁，下穿道整体要花 1.5 亿元，但预算只有 5 000 万元，钱不够，最后就只能路径不变，架空搞个进出口平台，穿上了这么个'大围裙'。其实，这个方案在招标评审的时候，包括重庆市人大常委会在审议时也提出应该是下穿道，但政府实在没钱，只能如此了。"他还跟我讲，如果有什么办法按预算只花 5 000 万元就能把下穿道搞出来，他是非常愿意采用下穿道的设计方案的，毕竟这是大家最想看到的结果。

下穿道的斜率成了解决问题的钥匙

对于这样一个在我来重庆工作之前就既定的事实，如果我不当回事、听之任之，倒也没责任，但我既然了解了事情的原委，那么作为分管城建的副市长，我感到有责任把它协调好，了却包叙定市长心中的遗憾。当天下午，我把建委主任、规划局局长叫到办公室，一起研究三峡博物馆下穿道的事情。我问他们："为什么搞下穿道要这么多钱？"建委主任说："根据城市规划设计，道路的斜率只能在 3% 以内，也就是说一条路如果有 100 米长，两头的高差最多有 3 米。下穿道的空间高度有十几米，如果按斜率 3% 来算，十几米拉出来，进出两边就差不多各需要六七百米，总共就有 1 500 米。"他接着说："如果下穿道做成 1 500 米，就会涉及两处大体量居民区的动迁，就要多花 1 亿元。"我问他们："为什么不能采用 6%~7% 的斜率，稍微斜得多一点，下穿道就短了，就能避开密集居民区的动迁了。"他们都说："这是国家规范的标准，我们不能动呀！"我说："重庆是个山城，城市中 30% 的上行和下行道路的斜率都在 10% 以上。尤其是市政府门口的几条路，斜率 20% 都有，车子照样开，为什么三峡博物馆不可以采用 6%~7% 的斜率呢？国家 3% 的斜率标准，是针对全国平原城市的一般规定，遇上我们这样的山城，到处都是坡坡坎坎，百分之十几甚至百分之二十的斜率比比皆是，三峡博物馆的下穿道采用 6%~7% 的斜率，就可以避开动迁密集的居民区。我们做事情，要实事求是，不能教条主义，不能刻舟求剑，这方面可以灵活一点。"就这样，大家统一了认识，即用 6%~7% 的斜率，使这条下穿道的整个长度两边各 200 多米，整体 500 米就行了。按照 500 米长度计算，两边的居民区动迁的问题就避开了，钱也够了。

这个方案一举三得：一是博物馆出入口从二楼改到一楼，老百姓进出博物馆可以走平台，不需要爬高坡；二是原来在博物馆两边拦腰搞个"大围裙"的形态消失了，使博物馆与大礼堂、人民广场三位一体、相得益彰；三是没有超预算，5 000 万元以内就解决问题了。这个方案形成以后，报给包市长，他非常高兴，立马让市政府常务会审议通过并按此实施。

在实际工作中，有不少同志容易犯教条主义的毛病，往往被一些条条框框卡得太死，而不会根据实际情况实事求是地处理。这件事只是从实际出发，将方案设计的边际条件调整重组了一下，就解决了问题。这说明讲究实事求是、讲究原则性和灵活性的辩证统一，是多么重要！

以上是我刚到重庆第一年迎面遇上的一些棘手事项，在协调解决这些问题的工作之余，我随手写了一些案头笔录、工作札记。现在回头来看，这些文字没有太多理论性，但还挺有趣。特置于此书前面，作为引言。

本书共分两大部分。第一部分，专讲企业的重组与管理，包括城市建设投融资平台类企业、国有资本运营投资类企业、金融企业、国有工商企业集团和民营企业五大类企业。每一类企业的重组内容都涉及该类企业当时困难的严重性和重组的紧迫性及必要性，以及为解决该企业问题而进行的重组方案的脉络与原则、对策措施、成效与结果。第二部分，专讲行业的重组与管理，包括城市房地产业、工业产业、内陆加工贸易的转型、教育、金融、财政六大行业的重组与管理。每一类行业的重组内容都涉及当时行业的状况、内在的困难、百姓的呼声、国家的政策要求，每一种行业重组都涉及从供给侧对各类要素资源进行优化重组，从而在结构性平衡中实现超常规的发展。这样才能既体现百姓要求、社会需求，又合乎国家政策制度管理要求。在重组过程中，力求做到不回避当下的矛盾、不遮掩问题、不推脱责任、不违规、不透支。

第一部分

企业的
重组与管理

第一章

地方投融资平台"八大投"的运作机理

谈到重组，就不能回避政府投融资平台。它是在工业化、城镇化起步阶段，甚至在经济进入快速发展期时，地方政府整合各类资源、增强融资信用、破解发展资金难题的有效载体，是先于经济发展周期加快基础设施建设的有力推手。在市场信号薄弱的地区，面对政府财力不足且不能发债的条件约束，借助投融资平台，可以为工业化、城镇化获取长周期、低利息的融资，以加快基础设施和公共设施建设，是必要且合理的路径选择。

2001年我到任重庆后，在运用重组思维化解一系列矛盾的过程中，逐步主导成立了城投公司、地产集团、高发司、高投司、建投公司、开投公司、水投集团、水务集团8家投融资平台公司①，即"八大投"。本章将重点讲述"八大投"的前世今生和运作机理。

---

① 城投公司全称为重庆市城市建设投资（集团）有限公司；地产集团全称为重庆市地产集团有限公司；高发司全称为重庆高速公路集团有限公司；高投司全称为重庆高等级公路建设投资有限公司；建投公司全称为重庆市建设投资公司，后与重庆燃气、重庆煤炭整合组建重庆市能源投资集团有限公司（简称能投集团）；开投公司全称为重庆市开发投资有限公司，后与重庆公交集团、站场集团组建为重庆城市交通开发投资（集团）有限公司；水投集团全称为重庆市水利投资（集团）有限公司；水务集团全称为重庆水务集团股份有限公司，前身为重庆市水务控股（集团）有限公司。

山城搞建设真是难上加难

重庆虽然是直辖市，但规模却相当于一个中等省，辖区面积8.24万平方公里，人口超过3 300万，下辖40个区县（2011年调整为38个）。在重庆推进工业化和城镇化，面临的矛盾和问题要比京津沪复杂得多。

作为全国闻名的山城、江城，重庆90%的面积是大山大水，剩下不多的土地也被切割成一块块坪或坝式的"鸡窝地"。在如此地形地貌条件下推进城镇化，如果规划建设搞得好，那么万山丛中镶嵌颗颗明珠，星罗棋布，美轮美奂，将是罕见的珠联璧合的城市组团景观，但由于大山大水的阻隔，相应的局限和建设难度也更大。比如酉阳县就饱受大山围困，城区缩在山旮旯里动弹不得，从晚清到改革开放前的100多年里，酉阳县基本没有大的发展，城区面积一直都只有6平方公里左右。直到酉阳花了28亿元挖通穿山隧道、架桥修路，才拉开了县城空间，真是费了九牛二虎之力。黔江、万州以及许多区县，甚至包括重庆主城，都是如此。21世纪初，主城建成区只有200多平方公里，还被"两江四山"分割成几大组团，发展极度受限，从市委、市政府所在的上清寺向北走五六公里，就是一派城乡接合部景观。

城市发展慢，不是重庆人不努力，而是建设成本太高了。例如，建设一个工业开发区，东中部平原城市搞完征地拆迁，土地基本就是一块平地。重庆搞完了征地动迁，土地往往是一片低山浅丘，还得花上一两年时间，用掉几千吨炸药，削山填沟，挖上几千万土石方。在我印象里，近10年，重庆每年都用掉几万吨炸药，多的年份能达到8万吨。以重庆钢铁环保搬迁项目为例，定在长寿区的 5 平方公里新厂址高低不平，最后只能分成几个台地来开发，就这样也用了 2 万吨炸药。

"先有鸡还是先有蛋"的困惑

建设成本这么高，钱从哪里来？

靠财政？我到重庆的第一天，就在机场碰上了时任财政部部长。他跟我说："祝贺你到重庆去，但你要当心哦，重庆财政可是一个'破产财政'！"的确，当年重庆财政相当困难，地方财政收入只有 100 多亿元，政府负债却高达 400 多亿元，3 年不吃不喝才能把债还完，哪有余力投资城市建设。

靠银行融资？当年重庆贷款余额 1 600 多亿元，坏账就有 500 多亿元。企业也好，政府也罢，信用都很差，从银行已经借不到钱了。

由此造成的结果是，到 2001 年，重庆基础设施建设严重滞后、处处欠账。高速公路只有一条成渝高速和十几公里的机场路，而高等级公路欠账更多，要想实现预定的工业化和城镇化目标，至少需要再建 3 000 公里高速公路和八九千公里高等级公路。自来水供应和污水、垃圾处理也很糟糕。在全国 40 多个主要城市里，重庆自来水水质排名长期倒数，城市污水处理率不到 20%，垃圾无害化处理率仅 10%，垃圾乱堆乱放，污水直接排入长江，造成严重的二次污染，污水治理也是一大笔开支。

基础设施和公共设施建设是工业化、城镇化的前提和基础，是一道绕不过去的坎，必须先于工业化和城镇化的发展周期予以推进。但一方面，重庆的基础设施建设资金缺口大，急着花钱；另一方面，重庆财政弱、信用差，想借钱却借不到。怎么办？在国外，通行做法是政府发行市政债券，也有推行 PPP（政府与社会资本合作）模式的。但当时，我国发行市政债券的口子是封死的。靠 PPP 的市场化方式引入社会资金是否可行呢？在经济不发达地区的城镇化、工业化初期，特别是交通闭塞、经济落后、市场信号薄弱的中国内陆地区，也很难吸引到外资和外地民间资本。在引资方面，重庆做过不少尝试，但都不太成功。

以高速公路为例，2000 年前后，上海征地拆迁成本非常高，但修建一公里高速公路的投资也不过三四千万元。在重庆，如果修建 100 公里高速公路，其中至少有 60 公里的隧道和桥梁，每公里的投资在 8 000 万元左右，是上海的两倍多。由于经济落后，高速公路建好了，车流量却不行，很长时间都难以回本。这样的买卖，显然没有民营企业愿意干。所以，年年招商，年年落空。其他基础设施和公共设施建设也大致如此。在投入产出不平衡的时候，市场信号很难发挥作用，追求利润的民间资本是不可能无偿做善事的。

重庆要推动工业化、城镇化，必须基础设施先行，拿出钱来搞建设。但城市环境差，产业薄弱，政府囊中羞涩，社会融资信用也糟糕。这就陷入了"先有鸡还是先有蛋"的困惑性循环。

出路在哪里？我认为，只有转变重大基础设施过于依靠政府直接投资的模式，组建政府投融资平台，通过市场化方式融资，率先加大投入，从而顺利度过市场"不应期"，才能最终带动社会力量投入。这就是 2002 年我在重庆启动组建"八大投"的初始动因。

一、建立高投司解决"8 小时重庆"资金困境

"8 小时重庆"变成了"胡子工程"

2002 年 8 月，我随市委主要领导一起去检查"8 小时重庆"高等级公路的建设情况。我们发现，1 000 公里的高等级公路，有 1/3 是"胡子工程"——路开建以后，钱不够了，工程停摆了；还有 1/3 成了"欠薪工程"——路差不多修好了，但是拖欠了大量工程款；只有 1/3 大体完成。

按照市委、市政府要求，"8 小时重庆"目标要在 2003 年底实现。但是按照我们所看到的情况，完成任务是不可能的。

问题出在哪里？主要是资金不够。当时测算，修 1 000 公里高等级公路需要 40 多亿元投资。重庆市政府的安排是：1/3 靠中央拨款，1/3 由市级配套，1/3 由区县自筹。实际操作下来，中央拨款的 1/3 资金基本到位了，市级配套的 1/3 资金由于来源问题只到位了一半，区县自筹的 1/3 资金普遍因为财政空虚、信用缺失借不到钱而没有到位。最后，40 多亿元只到位了 20 多亿元，项目普遍放慢、停顿，或者大量拖欠工程款。

书记调研以后，就给我交代了任务，让我想办法解决这个问题。我认为这个问题还是要从体制上、源头上想办法。

将分散资金打捆使用才能产生信用

这次调研后，我又带着市交委的同志，沿着线路跑了十几天，一边深入了解情况，一边琢磨怎样用一年时间完成 50% 以上的工

程量。

当时亚洲金融危机爆发以后，国家为拉动经济，发了一批国债，总规模约 1 万亿元，重庆分到了二三百亿元。这二三百亿元国债是"跟着项目和工程走"，专款专用。每个项目所需要的钱，都是国债补充一部分，地方政府配套一部分。"8 小时重庆"的 1 000 公里高等级公路项目里，中央支持的 1/3 资金主要就是指国债。现在，这些国债资金确实全用到了项目上，但是因为配套的钱跟不上，工程就停摆了。

国债项目的资金是国家投入，但是投入后形成的资产的产权是归区县、归地市州，还是归省级政府？是哪一级的国有资产？其实并没有明确。同时，项目资金一旦分散，就不能被当作资本信用来融资。所以，区县只有自身的财政信用良好，才能借得到钱，才能配得上套。我感到这里有一个投融资体制的问题。3 个 1/3，从资金来源、投资总账来说，似乎是平衡的，没有什么问题，但是从资本信用、投融资方面来看是不成体系的。我当时设想，如果把国债投入和市政府资金打捆使用，把它看作资本投入，组合成一个法人产权，成为企业资本金，那就有了足够的融资信用，不用区县配套资金，也可以解资金燃眉之急。

组建高投司

按照这样的考虑，我召开了一次市政府专题会，下决心组建一个投资公司，把重庆高等级公路相关项目归集其名下。首先，把国家投给重庆高等级公路的 13.2 亿元国债划归该公司，对国债来说，不管是哪级所有，只要用到项目上都是对的。市政府配套的 10 亿元也划给它。这样公司就有 20 多亿元资本金，再去银行借 10 亿元，不就"小菜一碟"了吗？资金到位后，再由投资公司作为业主，统一推动高等级公路建设，区县政府只需要负责做好征地动迁服务。由于当时高等级公路修好了可以收费，银行贷款完全能够平衡。

方案形成后，我向市委、市政府主要领导做了具体汇报，得到了他们的重视、支持和批准，然后开始调兵遣将，选总经理，组建班子。2002 年 12 月 12 日，重庆高等级公路建设投资有限公司挂牌成立，银行资金也随之而来。钱有了，拖欠的工程款还掉，"胡子工程"也恢复施工。到 2003 年底，1 000 公里的高等级公路全部竣工。重庆所有区县城到主城，通行时间通通变成了 8 小时以内——以前有些区县城到主城是要用两三天的。"8 小时重庆"的战略构想圆满实现了。

再建 2 000 公里联网路

2003 年起，黄镇东书记主政重庆。作为交通部原部长转岗地方，镇东书记对交通建设有着特有的睿智和经验。在主城与区县城 8 小时通达的基础上，镇东书记进一步提出，在重庆 40 个区县之间，在重庆与周边省市之间也应该贯通高等级公路。这样一来，又需要修 2 000 多公里高等级公路，还得投入大笔资金。当然，这对我来说已不再是难题。还是用上述办法，由高投司当总业主，国债和市政府拨款打捆注入作为资本金，撬动银行融资，路修好后，用道路收费平衡银行贷款。至此，高投司的公路资产，加上"8 小时重庆"已建成的 1 000 公里，达到了 3 000 公里。

收购 1 000 公里区县路，一举三得

2002 年之前的 10 年里，重庆各区县政府或者自己出钱，或者向银行贷款，或者引进私人老板修建了一批高等级公路，总量有 1 000 多公里。这些路建成以后，出现了两个问题。一是收费站过多、过密。当时，区县政府和私人老板的投资能力普遍不足，一条路往往被分成很多"项目包"，每个项目只有 20~50 公里，谁修好了，谁就设卡收费。司机开车走一二百公里，要过五六个收费站。这种公路"三乱"，在当时是一个普遍性问题，十分影响经济发展。二是造成大量工程欠薪。区县政府修路贷款却没能力还钱，不仅拖欠银行的账，还大量拖欠工程款。2004—2005 年，有许多农民工讨薪的情况，相当一部分是因为政府欠了工程队的钱，工程队再欠农民工的工资。重庆区县修的这 1 000 多公里高等级公路，拖欠的工程款就有 10 多亿元。

要想解决这个问题，还是要从投融资体制上做文章。我决定由高投司出钱，把这 1 000 多公里区县自建路全部买过来。这样做有三大好处：一是减少了 70% 的收费站，二是帮助区县政府还清了拖欠多年的工程款，三是实现了资源的优化配置。

高投司促成两大变化

高投司的诞生，源于为"8 小时重庆"救急，客观上却促成了两大变化。

第一，通过修建"8 小时重庆"1 000 公里高等级公路和 2 000 多公里联网路，以及收购 1 000 多公里区县自建路，高投司不仅拥

有了4 000多公里的公路资产，还有效解决了农民工工资被拖欠和收费站过多等问题。为防止包工头欠薪，高投司出台硬性规定：每个中标的施工单位，必须缴纳100万元的农民工工资保证金。一旦出现欠薪，就动用这笔钱代发工资。由于高等级公路的产权集中到了高投司一个业主，收费站也大大减少，重庆因此成为当时中西部地区收费站最少的省份之一。

第二，为国债资金使用提供了新思路。关于国家投向基建项目的国债资金如何使用，存在资源优化配置的问题。如果分散到每个具体项目上，搞层层配套，一旦资金不到位，整个项目就转不动。同样的资源，打捆注入一家投资公司，就能转化为企业资本金，形成资本信用，从而撬动更多资金注入。而且，由一个业主推进某类基础设施项目，比几十个不懂行的区县分散搞，在规划、设计、建设等方面会更专业，管理、质量、安全也会得到改善。

有了这次探索，后来逐步成立"八大投"时，我就把重庆的二三百亿元国债全部注入，并在此基础上，形成了"五个注入"模式，包括国债资金、各类规费、储备土地、存量资产、市级财政配套资金。可以说，"八大投"融资模式肇始于高投司。

使命完成后的华丽转身

对一个地区而言，对高等级公路的需求是有限度的，不可能无休止地建下去。在大规模高等级公路建设告一段落后，2006年9月，高投司进行了第二次重组，变身为重庆交通旅游投资集团有限公司（简称交旅集团）。当时，重庆旅游业积累了大量问题，被四川、湖北等邻居远远甩在身后。交旅集团的组建，不仅改变了重庆旅游业的投融资机制，本身也是一次资源优化配置。对高投司来说，一方面不可能一直大规模地修建公路，公司总要转型；另一方面费改税是必然趋势，公路建设者和收费员也要转岗，他们可以被旅游业吸纳。对旅游业而言，景区要发展，首先得修路，这恰是高投司的专长。

2009 年，国家费改税政策出台了。政策规定，对于已建高等级公路，负债部分 60% 由国家买单，但今后新修的一律不再收费。很多西部省区市由于高等级公路建设进度慢、存量小，无法享受这一政策优惠。重庆由于有高投司近 400 亿元的投资先行，全市形成了 7 000 公里较为完备的高等级公路网，缺口不过二三千公里，因此是西部 12 个省区市中率先享受到国家优惠政策的，全市 360 亿元高等级公路投入的 60% 由国家买单。高投司的投融资管理模式，让重庆抓住了国家费改税的改革机遇。从此，重庆高等级公路彻底取消收费，成为西部物流、客流成本最低的地区。高投司转型成为交旅集团后，也完成了作为基础设施投融资公司的历史使命，退出了"八大投"序列。

二、重塑城投公司

股民围了西南证券营业部

刚来重庆的半年里，急事、难事接连不断。2001 年 10 月 22 日，我到重庆的第 10 天，城投公司总经理慌慌张张地找到我，见面就说："西南证券营业部这两天被股民围了！"仔细一问，原来是前几年西南证券为城投公司代发了 5 亿元企业债券，如今债务到期，城投却没钱还，买债券的群众一气之下围住西南证券讨说法，要求立即还钱。

本来西南证券被围，城投公司不至于慌张。问题是，西南证券营业部贴出告示，说欠债的是城投公司，让股民去找城投，还公布了公司负责人和财务部负责人的电话。这下，他能不着急上火吗？

城投公司，病入膏肓的烂账公司

我当即问他："债务到期要还，这是刚性兑付，这么大的事情，难道你们没有处置预案吗？"他告诉我："城投原计划再发5亿元企业债券，借新账还旧账。"当时，企业发债券还是财经大事，必须由地方财政担保，并报国家有关部门审批。年初，城投公司就把报告交到了国家有关部门。但有关部门认为，重庆市政府财政状况糟糕，信用不足，因此不能为城投公司担保发债。

通过他的汇报，我了解到，因为城投公司主要承建市政公共基础设施，所以城投的投资基本没有现金流回报。在83亿元总资产中，13亿元是坏账，报表净资产只有14亿元，基本是零资产，算上报表没有反映的隐性坏账，事实上已经资不抵债了。重庆是"吃饭财政"，无力给城投公司提供真正的贷款担保，因此它在银行完全没有信用，基本丧失了融资能力。

三步资产加减法

摸清楚情况后，我决定马上做治表和治根两件事：其一，迅速调度5亿元资金，偿还到期的企业债券，先解西南证券之围；其二，启动城投资产重组，从根本上解决问题。

事态紧急，我当即要求，由当时重庆信用最好的高发司担保，向民生银行贷款 5 亿元还债。在我的直接调度下，两天就办妥了相应手续，解了燃眉之急。但我心里清楚，国有企业互保只是权宜之计，一旦出事，会把高发司也拖下水，治本之策是尽快重组城投公司。经过一番思考，我开始推动三步走措施。

第一步，剥离坏账。城投公司的 13 亿元坏账，其实是帮水务公司建设自来水厂时欠下的，资金来源是城投公司，产权和使用单位却是水务公司。这笔坏账理应划转到水务公司名下，至于水务公司的困难则另当别论。

第二步，注入资产。在重庆主城面积由 100 平方公里向 200 平方公里扩展的过程中出现了一个奇怪的现象，即在新的 100 平方公里建成区里，很多道路交通等市政设施资产由于职责不清，没有及时入账，市交委、市建委、重庆市市政管理委员会（简称市政委）"三不管"，处于产权悬空状态。这些资产的粗略估值为 20 多亿元，虽然不能变现，但也是政府真金白银的投入换来的。于是，我将产权注入城投公司，作为其资本金。注入资产，划走坏账，一加一减，城投公司相当于多了 40 亿元净资产。

第三步，划拨土地。将主城区 5 000 亩可开发土地划入城投公司，作为其储备土地。当时，重庆主城土地不计征地动迁费和基础设施建设费，单计出让金，一亩地的价值约为 100 万元，5 000 亩土地就值 50 亿元。这是有抵押权的，可以有效增加城投公司的信用。

城投公司走出困境

落实这三件事差不多花了 3 个月时间。到了 2002 年 2 月，城投公司通过注资减债，净资产猛增 80 多亿元，达到 94 亿元。由此，这个公司脱胎换骨，成为一家总资产 160 亿元、负债 66 亿元、资产负债率仅为 40% 的优质公司。此时，它再找国家开发银行贷款，国家开发银行便欣然同意，当年 6 月就放贷 60 亿元。如此一来，城投公司总资产增至 220 亿元，债务 126 亿元，负债率不到 60%，现金流充裕、资产结构良好，彻底走出了困境。

万事开头难，跨过了资产重组这道坎，城投公司摇身一变，由一个烂账公司变成了一家正常企业。此后 10 多年，城投公司在重庆修桥铺路，干了不少实事，为城市发展立下了汗马功劳。2011 年，公司总资产达到 800 多亿元，负债率保持在 60% 左右。

三、改革路桥收费制度

在城投公司组建中，有一件涉及重庆主城路桥收费制度改革的大事。处理好这件事，一方面解决了重庆 300 平方公里的主城区到处都是收费站的问题；另一方面也为城投公司注入了一大笔有效资产，极大地提升了城投公司的投融资能力。

半小时主城，10 分钟收费

2001 年 12 月下旬，市人代会前夕，市长找到我，专门讨论主城路桥收费问题。当时，全国城市道路都不收费，重庆主城却有"7 桥、1 隧、13 条路"在设卡收费。对此，老百姓意见极大，每年这个问题在重庆两会上都是争论焦点。

出现这种情况是有客观原因的。重庆大山大水，地形地貌复杂，修桥铺路、隧道建设成本很高。20世纪90年代，政府为缓解财政压力，招商引资，以BOT等模式在主城搞基建，民营企业出钱把路桥隧建完，自然要收费回本，这就造成主城"关卡"林立的现状。最典型的是从南岸区到江北区，4公里的路段竟有3处收费站。此外，各个企业投资强度不同，政府批准的收费标准各异，导致车辆不合理流动。有的桥拥堵严重，超出设计通行能力的两三倍，有的则没车跑，长江、嘉陵江、石门"老三桥"不收费，车辆就"千军万马挤老三桥"。当时老百姓调侃，重庆是"半小时主城，10分钟收费"，极言主城区收费站点之多。

重庆主城设卡收费，直接造成四大问题。一是城市拥堵，通行效率低下。二是增加社会负担。当时，在主城养一辆车，一年跑下来，过路费、过桥费起码交四五千元，甚至高达上万元。新华社的采访车由于经常在主城跑，一年路桥费竟高达1.5万元。老百姓打车出行，起步价5元，过桥费则收5~10元，很不合理。三是环境污染，尤其是车辆过收费站时，产生的尾气十分严重。四是影响发展环境，突出表现在主城各区的房价上，渝中区与南岸区、江北区仅一江之隔，房价要比南岸区、江北区贵30%甚至50%。

从体制机制上找原因、想办法

关于改革主城路桥收费的讨论，有的建议降低收费，有的建议采用电子收费方式以减少收费停车时间，从1997年重庆直辖以来，这种讨论持续了四五年，但一直没拿出切实可行的方案。其实，对这种长周期、大范围存在的问题，仅从完善管理、改进技术上想办法是无济于事的，关键是要从体制机制上找原因。按照国际惯例，连通城市之间的高速公路，可以搞 BOT 融资并设卡收费，但城市内部的交通基础设施不能如此，因为它属于政府公共服务范畴，理应由财政买单，在城市发展过程中，通过土地增值和财税增长来平衡。这是政府管理的一个基本理念。以 BOT 模式在城市中心区搞城市路桥隧建设，然后设卡收费，追求单个项目的资金平衡，这个大逻辑是不对的。

接了市长关于推动路桥收费制度改革的任务之后，转眼就到了春节。假期里，我开始琢磨具体的改革方案，初步确定了三个原则。

第一，要拿出治本之策。当时主城收费的"7 桥、1 隧、13 条路"，政府可以出钱回购，并取消设卡收费，但不能停留于"头痛医头、脚痛医脚"，必须推进投融资体制改革。应该规定自 2002 年起，主城新建路桥隧等基础设施一律由政府投资，不再采用社会资本，不再新增收费系统，否则，一二十年后，当主城面积达到 1 000 平方公里时，还会不断地冒出一大堆收费的路桥隧，那时这个城市还是会被路桥收费问题切割成碎片化的城市。

第二，不增加财政负担。回购"7 桥、1 隧、13 条路"大概要花 70 亿元，加上内环高速和机场路，共需 200 亿元。当时，重庆是"吃饭财政"，政府拿不出这笔钱。因此，解决这个历史遗留问题，可以考虑向银行贷款 200 多亿元，一次性收回所有权，取消主城所有收费站。同时，设计一套具有前瞻性、过渡性的路桥收费改革方案，即实行 15 年左右的年票制，以逐步偿还贷款本息，一旦本息偿还完毕，即停止收取年票费用。

第三，让广大车主受益，起码要减轻负担。其中，关键是年票定价问题。向银行贷款 200 多亿元，按当时的利率计算，每年要支付 10 亿元利息，加上路桥的维护成本 4 亿元，总成本在 14 亿元左右。当时，重庆主城仅有 15 万辆汽车，要平衡融资成本，年票至少要收到 9 000 元，这显然高于现有用车成本，老百姓肯定反对。如果把年票标准降低到 2 000 元，比老百姓每年平均所交的过路过桥费 5 000 元低 60%，老百姓节省了出行成本，应该是乐意接受的，但政府一年只能收 3 亿元，还是不够支付贷款利息的。如何抉择？此时就要注重远期平衡，以时间换空间。随着重庆经济的发展，由于路桥收费制度改革，车辆运行成本下降，主城机动车保有量会逐年加快增加，如果 10 年后达到 100 万辆，那么按 2 000 元的标准计算，届时路桥年费收入将达到 20 亿元，这样的远期收益完全可以平衡当期的还本付息缺口。既然如此，何不把年票价格定得低一点，以时间换空间，既让老百姓感到愉快，也能有效缓解城市拥堵。

改革的关键点是新老划断，老问题通过年票解决，今后新建的主城路桥不再收费，一律由政府买单。大原则定了，具体操作就很顺利。2002 年 7 月 1 日，重庆主城正式启动路桥收费年票制，所有收费站一夜间全部拆除，一环以内 200 平方公里的主城从此告别设卡收费的历史。从政策效果来看，这次改革很成功。起初一两年，年费只能收两三亿元，之后则逐年增长，到 2015 年，重庆主城机动车保有量超过 110 万辆，年费收入约 25 亿元，历史问题形成的路桥回购债务不仅可以还息，还能较大幅度还本。2017 年，200 亿元路桥回购债务基本还清。重庆市政府明确宣布从 2018 年起，重庆主城就不再收取路桥通行年费，历史遗留问题由此彻底解决了。特别需要指出的是，大家对路桥收费的改革，关注年票较多，其实这项改革中更主要的是，确定了 2002 年以后新建的主城路桥一律由政府买单投资，由城投公司作为主城区路桥建设的投融资主体，而不再由市场化、社会化的企业投资，不再新增路桥收费的项目。2002—2015 年，重庆主城二环以内建成区面积已从原来的 300 平方公里达到 800 平方公里，新建了 40 多座跨江大桥和隧道，以及 3 000 多公里城市道路，这些路桥道路投资超过 2 000 亿元，没有再新增一个收费站，彻底改变了历史上形成的重庆路桥收费体制机制。

重组的关键是学会多维度思考

回顾这次改革历程，可以发现，这是两类重组思路的有效结合。首先，它是利益配置的重组。过去，谁修路、谁收费，谁用路、谁付费，似乎天经地义，然而实际上却造成交通拥堵、百姓抱怨；后来通过投融资体制改革，政府、企业、群众的利益格局得以改变，由此换来了城市基础设施的持续改善。其次，它还是时空概念的资源重组。较低的路桥年费标准，从短期看，虽然一时难以抵销融资成本，却可以让改革顺利启动，随着形势的发展，年费收入完全能做到远期平衡，这是用时间"换来"的空间。所以说，面对处于胶着状态的问题，化解看似无解的矛盾，要善于多维度思考，跨越时空来谋划，以降低改革方案推进时的摩擦系数，这样形成的改革方案才容易获得各方认可并在实践中推行。

四、三招盘活水务集团

水务陷入恶性循环

2001 年底，当我把城投公司的 13 亿元债务"甩"给水务公司的时候，水务公司很有意见：这笔债确实该由水务公司承担，可债务从城投公司挪过来后，水务公司要怎么处理？我跟水务公司说："这个问题会解决的，你们先别着急。"

2002年初，我开始处理水务公司的事。那时水务公司主要负责城市自来水业务。重庆是全国自来水供应成本最高的城市之一。长江岸坡落差几十米，自来水厂为提水而耗去的电费要比平原城市上海高得多。作为山城，重庆的房子高高低低，水从水厂送到最终用户，往往需要6级加压，进一步提高了成本。

水源成本高，自来水供应成本也高，水价却很低，一吨才0.75元。老百姓大手大脚用水也不心疼，很多人没有节水概念，这加剧了水务公司的亏损。水务公司年年亏损，自然没钱也没动力改善水质，从而陷入恶性循环。1993—2002年，在全国43个大城市自来水水质排名中，重庆连续10年排在倒数第二或第三，群众意见极大。每年重庆两会，自来水水质问题都成为代表、委员们讨论的一个热点，也是媒体关注的一个焦点。

水务公司重组势在必行。对此，我主要运用了三招。

第一招，水价调整

水务公司要平衡成本，根源在于调整水价。水价不调整，投入再多的钱，最后都会变成坏账。当时，在美国和欧洲，自来水价格折合成人民币一般是每吨5~6元，其中自来水费和污水处理费大体一半对一半。东部地区城市水价大体为每吨2.5~3元，重庆的水价只相当于它们的1/4~1/3。于是，重庆举行听证会，在广泛征求各方面意见的基础上，把水价从0.75元/吨调到了2元/吨，乍一看调得幅度很大，但这只是把多年没调价的缺口补上了，扣掉提水、制水、供水的高成本，实际水价刚够平衡成本，并不算高，与中西部省会城市的水价大体持平，甚至比很多城市还要低。

水价一调，从城投公司划拨到水务公司的 13 亿元债务，从亏损资产、坏账债务变成了良性资产。因为按照资本市场的逻辑，资产价值是可以根据收益倒推的。划拨到水务公司的 13 亿元债务资产，实际是一个个自来水厂。原来水价太低，生产越多，亏损越大；现在水价涨了，自来水供应成本与收入大体平衡，自来水厂自然变成了良性资产。所以说，自来水价格调整，对水务公司重组至关重要，解了它的燃眉之急。当然，调高水价也有助于促进老百姓转变用水观念，实现节约用水。

第二招，污水处理厂的资产注入

2003 年 6 月，三峡工程二期即将蓄水。为了保护三峡库区水环境，国家在移民迁建时就规划了 20 多个污水处理厂和十几个自来水厂，总投资 70 亿元，也是国家补贴一部分，市、区县两级各配套一部分。库区区县拿到国家和市政府的钱，就开始各管各地进行修建，结果与建设"8 小时重庆"高速公路发生过的问题一样，同样由于区县资金配套跟不上，很多工程变成了"胡子工程"。2002 年 3 月，国家环保总局领导来渝调研，看到这个情况大吃一惊！因为此时离二期蓄水只剩 15 个月了，他赶紧向国务院领导做了汇报，并责成重庆市政府尽快解决。

结合库区污水处理的问题，我开始酝酿全市水务体制改革。关键还是改变国债的使用方式。过去，水务公司和 17 个库区区县都把国债资金当成项目拨款使用，然而分散的资金无法产生信用，自然也就没有融资功能；重庆财政又比较困难，特别是库区区县，既无力配套建设资金，也无法补贴建成后的运行费用。解决的办法跟组建高投司一样，把已投入项目的国债资金捆绑注入水务公司，推动其重组为水务集团。这样，水务集团的资产一下子就多了 40 多亿元，加上重组前的 20 亿元存量资产和城投公司划拨来的 13 亿元坏账产权，总资产就变成 80 多亿元，净资产超过 60 亿元，加之水价也调整了，水务集团的信用当然改善了，银行贷款也随之跟进。重庆终于在三峡工程二期蓄水前，完成了国家相关部门规定的所有污水处理厂和自来水厂的建设工程，并使其如期投入运行。

第三招，引进外资，推动上市

水务集团处理完"烂摊子"，焕然一新，日子也好过了。但是，要实现直辖市的功能定位，重庆还要新建一批水厂。

水价调整以后，我问水务集团时任主要负责同志："新建一个日供水能力 30 万吨的自来水厂要花多少钱？"他说："要 4 亿～5 亿元。"我说："水价调整后，水务集团一年利润也就几千万元，这点钱是不够的，也没法再调水价了，你得想办法盘活存量资产。"

于是，水务集团开始跟法国苏伊士环能集团谈合作，该公司不仅是法国最大，也是欧洲最大的水务公司，当时一年的营业收入达 400 多亿欧元，相当于 4 000 亿元人民币。水务集团为此与苏伊士环能集团亚洲总部、中国总部的代表接触，但是谈了好几次也没谈拢。原因在于，水务集团想出让的是一个亏损的水厂。当时，为了发展北部新区，重庆建设了一个年供水能力达 16 万吨的水厂，按当年北部新区的发展水平，这有点超前了，水厂当然"吃不饱"，一年要亏损 2 800 万元。因此，苏伊士环能集团不愿意接受。

我告诉水务集团的主要负责同志："你去和他们的集团总裁联系，我要和他见面。"

市场规模和份额也是一种资源和资本，也可作价

不久之后，我和苏伊士环能集团的董事长梅斯特莱先生见了面，我跟他们谈深圳速度，谈浦东开发。我告诉他们："重庆的北部新区就是当年的浦东和深圳，发展速度至少是重庆其他地区发展速度的一倍。现在这个水厂看起来是亏损的，可七八年之后，北部新区肯定大变样，水处理量会从现在的十几万吨发展到五六十万吨，到时候肯定能把现在的投入赚回来，市场规模和份额也是一种资源，也有价值，尽职调查不能只计算'坛坛罐罐'的静态价值，你们不按发展的逻辑把账算清楚，将来是要后悔的。要是你们不抓紧，后面可有几家企业等着呢！"谈过后，他们当然要打听一下我的信誉如何，会不会忽悠他们。我要的就是这个效果！我在浦东工作时，就给不少跨国公司画过这种蓝图，早就都变成了现实。

就这样，按照新的思路，水厂企业的合资合作，不仅应评估存量资产的净值，还应对其拥有的未来市场资源进行作价评估，本来作价 2 亿元合资方还不愿接受的水厂，现在重估后为 12 亿元，法国苏伊士环能集团投入约 1 亿美元与重庆水务集团合资。于是，中国第一个合资自来水厂落户重庆，合资方还是世界水务领域最优秀的公司之一。2002 年前后，西部招商何其困难，这样的合作成果真是来之不易，既引进了外资，又盘活了存量资产。

那么，以初始投资 6 倍的溢价买进一笔亏损资产，初期，每年还要按照股权比例承担 1 000 多万元的营运亏损，苏伊士环能集团是不是吃亏了？其实并没有。实际上，2003—2008 年，由于北部新区超常规的发展，从人口到企业，增长都很迅猛，2008 年实际用水量达到了 35 万吨 / 天。由于规模效应发挥出来了，水厂就扭亏为盈了。此后，苏伊士环能集团感到在重庆的投资效益很不错，所以进一步追加了几十亿元投资，重庆水务集团成为它在华最大的合作伙伴，双方实现了共赢。

水务集团通过转让资产获得的收益，随即投入沙坪坝水厂改造工程。当时，这也是个老大难问题。水厂上游有一家化工厂，取水口紧挨着重庆肿瘤医院的排水口，群众意见非常大。改造沙坪坝水厂以后，有效化解了矛盾，对后来西永微电子产业园招商引资也起到了重要的支撑作用。

重庆水质排名由最差变为最好

三招重组，打造出一个全新的水务集团，其终于步入良性发展轨道。几年间，水务集团资产规模从重组前的 20 亿元左右发展到 180 多亿元，实现利税连续多年以 30% 的速度增长。2010 年，重庆水务在上海证券交易所上市，成为中国最大的城市给排水集团之一。

水务集团的重组有力推动了重庆自来水厂和污水处理厂的建设、管理，改善了全市的水环境质量。从 2008 年起，在 43 个大城市自来水水质排名中，重庆连续多年排名前三，成为我国自来水水质最好的城市之一，达到了可以直接饮用的标准。三峡库区的污水处理厂也全部建成并正常运转，库区城市污水处理率达到90%，重庆由此成为全国污水处理最好的城市之一。2012年，国家水利部门的同志告诉我，在全国七大水系中，长江重庆段的水质是最好的。

五、水投集团成就水利事业

守着两江喊口渴

重庆守着长江、嘉陵江、乌江三大水系，加之地处南方，每年的降水量大大超过全国平均值，又是水量丰富的地区，但由于地处崇山峻岭之间，在水利工程不到位的情况下，往往有水却一泻而去，造成工程型缺水。2003年，重庆人均水资源占有量是全国平均水平的2/3，水利化程度比全国平均水平低13个百分点；人均蓄引能力135.5立方米，仅为全国平均水平的31%；饮水安全问题影响着1000万农村人口，甚至因此引发地氟病等水环境病。同时，重庆农村人口人均旱涝保收面积仅0.18亩，在西部省区市中排名倒数第一，远低于全国0.5亩的平均水平。更为严重的是，大多数水库建于20世纪六七十年代，年久失修，许多水库已成病险水库，时时威胁着周边群众的生命和财产安全。

水利差，水患就多。2006年前，西南地区一旦暴发洪水，重庆往往是受淹最严重的地区，2004年的洪灾就造成了严重损失；反之，一旦遭遇旱灾，重庆的旱情往往又是最严重的。"守着两江喊口渴"成为一种奇特现象，也严重影响着全市经济社会的发展。比如中梁山以西的西彭、大学城片区，本是主城边缘最适合开发的地区，但因为缺水迟迟不能开发。同样因为缺水，位于万盛的重庆钢球厂等

5家大型企业不得不外迁。

出现这种状况的根本原因，还是缺钱。"九五"期间，重庆水利投入45亿元，看似不少，但其中多是所谓的劳务投入。"十五"期间，水利投入100亿元，现金只有20亿元，80亿元是劳务投入。劳务投入是怎么回事呢？在水利建设领域，中央专项转移支付通常要求地方配套，但是区县财政没钱，便以工代劳，说是配套了多少亿元，其实全是劳务折算。这种劳务投入比不得真金白银，水分很大，各个方面心知肚明，但都没办法。

因此，"九五""十五"期间的水利投入看起来不少，但"泽渝"一期、"泽渝"二期工程的20座水库，绝大部分建了一半就因为没钱而停工，成了"半拉子工程"，有的甚至长期停留在前期筹备阶段。

对重庆水利的困境，黄镇东书记非常重视。2003年，我陪同他多次调研后，建议考虑成立水利投资集团，得到了他的赞同和支持。我们采取了以下举措，来解决重庆水利投入欠账的问题。

首先，给水投集团注入资产

解决重大基础设施建设的资金难题，关键在于推动投融资体制改革，水利建设同样如此。成立水投集团的第一步，还是资金注入。市政府决定，凡是"九五"期间市级以上政府资金投入建设的水利项目，包括分散在17个区县的存量水利固定资产，一共16.39亿元，都划转为水投集团的原始资产。今后，新的水利投资也都汇总到水投集团的账户。

产权主体变了，投融资运作逻辑随之而变：在投资方式方面，由政府直接举债为主，转变为企业向社会融资为主；在投资主体方面，由过去分散的项目业主，改为水投集团作为全市统一业主。

这样，国家投资的 50 亿元、地方财政投入的 80 亿元和存量资产 16 亿元就集中在一起，能产生近 150 亿元的融资信用。事实也是如此。水投集团成立之初，就获得了 8 家银行共计约 93 亿元的综合授信。

其次，建立投入产出平衡机制

农村水利基础设施是公益事业，本身的投资量是很大的。在总投资中，凡是国家和地方政府投入的资金，都是作为公共财力的划拨，不需要还本付息。关键是配套的贷款部分，总要有收入来予以平衡。怎么办？

办法之一就是以地换水。市政府授权水投集团在项目所在区县开展土地储备，修建水库产生的资金缺口由土地增值收益平衡。具体怎么"换"，由水投集团和区县政府商定。当然，这种土地储备，追求的是长期总体平衡，而不是一对一地算小账。比如，水投集团在某区县修建甲水库，拿到了一块土地，土地的出让收入比建设水库投入的资金多出一两亿元，那要不要退给区县呢？当然不必退。因为水投集团修建乙水库时，获得的土地出让收入可能会低于水库建设投入，是赔本的，因此需要互相调剂来平衡。只有长期总体平衡，水投集团才能生存发展、良性循环。此外，还可"以水养水""以电补水"，通过利用水库落差发电获取收益，发展水产养殖和观光旅游来增加收入，污水处理当然也可以收费，其基本思路大致相同，都是通过资源优化配置来平衡建设资金的缺口。

最后，380亿元真金白银带来五大变化

思路一变，机制一转，自然海阔天空。"十一五"期间，重庆市级财政投入80亿元，水投集团融资90亿元，区县财政配套84亿元，用于水利基础设施建设。由于重庆的水利投入力度和机制得到水利部高度认可，"十一五"期间水利部切块给重庆的资金预算计划，从本来不到20亿元增加到57亿元，最后追加拨款落实了116亿元。5年里，全市共有380多亿元资金投向水利，在当时既是近几十年来重庆水利投入最多的5年，也使重庆成为全国水利投入力度最大的地区。

这380多亿元全是真金白银，不包含劳务，即使有劳务，也是花钱买劳务，跟过去的劳务折资完全是两回事。由此带来了以下五大变化。

一是骨干水源建设创历史新高。"十一五"期间，重庆开工建设大中型水库24座，新增蓄引提水能力14亿立方米，特别是开县（现开州区）鲤鱼塘、大足区玉滩水库的建设，填补了重庆没有大型农灌水库的空白；建成工业园区供水工程22个，基本满足了全市工业生产、农田灌溉、特色种养业和第三产业的用水需求。

二是饮水安全水平全国领先。新建各类供水工程6.8万处，解决1100万城乡居民饮水安全问题，提前一年完成国家规划，水环境问题造成的"地方病"也得到有效防控。

三是病险水库整治提前到位。基本完成2200座病险水库除险加固，实现三年任务两年完成，恢复蓄水5亿立方米，新增和恢复有效灌溉面积150万亩。

四是水生态环境建设成效显著。开展水系森林工程建设和绿化

长江行动，新增水系绿化面积39.5万亩、绿化长江水域林近2万亩，治理水土流失4 000多平方公里。新增农村水电装机容量5万千瓦，完成22个农村电气化县建设；开展8个小水电代燃料试点建设项目，保护各类林地18万亩。

五是防汛抗旱能力大幅提升。建成城镇达标堤防220公里，新增防洪达标县城20个、集镇100个，新建各类水源监测点678个，全面启动了16个全国山洪灾害防治试点县建设。

上述建设投资，在2008年以后开始显效。2009年以来，西南地区连续遭遇水旱灾害，重庆总能擦肩而过，有惊无险。2010年春节前后，西南遭遇百年大旱，重庆降雨量、江河来水量比2007年特大春旱时还少三成，但灾害损失却降低三成。真是我们运气好？以前几十年怎么没有这种运气？说到底，还是因为380多亿元真金白银的投资有效改善了水利基础设施条件，从而增强了重庆应对自然灾害的能力。

380多亿元的投资中，有50%以上投向了"两翼"地区，对"两翼"群众的生产生活、防灾减灾、脱贫致富起到了极大的促进作用。以巫溪为例，水投集团在大宁河流域投入28亿元改善水利基础设施和通航条件，将其抵御洪水的能力从10年一遇提升到50年一遇，有效降低了巫溪水旱灾害频度。水投集团还通过多元化经营，每年向当地缴税5 000多万元。

8年耕耘，8年收获。到2012年，水投集团由一个政府投入形成的公益性基础设施投资企业，发展为一个总资产600多亿元、负债率仅50%的良性运转的投融资集团。取得这样的成就，的确让人甚感欣慰！

六、地产集团盘活土地资源

创建地产集团

在"八大投"中，地产集团是比较特殊的一个。它主要承担土地储备职能，但又与一般的土地储备中心不同，具有其自身的特色。

我刚来重庆不久，市委主要领导就对我说："重庆的土地管理没有到位，这件事你抓一抓。"

当时，重庆90%以上的土地是协议转让的，有时一次就转让上万亩。土地出让规模不小，但由于没有经过招拍挂，资产价值难以体现。2001年，全市土地出让金收入仅3亿元，对城市建设的支持力度很弱，而城投公司修路架桥一年还要借10亿元。大量土地囤积在私人手里，政府不仅享受不到土地增值收益，在盖宿舍、修人大与政协的办公楼时，还要向开发商买地。而且，五六年前开发商向当地政府出价每亩六七万元买到的地，现在政府想要买回来，出价到每亩七八十万元，开发商都不肯卖。这种奇怪的现象当然要改变。

当时，国家已经有明确精神，土地一级市场要掌握在政府手里，要求地方政府建立土地储备制度。结合落实中央精神和市委主要领导指示，我开始筹备组建地产集团，作为市政府土地储备的功能性平台。这样做有三个好处：一是贯彻落实中央精神和市委要求；二是使政府把在城镇化进程中增值潜力巨大的土地掌握在自己手中，这有利于保障未来发展用地需求和增加政府财源；三是可以防止各类腐败现象发生。

地产集团三大功能

在市委、市政府主要领导的支持下，2002 年底，重庆市政府开始"炮制"地产集团。

2003 年 2 月初的一个周末，在五洲大酒店，刚刚卸任的市国土房管局局长坐在了我对面。该同志熟悉业务，实践经验丰富，我和书记、市长商量以后，任命他为即将成立的地产集团董事长。

2 月 28 日，地产集团挂牌成立。国土房管局下属的土地储备中心和土地整理中心并入地产集团，出于预防腐败的考虑，土地交易中心还留在国土房管局。

地产集团主要承担三项功能。一是开展土地储备。二是进行土地整理，就是通常所说的耕地占补平衡。从成立到 2010 年底，它复垦了约 10 万亩耕地。三是发挥融资功能，承担城市基础设施和一些公益性社会文化设施的投资建设责任。

作为一种有意识的制度安排，重庆市地产集团没有房地产开发功能，目的是防止国有投资集团炒房、炒地皮，与民争利。

启动资金从何而来

实现地产集团的三大功能，关键是要靠盘活土地，管好、用好土地增值收益。其中，通过储备地向银行抵押贷款，拿到征地动迁的启动资金是基本前提。

以前，银行对土地储备整治管理比较宽松，凭一张政府批文就能向银行融资。地产集团成立半年后，即 2003 年 6 月，中国人民银行出台《关于进一步加强房地产信贷业务管理的通知》，规定银行贷款必须有抵押物，原来的政府批文不管用了。

地产集团开展土地储备，必须向银行贷款，可现在仅有政府的土地储备批文，批文不能作为抵押物了，怎么办？我们设计了一个土地储备证，提供给地产集团，用作抵押物向银行贷款，过渡了一年。在这一年里，重庆加快土地整治，储备了2万多亩土地，并办齐了土地使用权证。此后，每年有进有出，实现了良性循环，地产集团始终保持手上有2万多亩土地权证，从根本上解决了银行抵押的问题。

这一招，全国很少有人干，一般都是零打碎敲，整治一小块卖一小块。而我们则是整体规划、成片整治、周转配资，通过这样的制度创新，重庆的土地储备达到了足以调节土地市场的规模，进而可以对房地产市场调控发挥作用。

收到了三重功效

借助地产集团这个平台，重庆逐步建立完善了土地储备制度，并发挥出三个独特作用。

一是调控土地市场。通过"一个渠道进水，一个池子蓄水，一个龙头放水"的制度安排，重庆市政府掌握了主城近一半的可建设用地。在某地区地价过快上涨时，政府就可以多拿出几块土地进行拍卖，从而平抑地价。政府通过调整供地规模和节奏，稳定土地市场。由于地价连着房价，这一举措成了重庆房地产市场调控的"撒手锏"。

二是规范土地出让，防止腐败。土地批租环节极易发生腐败。原来，重庆的土地审批方式是市国土房管局批指标，拥有土地所有权或管理权的区县、乡镇以及企业，都有权卖地。它们和开发商私下谈好了价格，就向国土房管局报批。国土房管局如果不批，就会被指责"官僚主义";如果批了,则往往掉入陷阱,造成国有资产流失。成立地产集团后,土地储备做到了"三权分离":土地出让权集中到地产集团,区县政府、一般国企、基层单位无权卖地,还要配合地产集团征地动迁,它们没了决策权,房地产商不能寻租,就无法滋生腐败;国土房管局只是宏观管理,不能全权处置具体地块,也不能腐败;地产集团虽然掌握土地,但土地出让收入要与市、区县两级政府分成,区县会监督,国土房管局会管理,它也不敢腐败。通过这样的制度设计,重庆土地出让环节干净了很多。

三是充当为民办事的战略后备军。建立和规范土地储备,可以有效弥补基础设施和公共设施建设资金缺口。首先,借助储备土地的信用功能,可以向银行融资,"以时间换空间",推动经济社会发展。其次,土地储备的重点就是提前量,资产价值会随着基础设施建设和完善,随着城市发展而大幅提升,这笔巨大的财富增值控制在政府手中,政府就可将其用于修建老百姓急需的基础设施和公共设施。

七、"八大投"运作模式

为何是"八大投"

重庆为什么会形成"八大投",而不是"三大投"或者"十大投"?其中有投融资规律在起作用。前面几节提到,在基础设施和公共设施领域,如果某个门类今后10年有1 000亿~3 000亿元的投资量,原则上就应有一个专业的投资集团。总之,对一个城市来说,倘若将5 000亿元以上,甚至上万亿元的资金都放到一个公司,则资金规模过于庞大,不易管好、管细;而一个公司只管理一二百亿元，搞几十个投资集团，导致资金太分散，管理成本高，也无法形成规模经济。

2002年前后，我们预计，未来10年，按照国际惯例实现每1万人1公里高速公路，那么重庆3 000多万人口，大体要新建3 000多公里高速公路，需要投资近3 000亿元；新建八九千公里高等级公路，需要上千亿元资金；城市路桥隧、自来水和污水处理等水利设施、煤电油气等能源保障，投资规模也都在1 000亿~2 000亿元。于是，按照投融资规律，逐步成立了8家投资集团：高速公路——高发司，高等级路——高投司，城市路桥隧——城投公司，土地储备——地产集团，城市能源——能投集团，地铁轨道机场——开投公司，城市自来水污水垃圾处理——水务集团，农村水利——水投集团，俗称"八大投"。

"八大投"的功能与效果

可以说，过去10年，"八大投"是重庆基础设施和公共设施建设的支撑力量。通过它们的带动，重庆城乡建设得以蓬勃发展，城市面貌焕然一新。

2003年前，重庆高速公路通车里程只有二三百公里，出省高速公路只有一条"老成渝路"。2003年，高发司重组成立后，全市高速公路建设不断提速，2010年"二环八射"高速公路网全面建成，2015年通车里程达到2 500多公里、在建1 000公里，2022年基本建成"三环十二射多联线"，全市通车里程超过3 800公里。重庆每万人拥有高速公路超过1.2公里，可以赶上欧洲发达国家每1万人1公里高速公路的水平了。

2003 年前，重庆城市轨道交通通车里程为零，辖区没有一条复线铁路，江北机场也仅是一个航站楼面积 2 万平方米的内陆机场。2003 年，开投公司改组重生，结束了过去 10 年小打小闹、债务缠身的窘况，逐步发展成为一个以轨道交通投融资为主，涵盖铁路、民航、机场建设的"1+3"投融资平台。在其投资带动下，2015 年，重庆轨道交通通车里程达到 200 公里，2020 年通车里程达到了 400 公里，使重庆的轨道交通实施建设能力进入每年竣工交付 40 公里的发展状态。铁路通车里程近 2 000 公里，江北机场航站楼面积从 2 万平方米发展为 75 万平方米，年旅客吞吐量从原来的 400 万人次发展为超过 3 240 万人次，成为国内成长最快的国际机场之一。

能投集团的前身是重庆市建设投资公司，是市经委下属的一个以电源建设为主的公司，除了拥有几个地方性电厂的股份，基本无所作为。2000 年，重庆本地电厂装机容量只有 300 万千瓦，人均装机容量为 0.1 千瓦，只有全国当时人均装机容量 0.4 千瓦的 1/4。由于电力严重不足，一到冬夏用电高峰，时常拉闸限电。为了改善这一被动局面，2003 年，市政府确定了到 2020 年人均装机 1 千瓦、3 000 万人（常住）3 000 万千瓦装机的电力建设目标。随后，作为市级电力建设投融资平台，建投公司在与国内各大电力公司的合作中，当好配角、力争主动、积极参股，增强了投资各方的信心，发挥了引导基金的作用。2005 年，建投公司与重庆煤炭集团、重庆燃气集团重组，更名为能投集团。

2012 年，各大国家电力公司与能投集团形成的装机能力，加上已进入国家规划批准，在建的装机能力总共达到 2 000 多万千瓦，再加上国家电力从三峡水电站、四川水电站和西北地区供应重庆的上千万千瓦外购的水电、火电装机能力，完全足以支撑起未来十几年重庆工业发展、城市建设和居民生活用电需求。

"八大投"的陆续成立，有力带动了全市公共基础设施的投资建设。2002年"八大投"起步时，重庆全社会固定资产投资总额不到1 000亿元，其中，基础设施投资只有200亿元左右。2003—2015年，"八大投"实际承建或参建了2 500多公里高速公路、近2 000公里铁路、200多公里地铁轨道和上万公里高等级公路，以及大量城市道路、水利水务、环境设施、社会文化设施等重大工程，总投资额约6 000亿元。如果没有"八大投"，仅靠政府有限的财力，这样的建设规模是无法想象的，重庆很多标志性项目也不会这么快出现在这片土地上。

回顾"八大投"的发展历史，高投司、地产集团、开投公司、水投集团是新组建的，城投公司、高发司、水务集团、能投集团是重组改造而生的。但不管是新建还是重组的，企业性质变了，运作逻辑变了，企业的能力也随之提高。

信用基础源于"五个注入"

为何重组能发挥如此奇效？"八大投"强劲的投融资能力源自何处？答案可以总结为：资本金的注入夯实了融资信用基础。主要包括"五个注入"。

一是国债投入。1999年，为应对亚洲金融危机，中央政府启动国债投资，投到重庆的国债累计有250亿元，分散在各个区县100多个项目中。这250亿元国债是国家资本，我们将其打捆使用，分别注入了8个投资集团。

二是规费注入。包括高速公路收费、路桥收费、城市配套费等各类规费，也可作为资本金注入"八大投"。多年累积下来，大体有 250 亿~300 亿元。

三是土地注入。土地储备形成的资本，静态价值上千亿元，也可以作为资本金。

四是存量资产注入。"八大投"成立之前，重庆市政府过去几十年已经形成的基础设施、公共设施等存量资产，总体上有 200 多亿元资产，都划给了"八大投"。

五是财政收入注入。"八大投"不是私人企业，也不是完全市场化经营的国企，而是服务于公益事业的地方政府投融资平台，其在生产经营活动过程中产生的税费，除了上缴中央财政，还可以作为财政收入返还给企业，使其成为企业资本金用于长期经营。

10 年里，注入"八大投"的 5 种资金有 2 000 多亿元。有了资本金，"八大投"就有了融资信用，可以按照市场的游戏规则，向国家开发银行融资，从商业银行贷款，或者上市融资、发行企业债券融资、信托融资以及海外融资。通过这些方式，"八大投"10 年融资 5 000 多亿元，累计完成基础设施投资 6 000 多亿元，又通过 10 年近 10 万亩储备土地扣除开发成本后的批租转让达到净收入 3 000 多亿元的平衡。到 2015 年，"八大投"净资产达到 3 000 多亿元，债务余额为 2 800 亿元，总体信用良好，因此在基础设施投资中游刃有余，底气十足。

"三个平衡"的基本运作法则

对投融资平台而言，仅仅是投融资能力强还远远不够，如果具体运作不规范，经营管理中资金平衡出现问题，也容易诱发风险。

"八大投"每年要消耗大量资金，更应重视资产信用平衡。对此，我一直强调，要做到"三个平衡"。

一是净资产和负债要平衡。企业的资产负债率要控制在50%~60%，即大体上净资产和债务的比例为1∶1。如果杠杆比过高，负债率超出警戒线，就会产生泡沫，甚至使企业丧失信用。因此，资本和信用基本对称十分重要。

二是集团的现金流要平衡。"八大投"每年平均要承担400亿元的基础设施投资，另外还有贷款本息要还，两项相加每年有五六百亿元的支出。当然，有各种投资，也会有各种收入，比如高速公路收费、城市路桥收费等，但不管怎样，投融资平台的收入来源、融资资金最后都要与投资支出保持现金流平衡。

三是投入与产出或投入与资金来源要平衡。公共基础设施项目大体可以分为三类：有的通过市场化收费可以平衡前期投入，比如高速公路，这一类完全可以市场化运作；有的市场收费标准低，难以平衡成本，如污水处理，这一类就需要政府财政补贴；还有一类是纯公共品，不能收费，就要通过政府投入或土地等资源优化配置来平衡。但不管是完全市场化的平衡，还是靠政府补贴才能平衡，都要把账算清楚，把规矩讲明白。政府也要实事求是，按规律办事。如果一届政府拼命给"八大投"压担子，超出其承受能力，企业坏账成堆，甚至破产，就会成为下届政府的包袱。

总之，"三个平衡"是地方政府投融资平台持续良性运行的基础，是防范风险的屏障，也是"八大投"一以贯之的原则。截至2015年底，"八大投"总资产6 000亿元，债务不到3 000亿元，资产负债率在50%左右。这3 000亿元债务，绝大部分可以通过基础设施收费、储备地地租和转让收入等实现平衡，由政府承担偿还责任的 380 亿元，包括开投集团投资轨道建设产生的 100 多亿元、高投司建设高等级公路在费改税后遗留的 100 亿元，以及水投集团用于水利设施建设的近 100 亿元，这些都有清晰的财务账，资金来源都有明确安排。由此看，"八大投"的整体信用是良好的。

"三个不"筑起风险防火墙

除了保证资金的"三个平衡"，"八大投"还要防范金融风险，并且要设置三道防火墙，做到"三个不"。

一是财政不直接提供融资担保。"八大投"要靠自身的资本信用到市场上融资。如果政府为"八大投"的贷款提供担保，一旦出事，企业债务就会变成政府性债务，这种事不能干。

二是投资集团互不担保。"八大投"相互担保，会掩盖矛盾，一个出事，全部都会被拉下水，形成债务连锁反应。所以，8 个集团之间再友好，也不能互相担保。当然，如果某个集团确实遇到困难，政府也要出手相救，帮助它渡过难关。

三是各类财政专项资金要专款专用，不能违反财务规定。在一个集团内，哪怕一个项目的专项资金有结余，而另一个项目的资金紧张，也不能交叉混用。这是一条硬性规定。

从实践来看，这"三个不"筑起了"八大投"防范金融风险的有效防火墙。

用市场化手段体现政府意志

"八大投"通过市场化手段体现政府意志，在重庆的经济社会发展中，发挥了重要作用，具体表现为以下三点。

第一，有力支撑了地方经济发展。老百姓常讲："要想富，先修路。"其实，公共基础设施大都如此，必须在经济社会发展中先行一步。"八大投"通过市场化融资，加速了高速公路、高等级公路、污水厂、自来水厂等公共基础设施建设，这些公共基础设施成为重庆工业化、城镇化的有力支撑，带动了全市整体发展。

第二，转换了公共基础设施建设的承债主体。一般来说，各国地方政府建设基础设施是可以发行市政债券的，但我国为了防止地方政府发债不规范带来的风险，自 1995 年起，规定地方政府不得发行地方政府债券。重庆"八大投"发行的企业债券其实类似于地方政府发行的市政债券或者市政企业债券，由此转换了承债主体。

第三，成了国家开发银行开发性贷款的融资平台。国开行上万亿元的长期贷款，一般都是跟各省财政厅签订协议。但在重庆，国开行的六七百亿元贷款都是跟"八大投"签约的。由此，"八大投"起到了开发性融资贷款平台的作用。

"八大投"的生命周期

任何领域的投融资公司都有一个生命周期。在完成历史使命后，"八大投"也要功成身退，谋求转型发展。一般情况下，退出方式有三种。

第一种，在市场条件成熟后，由市场化力量接盘。重庆直辖的第一个 5 年，GDP 年均增长 9%；第二个 5 年，GDP 年均增长12%；第三个 5 年，GDP 年均增长 15%。随着基础设施和投资环境的改善，外资和内资越来越多地关注重庆、投资重庆。在这种情况下，原来"八大投"承担的项目，或者通过 PPP 模式招商引资，直接拿给内外资企业来承接，或者与内外资合作，搞混合所有制一起干，或者把建成项目转让给社会资本经营。总之，就是能转尽量转，充分发挥市场对资源配置的决定性作用。比如重庆的高速公路，截至 2012 年，已经有 1 000 多公里转让给社会资本经营。

第二种，投资集团整体上市，转变为规范的公众企业。比如水务集团整体上市，就促进了公司成功转型。

第三种，历史使命结束，转移战场。公共基础设施不可能永远大规模地建下去，地方政府投融资平台在主业基本见顶后，就要开拓新的经营领域。比如，高投司在重庆高等级公路建设告一段落和国家费改税的背景下，转型为交旅集团；能投集团退出"八大投"序列，变身为一个集燃气、煤炭、电力、页岩气于一体的生产运营集团。而且，随着地方经济的发展，政府财力增强，用于基础设施建设的财政资金会逐步增加，这也会促使"八大投"功能淡出。

2003 年，"八大投"成立之初，我们就大体预估了它们的生命周期一般在 10~15 年。其中的原理是，西部财力贫弱，公共基础设施建设必须先行，在市场力量不愿介入的情况下，组建"八大投"就是治病良方。而 10~15 年后，等"病"治好了，不用吃药了，"八大投"自然就会退出。到 2012 年，随着高投司、水务集团、能投集团相继完成历史使命或上市变成公众公司，退出基础设施投融资平台行列，"八大投"实际上已经变成了"五大投"。

那么，退出以后，"八大投"接着干什么？从"八大投"的主营业务分类来看，大体有三条出路。一是随着城市的建设发展，一些城市基础设施项目与城市需求已基本平衡，比如，水务集团的自来水供应和污水处理，能投集团的能源供应，如今都已大体平衡，二者就可以将主营业务从过去以基础设施建设投资为主，转变为以生产运行管理功能为主。二是负责修桥铺路等基础设施建设的平台公司，在市内建设任务基本结束后，可利用成熟的建设队伍和工程管理经验，转战其他兄弟省市或国外市场。三是兼具建设和运营两类业务的，比如开投集团负责轨道交通，就可以对其业务进行分类管理。我给它们的界定是：轨道建设包括车辆购置属于政府公共投入，按"八大投"的逻辑操作，轨道交通运营则应该市场化运营，要自我平衡，如此一来，等大规模建设周期完成后，开投集团整体就转化为一个运营公司。

针对重庆"八大投"，2006 年下半年，世界银行启动了一项历时两年的调查。2008 年 6 月，世界银行联合我国财政部，在重庆召开基础设施和公共设施投融资国际研讨会，比较了 4 个国家的案例，认为重庆"这 8 家投资集团带动的大规模基础设施建设，已成为重庆经济增长的关键驱动力量"。报告还说："重庆的做法具有创新性，其经验对中国乃至世界，特别是发展中国家具有参考价值，可作为一些发展中国家的有益借鉴。"

第二章

国有资本运营平台渝富公司
承载三大重组

一个城市的发展过程中，内外交通、商贸流通、资金融通三个环节最为关键，而资金是一切经济活动的血液，是关键中的关键。应当说，从困境中走出来的重庆，正是通过债务重组、土地重组、资产重组，实现资源优化配置，增强造血功能，解决资金匮乏问题。在这方面，渝富公司功不可没。

一、渝富的债务重组功能

一个建议被工行采纳，催生渝富公司

1999 年，国家成立四大资产管理公司，其使命就是处理四大国有商业银行的不良资产。在沿海发达地区，四大行各省区市分行的不良资产处理得比较到位；在内陆地区，比如重庆，则相对滞后，"饭只吃了一半，没有一口气吃完"。到 2003 年，国有商业银行的坏账依然是舆论"轰炸"的对象。

2003 年 11 月，针对这种情况，我给工商银行行长提了一个建议，工商银行重庆分行还有 157 亿元不良资产，一般来说破产企业的清偿率达到 5% 就不错了——如果重庆以 3 倍于破产企业清偿率的标准予以坏账清偿，工行则"集中优势兵力打歼灭战"，把工行在重庆的 157 亿元不良资产一口气冲销掉怎么样？

最初，工行提出清偿率要达到 30%，但我认为 15% 较为合理，后来折中为 27 亿元。因为多是坏账，经年累月，利息越滚越多，在 157 亿元的不良资产中，本金 97 亿元、利息 60 亿元。如果按本金算，则清偿率相当于 30%；如果连利息一块算，则清偿率是 18%。这个清偿率，按当时的行情，已经不算低了。然后，工行决策层、重庆市政府常务会分头研究，双方均同意后就起草协议报给财政部、中国人民银行、银监会——这是一个非常重大的事项，一个月后三部委研究同意，然后上报国务院获得了批准。

具体怎么操作？157 亿元坏账涉及 1 000 多家企业，如果让这些企业按 18% 的清偿率分别与工行重庆分行协商，就是 1 000 多个具体协议，涉及审核、执行等环节，不知道要拖到猴年马月，工行也不会同意这样做，因此必须由一个公司将这些坏账统一打包。于是我们考虑成立一个公司专门负责这件事，渝富公司由此应运而生。渝富公司首先需要有一定的资本金，不然怎么撬动 100 多亿元坏账呢？盘算一下，资本金至少需要 10 亿元，我把这项任务交给了时任市政府常务副秘书长，要求 3 天时间把渝富公司 10 亿元资本金落实到位。3 天后，10 亿元资本金基本到位，包括价值 3 亿多元的股权和一块评估为 7 亿元的土地，再加 100 万元的现金作为开办活动费。

搭桥贷款

渝富公司有了 10 亿元资本金，但并不是支付给工行的，而是其注册资本。渝富公司要将这 10 亿元资本金作为信用资本，"存一贷二"，先向国家开发银行借 20 多亿元。渝富公司的"生意"就是从向国家开发银行融资开始的。

国家开发银行的这笔融资，在国外通常被称为"搭桥贷款"，是国家开发银行"开发性融资不良债权收购"在全国的首次试点。有两个核心要点：一是国家开发银行向渝富公司提供 20 亿元贷款，以 157 亿元工行资产包为抵押，国家开发银行详细调查研究后认为，用 157 亿元资产包抵押 20 亿元没有风险，同意了这笔贷款；二是由国家开发银行担任渝富公司的财务顾问，参与不良资产包的处置过程。这相当于给这笔贷款业务上了"双重保险"，加之此前重庆和国家开发银行已经在路桥收费改革等项目上有了愉快的合作，这次再度牵手国家开发银行就很顺利。

此后，国家开发银行与渝富公司及重庆市政府又进行了不少合作。2010 年，国家开发银行主要负责人入选央视"CCTV 中国经济年度人物"，其获奖感言讲的"开发性金融"的内容中，提到的唯一案例就是重庆。

9 个月处置 80 亿元不良债务

渝富公司与工行重庆分行正式的协议是 2004 年 3 月签订的。第一笔 80 亿元不良资产包对应了 117 家市属国有企业，按双方商定的 21% 的受偿率，渝富公司应该支付给工行重庆分行 17 亿元。这笔交易要求在 2004 年 12 月 31 日之前了结，因为这 80 亿元不良贷款届时必须从工行的财务报表里消失，所以涉及一系列会计问题——工行已有上市的打算。

实际上，只用了 4 个月时间，渝富公司就将 17 亿元如数划给了工行。然而，困难的是渝富公司怎么回收这 17 亿元，因为这笔钱是从国家开发银行借来的。只有解决了不良资产包在国家开发银行的抵押，这件事才能往下推进，而时间只有 9 个月。

渝富公司的做法是，直接和 20 多个企业集团谈判，各企业集团再和下属企业谈判——渝富公司如果一家家地与欠债企业谈判，就变成讨债公司了，而且同样会旷日持久。但到了 11 月，还有一些企业集团拖拉磨蹭。眼看就要坏事，于是我直接联系欠债的企业集团负责人，让他们到渝富公司开了现场办公会。会上我大致说了三层意思。

第一，处置 157 亿元不良资产，银行有这方面的需求，我们要珍惜这个机会。本质上是工行拿出 130 亿元左右的利润，帮企业冲销坏账，而企业只需要出 27 亿元，就能了却这些陈年烂账，轻装上阵。这是各地方求之不得的好事，必须抓住这个难得的机会。首批 80 亿元不良资产包，商定的受偿率为 21%，是双方都能接受的结果。现在，渝富公司已经支付了 17 亿元，把这 80 亿元债务全部解决掉了，但年底前必须回收这 17 亿元。渝富公司帮助国有企业减负解困，不赚各集团的钱，但也绝不能赔本。当然，这是总账概念，具体到每个集团可能是有的赚点、有的赔点。但最终渝富不赚钱也不能赚钱是一个基本原则。

第二，有三种清偿方式。一是有钱当然还钱。二是没钱可以借钱来还。比如，本来有 20 亿元债务，现在去银行借 4 亿元，就可以全部冲销掉，实际减轻了债务负担。如果企业集团愿意这么做，渝富公司就可以帮助协调贷款。三是可以用土地抵债，不一定要企业集团把土地卖了，而是只要双方测算好，比如 30 亩地值 1 500 万元，那就可以按照这个额度抵债。至于今后渝富公司出让这块地，是赚钱还是赔钱，就都与企业集团无关了。尽管都是国有企业，谁占点便宜、谁吃点亏关系都不大，但账要按照市场价格来算，渝富公司不能欺负这些"穷兄弟"。

第三，市属国有企业与工行80亿元债务解押年内必须完成。解押就意味着相关企业集团的负债率一下子就降了下来，比如，化医集团的负债率就可以由原来的90%变成70%，轻纺集团由85%变成60%。如果不解押，年度财务报表中的企业负债率就会很高，这将直接影响各企业集团的融资环境。但解押的前提是，这17亿元要收回，方式可以是现金，可以是贷款，也可以是土地抵债。即使这17亿元还不能变成现金流，但只要用土地作为抵押，银行就是可以放贷的，贷款就可以变成现金流。然后，有的土地可以3个月卖掉，有的土地可以3年后再卖，这就变成一个资本运作计划了。

第二笔债务——"五个不算"

在这次现场办公会上，我还就工行与全市各区县国有企业、集体企业、民营企业等非市属国有企业关联的第二笔不良资产包——77亿元不良资产的处置工作明确了思路。要求渝富公司对这77亿元不良资产做五个核对：一是属于法院已经宣布破产了的，不要纳入；二是属于中央企业的，不归地方国资管的，不要纳入；三是属于外地民营企业的，依法破产的，不要纳入；四是属于外地国有企业的，重庆市国资委无权管辖的，不要纳入；五是企业被工商局吊销执照关闭了的，不要纳入。除了这"五个不算"，其他的原则上都应该纳入。

"五个不算"的结果是，去掉了 50 亿元不良资产处置任务——第二批债务就只剩下 27 亿元不良资产，然后渝富公司用 4.8 亿元接了过来。最后，实际处置的工行资产包是 107 亿元，渝富公司支付给工行 21.7 亿元，受偿率在 20% 以上。

工行不良资产包的处置，是一个多赢的重组。对工行而言，不良贷款本来就要处置，最后不仅实现了 21% 的清偿率——比当时破产企业的平均清偿率高 4 倍，而且解除这个包袱后，工行重庆分行在工行系统中的排名马上升了 16 位，2005 年前所未有地获得了 10 多亿元的盈利。对国家开发银行而言，其作为一家政策性银行，在支持地方经济发展的同时，在重庆的贷款都是安全的、优质的，当然也是高效益的，经济效益与社会效益兼得。对几百家债务企业而言，其消除了历史包袱，当然是赢家。对重庆市政府而言，可以说其是最大的赢家，不仅解除了企业负担，优化了重庆金融生态，还催生了渝富公司这个在全国独一无二的国企，并使其成为国有经济战略性重组的重要工具和平台。

渝富公司对工行不良资产包进行了处置，后来又处置了中国银行、建设银行、农业银行、交通银行等不良资产 160 多亿元，共 270 多亿元。也就是说，重庆既享受了 20 世纪 90 年代末国家债转股债务剥离的 300 亿元（当年全国总计实施了债转股 1.4 万亿元），又直接消化了"地方粮票"债转股债务剥离的 270 多亿元。

当时，这件事在全国产生了重大影响，因为重庆做得比较规范，很多兄弟省市都到重庆来考察学习，或邀请渝富公司去介绍经验。

2002 年，重庆有 500 多亿元不良资产，通过打包处理掉了 270 多亿元，剩下的 200 多亿元，银行通过清收，企业有了利润后偿还，又市场化地消化了 100 多亿元。到 2010 年，重庆的不良资产从 2002 年的 500 多亿元降到 80 多亿元，贷款从 2 000 亿元增长到 1.1 万亿元，不良贷款率从 20% 降到 0.8%，成为全国不良贷款率最低的地区之一。不良贷款率下降了，金融生态就好了，银行效益也就提高了，于是重庆成了当时中国银行业资产收益率最高的地区之一。

二、渝富的土地重组功能

我刚到重庆的时候，地处沙坪坝的一家国有企业进入了国家有关部门批准的破产程序，但因为缺少安置职工的资金而长期搁置，始终破不了产。厂长找我诉苦：安置职工需要 6 000 万元资金，没有这笔钱，职工无法得到安置，就无法推进企业破产；工厂共有 300 亩地，本想按每亩 20 万元卖了，凑足这笔钱，可是很多买家只肯出四五千万元，所以 3 年都没卖掉。我到现场一看，发现工厂位置非常好，位于嘉陵江边上，又在沙坪坝的中心三角碑旁边，怎么会按每亩 20 万元都卖不掉呢？于是，我决定由渝富公司出 8 000 万元将工厂的这块地买下。本来 6 000 万元卖不掉的地卖了 8 000 万元，工厂自然高兴，而且有了这笔钱，工厂就能顺利破产了。有了这个成功的案例，渝富举一反三地展开了一系列企业破产周转、环保搬迁、"退二进三"的资金托底工作。

企业破产周转托底

2001 年前后，重庆有 50 多家企业被国家经贸委批准破产，一共可以核销银行 50 多亿元的坏账，金融部门也都批准了。但直到 2003 年，这 50 多家企业一个都没有实施破产。原因何在？

通常，破产企业已经没有什么值钱的资产，除了它的土地可以安置职工。这个道理大家都懂，但为什么就是推不动？原来，一个企业要破产，为了社会和谐稳定，首先要把职工安置好，只有企业变成没有员工的空壳后，法院才会宣布其破产，破产以后才能卖地。如果破产企业拿不出钱来安置职工，企业就无法破产，不能破产就不能卖地。这样，所有的破产企业都只能耗着。这是一个"鸡和蛋"的关系。

在一些沿海地区的城市，企业集团往往有一些钱，如果一个基层企业要破产，母公司就会来垫底，帮基层企业先安置职工，然后周转起来。重庆的企业集团没有钱，要安置职工时，往往是集团和破产企业一起来找市财政要钱，市经委也会向政府要破产安置资金。这 50 多家企业的破产周转费、职工安置费，总共需要五六亿元，市政府拿不出这么多钱，好不容易挤出一两亿元也是"僧多粥少"。

此时渝富公司可以先出十几亿元来安置职工，待破产企业的土地拍卖后，再把这十几亿元收回来。依托渝富公司破产周转托底的功能，50 多家待破产的国有企业迎来了转机。2005 年，有 25 家企业进入破产司法程序，7 家企业实现了破产终结，包括重庆二棉、三棉、四棉等大型棉纺厂。其中，特别值得一提的是重庆特殊钢集团（简称特钢）的破产，后面将专门论述。

渝富公司对破产企业的周转托底功能，后来逐渐演变成一种劣势企业退出的制度安排。为什么呢？市场经济产生优胜劣汰，当经济不景气时，一个地方往往会有 20% 的企业出现亏损。当然，经济形势好的时候比例可能会低一点，这是基本规律。撑不住被淘汰的企业，如果是国有企业，则渝富公司可以接盘；如果是非国有企业，则当涉及全局的社会稳定问题时，渝富公司也可以接盘，以市场化方法予以帮助。

环保搬迁周转托底

2001 年，作为"净空工程"的关键环节，重庆市政府决定实施28 户企业的环保搬迁。这是此后重庆 6 批共 200 户企业环保搬迁的第一批。

2002 年，我陪包叙定市长去嘉陵化工厂调研，发现这个一年前就定下来要环保搬迁的企业竟一动未动。包叙定市长把任务交给了我，由于当时渝富公司还没有成立，是由城投公司托盘，把嘉陵化工厂当作个案处理的。后来，我了解到，还有其他 20 多户企业的环保搬迁工作也处于停滞状态。

为什么搬不动？其实，早在 2002 年初，重庆就为环保搬迁专门出台了文件，有很多优惠政策。包括工厂搬迁后免征地费、免出让金，新的企业运行后可以免税多少年，等等。这些优惠政策，都是新企业运转起来以后才能够享受到的。但新企业怎么才能建起来？只有老企业先搬走，然后把地卖掉，得到一笔钱，才能建新企业；新企业不建好，老企业不能关，地就不能卖——事情又变成了"鸡和蛋"的关系。

这中间需要一个杠杆。比如，老厂有一块 300 亩的土地，每亩价值 80 万元，总共就值 2.4 亿元；新厂建在郊区，用 4 000 万元就可以征地 300 亩。这个土地转换的过程，就可能产生 2 亿元差价，可以用来购买设备，实现新的发展。这时候，渝富公司就可以充当周转平台，先把老厂的这块地收回来，支付给企业2.4亿元，等新厂建好了，再把老厂关掉，出让这块地。

渝富公司环保搬迁土地质押周转托底的这一功能，解决了环保搬迁中的运作机制问题。按重庆市政府的安排，首批20多户环保搬迁企业中，有11家直接由渝富公司负责周转托底，包括重庆橡胶制品二厂、重庆长橡实业有限公司、重庆民丰农化股份有限公司、重庆三峡油漆股份有限公司、重庆化工研究院、重庆天原化工总厂、重庆天厨味精厂、重庆制药九厂、重庆印铁制罐厂、重庆嘉溢华科技实业有限公司和重庆前进化工厂。最终，渝富公司通过向国家开发银行申请中长期贷款20亿元，累计向这些企业提供搬迁资金24.6亿元。

此后，重庆市又启动了5批环保搬迁，累计搬迁企业100多户。其中，以重庆钢铁（集团）有限责任公司（简称重钢集团）的环保搬迁最具代表性。当时，重钢集团的污染占主城的50%以上，但让重钢集团搬迁，大家想都不敢想，因为体量太大，需要的资金太多，仅静态估算就要100多亿元。最后，依然是渝富公司发挥了周转托底功能，"搬走了"重庆主城50%的污染，同时使百年重钢涅槃重生，摆脱了被淘汰的命运。

2011年6月21日，重庆市政府常务会通过了第六批也是最后一批环保搬迁企业名单，解决历史遗留问题的环保搬迁工作从此画上了一个句号。

"退二进三"周转平台

"退二进三、退城进园"是优化工业布局、改善城市功能的重要举措，其原理跟环保搬迁类似。但与兄弟省市不同的是，重庆有不少央企背景的企业，占城市中心区工业用地的一半左右。由于这些企业是央企，要让它们搬迁，地方政府理应诚心诚意、公平合理地以市场化办法和它们协商议价。这时，渝富公司这个平台就显得更重要了。

渝富公司进行的土地置换，不是为了土地资源而进行重组，而是为了帮助企业顺利破产，实现"退二进三"、环保搬迁，是站在城市规划、产业发展和为企业纾困的全局上开展相关工作。出发点是善意的，解决问题的方案是合情合理的。可以说，渝富公司成了环保搬迁、"退二进三"、破产关闭的重要支撑。如果没有这个工具和平台，许多事情就无法推进，市政府即使有正义的目标，想做成这些事，最后也是做不成的。在这个意义上，渝富公司对重庆的城市结构调整发挥了重要作用。

三、渝富的资产重组功能

对金融企业的资产重组

前面已经述及，重庆几大金融机构的重组，都是由于原来的股东产生了坏账。这时，需要一个第三者——就像美国花旗银行重组那样。2008年全球金融危机爆发，花旗银行也不行了，如果任由其像雷曼兄弟公司一样破产倒闭，就会带来巨大的社会冲击，其属于"大到不能倒"的金融机构，美国政府让其他公司参与对花旗银行的重组，使用的是市场规则，体现的是政府意图。重庆金融机构的重组，既符合国际游戏规则，也符合国内法律法规。

重庆国有金融板块从一片废墟中站立起来，渝富公司在救灾救难中发挥了重要作用。比如，对西南证券的重组，渝富公司和中国建银投资有限责任公司（简称中国建银）共同筹划并战略性投入，后来中国建银因"一控二参"的约束而退出，渝富公司成为大股东。再如，重组重庆市商业银行，渝富公司又进行战略性投入，成为重组后的重庆银行的大股东。又如，面对300多亿元贷款的不良率达50%、资本金仅2亿多元的重庆市农村信用社的重组，渝富公司发挥了提供杠杆资金、穿针引线的作用，并成为重组后的重庆农村商业银行的大股东。渝富公司还是当时的重庆信托、三峡银行的大股东。

中央汇金公司比渝富公司早成立3个月，它的一个重要职能就是，在几大国有商业银行上市前进行股权投资。一方面，解决银行的历史遗留问题；另一方面，银行财务状况改善后再上市，其溢价也更高。从这个角度看，渝富公司也起到了同样的作用，因此被誉为"重庆的汇金"。从提升渝富公司形象的角度可以这么说，但与中央汇金一起步就有2 000亿美元的资本金相比，渝富公司的家底实在太薄，最初只有东拼西凑来的10亿元资本金和100万元现金开办费。令人欣喜的是，经过几年几十个项目的重组，渝富公司的总资产已超过1 000亿元，负债率在40%左右，净资产达到600亿元以上。

仅从重组地方金融机构看，渝富公司已经发大财了。其秘诀无非两个方面：一方面是采用"龙虾三吃"的重组思路，"把买棺材的钱拿来治病救人"；另一方面是坚信重庆经济发展必有一个光明的未来。因为在重组地方金融机构的过程中，牵涉政府财力、社会稳定、国有资产流失等许多敏感问题，决策者承担着政治风险。如果没有这种信心以及一套行之有效的对策，则是断然不敢冒险的。

重庆对地方金融机构的救治重组，不仅数量众多、种类不同、方法各异、涉及面广，而且效益良好，极大地改善了重庆的金融生态，引起了社会各界的广泛关注。除此之外，渝富公司还发挥了"催生婆"的作用，围绕重庆经济发展的金融支撑，推动新建了一批地方金融机构。比如，渝富公司与国家开发银行共同组建了三峡担保公司，资本金 30 亿元，是当时全国注册资本规模最大的政策性担保机构之一。重庆作为西部增长极，金融业结构中保险是短腿，渝富公司联合几家企业组建了安诚保险公司。为解决企业购置设备时的资金困难，渝富公司主导创立了银海租赁公司，提供金融租赁服务。2008 年，渝富公司与中国进出口银行联手，组建了进出口担保公司。2010 年，渝富公司与华融资产管理公司合资组建了华融渝富基金管理公司，重点投资于改制重组的国有企业、处于成熟期的行业龙头企业、处于扩张期的行业领先企业、具有增长潜力的产业集群企业、为产业集群配套的优质企业。

对工商企业的资产重组

对现有工商产业，特别是国有工商企业的资产重组，渝富公司在其中也起到了重要的支撑作用。比如，重庆特钢的破产重组、ST东源的资产重组、机电股份 H 股上市、川仪公司股份制改造等，都有渝富公司的身影。以下介绍两个典型案例。

推动特钢破产

特钢破产案是 2005 年全国最大的国企破产案例之一，涉及在职职工 1.5 万人、退休职工 3 万多人，加上 4 万多名家属，总共涉及八九万人。

特钢曾经是一家优质企业，但到 1997 年维持不下去了，1997 年上半年已经欠发全公司职工 5 个月的工资，到年底全面停产，6 000 名职工被"放假"，当年亏损 5.23 亿元，累计亏损和挂账亏损达到 17.79 亿元。到了 1999 年，特钢累计亏损达到 17 亿元，还有潜在亏损 5.5 亿元，拖欠职工集资款本息 1.2 亿元。特钢本该破产，但还是不敢破，主要症结是职工安置问题，特钢职工太多。于是，2000 年 1 月 10 日，特钢由重钢"兼并"，而当时重钢自身的处境也很艰难，结果可想而知。到 2002 年，特钢职工开始上访和上街堵路。

在综合研判的基础上，市委决定启动特钢破产，并由我担任特钢破产工作领导小组组长。于是，我紧急召集开会。我说："特钢的乱局已经拖了整整 6 年，重钢兼并特钢后的乱象持续了整整 3 年。老实说，如果 1997 年就坚决果断地对特钢实施破产，不仅可以把特钢的债务一笔了断，还可以卖掉特钢的全部资产回收一笔现钱。如果 2000 年就毫不手软地对特钢实施破产，就不会让重钢的干部职工遭受这么多磨难，也不会让重钢把一个'包袱'背到今天。特钢加重了重钢的负担，阻碍了重钢的正常发展。"

这个紧急会议的主要内容，是传达市委、市政府的决定，为了避免重钢继续在特钢问题上纠缠，跌入被拖死、困死的深渊，现在唯一正确的选择就是，对特钢这个药方已经开尽、至今难以回生的国有企业采取解除"兼并"的断然措施，只有解除了对特钢的"兼并"，才能依法推进特钢的破产。我们在推进特钢破产的过程中，必须站在对职工、企业、债权人负责的政治高度，维持"三步走"一揽子总体解决方案，有效地破解三个难题：一是还清对职工历年来的欠款，二是协调解决债权债务纠纷，三是稳妥分流、安置特钢职工。这三件事都是非常难处理的。6年多来，特钢欠职工的各类款项至少几亿元；特钢和重钢欠银行的债务，更是高达36亿元之多，还有涉及国内国外、本地外地的许多债务纠纷；特钢职工（含退休职工）有4万多人，是近10年来单个国企破产涉及人数最多的企业。如果我们回避矛盾，不解决这些问题，就无法顺利推进破产程序。

为了确保"三步走"一揽子总体解决方案扎实有力、稳妥顺利地推进，我们专门组建了重庆市推进特钢破产工作领导小组，领导小组除我担任组长外，还有市政府的四位副秘书长担任副组长。成员包括市经委、总工会、企业工委、公安局、财政局、劳动局、国土局、工商局、民政局、建委、维稳办、再就业办、沙坪坝区政府、重钢集团的各位负责同志。大家同心同德，甘苦与共，为推进特钢依法破产谋求更大的政策支持，为取信特钢广大职工落实更多的实际利益。

第一步，对职工的欠款由渝富公司垫支。

一切工作的起点，是还清对职工的各种欠款，这样才能平息职工的愤怒情绪，上街堵路的职工才会愿意回家。一个绕不过的前提就是，拖欠的工资要发，拖欠的医药费要报，拖欠的养老金要交，拖欠的白条要兑现。这样的拖欠，长则6年、短则3年，很多特钢工人下岗待在家里，没钱过日子，生活陷入了绝境。民以食为天，有能耐的可以做点小生意维持生计，没能耐的就在困难中熬着。当然，面对复杂混乱的局面，方方面面也都有说法。特钢可以说，企业年年亏损，机器都停在那里，哪有钱来还欠款？重钢可以说，本来就是"病人背死人"，为什么要帮"死人"还账？政府职能部门也可以说，机关不搞经营，行政没有利润，为什么要开印钞厂为特钢止亏？一个个企业、一批批官员、一级级部门，看似都有理由，其实都在推责诿过，直到矛盾激化、工人上街，还不知道本质和要害在哪里。工人没有无理取闹、没有政治目的，只是用自己的方式表达基本诉求和权利。会上我明确要求，国有企业要讲信誉，政府要讲信誉，3天之内必须把特钢对职工的所有欠账统计清楚，然后用10天时间把钱还了，送到所有被拖欠的人手中，特别是涉及职工人身安危的医药费要不折不扣地报销。

趁着我喝水的时间，一位财政局负责人小心翼翼地提出问题："有些医药费发票不规范，需要几个星期来审核。"我当即发火："家贫无米，贼上不了门。如果是正常情况，可能会有心术不正的人搞假发票、钻空子、骗单位的钱。现在是五六年的拖欠，正规的医药费都报销不了，生活费都欠着，谁会在这几年搞假发票来骗钱？谁会在这3天搞假发票？我们3天清欠收账，有人想搞都来不及。工人为特钢的生存而下岗，欠了工人的钱，就应当实实在在地报销。下岗工人因为没钱，有的就到小医疗点将就着看病，记账的方式可能就是小账、大账都写在一张纸条上，不见得有专门的发票和收据。看到这样的单子，你们应该感到辛酸和内疚，对这样的单子予以报销，是实事求是、特事特办。"

会议一宣布3天就还钱，上访的几千人立马都回家了。3天以后，钱就从渝富公司的账户陆续发到了职工手里，稳住了事态。

第二步，渝富公司出场参与重钢的债务重组。

债务重组的难点在于重钢和特钢之间的历史旧账。2001年，重钢兼并特钢后，与华融、东方、信达、长城四家资产管理公司签署36亿元债转股协议时，确认的是共同债务，它们的最大债主是中国工商银行旗下的华融资产管理公司，债务总金额是32.6亿元，其中特钢的债务是 12.3 亿元。

一天，我把中国工商银行重庆分行行长，以及重钢集团总经理、总会计师请进了办公室。重钢负责人首先陈情："重钢已被特钢拖得'满身病'，在特钢破产可以勾销全部债务的同时，希望'财神爷'高抬贵手，免除重钢的全部债务。"话音落地，工行负责人当即回应："免除国企全部债务，在我的职业生涯中，还没有这个先例！"场面很尴尬。我说："不能把重钢和特钢历史形成的坏账，都让工商银行承担，特钢自身形成的 12 亿元坏账，应作为破产清盘核销的债务，重钢历史形成的 20 多亿元债务，应分灶处理，采用债务重组，由渝富公司打包、打折处理。这样既符合特钢破产实情，又能最大限度地保护银行的债权，也有利于重钢轻装上阵、更好发展。"

第三步，渝富公司托底人员分流周转费用。

破产的关键是人员分流。当初特钢不敢破产，就是卡在这 1.5 万人的分流上。于是，我提出了"五个分摊"的方案。

第一，这 1.5 万人的分流过去都由重钢承担，重钢也实在承担不了。现在这个包袱给重钢卸掉了，但承担 3 000 人的分流总是应该的。这 3 000 名有技术能力、符合钢铁企业要求的职工，就在重钢系统内部消化了。

第二，国资委号召下属国企发挥团结友爱精神，各企业集团送岗位吸纳 2 500 人，各企业要提供比较好的岗位，不能提供可有可无的岗位，必须一个星期到位。

第三，有两三千人已经到了提前退休的年龄，男的 55 岁、女的 45 岁，就办理退休。

第四，有几千人过去几年已经在社会上找到了工作，也都有了一定的基础，可以自谋职业。

第五，剩下的两三千人进行转岗安置。人员安置过程中的资金周转，由渝富公司托底承担。

"五个分摊"方案使 1.5 万人的分流基本得到解决。然后就是人员安置的落实，包括各种法律程序、历史遗留问题的清理等。到 2005 年 9 月 30 日——我给他们设定的最后时限——整个事件画上了一个圆满的句号。

为这件事，新华社和人民日报社都发了内参，肯定和表扬了重庆市政府在处理特钢破产过程中，既对特钢实行了破产改组，又保证了职工的利益，以"政府推动、市场运作"来保证再就业的做法，很好地体现了工人阶级的主人翁地位、人民政府为人民服务的本质，希望能落到实处，保证重庆稳定。

回头来看，特钢这个万人企业迟到了 6 年的破产之所以处理得如此干净利落，靠的不仅是遇上难题不绕道、打攻坚战、不回避矛盾、敢负责任、敢下决心的作风，还和政府坚持问题导向、实事求是、针对具体的难题采取务实有效的重组措施有关。比如，渝富公司又一次发挥了企业破产的周转托底功能，包括垫付历年对特钢职工的各种欠账、安置职工的费用、债务重组的费用。要知道，在 2005 年，政府财政是没办法拿出 10 多亿元去解决特钢的烂账的。此外，国企改革的进展，也为特钢人员分流发挥了重要作用。重庆国资委明确要求下属的国企集团帮助特钢安置人员，还要求拿出好岗位给特钢的人员。

介入 ST 东源重组

ST 东源重组是涉及资产重组、土地重组的案例，既牵涉对 ST

企业的重组，又牵涉"四久工程"的清理，可以加深对渝富公司运作模式的理解。

事情要从深圳法院的一次股权拍卖讲起。

2005年8月，我接到渝富公司的报告，由于替人担保的贷款出现坏账，重钢持有的4 508万股ST东源法人股被深圳法院拍卖，底价是每股1.22元，比净资产还低，要不要出手？

这是一个典型的历史遗留问题。ST东源是由重钢集团旗下的重钢四厂转制而来的，上市后很快亏损，于是1999年把控股权让渡给了一个房地产企业——注册地在北京的泛华工程公司（简称泛华公司）。2000年，泛华公司又与ST东源签订协议，把紧挨观音桥、嘉陵江边的一块334亩的"黄金宝地"——后来有名的三钢厂地块，以每亩70万元的价格卖给了ST东源。不承想，泛华公司居然债务缠身，2001年9月，其持有的ST东源股权被天津法院司法拍卖，成都一家刚成立不久的投资公司锦江和盛以每股1.45元的价格拍走了控股权。

锦江和盛投资公司的老板就是冲着这334亩地来的。他控制上市公司后不久，2003年10月就用这334亩地和美国保德信金融集团旗下的华居公司组建了合资公司东源华居，华居公司持股66.3%，ST东源持股33.7%。相当于把这334亩地又卖了一次，以每亩162万元的价格，卖了2/3给华居公司。

这个拼凑的东源华居公司从一开始就出现扯皮，因此，过去了3年多时间，这334亩地都没有被开发，变成了一个"四久工程"，既严重影响观音桥商圈的整体景观，也影响投资环境。

现在机会来了，渝富公司果断出手。由于第一次拍卖流拍了，渝富公司在底价以5 500万元拍得了这4 508万股，变成了ST东源的第二大股东。

成为 ST 东源的第二大股东，并不是渝富公司的最终目的，渝富公司要的是控制权，以便对 ST 东源进行重组。巧的是，就在渝富公司积极在二级市场购买股票时，ST 东源的大股东东窗事发，被成都市检察院批捕。就这样，渝富公司走上了前台。

2006 年 7 月，华居公司与渝富公司的高层举行会议。渝富公司提出解决东源华居公司这一历史遗留问题的四种方式：一是继续合作开发；二是 ST 东源将股权转让给华居公司；三是华居公司将股权转让给 ST 东源；四是共同将股权向第三方转让。华居公司选择了第四种方案，并要求 ST 东源就继续完成拆迁和补偿问题给华居公司董事会一个明确答复。

11 月中旬，渝富公司召开会议，决定以第三方身份向华居公司和重庆东源同时发出股权收购要约。12 月中旬，华居公司向渝富公司发出正式函件，确认了渝富公司收购股权要约的法律效力。这标志着华居公司正式进入双边谈判框架。不久，渝富公司和华居公司草签了备忘录。2007 年 2 月，渝富公司与东源华居公司正式签订股权协议，受让华居公司持有的东源华居公司全部 66.3% 的股权。这就意味着，渝富公司将持有 ST 东源 33.7% 的股权，至此顺利完成了对 ST 东源的重组使命。

2000 年这 334 亩地以 70 万元 / 亩被卖掉，2003 年其中的 2/3 又以 162 万元 / 亩被卖给了华居公司，最后 2007 年渝富公司以 244 万元 / 亩买回来，渝富公司是不是吃亏了呢？事实上，这是一个对土地价值的判断问题。三钢厂地块位于嘉陵江畔，重庆主城的中心区位置，从 2000 年前后的房地产开发角度来看，一亩地怎么也值四五百万元。2000 年，正值企业破产，"人穷志短"，事实上做了令人心痛的赔本买卖，现在有机会挽回损失，当然不能放过。2007 年 2 月，渝富公司花 8 亿元收回了这块地，半年后就以 41.8 亿元拍卖成交，净赚了 30 多亿元。

渝富公司以第二大股东的身份主导 ST 东源后，主要办了三件事。一是结束了三钢厂地块跟外方没完没了的扯皮，解脱了 ST 东源。双方 2004 年发生争执后，由于外方在合资的房地产公司占主要股份，三钢厂项目变成了 ST 东源的一根鸡肋，吐不出咽不下。渝富公司介入之后，把这件事了结了，ST 东源得到了 3 亿元补偿。二是注入了银海租赁 30% 的股权，银海租赁是当时西部地区唯一的金融租赁公司。三是完成了股权分置改革。

此时的 ST 东源有充足的现金流、好的资产，被市场、股民看好。2007 年 8 月，锦江和盛投资公司拥有的 27% 的 ST 东源股份被拍卖，成都的奇峰集团和宏信地产以 6.5 元 / 股的价格买到了控股权。到 2010 年金科集团重组 ST 东源时，渝富公司还占有 18% 的股份。

四、渝富的实践与探索

渝富近年来的成就

近 10 年来，渝富公司累计融资 1 200 亿元，支持地方国企改革发展；承担了 3 个 30 亿元以上支出（上缴财政 30 亿元，为国企垫付 30 亿元，为地方金融机构消化损失 30 亿元）；贡献了 3 个 100 亿元以上积累（支援性投资 100 亿元，向国企转移利润 100 亿元，积累资本公积 100 亿元）。截至 2013 年 10 月，渝富公司注册资本金增加到 100 亿元，资产规模达到近 1 000 亿元，资产负债率为 63%，投资企业累计达到 47 户，初步形成国有资本投资控股公司的架构。2013 年 10 月以来，渝富公司实现投资 233 亿元、融资 341 亿元、还本付息 519 亿元、净利润 54 亿元。其中，2014 年集团本部实现利润 16.71 亿元，在 2013 年较 2012 年同比增长 152% 的基础上增长 30.24%；2015 年实现利润 37.89 亿元，在 2014 年的基础上同比增长 127%。在 2014 年首次实现经营性现金流为正的情况下，2015 年实现两个现金流净额均为正，其中经营性现金流净额 1.39 亿元、投资性现金流净额 64.8 亿元。2015 年 12 月，与改革转型前比较，渝富公司资产总额为 925.7 亿元，增长 10.2%；净资产为 437.8 亿元，增长 61.2%；净资产收益率为 8.27%，提高 5.78 个百分点；资产负债率为 52.7%，下降 15 个百分点。在重庆市属国有企业中，渝富公司 2015 年利润总额、利润总额增幅两项指标位列第一，上交国有资本经营收益指标位列第二，净资产收益率、上缴税费两项指标位列第三。

2004—2013 年：以"三个重组"达成"四方共赢"

一是债务重组方面。作为政府债务处置平台，渝富在购得银行债权后，从支持国企的角度按收购成本并加收合理费用由相关企业回购。从工行债务打包处置开始，渝富已先后处置和消化重庆包括金融机构在内的国企不良资产 270 多亿元。实现四方共赢：国企降债卸包袱，银行提高金融资产质量，渝富实现业务开局突破，城市改善金融生态环境。

二是土地重组方面。在债务处置过程中，渝富遇到了三种情况：不良资产所含质押土地须处置；部分国企由于资金紧张，希望以土地资产抵债；部分国企急需发展，希望以土地资产换资金。渝富由此介入国有工商企业土地的收购储备，并进一步发展为重庆"环保搬迁、'退二进三'、破产关停"三类企业土地储备的主平台、主渠道。企业将土地过户给渝富，渝富以土地向银行抵押贷款，再将贷款提供给企业，企业完成搬迁安置任务后再将土地交给渝富调规变性、整治出让，化解了"先有鸡还是先有蛋"的难题。实现四方共赢：企业累计获得周转资金450亿元，实现转型升级；顺利解决国企员工安置问题，维护了社会稳定；渝富抓住城镇化和房地产发展机遇，以时间换空间，不断壮大资产实力；城市品质提升，摘掉"雾都"的帽子。

三是资产重组方面。通过前面两个重组卸下包袱、盘活资产后，企业需要建立更高形式的、常态化的资金补充渠道，渝富抓住西部地区稀有的上市公司"壳"资源，先后对ST长运、ST重实、ST东源进行重组，并分别引进西南证券借壳长运、中房地产借壳重实、金科集团借壳东源实现借壳上市。实现四方共赢：一是企业借壳重组上市，建立现代企业制度，进入更高层次的发展阶段；二是资产重组引进民营企业，促进不同所有制经济共同发展；三是渝富操盘重组上市，以债转股等多种方式集聚更多资产资源；四是政府保住稀有上市壳资源，改善城市经济形象。

由于债务重组、土地重组、资产重组这三件事做得好，所以渝富公司的股权类净资产从10亿元持续增到100亿元、400多亿元。这只是账面资产，如果考虑到土地增值和股权溢价，其成效更为可观。未来的渝富公司，债务重组、土地重组、资产重组这三个基本功能是不应该变的，这是安身立命的机制。当然，不同的年景，这三类重组的特点、重点、任务会不同。例如，2004—2006年，债务重组较多；2007—2010年，因推动环保搬迁和"退二进三"，涉及的土地重组较多；资产重组方面则自成立以来就没有断过。渝富公司的这三大功能，今后可能也会有结构上的变化，重组的内容也会与时俱进。今年重组银行，明年重组破产企业，后年重组破产的外国公司，但究其性质，都是企业重组。

2013年以后：打造资本运营平台

第一，积极探索资本运营定位，加快从"平台工具杠杆"向"三个平台"转变。2003—2013年，渝富公司主要定位于政府化解处置不良资产、经营运作国有资产的重要平台、工具和杠杆，以服务政府战略、实现政府意图、完成交办任务为主。2013年以后，渝富公司启动改革转型，着力把承担的责任转换为企业发展的机遇，把承办的任务转换为与市场接轨的机会，从承担服务战略功能与市场运作功能，进一步转化为国资国企改革推动平台、国有资本优化布局操作平台和"股权投资、资本运作"的市场化运作专业平台，着力建设成为遵循规律、追求价值的市场主体，成为积极作为、敢于担当的责任企业，成为开放型、市场化、专业化、国际化资本运营集团。

第二，积极探索资本运营功能，从"三个重组"职能进一步向"股权管理、流动增值、优化布局"功能转变。渝富公司在前10年的探索中，递次演绎形成债务重组、土地重组、资产重组三项职能。2013年以后，在试点建设国有资本运营公司的过程中，渝富公司积极探索从资产管理公司职能向资本运营公司功能转变，逐步衍化出股权管理、流动增值和优化布局三项功能。一是股权管理功能。构建"积极股东"的股权管理模式，对存量股权资本强化"用手投票"价值管理机制，切实履行股东职责、发挥股东作用、行使股东权利、维护股东权益。二是流动增值功能。构建"进退留转"的股权运作模式，强化"用脚投票"有序进退机制，定期分析、研判所出资企业财务运行状况、价值变化趋势。战略性投资依据战略需要和培育阶段实施战略投资、战略退出；财务性投资按照"增持上升期企业股权、维持成熟期企业股权、减持衰退期企业股权"，实施投资组合动态管理，在进退留转中实现资本增值。三是优化布局功能。构建"战略投资"的产业培育模式，在重庆市金融领域、战略性新兴产业领域和有投资价值的其他领域实施战略投资，着力优化资本布局、改善资本结构，推动国有资本向重要行业和关键领域集中，向前瞻性战略性产业集中，向具有核心竞争力的优势企业集中。

第三，积极探索资本运营工具，加快从"三个政策性工具"向"三个市场化工具"转变。渝富改革转型前，主要运用土地整治出让工具、债权融资直投工具、行政化资产收处工具等政策性工具实施资产经营。2013年以后，在试点建设国有资本运营公司的过程中，渝富积极创新运作工具，初步形成资本市场、基金、资产管理公司等市场化资本运营工具。一是探索搭建资本市场工具。着力打造上市公司集群，运营好8户控参股上市公司股权，同时更加注重运用资本市场工具实施增量投资，2014年3月联合兄弟国企筹集103亿元资金并通过资管计划引入市场资金50亿元，通过上市公司定向增发投向京东方，撬动京东方投资330亿元在重庆建设第8.5代新型半导体显示器件及系统项目（简称8.5代线项目），2015年通过公开市场择机退出，首期实现运营收益 71.92 亿元。运用多层次资本市场开展 IPO（首次公开发行）、定向增发、二级市场减持，推动资本价值形态转换，实现国有资本循环流动增值。二是探索搭建基金工具。重点运营以战略性新兴产业股权投资基金为代表的产业基金，以中新互联互通基金为代表的开放型基金，以国企并购重组基金为代表的供给侧结构性改革基金，以高科技创新投资基金为代表的风投基金。比如，运用京东方项目资本运营收益分红 200 亿元，撬动组建 800 亿元重庆战略性新兴产业股权投资基金。战略性新兴产业股权投资基金组建以来，已投资医药股份、京东方后续扩能、重庆超硅、同方碳产业、敦煌网、惠科液晶、AOS（万国半导体）芯片等 8 个项目。再如，与新加坡相关金融机构、国内相关金融机构共同出资设立，引入社会资本共同参与，按市场化方式运作的中新互联互通基金，其中基石基金出资 200 亿元，募集社会资金约 800 亿元，设立金融服务、航空旅游、交通物流、信息通信 4 个板块专项基金，共同培育发展金融 – 航空 – 物流 – 信息生态圈。三是搭建金融资产收购处置工具。渝富集团创新运用资产管理公司金融业务资质，批量收购处置地方金融不良资产、市场化经营流动性较弱股权，是专业化管理、归集资产的重要平台。积极探索运用"综合性交易 + 创新型交易"模式，2015 年渝富公司服务银行、担保、小贷、信托等 22 家金融机构，已成交金融不良资产批量收购处置业务 3 宗，标的资产价值 7.55 亿元。

"渝富"是什么？

2005 年 11 月，世界银行发布的《中国经济季报》中有这样一段话："如果成功，重庆渝富资产管理公司可能成为一个颇具价值的样板。重庆市国资委下属的渝富公司在国家开发银行贷款的支持下，以人民币22亿元的折扣价购得了667家当地企业欠中国工商银行的107亿元债务。如果该资产管理公司能够成功地对这些企业实施运营和财务方面的重组以及所有制转型，那么'渝富模式'可能为中国东北很多破产国有企业的重组、关闭和转型提供借鉴。"

"渝富模式"就这样被叫开了，这是对重庆很好的推广宣传。类似的"宣传"，国家开发银行也做过——从收购不良资产的贷款申报和信用审查角度，国家开发银行把渝富作为一个范例向全国推广。应该说，世界银行帮重庆做了一件好事，但其笔下的"渝富模式"其实掩盖了渝富作为一个战略支点，对于国企改革、国有经济战略性调整的更深刻的意义——不良资产的重组仅仅是渝富公司三大功能之一。

从债务重组的角度来看，渝富类似于华融、信达等资产管理公司，但华融、信达是由银行端不良资产划转形成的，渝富是由企业端不良债务形成的。渝富介入债务重组不仅是卸债，同时还有借势推进负债国企改制、改造、改组的使命。从土地周转重组的角度来看，渝富有点像"八大投"里的地产集团和城投公司，但地产集团和城投公司的储备土地是政府按成本划拨的，而渝富的土地全部是由市场化行为获得的，从渝富的财务报表可以发现，土地进价几乎都是当时的市场价，甚至有的项目还高于当时的市场价。从资产重组的角度来看，渝富得到了外号"重庆的汇金"，但中央汇金起步有2 000亿美元的资本注入，可谓财大气粗、从容淡定，渝富的起步则举步维艰，更像是从腥风血雨中冲杀出来的"武林高手"。总之，渝富公司除了债务重组、土地重组、资产重组这三大功能，还可以发挥更多的市场化重组作用。

党的十八届三中全会以来，随着混合所有制经济发展、以管资本为主加强国有资产监管等改革加快推进、供给侧结构性改革全面开展，面对许多国企资本金短缺、低效无效资产较多、资本运作能力不强等突出问题，渝富公司又有了新的使命。

一是成为国有资本常态化修复的杠杆。渝富公司作为拥有几百亿元净资产的国有企业，在其他国有企业需要资本注入的时候，当然可以作为战略投资者参股其中，市场化地补充国企股本。这对于推动国有投资主体多元化、稳定股权结构、充实企业股本金、降低筹资成本都具有显著作用。当然，也可以入股民营企业，发展混合所有制。

二是成为国企无效低效资产退出的助推器。在推动"三去一降一补"过程中，需要加快对一批"僵尸"企业和空壳公司实施出清，对一批国有企业进行战略重组，对一批不良资产进行市场化处置，对一批扭亏无望的企业实施破产关闭。渝富公司完全可以在处置国有僵尸企业、空壳公司以及各种无效低效资产中发挥生力军作用。

三是成为增强国企金融工具运用能力的平台。从成立到2010年，渝富公司在支撑国企改革的过程中，形成了自己投资参股的金融体系，包括银行、证券、保险、信托、担保、基金、金融租赁等领域。比如，在2011年初，市政府专题部署渝富公司介入基金领域，专做针对基金公司的引导基金。但凡基金公司到重庆设立基金，只要有一定能级规模，且符合重庆产业发展导向，渝富公司的引导基金就可以视情况投入10%~20%，不当GP（普通合伙人），只当LP（有限合伙人），相当于基金的母基金，亦即遵循"用一把米引来一袋米"的逻辑。渝富公司这个母基金的介入，会增强基金对社会资金的吸引力，起到提升品牌的作用。好比一只股票，如果有社保基金或者中央汇金的介入，就会给该股票带来正面的功能形象。

总之，在国企改革和国有经济战略性调整中，如果仅靠行政力量自上而下，整个组织链是一个垂直系统，那么会有三个缺陷：其一，市场经济的规律不容易起作用；其二，容易产生腐败和国有资产流失；其三，国企改革重组，很多涉及边界条件、体制机制的转变，有时即便不考虑前两条，也需要一个杠杆，就像人不能抓着自己的头发离开地球一样。总之，三大重组也好，三个功能也罢，万变不离其宗的是，渝富公司在重庆国企改革发展过程中，与时俱进地发挥着有效的杠杆重组功能，如此而已。

第三章

地方金融机构的重组

"金融是实体经济的血脉。"对于重庆这样一个新兴直辖市、一个正在建设长江上游经济中心的大都市，金融至关重要。但在 2004 年，我刚到重庆不久时，重庆的几个地方金融机构全部濒临破产。

　　首先表现为坏账多。重庆市农村信用社，300 亿元贷款，180 亿元坏账，资本金只有 2 亿元。重庆市商业银行（简称重商行），70 多亿元贷款，30 多亿元坏账，资本金只有 3 亿元。重庆信托，16 亿元总资产，资本金只有几千万元，15 多亿元债务，13 亿元坏账。万州商业银行，22 亿元贷款，16 亿元坏账，资本金 1 亿元，而且有很多没有反映到报表里的损失。西南证券，16 亿元资本金，账上名义净资产有 2 亿元，但其实有三个窟窿：一是外地的一个大股东最初投了 5 亿元，但几个月后就全部抽走了；二是侵占、挪用了客户保证金 10 多亿元；三是诉讼资产达 12.7 亿元，实际损失已经超过 10 亿元；加上正常的经营亏损，西南证券给重庆市挖了一个 50 多亿元的大坑。在金融机构这样的财务状况下，其股东不愿意追加投资已经算好的了，恶劣一点的像西南证券的大股东，"抽血"加上恶意坐庄，已经涉嫌犯罪了。

　　其次是现金流断裂。这些金融机构基本谈不上有信用，挤兑随时可能发生。此时,一根"稻草"就可以把这些金融机构压死。这些金融机构都不是国有企业,而是由民营企业控股,或者是从城市信用社、农村信用社转化而来的。至于西南证券和重庆信托,当年是被外地民营企业控制的。2004 年前后,几乎所有的大股东都绝望了。股东绝望了,别的投资者更不愿意蹚浑水了。

面对以上两种状况,是束手无策、听之任之,还是分门别类、采取措施?是救还是不救?当时的意见并不统一,我分析权衡、综合利弊的意见,认为还是要救。理由有三个。

其一,尽管这些金融机构当时放在全国看,规模非常小,但对重庆而言,它们是本地金融系统的基石。一个直辖市不能没有地方金融机构,一个名副其实的长江上游经济中心也不能没有地方金融机构。

其二,这些金融机构的破产会给社会带来不稳定。三个银行都有成千上万的储户,西南证券涉及大量被挪用的客户保证金,重庆信托还是西南证券的股东,信托产品也关系千家万户。

其三,救或不救,政府都得花钱。让它们破产关闭,相当于"办丧事",百姓的几百亿元存款要还,股民的保证金也得还。与其花钱"办丧事",不如花钱"办喜事"。重组就是"办喜事",花钱治病,把病治好了,各方都得利。

救治的办法是"三管齐下"。一是债务重组,剥离坏账。金融机构之所以维持不下去,一定是因为坏账太多了,欠了一屁股无法清偿的债。二是资产重组,注入资本金,追加投资。坏账多了,资本金就会被坏账冲抵,不注入真金白银、现金资本是不行的。三是股东重组,调整法人治理结构。资本金的注入通常会带来股权重组以及股东结构的变化,从而改变法人治理结构。法人结构改变后,通常意味着企业领导班子的调整，新追加的资本理所当然地会用资本的力量，把造成金融机构濒临破产的领导班子撤换掉。

一、重组西南证券

2005年3月初，重庆市金融办和重庆证监局都向我紧急报告，西南证券账上可用资金只剩下3 000多万元，每月收入仅700万元，而每月开支却高达2 500多万元，严重入不敷出，照此下去，公司最多只能再撑1个多月。

要正确决策，先得摸清家底。我让重庆证监局认真调查。调查结果显示，西南证券的确存在许多严重问题，挪保挪券、大股东占款、诉讼等，共涉及资金近50亿元，经营亏损近15亿元，账面净资本不足2亿元。

山穷水尽的三大原因

究竟是什么原因，使一个拥有几十亿元资本的企业，在短短几年时间里走到了山穷水尽的地步？分析下来，主要有三大原因。

首先是股市行情低迷。从2001年开始，股指一度下挫超过50%。由于券商盈利模式单一，始终没有摆脱"靠天吃饭"的行业宿命，漫长的熊市使大部分券商出现了巨额亏损，西南证券也没能幸免。

其次是人祸。主要表现在三个方面。一是西南证券在定位和认识上发生重大偏差，把证券中介变成证券投机者。角色的异化将西南证券拖入了一条不归路。二是在经营指导思想上出现重大失误，"高杠杆"加大了经营风险。当时，西南证券账面净资本不足2亿元，营运资金只有 3 000 多万元，但通过多种方式居然撬动了几十亿元资金进行经营。"高杠杆"使公司危如累卵，将财务风险暴露无遗，危机爆发之后，西南证券没有任何能力进行自救。三是管理混乱。比如，公司协助股东及其关联企业抽逃资金，有些资金运作根本没有经过任何内部程序，以至于事后追讨起来，往往拿不出相应的证据，只能凭经办人的记忆。

最后，制度缺陷也是重要原因。从公司层面看，缺乏完善的法人治理结构和严密的内控机制，董事会形同虚设，内部人控制现象严重。从宏观层面来看，西南证券的许多制度安排不合理，如当时没有实行集中交易，保证金也没有实行第三方存管，让券商自己左手管右手，这显然是不行的。

重组西南证券的三重意义

西南证券的问题十分严重，自救根本无望，政府是否伸出援手？救还是不救，一时间成为各方关注的焦点。

主张"不救"的意见主要有两种：第一种意见最为集中，认为西南证券成立以来已经重组过两次，不仅顽疾深重，而且救助成本太高，再次施救没有意义；第二种意见是，企业倒闭是市场经济中的正常现象，是市场机制对经营不善者的惩戒，政府没有必要横插一杠，为违规者买单。

主张"救"的意见认为，西南证券的问题一旦处理不好，便会造成许多严重后果。主要有三点：其一，在西南证券开户的 50 多万名证券投资者的利益会受到损害，可能引发种种社会问题；其二，老股东利益会受到损害；其三，800 多名员工将面临失业。

对救与不救的问题，仁者见仁，智者见智。我反复掂量，觉得应该救、值得救、有办法救。除了上面提到的几点理由外，还应该从战略高度来思考这个问题。证券公司不是一般性企业，从宏观上看，证券公司在资本市场中能发挥五大功能。一是企业监管，作为交易监管的看门神。拟上市企业规范不规范，谁来把关？首先把关的是证券公司、律师事务所和会计师事务所。平时股民都是通过证券公司的交易系统进行交易，市场上有哪些违规交易，证券公司是有"火眼金睛"可以发现端倪的。二是平稳市场的"撒手锏"。在市场出现大幅波动的时候，证券公司可以出手稳定市场。三是战略方案的提供者。对资本市场的长效机制建设，证券公司应当积极出谋划策。四是投资者权益的保护者，包括上市企业、股民的权益。五是金融增加值的创造者。作为金融体系的重要力量，证券公司本身也创造金融增加值。从微观上讲，证券公司在日常运行中具有六种职能：一是可以拿出一定的资金做自营业务；二是帮助企业IPO；三是充当企业资产重组、收购兼并的投资顾问；四是投资固定收益类金融产品；五是经纪业务，经营各类通道业务；六是搞理财基金，发展资管业务。

具体来看，"救"有三大好处。

第一，有利于贯彻中央发展资本市场的重大决策部署。中央高度重视资本市场发展，2004年以后，国务院推出了以"国九条"为核心的一系列重大决策部署。拯救西南证券，是重庆市政府坚决贯彻落实"国九条"，主动参与券商综合治理的具体行动。

第二，有利于减少社会维稳成本，并树立诚信企业的良好形象。救一定会付出成本，有时甚至是高昂的成本，但不救却不等于不花成本，因为企业破产后的维稳一定需要一大笔支出。像西南证券这样一个涉及机构投资者、中小投资者、职工、债权人、股东等多方利益主体的公司，一旦破产，问题会很复杂，"办丧事"的钱肯定不少，加上旷日持久的官司，不良影响会相当大。在争论救与不救的过程中，西南证券的大股东就曾写信给市委、市政府的主要领导，要求政府保障投资者利益，不能使外地投资者满怀希望而来，血本无归地离开。虽然政府不能包打天下，但从政府诚信的角度考虑，政府理应本着高度负责的态度，尽量为投资者排忧解难，努力营造良好的投资环境。

第三，有利于建设长江上游经济中心，保证区域金融稳定。重庆经济腾飞需要借助资本市场良好的资源配置功能，需要大力发展金融服务业。不能想象，一个经济中心缺少金融中心功能；更不能想象，一个金融中心竟然没有一个法人证券机构。如果西南证券这个重庆地区唯一的本地券商破产清算，将造成重庆地方金融体系的重大残缺，会严重影响重庆的金融生态环境。同时，从区域金融安全的角度看，必须出手相救，因为一旦西南证券破产，就会引起多米诺骨牌效应。重庆信托当时是西南证券的第二大股东，拥有25%的股权。一旦西南证券倒闭，重庆信托就会面临巨大损失。而重庆信托与重庆市其他金融机构有大量的资金往来，一旦重庆信托倒下，重庆地区银行的呆坏账数量就会直线上升。由此可见，西南证券的问题，已经不是一家公司的生死存亡问题，而是关乎整个重庆地区的金融安全与金融稳定的问题，处理不好就会引发一场重庆的"金融危机"。

从当时国内的经济环境看，"十一五"经济发展势头持续向好，随着股权分置问题的逐步解决、机构投资者队伍的壮大和市场信心的恢复，在经过几年的深幅调整后，证券市场有望迎来新一轮的发展周期。国际市场普遍看好中国，国际资本从美国流出，涌向中国这样的高成长型新兴市场。多年的经验告诉我，如此多的利好一定会催生出巨大的发展机遇。此时拯救西南证券，可谓天赐良机、正当其时。

实行最彻底的重组

对于施救的具体措施，当时讨论过三种方案，有关部门还着重推荐了其中一种方案。

第一种是由大股东增资解围，其主要缺点在于治标不治本。西南证券大股东有心无力，根本拿不出钱来，即便勉强拿出钱来，鉴于过去的教训，又如何能够奢望通过大股东增资来完善法人治理呢？

第二种是由其他证券公司收购兼并，其主要缺点在于远水解不了近渴。从理论上讲，这不失为一种好的市场重组办法。但当时证券行业普遍不被看好，券商的命运扑朔迷离，市场化谈判往往旷日持久，等把重组条件一一谈判清楚，把问题一一解决妥当，极有可能已经错过了重组的最佳时机。

第三种是关闭新设，即新设一家证券公司承接西南证券的全部证券经营资产，西南证券承担所有债务、官司和不良资产而破产关闭。这个方案实质上是"大船搁浅，小船逃生"。当时，许多券商的重组都采取这种模式。该方案获得了不少人的认可，因为这样做，不但政府的成本不高，而且可以为重庆保留一家本地券商。这套方案当时已经获得监管部门的原则同意，并在悄悄推进，相关同志也到外地学习了关闭经验，新公司的股东也基本选定。但这个方案的最大缺点是，一家欢喜几家愁，"大船搁浅，小船逃生"，新公司办的是"喜事"，老公司办的是"丧事"，而且办"丧事"的成本很高、损失很大、时间很长。这显然不是一个多赢的方案。

三个方案都有很大的缺点。我当即决定把有关部门正在实施的方案停下来。鉴于西南证券问题的复杂性，一定要"谋定而后动"。经过审慎的思考，我提出了一个"三管齐下"的救治方案。

一是资产和债务重组。要想救活西南证券，首先要进行资产重组，变卖一些资产补充现金流，以解决流动性问题，保住性命。其次要进行债务重组，把西南证券的历史欠账进行清理，包括债权追收和债务清偿。历史遗留问题处理得好，才能让投资方放心、安心。

二是股权重组。引入战略投资者，从根本上改善股权结构，健全法人治理结构和内控机制，把西南证券做大做强。

三是将长远目标定为在重组成功、规范运行条件成熟时，争取上市。上市既是西南证券重组成功的最终标志，也是西南证券健康发展的重要保障。在我看来，重组只是第一步，政府主导的重组就像是对一个"病危的人"进行急救，但日后这个"病危的人"能不能真正恢复健康、变得强壮，依靠的是市场化经营、投资者的认可，以及公众的监督。只有通过上市，才能避免"穿新鞋走老路"，才能在市场竞争中发展壮大。

2005年7月8日，市政府常务会议做出重要决定，重组西南证券。同时，向国家有关部门认真汇报，以期得到它们的支持。这样做不仅有机会获得救助的资金，更重要的是可以更好地与相关部门协调沟通，可谓事半功倍。

重组西南证券的方案，得到了国家有关部门的支持。2006年2

月，重庆市政府联合中国人民银行、中国证监会制定了西南证券重组方案，并向国务院上报了关于西南证券重组的请示。当时，国务院批准了包括西南证券在内的 12 个有注资意图的券商的重组，并提出"要有强有力的领导，以保证改革重组方案顺利组织实施"的工作要求。这充分体现了国务院对我国证券市场健康发展的殷切期望，以及对年轻直辖市的亲切关怀。西南证券作为一家西部券商，无疑是十分荣幸的。事后看，获得国家的支持确实对救助西南证券至关重要，这些支持为重组工作奠定了坚实基础。

重庆市委、市政府认真学习领会并坚决贯彻国务院领导的批示精神，迅速组建强有力的工作班子，成立了一个由市级有关单位参与的市政府重组领导小组，选派了一位作风过硬、思考周密、办事果断、协调力强的市政府副秘书长任领导小组组长，同时加强了对西南证券的领导。

"三管齐下"实施重组

按照国务院批示的改革重组精神和我们既定的"三管齐下"思路，西南证券"保卫战"开始行动。

第一，资产和债务重组。西南证券面临的迫在眉睫的问题是，需要尽快归还挪保、挪用的资产。当时证监会下达了禁止挪用的"三项铁律"，西南证券要么还钱、要么被关。问题是：钱从哪里来？我们当即决定，让西南证券转让部分有效资产，以换取几亿元，这样做不仅延续了西南证券的生命，而且解决了重组的先决条件。

虽然解了燃眉之急，但对于需要大量输血的西南证券来说，这只是杯水车薪。

抓紧时间清理历史遗留问题，是把信心转化为行动的必由之路。其中，追收债权是否顺利完成不仅关乎西南证券改革重组的成败，也成为各界人士关注的焦点。

为了完成好追收债权的工作，市政府有关部门会同司法部门，态度坚决、责任到人、办法多样、手段灵活地开展了大规模的清收工作。在几个关键案件上，更是坚决果断地采取了措施。比如，为保全西南证券的资产，政府曾出面协调监管部门保护性地冻结西南证券的资产。再如，大股东当时并不太配合追收欠款，或搪塞推诿，或不理不睬。我们通过司法程序，依法冻结了大股东的部分资产。由于动作迅速，西南证券成了诸多资产查封中的第一顺序人，掌握了追债的主动权，迫使大股东积极地配合追债解保。还有一项艰巨的工作，就是解决未决诉讼问题。西南证券遗留下来的未决诉讼涉及金额近13亿元，通过各方充分协商，解决了其中的10多亿元。

第二，股权重组。在主动清理西南证券全部资产的同时，我们与中国人民银行、中国证监会多次沟通，就国家注资的方式、程序以及时间进行了细致讨论，最终确定由中央汇金公司的全资子公司中国建银代表国家向西南证券注资。

谈判中，最棘手的问题是净资产的缺口填实。当时，西南证券总股本16亿股，净资产才2亿元，每股净资产只有0.125元，中国建银提出，要么老股东缩股至2亿股，要么填实净资产。由于股权价值是股东的根本利益所在，能保全多少、如何打折，都会引起老股东的激烈争论。这是一场异常艰苦的博弈。老股东之间也争执激烈、相持不下，大翻历史旧账。在西南证券重组前，曾经先后提出了四个股权打折方案，但都一一夭折了。

我当时权衡，觉得既要尊重市场规则，让参与各方充分博弈，又要发挥政府的主导作用，让参与各方深刻理解顺利完成改革重组才是大局，要强调时间价值的重要性，让股东明白短期损失一定能通过西南证券的长期发展得到加倍弥补。为此，我们为股权打折的谈判定了最后期限。最后一天，经过一整天的艰苦谈判，最终主要股东同意按照 1：0.5 的比例缩股。这样，西南证券原来的 16 亿股本就缩减为 8 亿。

尽管老股东的股本缩减为 8 亿，但对应净资产才 2 亿元。只有填实净资产，补平缺口，才能让新的战略投资者放心。我们采取的办法是：老股东融资追加现金资本 6 亿元，注入上市公司。鉴于各个股东拿不出这笔现金，由西南证券重组的主导方、重组后的大股东重庆渝富提供融资担保。同时，为保证国企的安全，做出了"双保险"安排：一是将老股东的股权全部托管给重庆渝富；二是老股东用未来的分红逐步偿还上述资金，直至还清为止，从而确保重庆渝富只是起到了托管作用，最终还款人还是老股东。

正是因为我们的诚意，也因为我们不折不扣地完成了国务院批示中要求的 13 大项共计 200 余项具体事宜，最终我们顺利引入了中国建银。2006 年 11 月 28 日，西南证券举行了新公司揭牌仪式，注册资本一举达到 23.36 亿元，资本实力迅速增强，其中中国建银出资 11.9 亿元，重庆渝富出资 3.46 亿元，其他老股东出资 8 亿元。

中国建银和重庆渝富，一个是中央汇金的全资子公司，另一个被誉为"重庆的汇金"。两个战略投资者强强联手，不仅极大地优化了西南证券的股权结构，而且新股东的品牌效应大大提升了西南证券的市场价值。

2006 年 5 月，中国证监会和中央汇金公司在重庆召开了券商综合治理的有关会议，会上对西南证券的重组给予了充分肯定。

第三，借壳上市。通过重组，西南证券已经脱胎换骨，成为一个优质公司。于是，我们开始推动上市。

之所以要让西南证券上市，是因为上市是重组效果的最终体现，是建立现代金融企业制度的关键一步。重组是让趴下的公司站起来，但站起来的公司要能走起来，甚至跑起来，要靠自己、靠市场、靠全社会的监督。这是西南证券上市的宗旨。

为了确保上市后经营良好，在上市前我们重新调整了西南证券董事会、监事会和经理层，形成了一个懂专业、能拼搏的强有力的领导班子，以带领全体员工奋发图强。

西南证券的上市是一个复杂的系统工程，碰到了许多难题。比如，追讨大股东抽逃的资金，追讨企业间现金借贷的几亿元资金。再如，由于监管部门"一参一控"的新规定，又发生了中国建银股权退出的周折，花费了不少时间。在奠定重庆早期经济发展基础的重组中，西南证券是一场复杂程度、困难程度极高的重组，这里无法把一桩桩精彩案例都展现给读者。我想讲述的是，在这场战斗中，从普通员工到集团老总，从普通干部到负责统筹的市政府副秘书长，各相关部门都行动了起来，打了一场捍卫公共利益的保卫战，打了一场捍卫重庆金融的保卫战。

重组之后

2009年2月26日，西南证券上市。从公司2009年年报来看，它们交出了一份让大小股东都满意的成绩单：全年累计实现营业收入20.53亿元，利润总额12.72亿元，同比增长540.92%；实现净利润 10.09 亿元，增长 608.96%。截至当年 12 月 31 日，公司资产总额 149.70 亿元，净资产 46.78 亿元，净资本 35.25 亿元；每股收益 0.54 元，每股净资产 2.46 元，净资产收益率为 25.2%。

2010 年 9 月，为扩大公司资本规模、提高综合竞争力的非公开发行尘埃落定，逆势完成 60 亿元再融资，刷新了渝企在 A 股市场的融资纪录。同年，取得了直投、资管、两融、"三板"业务四块新业务牌照。

2011 年 9 月 18 日，西南证券对外公布公告，斥资 11.8 亿元收购银华基金 20% 的股权，合计持股 49% 成为其第一大股东。银华基金作为少数几家同时拥有多项资格的基金公司，管理资产规模超过 700 亿元，长期排名国内基金行业前十。

在 2011 年证监会的分类评级中，西南证券获评 A 类 A 级，历史性地跻身 A 类券商之列。

在传统业务方面，重组后的西南证券经纪业务连续 3 年保持高增长，份额增长和行业排名提高幅度位列上市券商第一；投行业务连续多年位居行业前十，2011 年并购业务排名行业第一。2012 年，西南证券净资产过百亿元，总资产过 200 亿元，资本实力接近券商第一阵营，几乎拥有券商经营所需的所有牌照。

二、重组农村信用社为农村商业银行

2003 年 6 月 27 日，国务院发布《深化农村信用社改革试点方案》，并在全国范围内选择了若干省市进行试点。这份名单里没有重庆。

重庆市农村信用社的领导班子坐不住了，心急火燎地向我报告。我告诉他们，这是大机遇，志在必得。于是，7 月 11 日，以重庆市政府名义向国务院报送了《关于将我市农村信用社列为全国改革试点单位的请示》，提出了"三步走"方案，即"在 2002 年进行全面审计和 2003 年清产核资的基础上，组织有关部门深入调研、反复论证，提出我市农村信用社'三步走'推进的总体方案：第一步，采取先试点后推广的方法，进行县级联社统一法人改革；第二步，市、县两级联社建立资产纽带关系，使市联社对县联社参股控股；第三步，在两三年内扩大经营规模，提高资产质量，把我市农村信用社转制为农村合作银行或农村商业银行"。此方案经国家有关部门讨论研究后，得到了认可和批准。

当时中央的方针很明确，国家给优惠政策，包括资金，但不是普惠制、不是人人有份，也不是白给，要"花钱买机制"。

我们要的正是机制。国家的资金支持政策分两种。一种是给予实际资不抵债额 50% 的低息再贷款。按当时四级分类的口径，重庆市农村信用社系统不良贷款大概为 150 亿元，其中相当一部分是坏账。按实际资不抵债额计算，大体可以获得 24 亿元再贷款。这个方案的好处是门槛低、不花力气、不做什么事就能得到这笔低息贷款，但贷款总归是要还的，在不发生新增坏账的情况下，几年后至多有几亿元利息。另一种是国家给 24 亿元票据贴现，同时将 24 亿元坏账划到中国人民银行保管。如果两年时间里，重庆市农村信用社达到国家改革试点预期目标，就可以用 24 亿元票据到中国人民银行换回 24 亿元的现金。

那么要达到什么条件才能拿到这 24 亿元呢？国家的要求有两个。一是不良贷款率比 2002 年底减少一半。2002 年底重庆市农村信用社不良贷款率约为 50%，2005 年要降到 25%。二是资本充足率要达到 4%。如果达不到这两个标准，可以再推迟两年；如果还是实现不了目标，国家就会把坏账还回来。这个方案确实门槛很高，但是只要达到条件就能实质性地拿到中国人民银行 24 亿元的拨款性补助。我当时考虑，这既是巨大的压力，更是千载难逢的机遇，必须紧紧抓住，倒逼改革。同时，对于农信社这样庞大的金融体系，改革方案要整体设计、系统配套，果断出手、多方协同。

面对 700 多个法人的"三大手术"

对应中央的试点政策，重庆用了两年的时间，实施了"三大手术"：一是法人治理结构体制调整，二是增资扩股、充实资本金，三是不良资产处置。

首先，法人治理结构体制调整。当时，全市除渝中区以外的 39 个区县共有 760 多个乡镇，其中 729 个乡镇有独立法人的农信社。市农村信用社只是一个行政管理机构，它与各农信社之间的关系，并不像国有银行总行与支行的关系。729 个农信社全是独立法人，一盘散沙，总共只有 2 亿多元资本金——平均每个农信社几十万元。全市农信社贷款 349 亿元，不良贷款约 150 亿元，严重资不抵债。农信社这种金融机构，一旦有风吹草动，发生挤兑，就是一场灾难。因此，一年时间，我们直接撤销了 729 个乡镇农信社法人，成立了 39 个区县农信社法人，729 个乡镇农信社变成区县农信社的分支机构。这是一次至关重要的管理体制改革。

其次，增资扩股、充实资本金。过去农信社是合作制，现在转变为股份合作制。一些企业进行了股权投资——增资扩股后，资本金中，40% 是原有的合作制性质的资本，60% 是股份制性质的资本。合作制是原来的社员出资，股份制是企业法人投资。增资扩股后，农信社资本金从 2 亿元增加到 17.8 亿元，净增 8 倍。当时国家对不同的金融机构有不同的资本充足率要求，商业银行 8%，农村合作银行 4%，农信社 2%——意味着资本金可以放大 50 倍，比如拥有 16 亿元资本金可以贷款 800 亿元。按照资本金放大 50 倍来计算，原来农信社 2 亿元资本金最多只能贷款 100 亿元，但实际贷款却有 300 多亿元。这种违规超贷，风险是巨大的。这一次增资扩股，既为农信社原有的资本缺口做了补充，也为今后贷款规模的扩大奠定了基础。

最后，不良资产处置。当时，农信社 349 亿元贷款中，有 150 亿元不良资产。如果用增资扩股的 16 亿元资本金来冲抵，没有哪个股东愿意投资入股。因此，只有想办法化解这 150 亿元不良资产。细分起来，这 150 亿元不良资产中，"死账"有 50 多亿元，主要是过去 10 多年的历史原因形成的：一是 20 世纪 90 年代末农村合作基金会归并到农村信用社形成的；二是城市信用社归并到农村信用社形成的；三是三峡库区淹没所带来的；四是乡镇因为发展需要、经济困难等向农信社借钱后形成的，或者是区县财政担保形成的；五是许多企业破产关闭等各种因素留下的。实际上，这 50 多亿元不良贷款是历史遗留问题，而且大多与政府有关，如果让股东来"背"，投资者就会撤资，导致农信社不稳定。因此，必须制定一个 50 多亿元不良资产的处置方案。大体渠道有五个。

第一，落实 24 亿元中国人民银行专项票据，大约可以冲抵 50% 的坏账资产。

第二，重庆市政府给予农信社一定年限的税费返还补助，每年有 1 亿多元。这与贷款规模有关，平均每年 1 亿多元，五六年累计就有五六亿元。

第三，要求区县政府承担一部分责任。不管是由于财政担保或者政府直接借款，还是农村合作基金会归并过来带来的坏账，都与区县政府的管理直接相关，一共涉及 12 亿元。这不能全部让农信社扛，但只需要区县政府还 5 亿元。也就是说，区县政府对 50 多亿元坏账的 20% 负有直接责任，但只需承担 10% 的偿还责任。这个措施减轻了区县政府的偿债压力，调动了其支持农信社改组的积极性。

第四，追债。这 50 多亿元不良资产并不是一分钱都收不回来，农信社要追债，就需要动用法律手段和行政手段，打击逃避债务的不法企业，追回 10% 既是可能的，也是应该的。因此，两年内农信社要千方百计追回 5 亿多元欠款。

第五，利润冲抵。改革后的信用社在发展中应该有利润，利润是股东的，可以分红，也可以冲销坏账。如果每年用 2 亿~3 亿元利润冲销坏账，4 年时间就能够冲销 10 多亿元。也就是说，这 10 多亿元是需要农信社的新老股东共同承担、消化的。

在五个处理不良资产的渠道中，最难做到的是第三条。当时是 39 个区县联社，要面对 39 个区县政府。到 2005 年 11 月，不少区县仍然没有动静，于是我召集专题会议，提出"以土地换和平"，就是用土地出让金来冲销农信社的不良资产。我告诉相关区县，使用目前这个化解农信社历史难题的办法，区县政府只用 10% 的资金就调动了中央政府和市政府 90% 的资金，最后金融机构处置好了，成了区县很好的融通工具，区县是最大的受益者。农信社 5~10 年讨不回来的坏账，再继续讨，也很难讨到；区县政府"要钱没有，要地一块"，即便没钱，按土地市场价，划拨一块地应该是没有问题的。

"以土地换和平"的办法并不复杂。区县政府划拨一块地，进行评估，假如价值1 000万元，如果这块地是净地，产权可交给农信社，农信社就抵销1 000万元债务；如果这块土地上还有没有动迁的农户，而土地的价格是随着动迁成本和城市规划而变化的，政府真正能做的，就是用土地出让金偿还农信社的不良资产。如果由区县政府与农信社来动迁，农信社就得成立开发公司，就会出现银行办公司的情况，这是国家所禁止的。为此，我们把渝富公司作为杠杆和工具，就避免了这种情况。渝富公司加入后，事情就变为：政府确定划拨的一块土地后，假如价值1 000万元，其中征地动迁需500万元，另外500万元可作为土地出让金来偿还农信社的不良资产；渝富公司就先掏出1 000万元，其中500万元用来拆迁，另外500万元付给区县——区县再将这500万元还给农信社。此时，渝富公司得到了这块价值1 000万元的土地，财务上也是平衡的。

这"三大手术"当年就见到了成效。2003年，农信社摘掉亏损的帽子，并用利润冲销了2亿多元坏账。2005年，39个区县联社先后完成了国家的两项规定动作，24亿元中国人民银行票据基本贴现。在此过程中，我们还着手建立市联社和区县联社的资产纽带关系，并在一些区县开展了把农信社改组为商业银行的试点。2005年底，全国农信社改革经验交流会在重庆召开，重庆在会上做了经验交流。

组建单一法人的农村商业银行

2006年，我们开始启动第二步改革，将有40个股份合作制法人的重庆市农村信用社重组为股份制单一法人的农村商业银行。采取的措施还是三招：股权重组、资本金重组、债务重组。

首先，把包括市农信社和39个区县农信社的40个法人重组为市农信社一个法人，各区县农信社成为分支机构。这是彻底的脱胎换骨。当时，重庆市农村信用社承接的职工有14 000多人，人员素质参差不齐，如果要让他们适应现代商业银行的要求，那么在思想转变、业务培训等方面有大量工作要做。比如，我们一次性抽掉了88个处级干部的岗位，相当于把人浮于事的干部调整了工作。

然后，增资扩股，冲销坏账。此时，农信社贷款700亿元，坏账130亿元，资本金16亿元。按农信社2%的资本充足率要求，资本金是够的；按商业银行8%的资本充足率要求，还需要56亿元资本金才能平衡。按当时商业银行不良资产率不超过10%来算，最多只能有70亿元坏账。因此，我们提出以增资扩股的方式，尽快增加50亿元资本金，同时冲销70亿元坏账。资本金要从16亿元增加到60多亿元，每股发行价至少1.6元：老股东的16亿股本就变成10亿股权，新股东买50亿股权则需要出80亿元；新股东要拿出30亿元冲销坏账，老股东同比例缩股，拿出6亿元冲销坏账，这样70亿元坏账的50%就被股权溢价冲销掉了。同时，现有的130亿元坏账中，应该能收回15亿元，也就是11%。农信社的负责人必须立下军令状：年底前清收15亿元。这样，坏账还剩下约20亿元，今后5年银行可以用坏账准备金，每年冲销4亿~5亿元。渝富公司代表市政府先拿20亿元帮农信社冲销坏账，农信社以后要拿出坏账拨备逐年偿还。这样一来，整个坏账还有60亿元，而贷款毕竟有700亿元，符合监管要求，而且资本金增加到60亿元后，贷款规模就可以向1 000亿元发展了，一方面重组后银行的效益会提高，另一方面坏账被稀释了，不良贷款率也会随之下降。

我把这个思路向中国银监会、中国人民银行的主要领导做了详细的汇报，得到了他们的认可。他们认为，这是一个创新。一般而言，只有自己拿钱先把坏账冲销掉，银行的股权才会有溢价效应；坏账没处理完，按常理一元钱一股都卖不掉。现在可以这样设定：当按照每股 1.6 元交易股权时，既把坏账冲销掉，也可以同时实现溢价，相当于把事情的次序颠倒了一下。从银行审批的角度看，一般要求坏账处理完了才能引入战略投资者。这次银监会特别批准，同意重庆按溢价收入冲抵坏账的办法来募集新股、设立新公司，也就是允许我们倒过来处理。

推动重庆农村商业银行在中国香港上市

　　经过两轮的资产重组，重庆市农村信用社从三级法人、700 多家法人单位到两级法人、40 个法人单位，再发展成为唯一法人的重庆农村商业银行，资本金从 2 亿元增加到 16 亿元，再到 60 亿元，坏账从 180 亿元降低到 60 亿元。2008 年 6 月 29 日，重庆农村商业银行股份有限公司挂牌成立。

　　两个月后，我到农商行调研，告诉他们，现在的任务是上市，要严格遵循商业银行规则，提高运行质量，具备 2012 年上市的基本条件，并对存贷款规模、利润、不良资产率等关键指标提出了具体要求。经过精心的准备，2010 年 12 月，重庆农商行在香港联交所成功上市，募集资金 17 亿美元。这是中国第一只农商行股票。重庆农商行到香港上市，创造了"四个第一"，被列为 2010 年中国金融十大新闻之一。而且，农商行上市是在圣诞节前，欧美很多国家都在休假，但还是得到了美国、欧洲和中国香港的高度关注。上市后一个月时间，农商行股价依然保持在发行价的110%以上，没有跌破发行价。

最合理的发行价是什么？如果定了一个发行价，上市后一两个月，股价涨了30%甚至翻番，则说明定价低了，该拿的钱没有拿到；如果上市后很快跌破发行价，跌了10%甚至20%，则说明定价高了，对股民不负责，企业的形象就破坏了。农商行的发行价定得很成功——溢价高于同样在香港上市的同类银行，并且上市后的股价也在较长时期内保持稳定。

上市后的重庆农商行实现了双赢。2011年年报显示，截至2011年末，总资产达到3 448亿元，较上年增长20.76%，实现净利润42.48亿元，增幅38.77%；存款余额2 461亿元，增幅19.74%；贷款余额1 443亿元，增幅18.17%；不良贷款率降至1.44%，拨备覆盖率提高至265%，资本充足率保持在14.9%的较高水平。资产规模位居全市第1，全国第21，全球第385。存款余额居重庆银行业之首。主要经营指标居全国同行前列。2016年，总资产达到8 032亿元，同比增长12%；净利润80.01亿元，同比增长10.69%；存贷款余额分别为5 181.86亿元、3 004.21亿元，增长10.20%、11.85%。不良贷款率进一步下降至0.96%，拨备覆盖率达428.37%，排在"世界银行1 000强榜单"的第170位。

这份成绩单，大小股东应该是满意的，地方政府也满意，因为重庆农商行服务"三农"取得长足进展，而且有力地支持了地方政府金融服务实体经济的宗旨。2011年，重庆农商行涉农贷款余额达到603亿元，占全部贷款的42%，比上年增加102亿元，增幅20.4%，余额保持全市第1。中小企业贷款余额达到620亿元，位居全市第1，其中小企业贷款余额261亿元，比上年增加61亿元，增幅 31%，微型企业开户数占全市的 80% 以上，发放微型企业贷款位居全市前列。

三、重组重庆市商业银行

2003 年初，中国人民银行一位副行长告诉我说："重庆市商业银行实际上是应该关门的，但那样会带来挤兑风险，引起社会不稳定，所以给你们一个黄牌警告，就看重庆市政府怎么把这个事情解决好。"

这番话引起了我对重庆市商业银行的重视。当时，重庆市商业银行的情况确实糟糕，150 亿元总资产，80 多亿元贷款，其中不良贷款 33 亿元，还有 6 亿元非信贷不良资产，支撑这一堆坏账的只有 2 亿多元资本金。没有一个股东愿意追加投资，也找不到一个肯拿出真金白银的投资者。这样的情况，一有风吹草动，就会面临挤兑风险，后果不堪设想。

八条意见与"龙虾三吃"

2003 年 2 月 18 日，我到重庆市商业银行调研，首先是给工作人员打气。我说："重庆市商业银行之于重庆，相当于浦发银行之于上海，深圳发展银行之于广东，对 10 年或 20 年后可能成为长江上游经济中心、金融中心的重庆而言，在同等国民待遇的前提下，地方政府对地方股份制商业银行有所偏好是应该的。"同时，我提出了以下意见。

一是增资扩股，不少于 15 亿元，最好是 20 亿元。考虑到目前几乎没有企业愿意投资，重庆财政、国有企业可以带头，但民营资本应该占到40%左右的份额。重庆财政一定会加大份额，并通过政府投融资平台来操作。

二是不良资产重组。目前30多亿元不良资产，一半可通过"外科手术"重组的办法解决，一半需要在发展中逐步消化。

三是目前资本充足率只有4%，比重太低，不符合《巴塞尔协议》8%的规则，而重庆市商业银行要想成为重庆的重要银行，其资本充足率应该在10%以上。

四是银行服务区域不要局限于大城市，而要向区县拓展生存空间，这也有利于中小企业发展。

五是市内自主项目优先让重商行参与。市政府组建的投融资集团的负债率原则上不超过50%，不会产生呆坏账，这是"双赢"的事。

六是通过体制机制，造就一个团结奋进的班子。运行机制上，总行抓大放小，小企业贷款可适当放权，建立起更灵活的机制，这也是银行做大做强的重要因素。

七是要大力调动金融管理人才的积极性，待遇和贡献要与人才自身价值成比例，建立起有效的激励机制，重商行的待遇不应该比其他股份制银行差。加强人才培养，引进优秀人才，不搞"近亲繁殖"。加强考核，能上能下、能进能出，还要执行干部交流制度，形成生动活泼的干部使用机制。

一个月后，在市政府专题会议上，又加上一条意见：在重组过程中要适时引进海外战略投资者，用两三年时间完成上市准备工作。

这八条意见，有的是工作方法，有的是提振士气，有的是政府态度。其中，增资扩股、债务重组、通过股权重组引进战略投资者实现整体上市，构成了后来重庆市商业银行重组的所谓"龙虾三吃"。

一年迈出两大步

重商行主要有两个问题：一是资本金不足，二是不良资产太多。2004年，重商行迈出了两大步。

一是增资扩股。国有企业带头入股，民营企业也积极跟进，3个月时间把资本金从2亿多元扩张到16亿元。按照《巴塞尔协议》8%的资本充足率规定，重商行贷款余额可达200亿元。此前，即使按3亿元账面注册资本金，也只可贷款36亿元，而实际贷款却达80亿元，资本充足率不到4%。

二是不良贷款处置。原来，重商行80亿元贷款余额中有30多亿元坏账，不良贷款率40%左右。增资扩股后，资本金也只有16亿元，如果全部拿来冲销坏账，坏账依然还有20亿元，银行又会变成负资产。可见，仅靠增资扩股解决重商行的不良贷款问题是行不通的，必须有剥离不良资产的其他措施。于是，2004年我们借助渝富公司，收购了重商行最次的12.5亿元不良资产。在具体操作上，渝富公司拿出12.5亿元现金给重商行，重商行划出12.5亿元不良资产给渝富公司。为了平衡这12.5亿元不良资产，市政府定了一个政策：以2003年的税收为基数，用重商行发展后的增量税收来偿还，时间为2004—2009年。经测算，按重商行每年新增税收3亿元计算，5年的累计新增税收就是15亿元，完全可以把渝富公司垫付的12.5亿元本息打平。

通过增资扩股、债务剥离这"两招"，我们完成了监管部门交办的"作业"。由于剩下的 20 多亿元债务中，至少可以回收几亿元，重商行已经脱离了高风险区。

当时，这被认为是商业银行债务重组最好的办法，中国银监会、中国人民银行给予赞赏，并提出全国的城市商业银行如果有这类问题，可以比照重商行的重组方法进行重组。后来，其他地区的一些商业银行在进行重组时，使用了几乎与我们一样的方法。中央汇金公司对各大银行重组的方案，就是国家拿笔钱把坏账买走，然后用这个银行此后 6 年的税收来补，直到补平为止。但重庆市政府没有让财政掏钱，只出政策。重组所涉及的各方面都没有吃亏，重商行也被救活了。

溢价引入战略投资者

2005 年 11 月，以上市为目标的重商行重组方案在市政府专题会上通过，这是一个更彻底的"增资扩股 + 债务重组"的方案。按照这一方案，渝富公司又将承接重商行不良贷款 21 亿元，累计达到 33.5 亿元。这 21 亿元又怎样平衡呢？

一是将 4 亿股重商行的股权溢价转让给战略投资者，溢价部分消化一块；二是政府在主城一环与二环之间给渝富公司划拨 5 000 亩储备土地，土地出让金平衡一块。这样做的逻辑是：重商行由城市信用社转型而来，其在信用社时期的大部分坏账是政策因素造成的。

经过两轮的不良资产重组，不断轻装上阵的重商行从信贷规模到效益都在快速提升，不良贷款率已经降到 0.34%，成了一个优质的银行。

银行有了优质资产，加之有著名的国际投行出马，引进战略投资者似乎也是水到渠成了。2006 年 8 月，最初重商行确实吸引了 16 家外资金融机构、10 多家国内金融机构来洽谈。但仅仅过了两天，30 多家金融机构走得只剩下 1 家，而且仅存的 1 家也准备走了。这是我们始料不及的，我接到报告后，执意要见见最后的这一家——香港大新银行。经过深入磋商，香港大新银行留了下来，后来以每股 2.02 元的价格从渝富公司手里买了 3.4 亿股。这是当时商业银行引进战略投资者转让股份的最高价，一般情况下是每股 1 元多。

在港交所挂牌上市

经过三轮重组，重庆市商业银行更名为重庆银行，成为在国内乃至全球有影响力的银行。根据英国《银行家》杂志 2010 年 9 月公布的"世界银行 1 000 强榜单"排名，重庆银行综合排名第 690，资产利润率排名第 276，资本利润率排名第 56。

重庆银行年报显示，2009—2011 年，净利润从 8.76 亿元增长到 14.63 亿元，主要经营指标增幅均保持在 20% 左右。截至 2011 年末，总资产 1 272 亿元，存款余额 893 亿元，贷款余额 640 亿元，资本充足率 11.96%，核心资本充足率 9.26%，不良贷款率 0.35%（比上年下降 0.11 个百分点），拨备覆盖率 526.74%，净资产收益率达 20% 以上。

2013 年 11 月 6 日，重庆银行在港交所挂牌上市，成为 3 年来在港上市的第一家中资银行，也是西南地区首家上市的城市商业银行，超额认购 7.81 倍，受到各路投资者的青睐。

四、金融机构重组心得

除了重组西南证券、重庆农村商业银行、重庆银行这 3 个案例，重庆信托、重庆三峡银行的重组过程也大同小异。

这 5 个金融机构的重组，都涉及不良资产的债务重组，都有资本金注入的资产重组，都有法人治理结构调整的股权重组，随之必然带来管理层的结构调整，目标指向都是规范上市。

2008 年，全球金融危机在美国爆发，美国一些大投行、大银行濒临破产，美国政府也用债务重组、资产重组、股权重组这 3 招挽救了金融系统。2003 年前后，中国对几大国有银行的重组，也采取了现金流注入、债务重组、股权重组 3 个措施。

美国在金融危机中救助金融机构的做法被普遍认为理所当然，中国推动几大银行重组上市也推动了几大银行生机勃勃的发展。作为地方政府，重庆早在 2004—2005 年就对这 5 个地方金融机构进行了重组，如果没有国家对重庆的战略定位，没有中国人民银行、银监会的支持，是很难如此顺利推进的。而且，当年重庆的一些做法是没有先例可循的，依然得到了金融监管部门的认可。比如，重庆银行的坏账冲销，不用财政花钱而采用周转思路，中国银监会为此还在重庆开了现场会。再如，农信社重组中，把债务重组和资产重组中的资产溢价估值联动操作。一般认为，一个坏的金融机构，总要把坏账剥离了，股份才会有溢价，新的投资者才会进入。重庆市农村信用社重组的办法是，先溢价增资扩股，并将 36 亿元溢价收入全部用来冲销坏账，依据是在坏账被溢价部分冲销的同时，股权溢价同时实现了。这种操作方式在重组万州商业银行——后来更名为重庆三峡银行——时体现得最为直接：设计一个 20 亿元的信托产品，溢价 60% 发行，溢价的 12 亿元直接冲销 12 亿元坏账，不到一年时间重组就完成了。

在重庆 5 个地方金融机构濒临破产，经重组才获得重生的过程中，我们总结了一条沉痛的教训：金融机构尤其是民营金融机构，其内部治理水平直接关系民营银行发展的成就。无论是从国际经验看，还是从这 5 个金融机构带来的教训看，关键在于防止 3 种情况。一是防止股权过于集中。目前，民营银行单一股东持股的比例虽然不能高于 30%，但仍容易出现"一股独大"的情况，使民营银行成为家族企业的"提款机"。在欧美，任何实业公司涉足金融，都有严格的股权比例限制，美国上市银行大股东的持股占比不能超过 15%，目的就是防止银行沦为家族关联企业的"吸金"平台。二是防止关联企业通过贷款利益输送。三是防止职业经理人内部人控制现象。董事会、股东会、经理层之间的法人治理结构要科学合理，股权如果过于分散，大股东的股权还不到 5%，就容易造成股东权力空心化和董事会决策形式化，不仅容易被恶意收购，而且可能形成实际上的经理层内部人控制状况。经理层为自身利益，往往会追求高风险、高收益的投资，从而给民营银行发展埋下祸患。

在重组 5 个金融机构的过程中，重庆市政府十分重视并发挥好证券公司、会计师事务所、律师事务所等中介机构的基础性、专业性功能。在重组过程中，中介机构绝不是重组方案生成过程中的看客，不仅是帮助企业做合规文件的帮手，而且是对重组方案的具体内容提出真知灼见和建设性意见的助手，更要对重组方案中有可能存在的缺陷提出异议、对方案的合法合规真正起到保驾护航的功能。

在重组 5 个金融机构的过程中，重庆国有资产体制发挥了独特而有效的功能。一般而言，工业、商业类国有企业，它们的业务由政府的分管部门主管，资产或资本管理往往是由国资委管理的。而地方金融企业，它们的行业业务管理归属金融监管部门，但资产管理体制并不清晰。2003 年，重庆市国资委成立时，重庆地方金融资本和工商产业资本全部划归国资委，实施一体化管理。如果重庆市国资委只管工商企业资产，金融企业资产由别的行政部门管理，金融资本和工商产业资本的管理体系是分割的，那么重庆地方金融机构的资产重组就不会如此顺畅和有效。在这个意义上，重庆市国资委对地方金融机构和工商企业管资产和管人一体化的体制探索，有重要意义。

第四章

国有工商企业的改革重组

改革开放以来，中央始终将国企改革作为经济体制改革的中心环节加以推进。党的十四届三中全会提出，国有企业改革的方向是建立"产权清晰、权责明确、政企分开、管理科学"的现代企业制度。党的十五届四中全会《关于国有企业改革和发展若干重大问题的决定》，进一步明确了国企改革的基本方向、主要目标和指导方针。1997年，在亚洲金融危机的背景下，我国启动实施国企改革脱困"三年攻坚"，为21世纪国企改革发展打下了坚实基础。

2001年我离开上海到重庆的时候，上海的国企改革已经告一段落，历史遗留问题基本清理干净了。但重庆国有企业仍处于泥潭之中，历史包袱依然很重。

一是坏账多，债务重。2003年重庆市国资委成立时，市属36家国有企业总资产1 700亿元，其中净资产只有300多亿元，债务却有1 400亿元，其中有200多亿元呆坏账或者需要核销的资产，这些坏账已存续了三五年，都表现为不良资产。那个时候，重庆市属国有企业整体资产负债率实际已达90%以上，远远超过了警戒线。沉重的债务负担使得国企发展步履维艰。

二是管理层次多，出血点多。主要表现在三个方面。首先，子公司、孙公司多。按照国际惯例，1 000亿美元的大集团，公司管理层级也不过三层。可当时重庆有的集团公司延伸到第六层、第七层，集团管理起来鞭长莫及，根本不知道下属企业在干什么。通常情况下，下属企业获得盈利时都不大理会集团，亏损时却都赖在集团头上，这种花国家的钱铺摊子、养人的现象，极大地消耗了国有资产。其次，壳公司多。不仅集团层面有，二级子公司和三级孙公司也有。这些壳公司既没有业务运作和经营管理人员，也没有净资产，只是挂着一堆债务，是典型的"三无"企业。它们或由经营失败、资产归零、人员下岗而造成，或因优质资产抽逃而产生。本来，在企业转制过程中产生壳公司并不奇怪，但如果三五年一直不解决，就是公司治理结构出了问题。最后，公司治理中存在内部人控制现象。一些上市公司或者其子公司被内部人控制后，不听母公司管理，甚至形成对抗。这种情况，如果是集团公司发展策略和工作思路有问题，集团公司自己要修正；如果集团公司的出发点是好的，方案也是好的，子公司因为利益机制不同而产生对抗，甚至与外界一起对付集团公司，这就表现为集团公司对子公司控制不力，这种局面也应加以改变。

三是冗员多，社会包袱重。特钢破产案就是一个典型案例。特钢年产量才一两百万吨，却背负着十几亿元债务。当时有几万名职工需要安置，各种历史欠账很多，仅"三金两款"（养老保险金、医疗保险金、失业保险金、工资款、集资款）就欠了六七亿元。

四是亏损面大，效益差。一般而言，企业利润率比银行贷款利率高一两个百分点，才有经营的必要。但当时重庆市属国有企业的亏损面高达60%，盈亏品迭后整体上是净亏损的。

面对这种局面，启动对国有企业的重组已刻不容缓。

一、重组重汽和机电集团

重庆重型汽车集团（简称重汽）是一家有着悠久历史的企业，新中国第一台重型汽车就诞生在这里。但到 2004 年，其核心企业红岩汽车公司以及几个关键配套企业，已经被德隆系控制，重汽的董事长甚至到德隆上海分公司担任了总经理。

重汽被掏空

重汽的悲剧是吃了德隆的亏，重汽与德隆的合作确实是一笔糊涂买卖。德隆用 3.5 亿元获得重汽核心企业——红岩汽车公司 55%的股权，又收走了红岩汽车下属的綦江齿轮传动有限公司（简称綦齿）、重庆卡福汽车制动转向系统有限公司（简称卡福）等几个关键配套企业的控股权。在这次合作中，重汽从德隆得到了什么？德隆这家企业，一没有带来汽车生产技术，二没有带来汽车销售市场，三没有带来有效的经营管理。更可气的是，德隆不仅没有带来资金，还套走了重汽原来的老底。在红岩汽车归德隆管理的 3 年时间里，德隆做了 3 件坏事。第一，刚接管红岩汽车就"借走"5 000万元现金。第二，资金注入仅 3 个月，就通过控制董事会的方式让红岩汽车为德隆贷款融资做担保，相当于把投资都抽走了。第三，通过在上海注册的一个销售公司把几千辆红岩车卖掉了，但不给红岩汽车车款，同时还"卖"零部件，像綦齿、卡福的产品当时在国内都是抢手货，因此又有两三亿元资金被挪用。

经过这样几轮"抽血"，红岩汽车再也没有能力为自己融资，因为有效资产都被母公司德隆用于担保，生产出来的汽车卖出后又没有现金流回来，所以整个资金链断裂了。最后德隆崩盘，红岩汽车又要变成德隆的债权人——华融资产管理公司的资产。在这样的背景下，红岩汽车已是气息奄奄，濒临破产、停产，而且仅有的一点有效资产随时可能被拍卖去堵上德隆几百亿元的窟窿。

再一次虎口脱险

在重组重庆实业时，我们也遭遇过德隆，那是德隆遭遇灭顶之灾时，我们对重庆一个上市公司重庆实业的一次抢救性重组。从时间先后来说，重组红岩汽车是我第一次和德隆打交道。

2004 年 4 月，德隆系开始崩盘，首先是股价跳水，然后是巨额债务不断浮出水面。看到这个情况，我们当即做了几件事。

第一，当机立断冻结德隆在渝资产。商请重庆法院，把德隆在重庆有财产的企业，如红岩汽车等的资产通通冻结起来，因为德隆欠我们几亿元，我们依法办事，据理力争，有理有据。

第二，把红岩汽车控股权从德隆手中拿回来。德隆是通过控股株洲湘火炬火花塞有限责任公司（简称湘火炬）来控股红岩汽车的，于是我们与湘火炬董事长、总经理进行了友好协商，他们退出红岩汽车，我们合情合理地出钱拿回控制权。结果是德隆在红岩汽车折腾一通后，把初始"投资"的 3.5 亿元全部拿回去，但其欠重汽的钱得留下——红岩汽车为德隆的担保贷款要解除，抽走的资金要还回来，几千辆重车卖掉后的资金要扣除。2004 年 7 月，账算好了，签约画押。重庆比较幸运，从德隆手里收回了红岩汽车，才有了后来重庆机电控股（集团）公司（简称机电集团）和重汽的重组，以及红岩汽车和依维柯的合作。

做实"机电空股"

与重汽"联姻"的机电集团，本来也是"苦孩子"。它于2000年8月由市政府撤销原机械工业管理局、电子工业管理局、冶金工业管理局3个管理局下属的76家企业拼合而成，有6个管理层级，100多个独立法人。规模很大，亏损也很大，当时亏损面达68%，年亏损额上亿元。即便如此，这100多家企业，机电集团几乎一家也支配不了，能够动用的只有借来的700万元开办费，还得省着花。到2003年，机电集团负债率高达117%，年亏损几亿元，已经可以破产了。实际上，机电集团的负责人也真有过破产的念头。当年接任的公司董事长就常常说，"机电控股"其实是"机电空股"。

只是把工业局换个牌子，当然不是行政体制改革和国有企业改革的目的。只有通过战略重组，才能让机电集团实至名归。

首先是债务重组。在渝富公司首批80亿元工行不良资产包中，机电集团是"大户"，多达25.2亿元，占了近1/3。这笔债务在2004年一举了结（具体做法在第二章中有详细讲述）。在此过程中，债权转股权，机电集团从此由"空股"变成了"控股"。在尝到甜头后，机电集团很麻利地举一反三，把华融资产管理公司涉及12户企业的9亿多元债转股，以1.9亿元的成本消解了。对其他的一些呆坏账，也按照同样的模式与银行谈判。到2004年底，机电集团的负债率降到了84%。

环保搬迁、"退二进三"、退城进园也是这个逻辑。仅"退二进三"的企业，机电集团就有20多户。当时，经市政府批准，市国资委制定了一个国有企业资产转让交易制度，凡是资产运作必须由集团主导，子公司不能擅自交易。这个制度的实施到位，制止了集团下属企业不经集团批准，擅自进行资产转让交易的行为。机电集团等集团公司，终于开始有点控股公司的模样了。

通过坏账重组和资本金注入，机电集团的现金流就转起来了。当集团层面越来越强后，就可以对企业进行管理链和产品链的重组，也才有能力进行资本运作。

机电集团与重汽重组，资源优化配置

在机电集团债务重组初战告捷后，我们又推进了机电集团与重汽的重组。重组方案经过精心设计，为减少重组震动，重汽的各子、孙公司整体并入机电集团，重汽董事长出任机电集团总经理，另一位核心成员出任机电集团党委副书记。

这样的重组，从表面上看，好像是外延扩张，拼凑了一个年销售收入上百亿元的集团。当时，西部地区的百亿元级工业集团很少，重庆只有长安汽车一家。2004 年 11 月 20 日，在机电集团与重汽的重组会上，我对这一重组的意义做了分析。

第一，通过重组整合可以实现规模经济效益，产生行业排头兵的效应。比如，中央给的许多优惠政策，包括推动机械工业、汽车工业、商业发展的各种引导资金，如果企业集团有一定规模，在西部有一定地位，就能够争取到更多优惠政策，通过规模集约、强强合作、做大做强，能够争取更大的机遇、更广的市场空间和更多的社会信任。

第二，通过上中下游产业链整合和同类产品集聚实现资源优化配置，达到"1+1>2"的效果。重汽原来隶属于中国重汽集团，只能围绕中国重汽的产业体系来做配套，而中国重汽的产业体系与之并不配套。比如，綦齿、卡福不应只为红岩汽车做配套，它们可以为全国的汽车行业包括机电行业服务。然而，过去在重汽的管理下，綦齿和卡福都局限在与红岩汽车的小循环里，发挥的作用不大。重汽与机电集团重组后，机电集团的产品谱系更齐全，綦齿和卡福在机电集团的体系里就可以为全市乃至全国的行业做配套，能够发挥更大的作用。另外，机电集团内部也有几十个与汽车有关的零部件厂，这些零部件厂原来与重汽只是生意伙伴关系，没有战略上的联系，现在同属一个集团，虽然零部件采购上不能搞系统内、地区间的近亲繁殖，但在零部件质量和成本相当的情况下，"内配"是一种合理高效的产业链组织形式。当时红岩汽车每年有几十亿元销售额，过几年就会达到上百亿元，如果机电集团的零部件厂能够成为其主要零部件供应商，也是非常好的资源优化配置。总之，通过资源整合，对于集团内企业的现金流、金融贷款信用以及相互之间的各种联络，都会产生优化配置效应。

通过这次会议，机电集团的思想统一了，视野也打开了，提出做好"三个市场"：一是国际市场，二是国内市场，三是内配市场。尤其是在内配市场方面花了不少工夫，由此增强了企业的凝聚力，借"内配"思维理顺了产品链、产业链。

"三退出、三合并"，推进组织结构重组

在国有企业改革重组中，除了要解决债务重、欠账多的问题，还要从体制上解决公司层次多、子公司和孙公司多的问题。在机电集团债务重组快速推进的时候，与重汽合并后的机电集团，抓住机遇，深入推进组织机构的整合。仅 2005 年上半年，就消除了 26 个

二级企业的"番号"。

第一招："三退出"，即劣势企业破产退出、空壳公司清盘退出、国有股份从发展不明显的企业中退出。

第二招："三合并"，即相关产业和工艺合并，相关管理模式企业合并，参股企业合并到一个公司集中管理。

按照"三退出、三合并"原则，机电集团对下属100多户企业进行了系统改造，精简理顺了组织链和管理链，形成了5个支柱、6个子集团，形成了重点布局国家支持的16个机电板块的发展格局。

企业需要以好的制度、好的管理、好的文化推进整体上市

经过两年的努力，重组后的机电集团开始焕发新的生机，上市就被提到了重要议事日程上来。为此，2006年7月14日，我专门到机电集团调研。

为了更好地达成上市的共识，我从"劳心者治人，劳力者治于人"这句话说起。"劳心""劳力"怎么理解？第一，你能驾驭资本，你有丰富的资源，治人；否则，治于人。第二，你有核心技术，有核心主业，掌握着高端的先进技术，治人；否则，治于人。第三，你的企业文化、治理方式、管理体制有优势，治人；制度落伍、理念陈旧，治于人。

如果制度有优势，可以把别人的技术、资本为己所用。从这个角度看，制度也是一种生产力。对企业而言，制度优势很具体，比如法人治理结构是制度，企业文化也是制度。上市公司的法人治理结构就是一种当下最具规范性的制度，好的企业制度、企业文化可以促进企业更好地吸引人才，发挥企业家的竞争优势，有效地适应

市场经济变化，加快技术进步，增强产品的核心竞争力，防范市场风险。

顺着这个话题，我讲了国企改革为什么到最后阶段都要整体上市，并要求机电集团开始着手推进整体上市。2007年，由机电集团、渝富公司、重庆建工集团、华融资产管理公司共同发起成立重庆机电股份有限公司（简称机电股份），然后是资产及现金注入，机电集团将其直接拥有的14户企业的股权——80%的优良资产注入了机电股份。2008年6月13日，机电股份在香港联交所成功上市。

以整体上市为标志，机电集团走完了国企改革的全过程。重组后的机电集团开始发力，逐步发展成总资产超500亿元的大集团，跻身于中国企业500强和中国制造企业500强。

二、重组化医集团

2000年8月，在行政体制改革过程中，重庆撤销了化工局和医药局，整合两个局下辖的50家企业、近4万名员工，组建成了重庆化医控股（集团）公司（简称化医集团）。这也是一个"翻牌公司"，集团总部基本沿袭了过去行业管理的职能，并不能像一个紧凑的集团那样去管控下属企业，经营不好在所难免。2003年底，化医集团总资产70多亿元，净资产17亿元，其中不良资产8亿元。账面盈利100多万元，但审计机构出具的是50%无保留意见的审计报告。从其下属企业来看，仅在渝富公司第一批处理的80亿元不良资产包中，就有10多个企业是化医集团的，化医重组启动时尚未进入处置程序的还有9个；在重庆第一批28个环保搬迁企业中，有10个企业来自化医集团。

化医集团的问题就这样被摆上了我的案头。化医集团就真的搞不好了吗？在那个年代，涉及国有企业改革的时候，我们都该问问这个问题。

20世纪八九十年代，重庆的天然气化工是排在全国前列的，品种繁多，树大根深。在医药板块方面，重庆作为重要的原材料基地，有一批优质企业，但当时，化医集团旗下的医药股份30%的股权已经相当于"用豆腐的价钱卖肉"卖给了四川迪康药业；化医集团旗下还有一个遍布城乡的医药连锁品牌——和平药房，但其52%的股权已经旁落，且只卖了3 000万元。化医集团旗下有3个上市公司，其中西南合成、民丰农化分别被南方同正和国泰颜料控制了，渝三峡基本没有融资能力。

面对如此窘况，按照"懒汉"的思维，把化医集团"肢解"贱卖了也是可能的。但仔细分析，化医集团也是可以"医"好的。其主要症结在于以下四个方面。

其一，债务沉重，特别是有20亿元坏账。

其二，组织链太长、太散，总资产70多亿元，居然有49个子公司，每个子公司有六七个处级干部，一方面浪费了大量资金，另一方面如此松散的组织结构根本无法适应激烈的市场竞争。

其三，管理方式粗放。"翻牌公司"是"换汤不换药"的管理模式，尤其不适用于化工行业。现代化工企业，倘若没有产品链、产业链，没有"吃干榨尽"的本事，是无法生存的。

其四，企业效益差，人才流失严重，形成恶性循环。加之"人穷志短"，管理层没有资产经营的本事，就只能贱卖家当。

其中最大的问题是债务，被这座大山压着，有什么本事都施展不出来。好在此时，渝富公司的工行债务重组正在顺利推进，其中化医集团 16 亿元的坏账就因此消解了。

"小兄弟"重组"老大哥"

化医集团与建峰化工的重组早就在酝酿中。建峰化工管理混乱、亏损严重、难以为继，工厂里摆着几千万元一台的机器，但操作工晚上打牌、白天不干活，职工甚至在原料堆上"方便"。新的负责人管理该厂业务后，工厂的效益直线提升，管理也很规范，规范到什么程度呢？这位负责同志表示，每个星期他只需要花半天时间处理工厂的事务。后来，建峰化工归属重庆市国资委管理。

我早就有这个念头，让化医集团吸收合并建峰化工，实质是想通过重组，发挥这位负责同志的领导才能，用建峰化工的规范管理来整合一盘散沙的化医集团。难度在于，与化医集团相比，建峰化工体量太小，当时年销售额只有 10 亿元，规模仅相当于化医集团的 1/7。让一个远在涪陵的"小兄弟"来重组主城的"老大哥"，而且这个大哥还是由工业局转制合并而来的，操作不好就会出娄子。因此，还需要一个人才破格提拔重用和组织协调沟通共识的过程。

化医集团真正意义上脱胎换骨的重组开始了。针对化医集团债务沉重的问题，我提出了清晰的解决方案。

一是渝富公司工行不良资产包中有 16 亿元是化医集团的，化医集团旗下的天原化工厂环保搬迁，渝富公司就以远高于当时市场行情的价格（每亩 180 万元）收购了天原化工厂 300 多亩土地，这一操作不但以 3.2 亿元的处置成本消化了化医集团的 16 亿元不良资产，还解决了天原化工厂搬迁新建所需的资金。

二是建峰化工的负债率只有 40%，两个企业合并后，总资产负债率可以降到 60% 以下。当时，化医集团旗下还有一个工厂欠银行 4 亿多元贷款，已经进入破产阶段。化医集团与银行单独谈判，提出以 10% 的受偿率回购这笔不良贷款，最后用 4 000 万元消化掉了 4 亿多元的债务。

完善企业治理结构

2004 年 11 月，化医集团与建峰化工合并，建峰化工的负责人出任重组后的化医集团董事长。在化医集团与建峰化工重组整合大会上，我要求新班子抓好企业组织结构调整，认真解决空壳公司问题，把 50 个子公司通过合并同类项、产业链归并去掉一批"出血点"，再根据发展需要组建一些新的集团，最后形成有六七个板块、20 多个企业的比较紧凑的组织体系。同时，我特别强调了现金流的重要性，给他们讲了 GE（通用电气公司）的案例。GE 公司有 5 000 亿美元总资产，下属 11 个大集团，都有三五百亿美元的资产规模，居然都不是法人。这样大的集团的架构也只有三级，最多再来一级：工厂或者商店。在这样的企业架构中，二级企业有两个特点：第一，不是法人；第二，不能融资，不能举债，也不能上市。那么二级企业运行所需的资金怎么办？全部像分公司那样，每天、每月、每年都提出资金需求报告，向总公司融资。

GE 公司总部有一个资金池，实际上相当于财务总部。GE 公司每年要向资本市场发行 2 000 亿美元债务，由于信用等级为 AAA 级，利息非常低。如果各分公司自己发债券，作为独立法人去融资，信用等级就只能是 AA 级或 A 级，利息就高了。总公司发行的这 2 000 亿美元公司债，就是给旗下各分公司提供周转资金的。并且所有分公司每天在关门前，都要通过电脑结账结算到总部的资金池里。

这次会后，化医集团借鉴 GE 公司的做法，在重庆工商产业集团中最早建立起资金池，从而收到了"一举三得"的效果：第一，资金池作为纽带，把松散的"翻牌公司"组合为紧凑的产业集团，大大促进了化医集团的组织结构重组；第二，当化医集团对一些有发展前景的参股企业有"想法"时，资金池就会派上用场；第三，如果其他企业让化医集团控股，就可以进入化医集团的资金池，企业的现金流就可以得到保障。此后，化医集团又进一步成立了财务公司，这已经是金融机构的概念，也是重庆国企改革重组所倡导的。

重组后顺风顺水

债务重组、现金流重组为化医集团组织链的重组腾出了时间和空间；通过产业链流程重组、管理重组，化医集团有了一支专业的管理队伍；ST 农化与建峰化工的置换式重组在股市得到高度肯定，打通了化医集团在资本市场融资的渠道。化医集团已经进入整体上市轨道。

重组之初，化医集团销售收入 70 亿元，处于亏损状态；2010 年，尽管化工行业受金融危机影响较大，化医集团销售收入也达到了 303 亿元，盈利 5.6 亿元。更关键的是，过去七零八落、不成体系、污染严重、效益差的化工行业实现了循环工艺流程的产业链整合。到 2015 年，化医集团全口径销售收入已达到 556 亿元，集团总资产超过 730 亿元，荣列 2015 年中国企业 500 强第 341 位。

与机电集团的重组一样，化医集团也经历过包括债务重组、资产重组、组织结构重组等规范动作。在重组化医集团的案例中，尤其值得总结的有以下三个方面：一是化医集团重组的本质不是简单地以大吃小，根本上是以优整合劣，一个业绩优良、管理科学的"小兄弟"兼并了体量是它六七倍的"老大哥"；二是化医集团在重庆率先建立资金池，之后又成立财务公司，这是现代企业运作的一个关键环节；三是在产业链重组的同时，实现了节能减排、循环经济和竞争力的提高，这些对于化工行业是非常重要的。

三、重组重庆商社

在对外开放过程中，外资零售企业攻城略地，曾一度使得国有商业企业非常狼狈，说"丢盔弃甲"也不为过。在外资的冲击下，尚有一些能够保持良好经营的企业，但数量不多，比如上海百联、辽宁大商、北京华联，它们是全国商业领军企业，都在东部。2003 年，我们推动重庆商社重组时，并未抱有过高期望，只是希望其能进入并稳定保持在全国前十。不过，我们做强商社的决心是坚定的。

我有一个直白的逻辑：衡量一个国家、地区的经济运行，主要看资金融通、交通畅通、商贸流通。一个国家不可能也不应该放弃对商贸流通主渠道的把控，否则后果不堪设想，多年来的实践也证明了这一点。因此，我断定，一方面，国家必然对达到一定规模、经营良好的企业给予扶持；另一方面，重庆作为西部的直辖市、长江上游经济中心，在商业上没有一定的话语权是不行的。

当年的重庆商社

其实，重组重庆商社和重庆百货的想法在 2003 年就有了，当时是什么情况呢？

重庆商社面临的主要问题是负债率太高，下属企业 30 多个，年销售额 67 亿元，但只有重庆商社新世纪百货公司（简称新世纪）盈利 1 000 多万元，其他的下属企业都是亏损的。资产状况方面，负债率已经接近 100%，名义上有 8 000 万元净资产，但潜在亏损有 1 亿多元，还有几亿元坏账。面对这样的经营状况，企业一有风吹草动就可能崩盘。

重庆百货则面临股权失控，管理层个别关键人物一直尝试私有化。从基本面讲，重庆百货只有几个下属企业，组织结构相对简单；资产负债表也相对较好，有 5 亿元净资产，年销售额 45 亿元，年利润在 8 000 万元左右。而且，重庆百货在 20 世纪 90 年代就上市了，但多年来利润并没有明显增长，这肯定是出了问题，因为竞争对手都在强势扩张。重庆百货的停滞不前与管理层个别关键人物的内部人控制冲动有关，当时的董事长兼总经理自 1983 年起就是这家公司的一把手，到 2003 年已经主持这个公司 20 年。从法人股结构看，控制权随时可能易主：大股东重庆华贸国有资产经营有限公司（华贸公司）持有 18% 的国有股权，但一直没有办理股权登记手续，大股东无力也没有履行过大股东的职责；二股东重庆路桥持有 17% 的股权，而重庆路桥的实际控制人已经是一个民营企业。控股比例差异如此之小，以至于二股东只要联手几个小股东，就可以取得企业控制权。

此外，新世纪、重庆百货两家进行恶性竞争，一方开了一个新店，另一方就到它对面去开一个新店，打得不可开交。

重庆商社的土地资本金注入

重组的前奏是组织结构的调整。2003 年 4 月 5 日，我们办了两件事：一是调整了重庆商社的领导班子；二是把重庆商社和重庆百货召集在一起开会，抛出重组的想法让双方思考，同时就两个企业各自的问题提出了解决方案。

重庆商社债务负担沉重，100% 负债经营，而且有坏账，更糟的是通常用于处置困难企业债务的两种债务核销政策——破产核销、债务剥离都用不上，原因主要有两个：一是本来可以对某个独立法人的子公司实施破产，但商社已经无限连带地承担了子公司的所有债务；二是商社在 2000 年前后没有剥离过债务，到 2003 年政策已经过期，没有剥离额度了。面对这种困局，该怎么办呢？我想到了土地。这些年，外资和民企用地往往需要通过土地批租，在企业财务上，批租后的土地实打实的就是企业的资本资产；而国有企业的土地往往是当年划拨的，并没有办过批租手续，也没交过出让金，因此，土地价值往往不按实际的市场价值评估。作为国有独资企业，为自己常年使用的土地办理批租手续后，需要补地价。资本金从何而来？如何为商社在一环以内的 300 多亩土地办一个"土地批租"的手续——这是我在浦东起步百废待兴时常干的活。具体做法是：商社划出 300 亩地，送国土房管局评估，确定土地出让金后，就可以进行土地批租的操作。如果土地扣除征地动迁费后的出让金估值 3 亿元，就须缴纳 3 亿元的出让金。出让金确定后，再上报市政府，市政府批准由财政部门把这 3 亿元土地出让金返还给商社，作为对商社的资本金投入。政府虽然没有出钱，但相当于给商社注入了3亿元资本金，而且这3亿元是可以增值的。

2003年4月11日，我在重庆商社、重庆百货集团调研时，对他们讲了这样一席话："重庆商社也好，重庆百货也好，都应该有一个商业地产的概念。房地产在很大程度上是因商业而兴旺，因商业而增值。从这个意义上讲，一方面，正是你们的存在，带动了周边房产价值的升值；另一方面，完全没有固定资产的百货商店就相当于皮包公司。譬如新世纪、重庆百货，如果没有自己的房产，所有的资产都是由贷款生成的流动资产，商品是贷款采购的，卖掉以后是还本付息，最后剩下的真正实物资产可能只有那些柜台，就等于一个'大皮包'。从这个角度来说，百货公司应该因地制宜地拥有一部分有价值的商业用房，但也不是在任何地段的所有商业设施都要由自己建、自己买、自己拥有，更不能因此而丢掉商业经营的主业，转变为专事商业地产的房地产公司。"

重庆百货股权保卫战

重庆商社和重庆百货的重组是通过股权重组实现的，即通过受让华贸公司持有的18%重庆百货股权，并收购重庆路桥持有的17%重庆百货股权，重庆商社成为重庆百货控股股东。

2004年4月，重庆市国资委宣布了这一重组，但直到2005年9月，重庆百货才发布公告，为什么拖了这么久？因为重庆百货差一点就失控了。

股票上市时，华贸公司作为重庆市商委下属企业本来拥有重庆百货全部35%的股权，后来转让了17%给重庆路桥。问题出来了：

一方面，华贸公司作为重庆百货的大股东，居然对这么重要的一块资产不管不问，直到重组时，连剩下18%的股份的确权都没办；另一方面，当时拥有17%股权的重庆路桥悄悄地从二级市场买入了重庆百货的股票，实际上控制了重庆百货21%的股权，已经变成重庆百货的第一大股东。2003年，我到重庆商社和重庆百货集团调研时就曾提醒，一旦外部资本的股权达到30%，就可以更换高管层，重庆百货本质上就不再属于商社管辖的企业了。

随即，市国资委及重庆商社就部署了收购法人股的工作：一是从小股东手里累计收购了800多万股，二是以每股3.6元的价格从重庆路桥购得这17%的国有股。当时，根据重庆市政府的文件精神，华贸公司把下属9家企业的债权和债务都划给新成立的商务集团，然后老华贸带着重庆百货18%的股权并入了重庆商社——这一举措也由重庆百货公告了。并入后，重庆商社发现，华贸公司的18%的股权没有股权证，也找不到任何其他有效凭证。股权凭证在哪儿？后来查到直辖前的一个老国资局副局长写过的一份材料，才知道其手续不完备，相关资料还在上海证券交易所。后来，用了半年时间，才把这18%股份的登记手续办好。这样混乱的局面，如果不是当初及时地推动了重组，后果将不堪设想。

重庆商社文化融合

重庆商社实现对重庆百货股权的控制后，进行了一系列重组，包括组织结构重组、网点布局调整、业务流程重组、资本运作、产融结合重组等。重组的规模效益是显而易见的，仅空调一种产品，实行统一进货后，进货成本一年就可以节约1 000万元。在组织结构方面，30多个二级企业被收缩到了10多个，在新增与台湾长荣集团合作的物流企业、收购农资公司等新企业后，二级企业数量也只有22个。过去松散的、各自为政甚至互相拆台的现象不见了，整个企业遵守一套规则。在商社形成凝聚力的过程中，有两件事值得一提。

一是全面预算管理。2007年，国家层面开始提出全面预算管理要求，重庆商社在2004年就已经推行。每年初，集团都与下属企业签订"责任状"，对经营利润等提出明确要求，年底再算总账。有些子公司的董事长觉得标准高了，就让副董事长签，副董事长也不签，就让总经理签——对此，我宣布了一条规则：谁签谁就是集团"一把手"。这条规则有效纠正了这类现象。然后"三审合一"，把外部审计、国资委审计、商社内部审计结合在一起，其中商社内部的审计部门有12个人。还有对标管理，就是任何一个岗位都要向同行内最先进的标准看齐。

二是促进文化融合。商社提出，要传承和创新国有企业特色文化，将文化优势转化为竞争力，以"发展商社、致富员工、服务社会"的企业宗旨，致力形成以社会主义核心价值体系为依归的共同价值观，打造"政府放心、市民满意、职工增收"的"责任商社、诚信商社、和谐商社"企业形象，培育传承国有企业优良历史传统与市场经济相结合的特色企业文化，激发全体员工的积极性和创造性，将文化力转化为竞争力，实现了和谐持续发展。由此看，对企业文化的提炼总结，绝不能轻视，它是企业凝聚力、战斗力的体现。从某种意义上讲，在企业与企业的竞争中，起决定性作用的因素，不是技术，不是人才，也不是资金，而是企业文化。哪个企业的文化好，就会吸引更多的人才，吸引各种资金的循环。重庆的企业要走向未来，实现更大、更长远的发展，必须注重企业文化建设。

重庆商社引进战略投资者整体上市

2008年，重庆商社成功引进战略投资者，以每股9元的价格转让了7 000万股股份，用资产增值收益消除了历年累计尚未消除的3.2亿元坏账，并在这个过程中完成了债务重组。

2010年底，重庆百货向商社及引进的战略投资者增发股票，逆向收购新世纪，商社以45%的股权继续控股重组后的重庆百货，同时实现资产增值几十亿元。这是商社整体上市标志性的一步。

这一操作既消除了重组以来的潜在亏损，也消除了合并之初两个企业实际上的负资产（名义上净资产5.5亿元），商社实现了凤凰涅槃。

在网点布局上，过去两个企业的网点主要分布在重庆主城及渝西地区，现在不仅实现了重庆40个区县全覆盖，还延伸到了四川、贵州、云南等周边省市，特别是在四川，成渝经济圈50%以上的中心城市都有商社的网点。

"十二五"期间，重庆商社的销售收入、利润大幅增长。到2015年，集团总资产达到229亿元，实现销售收入595亿元，实现税利16.9亿元。连续14年跻身中国企业500强，列2015年中国企业500强第241位，中国连锁百强第8位，成为中国西部最大的商贸物流集团、国家重点培育的大型流通企业之一。

重庆商社的重组，主要体现在三个方面：其一，注入资本金，重组资产债务结构；其二，重庆商社和重庆百货的股权重组，核心是重庆百货的股权保卫战，当时股市非常低迷，正在经历股改期的阵痛，一般是出让国有企业股份，像重庆这样反过来以较高价格收购法人股以巩固控股权的案例并不多；其三，整体上市，消除重庆百货和新世纪的同业竞争。在这三大重组的过程中，不可避免地推进了企业管理团队和组织结构调整。

四、重庆国企改革重组路径及效果

重庆国企摆脱困境，关键靠重组

回顾重庆国企改革的历程，一条主线就是坚持问题导向打攻坚战，遇上矛盾不回避，用重组的思维和方法逐一化解困难。地方金融机构、"八大投"、国有工商企业三类国企都是如此。在金融领域，我们通过重组盘活了陷入困境的重庆市农村信用社、重庆市商业银行、重庆三峡银行、西南证券、重庆信托五家金融机构，抓住国家改革机遇发展各类要素市场和创新型金融业务，逐步构建起全牌照金融体系，有效提升了金融服务实体经济能力。在基础设施领域，我们组建城投公司、地产集团等八大投融资平台，在社会资本初期不愿介入之时主动担当，有效改善了城乡基础设施条件，为重庆加快发展夯实了基础。在工商领域，同样运用重组思维，通过市场化改革，把体制僵化、经营困难的国有企业搞活，从而使其与民营、外资企业进入同一个平台。通过上述机电集团、化医集团、重庆商社重组的三个案例不难看出，重庆国有工商企业的改革重组大体都走过以下三步。

第一，债务的重组。工商领域的国有企业，它们的债务往往带有不同的底色：有的亏损、有坏账、处于破产边缘；有的尽管债务负担很重，但其产品生产和销售还算顺畅。因此，必须区分情况，分类施策，采取不同的债务重组方式。一是依法破产关闭，核销坏账。重庆市政府先后推动50多家企业实施了破产关闭。二是处理1998—1999年形成的债转股不良资产。当时，重庆有200多亿元债务变成了相关企业的股权。只不过，债转股后，如果不及时跟进后续改革，企业最终还是可能因经营不善而被迫拍卖股权。在这个过程中，我们高度重视对股权价值的分析，凡资产管理公司拍卖股权时，我们觉得有价值的就立刻出手。比如，资产公司拍卖100亿股股权，要价15亿元，我们就买过来，这相当于实现了真正意义上的债务豁免。重庆对当时200多亿元的债转股，能收回的尽量都收回了。三是处理纯粹的银行坏账。当时，各大国有银行在重庆的分行一般有20%~30%的不良资产，共五六百亿元。除去200多亿元债转股，工商银行有不良资产157亿元，我们按21%的折价进行了处置；建设银行、交通银行、中国银行等的债务，也用打包打折的方法进行了处置。

第二，组织结构的重组，该退出的退出、该合并的合并、该注销的注销。同时，对企业办社会以及与主业无关的产业进行剥离。2004年，市国资委把60多个直属企业重组为20多个，同时又根据经济发展需要新增了10多个。2005年，重点对各直属企业集团的子公司、孙公司、曾孙公司进行了重组，涉及170多个二级企业、300多个三级企业，曾孙以下公司通通清理掉。这些都属于基础整合范畴，用了4年左右的时间，到2007年基本完成。企业重组后变成产业集团，就是"三个中心"，集团本部是决策中心，二级企业是利润中心，三级企业是成本控制中心。集团本部有"资金池"，有统一的有竞争力的企业文化。

第三，推进整体上市。重庆后来陆续推进了多批企业集团整体上市。对不适合整体上市的企业，比照上市公司进行管理，核心是透明化，让公众介入管理监督。整体上市完成了，国企改革也就告一段落了。

企业重组带来的三个变化

经过一系列改革重组，重庆企业面貌发生了深刻变化。主要表现在以下三个方面。

第一，规模和质量同步提升。重庆市国资委监管的企业资产总额从 2003 年的 1 700 亿元增加到了 2015 年的 2.7 万亿元，增长近15 倍，是全国增长最快的地区之一。从全国排位看，2003 年重庆在全国 31 个省区市中列第 19 位，2009 年就上升到了全国第 4 位——前三位都在东部地区。国企资产总额不是用财政资金投资堆积起来的，也不是挤占民企发展空间换来的，而是国企在市场中超常规发展而来的。特别是 2003—2015 年，国企的净资产比总资产增长得更快，总资产增长近 15 倍，而净资产的涨幅近 20 倍，市国资委监管企业的利润也从以前的整体亏损，转变为盈利 317 亿元，实现了真正意义上的国有资产保值增值。

第二，国有资产形成"四三三"分布格局。2003 年，1 700 亿元国有资产中，80% 分布在工商产业。这一结构不尽合理，应该逐步调整。当时我们就提出，应当实现基础设施、工商企业、金融"四三三"的分布。于是，一直按照"四三三"的比例进行调控。2015 年，全市 2.7 万亿元国有资产中，40% 左右分布在基础设施和公共设施投资领域，30% 左右在工业和商贸流通领域，30% 左右在金融领域。应该说，重庆市属国有资产"四三三"的产业布局，较好地体现了国有经济的控制力、影响力和带动力。

第三，资产向优秀企业集中，资本向优秀企业家集中，资金向优秀产品集中。2003 年，1 700 亿元国有资产分布在 60 多个集团里，平均每个集团 20 多亿元；下属分公司、子公司独立法人 1 700 多个，平均每个公司只有 1 亿元。2015 年，2.7 万亿元国有资产仅分布在 30 多个集团里，平均每个集团 700 多亿元，单个集团的资产规模增长了 30 多倍；子公司数量同时减少了 70%~80%，包括三级法人在内的公司总数量压缩到了七八百个。当然，随着国有资本的有进有退，还新组建或收购了 10 多个企业，主要集中在金融和基础设施建设领域。考虑到这个因素，原有企业数量实际上收缩减少了 2/3。在组织结构调整过程中，重庆国企系统对"金字塔"上的管理层进行了自我革命，上百个局级干部、上千个处级干部在企业集团破产和重组过程中下了岗。这样一来，国有企业组织结构优化了，就可以实现资产、资本、资金"三个集中"。

五、国有企业在经济社会中能够发挥五大功能

2013 年，党的十八届三中全会审议通过的《中共中央关于全面深化改革若干重大问题的决定》（简称《决定》），为国有企业未来的经营发展方式指明了方向，也让我们进一步思考国有资本和国有企业存在的意义。一个总体的认识是，国有资本是社会主义公有制的经济基础，具体来看，国有企业在中国经济社会中的功能主要有以下五点。

第一，国有企业在我国基础设施、公共设施建设和公共服务提供方面起着引领性、基础性作用。基础设施、公共设施的投资建设前期投入高、产出回报慢，不是短期市场行为，也不是急功近利者关注的重点。尽管现在已有一些基建项目可以通过 PPP 的方式吸引非公有制经济参与，但相当一部分的基础设施、公共设施项目只能由国有企业来建设。

第二，在国家相关产业发展遭遇困难、国民经济局部领域发生危机之时，政府不能仅仅作为市场的旁观者、守夜人，而是应当有所作为，发挥政府在资源优化配置中的协调作用。当然，这样的协调工作有些不宜由政府直接参与操作，而应当由一些国有股权运营公司或投资公司出面，在危机时进场托盘，危机过后择时退出，采取这类市场化的手段，往往能够起到事半功倍的效果，使危机中的企业摆脱困境、安然重生。

第三，在落实宏观调控政策的时候，国有企业将是一股重要的杠杆传递力量。尽管所有企业都要遵守国家的法律法规，积极响应和落实国家的相关政策，但是国有企业不仅应当遵守国家调控政策的纪律，还应当成为帮助政府将调控政策全面实施到位的重要杠杆力量，这种传递功能不容忽视。

第四，国有企业在国家财力上也扮演着"准政府"的角色，甚至可以说是政府第三财政的一个重要财力来源。一般而言，地方政府的财政收入由三个部分组成：其一，税费收入，用于保障政府基本运行；其二，基金收入，主要是土地出让金，用于保障日常建设需要；其三，国有资本预算收入。国有资本对地方财政的贡献往往有两种方式。一种方式是每年缴纳一定的利润给地方财政，也就是国有资本经营预算收入。国有企业的上缴利润比例应该根据不同的情况有所调整。另一种方式是承担义务。比如，某些投融资平台类国有企业会帮地方政府完成一些事，但地方政府有时并没有给足资金，实际上是国有企业用自己的效益来进行冲抵的。在计算这类国有企业效益的时候，懂行的审计人员会帮助国有企业算清这笔账，这部分效益损失实际上是对地方政府的一种支撑。

第五，国有企业是促进社会公平的一股重要力量。邓小平同志讲过，"只要我国经济中公有制占主体地位，就可以避免两极分化"[①]。这一重要作用可以体现在几个方面：一是在经济下行时吸纳部分就业如大学毕业生，维护社会稳定；二是通过平等参与市场竞争，促进部分行业超高利润回归平均水平；三是通过国有资本投资收益反哺财政，补充社会保险缺口；四是通过提供均等化公共服务如教育、医疗、养老等，为每个人的发展创造相对公平的机会。

总而言之，国有经济是社会主义公有制经济的重要组成部分，是中国共产党执政的重要基础之一，并且在上述五个方面表现出了更为具体的功能。

六、以管资本为主加强国有资产监管

经过多年的战略性重组与调整，重庆国有企业经历了从"苦菜花"到"迎春花"再到"牡丹花"的涅槃，形成了8个工业企业集团、8个商贸物流集团、8个投融资企业，还有12家金融及类金融企业，国有经济活力、控制力、影响力和抗风险能力明显增强，跨

[①] 参见《邓小平文选》（第三卷）。

入了新的发展阶段。党的十八届三中全会明确提出："完善国有资产管理体制，以管资本为主加强国有资产监管。"这是重要的改革安排，也是重大的理论创新。应当看到，以管资本为主加强国有资产监管，涉及基本经济制度完善、国有资本授权经营体制改革以及国有企业组织形态、经营方式、评价体系等诸多方面，是一个复杂的系统工程，不可能一蹴而就。实践操作中，亟待解决好国有资本投资运营、发展混合所有制经济等关键性问题。

如何区别国有资本投资公司与国有资本运营公司

党的十八届三中全会提出，"组建若干国有资本运营公司，支持有条件的国有企业改组为国有资本投资公司"。这是以管资本为主加强国有资产监管的重要抓手。但无论是理论界还是实践层面，对国有资本运营公司、国有资本投资公司的功能定位、运行机制等，都存在一些模糊认识：有的把这两类公司视为介于国资监管部门和国有企业的中间层，有的则认为这两类公司具有完全相同的资本投资运营功能。在具体操作中，也时常张冠李戴、混为一谈。一方面，从基本属性看，国有资本运营公司和国有资本投资公司具有相同之处：它们都是国有资本的投资平台和资源整合平台，都以国有股权为纽带，围绕服务国家战略目标展开市场化运作，并按照权责对等原则，承担国有资产保值增值责任。另一方面，从核心目标、运作模式、管控重点等方面看，这两类公司有明显的不同：国有资本运营公司以提高资本运行效率和收益率为主要目标，通过股权运作、价值管理、有序进退，促进国有资本合理流动和保值增值；国有资本投资公司主要通过开展投资融资、产业培育、资本整合，强化产业集聚和转型升级，优化国有资本布局结构，提升产业竞争力和公共服务能力。

理论上讲，国有资本运营公司有三大特征：一是有投资不控股，二是有股权不并表，三是有资本无债务。对被投资企业，只负责委派董事，不参与被投资企业具体的经营活动，不管企业的"吃喝拉撒睡"，这类似于我国的中投公司、新加坡的淡马锡公司等。所谓"有投资不控股、有股权不并表、有资产不负债"的资本运营模式，一是有投资不控股，注重提高资本的流动性，作为战略投资者，科学把控在出资企业中的股权比重，投资参股企业的股权比例控制在5%~15%，一般不超过20%。在增量的战略投资和财务投资中，作为战略投资、财务投资类企业，不以控股为目标，原则上实施参股类股权投资。不做大股东，不直接参与被投资企业具体经营活动，为资本流动和保值增值创造条件，更有效发挥国有资本的活力、控制力、影响力、带动力。二是有股权不并表，既然不是大股东，只是财务性持股的小股东，对被投企业只是实施财务监控，其资产运营不并表是自然而然的事。三是有资产不负债，与任何公募、私募基金等股权类投资基金不能向银行等金融机构举债、搞明股实债的基金一样，资本运营公司运行中也不能举债，只能以实有股本金进行投资，形成总资产等于总资本的基本状态。按照资本运营公司的这三个基本属性，其组织架构调整为"公司＋工具"的圈层结构：内核是资本运营公司，掌控投资方向和规则制定等；外圈则是公开市场股票、固定收益、长期资产等投资工具，选择各类发展潜力大、成长性好的市场主体进行股权投资。这样的组织架构有三个好处：一是通过股权投资，国有资本在国民经济各种所有制中的控制力和影响力将大大增强；二是将国有资本投到不同领域、不同所有制企业，会形成各种形态的混合所有制企业，促进混合所有制经济发展；三是有助于市场化推动国有资本投向高效益、低消耗、有战略前景的项目，加快产业结构调整和转型升级。

相对于国有资本运营公司，国有资本投资公司有其自身特点和运作模式。从发展趋势看，国有资本投资公司可由各级国资委直接管理的工商产业类国有独资集团改组而来。改组后的国有资本投资公司，类似于美国 GE 公司，既可从事资本运作，也有产业发展任务。国有资本投资公司不能只是"形似"，而是必须具备资本投资集团的"魂魄"。首先，国资委应逐步把部分出资人的权利，包括资源配置、薪酬分配、市场化用人等，授权给国有资本投资公司行使，将依法应由企业自主经营决策的事项归位于企业，监管层级只能到集团公司，不能对下属公司进行延伸监管。其次，在国有资本投资公司内部，应将分散在各层级公司的资本投资运营权责归集到集团总部。在实际操作中，国有资本投资公司有两种组织架构类型。一类是"集团总部、二级公司、三级企业"的组织架构。由于这类公司层级较多，必须明晰各层级职责行为：集团总部应定位为投资决策中心，主要负责国有资本运营、战略布局、结构调整和收购兼并等；二级公司是利润中心，主要负责技术创新、市场开拓和经营管理等；三级及以下企业是成本控制中心，具体从事质量、安全及职工管理等生产经营活动。另一类是"伞"形架构，主要存在于涉足多投资领域的产业集团。尽管投资领域可能互不搭界，但国有资本投资运营仍应由集团总部负责；二级及以下公司应突出专业化，不能依样呈"伞"形状态。不管是哪种类型的投资公司，都应考虑到投融资具有极强的专业性，只有将资本投资运营决策权赋予集团层面，取消下级公司投资设立子、孙公司的权力，才能真正实现国有资本投资公司"管资本为主"的目标。当前国企的通病是，每个层级都有权设置新的下属公司，层层叠叠产生了大量子、孙公司，并且每个层级都有投资决策权，这样必然会导致失控。应当按照供给侧结构性改革的要求，将多出来的层级逐步收缩处理掉。

不管是国有资本运营公司还是资本投资公司，都是国有资本市场化运作的专业平台，必须遵循资本市场的游戏规则和运行规律，否则只会播下"龙种"却长出"跳蚤"。一是不能以过高的杠杆追求高回报。资本投资公司的投资杠杆必须控制在合理范围内，并且年收益率达到10%~15%即可。二是不能搞封闭操作。信息公开是最好的"防腐剂"，必须确保资本运营信息披露的真实性、准确性、完整性、及时性。要建立追责机制，落实相关机构的主体责任。三是不能玩"空手套白狼"的资本游戏。搞有名无实的所谓产品创新，以及各种花样翻新的"假投资""假重组""假上市"，最后只会是"搬起石头砸自己的脚"。四是守住不做一致行动人的底线。在参与公司收购、兼并和重组的过程中，必须严格依法办事、公开透明，不能搞"抽屉协议"，更不能与私人资本"沆瀣一气"，共同侵蚀国有资本。五是不能使资本流动过缓或过快。流动性是资本的本质属性，也是资本运营的要害所在。要处理好长期投资与短期投资、流动资本与固定资本、总资本与总负债等结构关系，确保投资运营稳健运行。

如何发展国有企业的混合所有制经济

通过混合所有制，使国有的、集体的、民营的，包括外资的股权交叉，将形成资源优化配置，形成杠杆放大的作用，形成经济的一种新活力。发展混合所有制，不能从概念出发、为混合而混合，混合的过程一定是有目的的，站在国有企业的角度讲，一般有以下五种目的。

第一，为了完善法人治理结构。一个国有独资集团看似产权清晰，但由于法人治理结构中缺少各方面的平衡，容易缺少监督以及出现内部人控制。因此，这种混合所有制是为转制、为法人治理结构的现代化而推进的混合所有制，使集团公司董事会变成多元的股权董事会。

第二，为了资源优化配置。如果国有企业的资源与民营企业、外资企业的资源有一定互补性，就可以一起合作，在股权上互相融合重组，形成混合所有制，最后不仅重组后的资金实力增强了，而且各类企业中的长项、技术或者其他市场资源也能够互补，实现了资源优化配置，达到了"1+1>2"的效果，这也是推进混合所有制的一种目的。

第三，为了摆脱困境。国有集团公司经营出现困难了，不得已也好，主动出击也罢，通过引入战略投资者，形成混合所有制，可以有效改变自身困难、被动的局面，不用借助于破产重组，而是通过资产重组化解客观存在的困难，这也是一种目的。

第四，为了超常规的发展。通过集团公司之间换股的方式也可以形成混合所有制，相当于子公司等值收购。母公司之间换股混合成一个多元的股权制公司，也有助于实现超常规发展，这也是一种目的。

第五，时代发生变化，政策发生变化，整个社会的运行基础发生变化，这个时候适应性地与关联企业进行资产重组，以便把握机遇，实现更好的发展，也是一种目的。

总之，混合所有制绝不是书呆子式的为概念而混合，而是有一定目的的。

必须明确的是，国有企业集团在推进混合所有制的过程中，基于公司的性质、特点及混合深度、程度，其策略是有区别的，至少可以分为以下五种。

第一种是必须保持国有独资形态的公司。比如特定的国有资本投资公司，当其涉及的业务是需要特别保密的、具有特殊功能的、必须独资的，有这种业务的公司，该独资就必须独资，不应该参与混合所有制。又如国有资本运营公司是运营国有资本的公司，永远不会找别的投资者成为公司的股东。淡马锡公司拥有的四五千亿新加坡元的资本是新加坡财政部投的，尽管它的子公司、孙公司可能都是与各国各类公司合资参股的，但它的集团总部始终保持着新加坡财政部国有独资，不存在各个国家的资本或者民营资本入股的情况。由于其连续 20 年保持 15% 的投资收益率，所以大家都想入股，但它始终保持独资。

第二种是可以引入战略投资者的。所谓战略投资者，就是只投资 5%~20% 的股权，不参与控股，也不参与企业日常管理的投资者。凡是国有独资企业，一旦引入战略投资者，就实现了混合所有制性质的转制。混合的对象可以是战略性的基金、社保基金或者中投公司这样的主权财富基金类投资公司，还可以是民营企业里非常有实力的财务性基金投资公司，这种公司通常不会控股，只负责财务投资、财务监督。因为战略投资者的进入，原国有独资公司就形成了一个新的法人治理结构，这个结构是货真价实的董事会，战略投资者在董事会里提意见是真枪实弹、绝不含糊的。

第三种是有些集团在引入战略投资者之后推进股票上市，就按上市公司的规则走，也是一种混合所有制。

第四种是有些国有企业在走向市场化的过程中，可以转让一部分股权，也可以转让控股股权，或者全部转让。

第五种是国有资本对外资企业或民营企业进行参股投资，这也是一种混合所有制。不管是资本运营公司，还是资本投资公司，都可以参与投资非公有制经济的集团，参与它们的股权投资，作为财务投资者，但还是由外资或民营企业控股。因此，国有资本运营公司不仅是投资国有资本的公司，也可以投资市场上各种类型的企业，只要效益好、有前景，就可以去投资。

除此之外，由政府主导、直接推动的基础设施、公共设施类PPP 项目，也是一种混合所有制经济的概念。

第五章

扶持非公有制经济发展

2001 年调任重庆后，我很快就感受到这里的非公有制经济发展不够充分，主要存在四个方面的问题。

一是规模小、效益差、贡献度太低。2000 年，全国非公有制经济增加值占全国 GDP 的比重已经达到 42.8% 左右，而重庆非公有制经济增加值占全市 GDP 的比重仅为 26.4%，每年纳税在全市税收中的占比不到 30%，与东部省市的差距太明显了。

二是重庆非公有制经济基本上都是本地的民营企业，外资企业和外地民企很少。重庆每年利用的外资只有 4 亿多美元，仅相当于沿海地区一个县的水平。同时，外地企业到重庆来投资办厂的也不多。

三是产业结构老化，以传统产业为主，大多处于产业链的末端，80% 以上的工业企业集中在摩配、建筑等传统领域，涉足高新技术产业的不多；服务业方面，也是以传统的餐饮、零售为主，小、散、弱状况突出。如果这些企业总在传统领域和过剩行业中求生存，必然会举步维艰、困难重重。

四是资产负债率高，股权结构单一，防风险能力较弱。工商企业普遍资本金不足，缺乏市场化股本补充机制，上市企业也寥寥无几。绝大多数企业融资主要靠银行贷款，一旦信贷政策抽紧，资金链就容易绷紧，生产经营也会陷入困难，甚至破产。

如何改变重庆非公有制经济量小质弱的窘况？关键在于落实好国家有关支持非公有制经济发展的各项政策。实际工作中，按照"大企业强国，小企业富民"的思路，既鼓励民营企业围绕支柱产业、战略性新兴产业做大做强，又以具体的扶持政策推动民营中小微企业以及个体工商户蓬勃发展。政府各部门要为民营企业排忧解难，强调给予非公有制经济同等国民待遇，着力营造良好的营商环境，促使非公企业在发展中逐步规范，在规范中持续发展。

经过 10 多年努力，到 2016 年，重庆非公有制经济规模增长了20 多倍，增加值占 GDP 的比重从 2002 年的 26.4% 提高到了 61.1%，紧随广东、浙江、江苏之后，位列全国第 4，市场主体由 30 多万个增加到 200 多万个，对全市税收和就业的贡献率分别提高到 55% 和85% 以上，成为带动经济发展、吸纳就业的主力军。从分类情况看，本地民营企业增加值占 GDP 的比重达到 30% 左右，外资和外地内资企业占 GDP 的比重均达到 15% 左右，这意味着外资企业和外地企业也增加了不少。

一、对非公有制经济实行同等国民待遇

从理论上讲，非公有制的民营经济是市场经济中最富活力、最具潜力、最有创造力的企业主体。改革开放以来，民营经济在我国的经济地位、政治地位不断提高，从 20 世纪 80 年代初的"资本主义尾巴"到"必要的、有益的补充"，再到"两个毫不动摇"，成为社会主义市场经济中的重要组成部分。民营经济在国民经济中发挥

着五大重要的功能。第一，民营经济是推动国民经济发展的重要引擎，民营经济贡献了我国税收收入的 50%、GDP 的 60%，是经济运行的重要助推器。第二，民营经济是深化改革开放的活力所在，民营经济在国民经济第二、第三产业的发展中，形成了 1 亿多户个体户、5 000 多万户中小企业。第三，民营经济是老百姓摆脱贫困、逐步致富的主要通道，民营经济带动了中国 80% 的就业人群，成为城乡居民就业的重要载体。第四，民营经济是市场结构调整、技术创新的主体力量。我国 70% 的技术创新成果来自民营经济，企业研发投入的 70% 也来自民营企业。第五，民营经济是中国经济走出国门、融入世界最活跃的力量。发展好民营经济，关键就是对各类非公社会资本实行准入前同等国民待遇、竞争中性，保证权利平等、机会平等、规则平等，坚决破除市场准入的"玻璃门""弹簧门"，尽最大努力呵护全社会投资创业热情，为各类企业发展营造更加宽松的政策环境。

着力贯彻国务院两个"非公经济 36 条"

2006 年 6 月，国务院《关于鼓励支持和引导个体私营等非公有制经济发展的若干意见》（简称"非公经济 36 条"）出台一周年之际，为更好地推动政策落实，重庆市政府召开了非公有制经济大会。会议明确提出要抓好四个重点环节的工作。

第一，以建立面向中小企业的担保公司为抓手，解决中小企业融资难、融资贵的问题，改善非公企业、中小企业的融资环境。当时，为缓解中小企业融资难的问题，银监会提出四条比较到位的政策。一是中小企业小额贷款可以比正常利率高 2~3 倍。这条政策表面上看起来似乎歧视中小企业，事实上是有利的，是解决中小企业融资难、融资贵的关键一招，是给它们融资放了"生路"。二是中小企业贷款的审批权有限下放。对中小企业的小额贷款，放贷时只要支行监督审核就行了。三是对放贷员、信贷员的考核与奖励挂钩。四是信贷发放管理时，给中小企业一个特殊的信用评级，由支行负责发放和管理。当时，中小企业由于自身信用不足，担保抵押能力差，从正常渠道贷不到款，只能去借高利贷，在正规的银行体系内，允许开设经监管部门批准的小额贷款业务，这样就把民间非法的高利贷市场堵住了。要把这四条政策不折不扣地真正落到实处，还要在全市范围内建立一批面向中小企业的担保公司，为中小企业融资作担保、抵押，为其资金周转营造良好的信用环境。但是，2005年重庆全市各类担保公司的资本金只有2亿多元，规模非常小，为此，市政府召开专题会议，研究担保公司发展问题，责成有关部门采取措施加快担保公司发展，相继组建了三峡担保和兴农担保——由市政府、区县政府和国家金融企业投资。重庆担保公司资本金从2005年的2亿多元增加到2007年的180多亿元，其中国有担保公司资本金达到120亿元。2016年全市各类担保公司资本金近400亿元，担保量从10多亿元增至4000亿元，担保代偿率仅为1.62%。此外，对民营企业资金链断裂、企业倒闭、老板卷款潜逃的现象，我们也仔细分析其原委和动机，然后采取理性的应对之策，而不是简单地将其看成融资诈骗案，一般不轻易上升到刑事案件。

第二，以自主创新为核心，提升非公企业、中小企业的产业能级。业界流行几句话：一流企业卖标准，二流企业卖技术，三流企业卖产品，四流企业卖苦力。一个企业如果不能够加强技术创新，加快技术储备和产品研发，充其量也只是个三流企业，很难做大。民营企业要增强自主创新的自觉性，既要强化自身的技术实力，也要加强技术合作，与高校、科研院所建立产学研一体化战略联盟。当时，市政府和国开行签了一个550亿元的战略合作协议，其中有30亿元是自主创新专项贷款，主要用于推动自主创新和高新技术产业化。这30亿元贷款对项目的支持有两种方式：一种是由工业投资集团作为风险创业投资；另一种是工业投资集团转借给企业，由企业还本付息，项目做成后再还债。我们就用这笔资金，加大对非公企业、中小企业自主创新的支持力度。

第三，要求区县引导非公企业在优势领域加快发展。比如，在秀山、酉阳、黔江、石柱、彭水发展服装加工等轻工业或者装备工业会有一定难度，但这些地方有资源优势，电力供应充足，可以发展相应的资源加工工业和能源产业。因此，渝东南地区的资源优化配置顺着这个产业链发展，就会产生优势，从而占领市场，加快发展步伐。渝西地区是承接产业转移的理想之地，发展前景非常好。渝东北有三峡库区的优惠政策，应该发展劳动密集型、资源密集型优势产业。每个板块各自发挥优势、错位发展，就能形成更加协调的发展格局。

第四，以形成合力为目标，完善非公企业服务体系。这个服务体系包括金融服务、技术服务、创业服务、培训服务、法律服务、市场服务、质量服务和信息服务等。如果既能把这些服务体系建好，又能把政策配置好，那么全市的非公有制经济、中小企业就能得到很好的发展。当时，重庆有很多很好的优惠政策，包括税收优惠政策、专门吸引高科技人才的政策，但没有把这些政策集中起来梳理成简明的概念，集中宣传的力度也不够。因此我提出，通过服务平台来宣传、推介，让所有人都知道这些优惠政策。通过政府、企业的共同努力，逐步建设和完善上述八大服务体系，然后再由这些服务体系中的中小企业为全市的其他中小企业提供更广泛的服务。

2011 年 7 月，正值国务院《关于鼓励和引导民间投资健康发展的若干意见》（简称"新非公 36 条"）实施一周年之际，重庆市政府又主持召开了一次全市民营企业座谈会，与民营企业家共话发展。会议提出大型民企要看准重庆发展的重大机遇，找准三个定位谋发展：一是抓住重庆汽车、电子信息等支柱产业布局发展的机遇，结合自身特点和能力进入各产业，延伸产业链，成为重庆工业发展转型的骨干；二是抓住重庆建设内陆开放高地的机遇，围绕开放口岸、物流枢纽、保税区平台乘势而上发展物流仓储、销售结算、信息咨询等一批战略性新兴服务业和服务贸易；三是抓住全市城镇化快速推进的机遇，力争成为城市建设的主要力量。这三个定位，是对重庆民营经济在发展大格局中实现健康发展的谋划。

大企业强国，小企业富民

非公有制经济的构成是繁杂多样的，遍布国民经济各领域，且大中小微企业和个体户并存。优化民营经济发展环境，既不能口号式、走过场，也不能一刀切、简单化，必须分类施策，对症下药。大企业强国，小企业富民，两者不可偏废。不过，在具体扶持上，要采取有针对性的举措，努力提高政策措施的有效性。大型民企看重同等国民待遇，扶持的重点是破除市场准入的"旋转门""玻璃门"，让它们和国企、外企平等竞争；中小企业最大的困难在于融资，要通过完善金融服务缓解其融资难、融资贵的问题；微型企业创办时往往面临资本金不足的难题，政府要根据其带动就业的情况给予适度的资本金补助；对个体户则主要是"放水养鱼"，多帮忙、少添乱。

沿着这样的思路，我们一直坚持对国企、外企、民企一视同仁，对大中小微企业和个体户的扶持政策各有侧重，只要能带动投资、增加就业、促进科学发展，我们都欢迎。在发展环境的营造上，经过多年努力，重庆也形成了比较完备的民营经济扶持政策体系，主要包括三个方面：一是全国都有的普惠政策，如国务院"非公经济36条"和"新非公36条"，在重庆都得到了很好的落实；二是重庆独有的政策，包括西部大开发15%企业所得税率优惠政策全市覆盖，扶持微型企业发展的"1+3+3"政策等；三是对创新型企业，根据其不同成长阶段、所处不同发展平台给予不同的政策支持；四是经济基本面上的政策，即低物流、低税费、低要素、低物业、低融通的"五低成本"投资环境。这些政策共同构成了重庆非公有制经济发展的良好环境，为非公有制经济快速发展撑起了一个公平竞争的市场空间。

二、培育发展微型企业

重庆市场主体发育不够充分

2008年，全球金融危机爆发，全球经济不景气，美国增长放缓，欧洲政府债务危机爆发，日本经济持续低迷。经济不景气，国际竞争也随之加剧，"贸易战""货币战""资源战"相继升级，随着竞争的加剧，人们逐渐发现，国际竞争归根结底是"就业战"。人类怎么养活自己、怎么安居乐业，这是永恒的问题，就业不稳、失业率高，社会就动荡，政治也不稳定。所以说，就业矛盾往往是其他各种矛盾的源头、动力和起因，应对危机首要是稳就业。明智的政府管理者理应更多关注实体经济的发展。在实体经济中，往往是大企业有核心竞争力，小企业有容纳就业的能力，大企业强国，小企业富民。无论是为核心企业做好产业链配套，还是解决民生和就业问题，都要求我们重视中小企业的发展。

怎么产生就业？一个社会，既需要银行、股市、网络等虚拟经济，也需要实体经济，两者都能提供工作机会，但实体经济吸纳就业的能力更强。一般来说，工业企业，如果是资本、技术密集的大项目，从业人员年产值可以达到每人100万元，也就是说，解决100万人的就业，需要1万亿元产值，这就需要七八千亿元投资。而中小企业投资强度和技术密度相对较小，通常人均50万元的年产值，只要5 000亿元产值、3 000亿元投资，就能解决同等规模的就业，是投入最低、就业岗位产出最高、最合理的选择。

要增加企业数量，一方面可以通过招商引资引进来，这是解决就业的一种途径；另一方面还应该鼓励有能力的人自己创业，通过他们的创业带动别人就业，这更有意义。人不怕穷，不怕和别人差距大，怕的是没有阶层转化的通道、没有公平的职业上升机会。如果身份不能转化，父辈是工人，子孙三代都只能是工人，那社会就失去了活力。一个地方支持创业能力的强弱，关系着群众的心态、老百姓的精气神。政府有责任畅通创业通道，让有志气、有意愿创业的人改变自己的命运，这有利于维护社会公平正义、促进社会和谐稳定。

当时，就这个问题，我拿重庆和上海做了比较。2008 年，从微观市场主体的比较来看，上海 2 000 万人口，拥有 200 万个市场主体；重庆 3 000 多万人，却只有 70 万个市场主体。上海与重庆的差距，如果只是体现在大中型企业方面尚能理解，但就个体户数量来看，当时重庆是 53 万户，上海却高达 120 万户，这种差距就值得深思了。如果说地方的投资环境是土壤，那么微型企业就是小苗，好的土壤，撒上种子就能长出小苗。企业做大做强根本上取决于企业自主决策、市场机制产生的作用，政府的作用更多体现在企业发展早期，给予适当扶持。正是基于此，重庆市政府高度重视微型企业，2009 年下半年出台了非常具体的微型企业扶持政策。

扶持微型企业发展的三个"3"

按照最初的设想，我们希望每年能发展 3 万户微型企业，到 2017 年达到 20 万户，解决 150 万人就业。实现这个目标，一方面要靠老百姓的创业精神，另一方面要靠政府的引导，这集中体现在"1+3+3+3"的政策体系上。

"1"就是一个创业者、带头人，带上 10 万元资本金创业，带动七八个人就业。这是一个底线，能够多一点当然更好。

第一个"3"，是三笔资金：政府给予 3 万 ~5 万元资本金补助；在经营过程中给予资本金等额的税费减免；给予至少和资本金 1∶1 的贷款融通扶持。同时，叠加实施各种针对民营企业和中小企业的优惠政策、西部开发政策。这样创业者就会有 20 多万元的启动资金，就能创办一个像模像样的企业。要说明的是，这三类优惠政策，后两类是普惠的，只要是微型企业，我们都一视同仁实施优惠，但对于资本金补助，只对九类创业人群实施，包括高校毕业生、下岗失业人员、返乡农民工、"农转非"人员、三峡库区移民、残疾人、城乡退役士兵、文化创意人员、信息技术人员，其他创业的人群一般不予补助。2014年，根据国家调整后的优惠政策和重庆微企政策的运行情况，我们又把资本金补助政策聚焦为高校毕业生、返乡农民工、下岗失业人员、复转军人四类重点人群和软件电商、科技、环保、文化、特色效益农业五个重点行业，进一步提高了政策的针对性和指向性。对于这三笔资金，扶持归扶持，但绝不能放纵，我们也有三条约束性监管措施，即一直强调的微型企业"三个不"：不抽逃资本金、不搞空壳公司、不炒股票和房地产。

第二个"3"，是三个平台。一是创业培训平台，对农民工、下岗职工、新毕业大学生、技术人员等创业者，先开展三五天的创业基础知识培训，再让他们到市场上摸爬滚打；二是创业孵化平台，主要是利用旧厂房、旧仓库等改造创业基地，为创业者提供租金低、配套好的办公经营场所；三是与龙头企业的对接平台，包括大企业外包各种订单给微型企业，龙头企业外包产业链上的各个环节给微型企业，政府采购微型企业的产品和服务等，帮助微型企业打开经营局面，不断发展壮大。

第三个"3"，是给政策打三个"补丁"。扶持微型企业发展是重庆率先探索的，政策体系自然就有一个逐步发展完善的过程。2012年8月，我专门用一天时间走访微型企业，听取这些企业的意见和建议。当时，全市微型企业数量已超过6万家，发展势头很猛，但企业在监管审批、金融服务等方面也遇到了一些问题。在与企业、相关部门座谈讨论后，市政府随即在原有政策的基础上，与时俱进地打了三个"补丁"。

一是对微型企业的门槛管理实施分类指导，不再"一刀切"。比如食品安全检查工作涉及老百姓、消费者的健康，理应是同等国民待遇。在食品质量监管中，不管是微型企业、个体户，还是大企业、小企业，都要一个待遇、一个标准。但是，在达到食品安全标准的措施方面，大企业花费200万元形成的措施，微型企业没准投入2万元就可以了。这方面，虽然在工商局注册环节中原来比较紧的措施"松绑"了，但其他政府部门的一些前置程序、后置程序依然存在。几十个、上百个审批环节，微型企业一路跑下来，可能要用3个月，都快被拖垮了。于是，由市工商局牵头，相关各部门配合，对微型企业的审批条件进行了分类研究，在符合国家要求的情况下尽量简化审批手续。

二是搞好非银行的金融融通服务。有些微型企业、高科技企业虽然没有向银行贷款，但都发展得很好。事实上，并不是银行不愿意借钱给它们，而是它们并不需要负债经营，它们需要的是可以分红、不要求还本、风险共担的资本注入。这就需要非银行金融机构的工作跟上步伐，在IPO、OTC（柜台外交易）、信托、债券、风险投资基金、私募基金等方面加强服务。

三是建立成长和退出机制。企业发展是一个动态的过程，今天的个体户，明天可能就变成微型企业，微型企业成长起来也会变成中小企业，其间的成长通道一定要畅通。企业成长的关键因素是品牌。品牌打响了，微型企业变成小企业、中企业后，继续保持原来的名字，广告效应会越来越大。如果做得很好，企业一变大又改名字，重新注册一个公司，就是"熊瞎子掰苞谷"，不划算。另外还涉及优惠政策，比如，给予微型企业两年优惠政策，有些微型企业不到两年变成了小企业，企业一调整，原来微型企业享受的优惠政策就享受不到了。其实，哪怕企业成长得特别快，也应该照常给优惠，需要鼓励企业不断进步。还有一些微型企业成长不起来，甚至倒闭了，就涉及后续处置的问题，我们都研究制定了具体的对策。

就这样，重庆逐步建立健全了扶持微型企业发展的"1+3+3+3"的政策体系，对微型企业的"生老病死"、成长壮大建立了一整套管理措施。这套政策体系既符合市场原则，很宽容、很宽松，又很有效率，有助于微型企业成长，有助于微型企业占领市场、接单子，而不会成为微型企业成长的束缚。更重要的是，完善微型企业扶持政策的过程，还成了重庆放松政府管制、为民企松绑的过程，变成了持续改善投资创业环境的过程。

扶持微型企业就是扶持草根经济

发展微型企业，靠的是政策措施的组合调整，实质上是一种体制机制的创新，达到了政府、企业、社会多赢的效果。但在政策实施之初，也有人"提醒"我，拿政府的钱补助企业是否合适？会不会有利益输送之嫌？这种担心看似有道理，因为发展 20 万户微型企业，政府至少要补助 60 亿元资本金，短期内还会少收上百亿元的税，同时可能面临一些贷款损失，但必须指出，这些人看问题的逻辑错了。

微型企业是 100% 的草根经济，政府拿钱鼓励老百姓创业，使社会产生更多的微型企业、中小企业，带动更多人就业，可以减少失业保险费的支出，从长远看还能增加税收，推动社会步入良性循环。这实际是变"输血"为"造血"，把买"棺材"的钱用来买"补药"了。给微型企业"送钱"，没有利益输送问题，没有道德风险。

至于政府为企业提供的与资本金 1∶1 的贷款担保，风险也是可控的，原因有三个：一是这类贷款远低于一般企业"存一贷二"的比例，整体安全性较高；二是微型企业"三不干"的政策，限定了贷款只能用于实业，把风险锁定在了经营成败上；三是从作为放贷主体的三家重庆本地银行的历史数据来看，微型企业贷款的坏账率一般为 1%~2%，处于银行坏账准备金可以承受的范围内。因此，按照扶持微型企业的政策规则，再多的钱我都敢"送"，而且"送"得越多，对重庆的发展越有利。

实践也证明了我的逻辑判断。到 2016 年底，重庆累计发展微型企业 52 万户，累计发放补助 43.37 亿元，税收奖励 1.9 亿元，微型企业贷款 239 亿元，带动就业 359 万人，年末城镇登记失业率仅 3.7%，低于全国平均水平。在这些政策的扶持下，重庆的企业如雨后春笋般冒出来，并茁壮成长。2008 年，重庆只有 70 万户市场主体，其中 50 多万个体户、近 20 万户企业，到 2015 年，全市市场主体总量增加到 214 万户，其中 140 多万个体户、近 70 万户企业。在各类企业中，微型企业达到 52 万户，大中小企业总量达 15 万户，总体市场主体数量超过了上海、北京、天津，40% 的微型企业领到了资本补助。

三、围绕科技创新三大环节，驱动企业成长

从本质上讲，创新就是通过创造新供给来催生新需求，一旦资本、资源、人力资本开始向新供给集中，老产业的生存空间就会受到挤压，产能过剩才能根本消除，而落后产能出清后，整个经济不

仅能够恢复平衡，而且能级上还会有一个大的跃升。当时国务院反复倡导大众创业、万众创新，意义就在于此。现在各城市、各大学、各开发区都在推进各类孵化器和小微企业发展，过程中要把准发展脉络。如果关键环节把握不住，就会事倍功半。其中有三大环节很重要。

着眼创新的三个阶段推动"双创"

创新可分为三个阶段。第一阶段是"0~1"，技术创新无中生有。这是专家、教授和各类高层次专业人才在大专院校、科研院所的实验室、工程中心、企业研发中心做出来的，需要的是国家科研经费、企业科研经费以及种子基金、天使基金的投入。第二阶段是"1~100"，创新成果变成一定的生产力。包括小试、中试，也包括技术成果转化为产品开发，形成功能性样机，确立生产工艺等，这是各种科创中心、孵化基地、加速器干的活，目的是形成让人看得见、摸得着的产品。第三阶段是"100~100万"，变成大规模生产能力。比如一个手机样机，怎么通过量产变成几百万台、几千万台手机，最后卖到全世界去呢？首先需要有生产基地，这是各种开发区、大型企业投资的结果。综上所述，因为创新是有阶段性的，所以要分类施策，如果"胡子眉毛一把抓"，效果就不会好。

打造集合六大功能的创新平台

一些地方搞孵化器，热衷于一栋楼不分青红皂白，孵化几十家、几百家企业，免几年房租，这种"捡到篮子里都是菜"的搞法，除了热闹，效果不会好。美国硅谷等成功的孵化器之所以孵化能力强，关键就在于集合了六大功能。一是项目甄别。聚焦专业领域，把好准入环节，不能散而杂。生物医药孵化器，不能引进一堆机器人孵化企业。二是培训指导。经过培训，创新创业者的成功率一般可从 10% 提高到 30%。三是共享服务。公共实验室、专用设备或专业设施，由孵化器提供。四是股权投资。有种子基金、天使基金、风投基金、引导基金等多层次投入体系，覆盖企业生命周期的不同阶段。五是收购转化。通过上市、集团收购、合资合作、成果转让等措施将成果转化为生产力。六是资源集聚。孵化器应成为行业信息传递、知识交流、人才聚集的窗口。一个城市，其创新平台的竞争力不在于大批量、排浪式地去搞几百个、几千个，关键是要集合应有的功能，一个符合要求的创新平台可以孵化出上百家企业。如果贪大求多，最终可能很多会沦为空头平台，变成形象工程。

推动科研成果转化为生产力（1~100），关键是抓好收益分配"三个 1/3"

有效的激励政策和收益分配，能够激发科技人员和机构的巨大创造活力。比如美国硅谷地区吸附了数千个专事成果转化的创新型中小企业，形成了上万亿美元的独角兽产值。之所以能够产生这种创新成果转化效应，很重要的原因是美国《拜杜法案》。《拜杜法案》规定，凡是科技投入产生的成果，其获得的收益"一分为三"：1/3 归投资者（学校、研究所或公司），1/3 归研发团队，1/3 归把成果转化为生产力的创新企业或转化者。这与我国有哪些不同？计划经济时期，一切专利权归国家和单位所有；改革开放之后，成果发明人可以获得 25%~50% 的专利权，其余的归投资单位；2016 年以来，政策进一步放开，成果发明人可以享有 70% 的股权。政策的着力点主要针对研发人员。但仅仅这样还是不够的。要知道，能搞出"0~1"的不一定搞得出"1~100"，成果发明人与专利转化者、生产工艺设计者、生产制造组织者是两个完全不同的体系。这也是为什么我们给了发明人 50% 甚至 70% 的股权，但是好像没看到多少千万富翁、亿万富翁出来，因为他们的专利成果没有变成现实生产力。我们应该参考《拜杜法案》，把科研成果的投资者、研发人员、转化人员三方积极性都调动起来，加速科研成果转化和产业化。

按照上述思路，重庆市政府制定了发展众创空间、设立政府引导基金、促进科技成果转化股权和分红激励、引进海内外英才的"鸿雁计划"等政策措施，努力使科技政策和发展更符合规律，更具有实效性。

四、采取具体而有效的措施为困难民企排忧解难

不管政策设计如何周到细致，企业在市场中打拼难免遇到坎坷，若一时挺不过去，就容易陷入困境。此时，由于国有企业姓"公"，加之可能政府对其有一些体制原因的历史欠账，领导干部在救助国有企业时会感觉心安理得。但民营企业姓"私"，一些人在帮忙时就显得缩手缩脚。其实，民营企业碰到困难了，政府一样要帮忙，关键是要出于公心，把握好分寸，做到不回避问题，尽心尽力解决实际问题。

帮助民营企业解套烂尾楼

本书前文提到的烂尾楼处理事件中，涉及几十个房地产"四久工程"。于是，我将民营企业的烂尾楼一并纳入了全市烂尾楼处置范围，引入战略投资者实施重组，抓住那几年房地产升值的机遇，把"死资产"变成了"活资源"，达到了各方共赢、皆大欢喜的效果。

通过处置民营企业烂尾楼，我开始思考帮助困难民企时的分寸问题，并给政府有关部门定了三条规矩。一是如果企业老板真心干事，只是由于自身能力不足或市场环境突变而陷入困难，那么政府既要予以有效监管，又要设身处地帮忙，因为这其实是在保护民营投资者的创业热情。二是帮助民企不能事无巨细，应当分清轻重缓急，判断的标准就是看救助是否有利于全市经济社会发展大局。凡是政府救急，有利于社会稳定和谐，有利于投资环境改善，有利于产业结构调整和增强地方经济发展后劲，有利于盘活闲置低效使用的社会资源，该帮的忙就要帮。三是政府帮助民营企业时，不能无原则地拿财政的钱补贴企业老板，而应采取重组的办法实现多方共赢。财政税收都是老百姓的血汗钱，要拿来为全体群众谋福利，绝不能公器私用。政府要采取重组的方式，在民企遇到困难时雪中送炭，运用市场手段推动资产重组和资源优化配置。总之，重庆政府为困难民企救急解困都是沿用这种思路。

龙寰超市纠纷

2005 年底，重庆大街小巷都在讨论龙寰超市老板跑路的事情。

原来，2004年，商务部开始在全国推广"农改超"，以促进农产品的商贸流通。重庆有个叫夏正文的老板从中嗅到了"商机"，于是成立龙寰物业发展有限公司，低价收购了5万平方米的农贸市场物业，简单装修后以"农改超"的名义拆零高价出售，并承诺售后返租，租金高达8%~17%。

受高额回报的诱惑，2000多个小老板、经营户和普通市民选择购买，但拿了不到半年租金就再无下文，而且商铺产权证一直没办下来。2005年9月起，发觉上当的投资者开始要求退铺，并陆续报案甚至上访。为此，涉及的主城七个区分别成立应急领导小组，检察机关也相继立案。但此时人们才发现，骗了2亿多元的夏正文跑路了。

司法部门紧急采取财产保全措施，公安机关随后在四川将夏正文抓获。但他的钱已花得所剩无几，根本无力还债。于是，问题一直拖到2006年上半年都没能解决，最后作为维稳案件送到了我手里。

弄清基本情况后，我确定了两条处置原则：一是尽快如数归还投资者的购铺资金；二是政府不能兜底，要运用市场手段解决问题。按当时的司法评估，5万平方米"农改超"物业仅值1.3亿元左右，难以清偿2亿多元的群众购买款项。问题主要有两点：一是物业装修改造没有完成，难以作为超市经营；二是夏正文虽然打着"农改超"的名义，但不具备经营超市的资源、网络、渠道和能力，超市不能运转和盈利，自然就不值钱。

重组方案随之浮出水面：由重庆商社接盘，先筹集2亿多元资金清偿百姓欠款，然后完成"农改超"改造，并利用其资源、渠道和营销网络启动超市经营。为减轻商社的压力，市政府还同意在经营过程中给予税费返还。当然，在方案设计时，我们也希望有民营企业接盘，但司法拍卖时只有重庆商社一家举牌，担子最后只能由国企来挑，这也体现了国企的担当。

在这次重组中，政府没有简单地花钱买太平，也没有掏真金白银替民企老板买单，而是通过资产重组和经营模式调整，盘活了搁置的问题资产。最终，2 000多个投资者保住了本金，政府在未增添额外负担的前提下，化解了一起影响面广、性质恶劣的"公案"，商社集团也借此扩大了经营规模和领域。事情由此画上了一个令各方都满意的句号。

小天鹅的求救信

2009年春节前夕，时任市政协主席转来重庆小天鹅投资控股（集团）（简称小天鹅）的一份报告。这是一封求救信。信里说，由于全球金融危机冲击以及洪崖洞景区的经营压力，小天鹅资金链几近断裂，到了生死攸关的时刻，迫不得已请求政府救援。市政协主席对此十分重视，叮嘱我一定要想办法帮帮小天鹅。

在信里，小天鹅具体提了两个要求，核心诉求就是请求政府给予3 000万元担保贷款和贷款贴息。这符合重庆市的相关政策，办起来不是问题，小天鹅作为重庆餐饮业的标杆企业，政府肯定要帮忙。但是，帮人要帮彻底。小天鹅的根本问题不在于3 000万元贷款，而是它被洪崖洞项目拖得筋疲力尽。

2002年，小天鹅投资3.85亿元，启动5万多平方米的洪崖洞项目开发。但项目建成后，相应的盈利机制没有及时建立，5 000多平方米的巴渝剧场常年闲置，入驻商户多年免交租金，但项目维护、管理成本和水电气费用与日俱增，压得小天鹅喘不过气来。因此，接到求救信后，我做了如下批示："几条具体的政策要求，可支持，请三峡担保公司核处。但小天鹅的问题，关键是投入产出不对称，3.85亿元投资形成的物业，有相当部分因闲置没有实现出租经营，这就使得3.85亿元本息要还，收入总体不多，入不敷出。在盈利模式上，5万多平方米的房屋，什么业态，怎么布局，风格、特色怎么吸引眼球，都要从长计议，认真谋划。这件事，请商委牵头组织有关方面帮助论证。"

2009年3月18日，我主持召开会议，专题研究洪崖洞景区的问题。我说："洪崖洞地处长江嘉陵江交汇处，毗邻解放碑商务中心，搞好了完全可能成为重庆的一张'城市名片'，成为一个令人关注的旅游景点，项目本身是2002年重庆'八大民心工程'之一，也是巴渝传统文化建筑的重要载体。现在受金融危机等因素影响，急需得到政府帮助和政策扶持。因此，给予洪崖洞景区扶持政策，助其渡过难关，既支持了民营企业发展，又有利于启动旅游消费、保护传统文化。"经过讨论，会议决定了以下事项。

第一，同意给予在洪崖洞景区内从事经营的各单位三峡库区旅游企业所得税优惠政策，即减按15%征收企业所得税。

第二，小天鹅作为洪崖洞景区业主在办理房产过户时，如果该宗房产为首次向小天鹅以外的法人或自然人转让，则减半征收房产交易涉及的各项税费；如果在小天鹅所属企业之间过户，则免征各项税费。

第三，由重庆三峡担保公司为小天鹅提供3 000万元贷款担保支持，该笔款项专项用于补充洪崖洞景区运营流动性资金。

第四，市公安交管局、市公交集团要适当增加途经洪崖洞景区的公交线路和公交站点，其周边的路标站牌等配套设施也要优化调整。

第五，洪崖洞景区所属巴渝剧场，由"红岩联线"按照经双方认定的建筑成本价格收购。由市文化广电局会同相关单位尽快操作到位。

......

总共有八条政策，涉及财政补贴、税费优惠、担保贷款、景区外部环境优化、交通组织等方面，都很快操作到位。其中，"红岩联线"收购巴渝剧场的事情拖了半年，我了解情况后，与有关人员讲道理：这是对双方都有利的事情，并不是叫政府"学雷锋"，政府收购巴渝剧场，既可以让小天鹅迅速回笼资金，也能让市文化广电局以较低的成本获得一个已建好的剧场，用于当时的市京剧团搬迁安置，这样双赢的事情有什么好犹豫的呢？经过协调，当年11月，双方以 5 000 万元的价格成交。

由于措施务实、有针对性，小天鹅就此走出了困境，渡过了难关，进入了良性发展循环。而政府也没有违规给它们"吃偏饭"，只是做了一个重组，就盘活了一个闲置的文化演出场所，为城市平添了一份典雅、传统和厚重的文化气息，洪崖洞景观也成了嘉陵江畔一道亮丽的风景线、国内外游览者的打卡地。

在金融危机的背景下，给困难企业帮把手，把陷入泥潭的社会资源盘活，它们就能变成经济增长的促进因素，既能够保住上千人的饭碗，也可以从侧面减轻政府和社会负担。金融危机期间，重庆经济逆势上扬，就业形势"风景这边稍好"，跟重庆市政府较好地处理此类事件有很大关系。

帮三家实业公司解套

2015 年 12 月，我收到重庆润山置业有限公司（简称润山公司）的一份紧急报告，请求市政府帮助协调解决债务危机。

润山公司是 2009 年 6 月由重庆喜地山国际实业有限公司、重庆银翔实业集团、重庆渝江压铸有限公司联合发起成立的，注册资金 4 亿元。这三家企业，一家主营外贸，另外两家是制造企业，它们看到房地产的高收益就眼热了，于是轻率涉足房地产领域。

2010 年 12 月，润山公司以 14.4 亿元（溢价 5.7 亿元）拍得江北嘴 28 亩土地的使用权，用于建设东方国际广场项目。这是一个建筑面积 27 万平方米，集酒店、公寓、写字楼、商业于一体的综合体，项目开发所需的投入很高。但润山公司自有资金仅 8 亿元，明显不足，就陆续向信达资产融资 5 亿元、兴业银行融资 11 亿元、重庆信托融资 28 亿元，年利率最低 10.5%，最高到了 20%。

由于项目拿地价格高，取得土地后又陆续借了 44 亿元的高息贷款，每年利息就高达 3.7 亿元，约占项目成本的 30%，加之润山公司的三家股东没有房地产开发经验，对市场判断过于乐观，缺乏科学的风险评估，最终资金链断裂，项目开发陷入困境。更糟糕的是，三家股东还连带承担了重庆信托 24 亿元连带担保责任，使得企业资产负债率大幅提高，进而影响了企业上市、银行征信，主营业务所需的流动资金等正常融资也出现了障碍。

三家股东都是重庆有实力的工商企业，拥有员工 1.6 万人，如果任由风险传导，就会发展为不稳定因素。于是，我当即批示："润山置业的救助报告、困难情况是客观的，这几年建设也是着力的，请求的救助措施也是合情合理的。在艰难之际，重庆信托降几个点的利息，退一步是多赢，逼一步是鸡飞蛋打，不能死抠原协议文件。"并提出两点要求："一是协调有关银行给一笔贷款替换重庆信托的贷款，把高利贷顶替出来；二是对过去5年的重庆信托利息也应下降3~4个点，取得双赢局面。"

按照这个思路，市政府先后两次与润山公司、重庆信托及江北区政府、江北嘴公司等有关部门和单位会商，最终达成一致意见：要求润山公司抓紧后续开发建设，促进项目尽快建成投用，实现资产变现；2016年1月1日之前，润山公司已支付给重庆信托的利息和顾问费不再退还和降息，欠付的利息约2.2亿元予以挂账；2016年1月1日后，润山公司所有借款年利率统一按10%执行。润山公司归还重庆信托融资本息后，东方国际广场项目销售资金或资产若有剩余，润山公司应优先向重庆信托支付挂账利息50%。同时，由江北区政府牵头，市国土房管局、市工商局、市地税局等部门和重庆信托共同监管该项目，对项目销售经营实行封闭管理，对金融活动和销售资金进行全程监管。江北区政府、江北嘴公司将该项目作为招商和去库存重点，帮助推介、招商，并给予江北嘴入驻企业相关招商优惠政策，促进解决问题。

在市政府的协调下，通过多管齐下的措施，东方国际广场项目土建工程顺利完工，相关扫尾工程陆续启动，商业场馆也开始试营业，三峡银行、深圳正威公司等签订租约并入驻。截至2016年底，项目建设得以顺利推进，高息债务得到及时置换，项目债务危机传导至股东实体企业所造成的经营风险也得到了有效化解。润山公司还与深圳正威公司达成协议，通过连带负债资产转让方式，将项目整体打包转让给深圳正威公司，进一步盘活了项目资产，降低了项目营运风险。三家股东最终解了套，其相关主营业务也开始恢复正常生产经营。

以上案例，都是重庆本地的民企陷入困难后，通过重组解除困难的过程。下面再谈两个外地民企来渝投资的故事。

刘永行的来电

2009 年，经政府招商，东方希望集团董事长刘永行在重庆投下 80 亿元的大单，包括三个项目：一是在万盛区投资 36 亿元做 60 万吨甲醇项目；二是在涪陵区投资 20 多亿元做 90 万吨 PTA（对苯二甲酸）项目；三是在黔江区做聚氯乙烯项目，并建一个自备电厂。这么大的投资量，重庆相关部门和区县政府都很重视、很上心。经过 3 年建设，到 2012 年底，三个项目相继竣工。

2013 年 5 月下旬的一天，我突然接到刘永行打来的电话。他在电话里诉苦，他在重庆的三个项目都陷入了困境，竣工之日就是停工之时，目前已停了半年多，80 亿元投资全部泡汤，今后再也不敢到重庆来了。我当时吃了一惊，因为之前从未接到过相关报告。于是，我立刻安排时间，请他到重庆与有关部门、区县政府座谈，商量解决的办法。

座谈会一开，情况就弄清楚了，主要是三个方面的问题，也都讨论给出了解决方案。一是万盛区的甲醇项目需要一个 60 万吨的配套煤矿，但能投集团出于种种原因迟迟没有落实，而从外地运煤成本太高。当时，全国煤炭市场不景气，刘永行需要煤炭是一件大好事，我当即要求能投集团划拨一个国有煤矿做配套，以当时的市场行情价——每吨 600 元的价格供应煤炭。二是涪陵区 PTA 项目需要通过铁路从外地运进PX（对二甲苯）作为原料，但危化品仓库和转运车站一直没落实。这个项目的审批权在市发改委，抓紧办的话，很快就能解决。三是黔江区聚氯乙烯项目没搞起来，自备电厂虽然建好了，但电力公司不允许上网，也只能闲置在那里。重庆本来就有外购电需求，本地电厂发的电，电力公司理应允许上网，只要按全市火电厂同期电价和结算方式结算即可。

经过协调，问题很快得到解决。事后，我跟相关区县讲："你们招商引资时满腔热情，项目落地后就不管不顾，本该提前跟进的配套工作拖拖拉拉，结果造成企业停产半年多，不仅使企业蒙受了损失，也极大地影响了政府税收和群众就业，这种情况令人痛心，这样的官僚主义要不得。"

其实，这样的事情处理起来并不复杂，不需要政府投入财政资金，也不需要给予特殊政策，只要运用重组思维，做好协调工作，很快就能解决。解决好了，对地方经济、企业、社会都有好处。如果在东部沿海地区，此类问题根本用不着市长过问，基层的委办局就能协调。从中可见，一些地区在服务民企、发展经济的观念上还有待进一步转变，运用重组思维解决问题的能力亟须提高。

金龙铜管集团的"重生"

2016年全国人代会上，我碰到金龙铜管集团（公司注册地在河南新乡，在重庆江津区有3万吨铜管）的董事长李长杰，他说他的企业正濒临绝境。原来，2000年金龙铜管集团从一家集体所有制小厂改制为股份有限公司，由小到大，由弱到强，逐渐成长为中国500强企业和中国100大跨国公司，在精密铜管行业处于全球龙头地位。在产能方面，金龙铜管是全球最大的空调与制冷用高精度铜管生产厂商；在技术方面，其是同行业唯一获得国家科技进步奖二等奖的高新技术企业；在市场方面，其市场份额占有国内市场的1/2、国际市场的1/3。然而，金龙铜管在快速扩张的过程中，因投资和管理失控，企业积聚的各种矛盾和问题在2015年集中爆发了，因此企业面临绝境，表现如下。

一是出现流动性枯竭。2015年底，金龙铜管集团的银行贷款由2014年底的120亿元锐减到90亿元左右，因"短贷长投"占用资金25亿元、期货交易损失15亿元、关联方（新能源板块）非经营性占用资金20亿元以及银行收取保证金等，企业用于精密铜管生产的流动资金不足10亿元。这10亿元流动资金对于一个年产销40万吨精密铜管、年销售收入250亿元的企业来说，基本属于杯水车薪，企业生产经营难以为继。

二是订单量急剧萎缩。因铜加工行业的原材料采购须先款后货，而货款回收则实行先货后款，且回款周期一般在3个月左右，金龙铜管集团在流动资金严重短缺的情况下，无力承接客户下达的订单。2015年，集团全年生产精密铜管33万吨，较上年减少10.6万吨，降幅达32%。

三是还贷压力巨大。金龙铜管集团的贷款中，95%以上是半年或者一年期的短期贷款，企业每月用于"倒贷"和付息的资金就需10亿元左右。在流动性濒临枯竭的情况下，随时都将发生资金断链、贷款逾期的情况。

四是海亮股份终止重组。2015年11月，民营企业海亮股份拟斥资32.5亿元收购金龙铜管集团100%的股权。但是由于金龙铜管集团无法有效解决关联方非经营性资金占用问题，加之外部经济形势发生变化等，海亮股份于 2016 年上半年终止收购金龙铜管集团。

伸不伸手扶一把？综合企业情况看，我认为应该扶一把。首先，李长杰是第十届、第十一届全国人大代表，20 年来一直致力于实体经济，这种坚守难能可贵。其次，有金龙铜管这种技术水平的企业在业内屈指可数，其也不是污染企业，主要是做物理加工。再次，企业出现问题，主要是产能过剩与资金杠杆比太高造成的，只要通过资产重组实现资源优化配置，解决好资金问题，就有可能走出困境。最后，尽管重庆市政府没理由去干预河南企业的事务，但如果鼓励该企业搬到重庆来，对河南来说少了一个"烫手的山芋"、一个拟破产企业包袱，同时重庆的相关产业发展也会得到推动，重庆市政府调动资源，以重组的思路就可以救该企业于水深火热之中，可谓"一举多得"。于是，我向李长杰同志提出了解决该企业问题的方案，并与新乡市、河南省各方做了友好的沟通，获得了他们由衷的支持。但这个项目到重庆之后，应该落地在哪个区县？我想到了万州区，它既是重庆第二大城区，又是库区优惠政策集中地。为此，重庆启动了万州区与金龙铜管集团的合作，主要是围绕委托加工合作、产能转移合作、资本合作"三步走"进行。

第一，稳定合作银行与客户。万州经开区与金龙铜管集团开展合作后，与金龙铜管集团关联的 21 家银行均未再发生抽贷的情况，格力、美的等重点大客户也恢复了已经削减的部分订单。

第二，组建万州经开区股权投资基金。为了解决资金需求，万州经开区直属国有企业与华夏银行共同组建了 20 亿元的股权投资基金，为实施"三步走"提供资金保障。

第三，以委托加工方式实施业务重组。到 2017 年 11 月 17 日，万州经开区按照"保本微利，让利金龙，风险可控"的原则，累计接受格力、美的、海尔等233家客户下达的订单15.7万吨，委托金龙集团6家生产厂进行加工，累计投入购铜款73亿元，实行采购、生产、销售、回款封闭运行，回收货款62.2亿元，占累计投入资金的85.2%，整个过程未发生一笔呆坏账。

第四，推动股权结构重组。万州经开区向海亮集团支付1.91亿元，一次性受让了海亮集团持有的金龙铜管集团5.56%的股权，解除了海亮股份对金龙铜管集团的一系列苛刻条件制约。万州经开区还出资3000万美元，一次性认购了香港凯美龙公司16%的股权，不仅避免了重大诉讼可能导致的巨额赔偿，而且解决了河南凯美龙公司铜板带项目的建设资金缺口，促进了该项目全面建成投产。

第五，实施总部及产能转移。一是企业注册地转移。金龙铜管集团已将注册地由河南新乡迁移到万州经开区。二是铜板贸易业务转移。截至2017年11月17日，金龙铜管集团在万州经开区的铜板贸易额累计达到180亿元。三是精密铜管制造项目转移。第一期转移到万州的三条精密铜管生产线，年产能8万吨，2017年底部分产线已投产。后续还对金龙铜管集团在国内的10个生产基地进行整合，促进有效产能向重庆集中。

万州经开区与金龙铜管集团的合作实现了"双赢"。一方面，金龙铜管集团摆脱了困境，合作银行已经稳定，市场订单大幅度增加，盈利能力显著提升，企业管理团队及全体员工对企业未来发展的信心增强。2017年，金龙铜管集团生产销售精密铜管达50万吨，较历史最好水平增长12%。2017年1—10月，金龙铜管集团已实现盈利1.5亿元，一举扭转了3年连续亏损的局面。另一方面，万州经开区因这项收购重组壮大了经济总量。2017年，因金龙铜管集团的铜板贸易转移，万州经开区增加贸易产值200亿元以上，入库各类税金 7 000 万元。

五、改进政府管理体制机制，更好地服务民营中小企业

一般而言，民营企业在创业之初，由于普遍规模较小，技术相对落后，管理经验也不足，很容易触碰国家在节能减排、环保达标、产品安全等方面划定的红线。与此同时，由于社会民众对这些公共问题非常敏感，这个时候，民营企业似乎就容易成为众矢之的。大家在讨论如何推动简政放权时，往往会陷入"一放就乱—严管管死—再放又乱"的怪圈，就是因为忽视了市场竞争规律，没有从产业链条锁定、部门职责法定上下功夫，从而导致政府部门或九龙治水、多头交叉管理，或层层加码、同频共振管理，或出现三不管的管理真空，以致市场秩序失范，百姓怨声载道。凡是大范围、反反复复出现的问题，绝不仅是企业老板微观层面的道德问题，而是体制机制出了问题。政府当为之事，就是把体制机制改进好，让生存在这种体制机制环境下的企业，犯不了错误或少犯错误，让公平合理的市场秩序得到有效维护，让社会公平正义得到充分彰显。下文将专门围绕食品安全监管问题来阐述相关做法和思考。

食品安全问题的三大根源

2011 年，三聚氰胺奶粉、毒大米、地沟油等食品安全问题频频曝光，令人触目惊心。一时之间，舆论界谈虎色变，食品企业也人人自危。加强食品安全监管势在必行。从曝光的案件来看，这是一个长周期、大范围存在的问题，需要从体制机制上找原因、想办

法。通过调查研究，我发现食品安全领域存在三个根本问题。

第一，从管理层面来看，食品行业产业链条很长，包括种养、运输、加工、销售等多个环节，涉及农业、工商、质监、卫生、食药监等多个监管部门。管理上的"九龙治水"，造成条块交叉、难以协调，一旦出事又互相推诿、责任不明。美国的食品安全监管统一由美国食品药品监督管理局负责，从头管到尾，责任清晰，执法权威性也高。

第二，从生产力层面分析，在我国食品行业从田间地头到百姓餐桌的长链条中，分布着成千上万的农户、企业和个体户，市场主体小、散、杂，质量和安全无法保证，责任追溯也难以开展。发达国家的情况则不同，往往是龙头企业从种养到加工销售做到一条龙的全覆盖，质量标准、责任主体都很清楚。

第三，从成本角度而言，我国在食品行业的生产链条上层层征收营业税，叠加起来的税率很高，甚至有人说："一个馒头，有 1/5 的税。"此外，物流成本高昂、运输损耗问题，以及不断上涨的物业租金，都推高了食品企业的成本。食品企业为了盈利，只能在生产加工环节压缩成本，一些不法商户就会动歪心思，铤而走险。

瞄准根源对症下药

以上三个问题的根源，从行政管理角度看，最重要的是改变"九龙治水"格局，在机构改革尚在研究之时，就应该在每个食品种类的监管中确定一个"龙头"部门，比如蔬菜方面，就可以责成农委负总责，其他部门配合。2013 年 3 月，国务院启动新一轮机构改革，把工商、质监、药监、食品、卫生等部门的食品安全监管职责统一划归食品药品监督管理部门，从而在体制上改变了"九龙治水"的局面。从行业监管角度看，应对症下药，采取以下三个方面的举措。

一是严格实行"连坐制"。可以借鉴美日经验，严格实行三种"连坐制"，即地区"连坐制"、产业链上下游"连坐制"、集团关联单位"连坐制"。比如地区"连坐制"，就是通过不定期派人抽查产品，一旦发现问题，则产品当地被判为不可信任地区，所有同行业企业都被列入不信任名单，一律要求整改。这种执法方式看似蛮横，实则有一定的道理。因为如果食品产业链条中的某一个环节出现了问题，就会层层传导，环环出问题，各环节的企业都有责任严格把关。让一个行业、一个地区的食品企业互相监督，也有利于降低执法成本，提高监管效率。这样，有了一个统一、集中、高效、权责清晰的管理体系，食品安全监管的力度就会大大加强。

二是着力打造食品安全生产链。由于食品门类很多，政府短期内难以改变市场主体小、散、杂的局面，这需要较长时间逐渐提高生产力。现实的做法是，先锁定三类关键食品，即蔬菜、生猪和牛奶，采取三个方面的措施。第一，提高农产品生产组织化程度，在每个领域扶持一两家市场份额超过 5% 的龙头企业，带动一大批专业合作社和农户，实现有组织生产。第二，推进标准化和品牌建设，扶持"三品一标"发展，即无公害农产品、绿色食品、有机食品和地理标志农产品，争取在每个领域都有几个叫得响的品牌。第三，加强流通环节监管，严格执行进货查验、购销台账、问题食品召回等制度，做到食品链全过程可监管、可控制、可追溯。

三是努力降低食品行业税费和物流、物业成本。税费方面，通过发展龙头企业，整合上中下游产业环节以避免重复征税，推动营业税改增值税，并切实降低税率，做到食品税负减半；物流方面，政府对冷链物流的车辆购置给予补贴，减免过桥过路费，力争物流成本减半；物业方面，通过合理规划和财政补助，引导农贸市场、各种店面租金减半。"三个减半"，可以有效减轻食品企业负担，扩大其盈利空间，从而提高其改进管理、改善产业链的能力和积极性。

通过实施上述三个方面的举措，三管齐下，就能构建起一道严密可靠的食品安全防护网。

重庆食品安全总体良好

按照上述理念，自 2011 年 9 月起，重庆陆续出台《重庆市人民政府关于进一步加强食品安全监管工作的意见》《重庆市人民政府办公厅关于进一步加强农产品质量安全监管工作的意见》《重庆市人民政府办公厅关于保障食品安全财税扶持政策的通知》三个文件，并且召开电视电话会议广而告之，宣传动员。就这样，我们真刀真枪地干了起来。

具体操作中，一方面，从根本上改革管理模式，出台了《重庆市食品安全管理办法》，成立了常务副市长任组长、分管副市长任副组长的食品安全管理委员会，统一协调各部门行动，还整合农业、质监、工商、食品药品监管等部门的执法力量，建立起覆盖市、区县、乡镇（街道）的食品安全监管网。另一方面，理顺生产力体系、降低食品生产经营者成本的措施也逐步落实。其中，"农超对接"就是一个典型做法。实施"农超对接"后，减少了大量中间环节，下午潼南县（现潼南区）菜农采摘的蔬菜，傍晚就能在主城超市上架，当晚就摆上了市民的餐桌。

这场自 2011 年起开展的食品安全整顿，实际上是一个包含食品安全保障和民营企业发展双重目标的重组，既有利于管好食品安全，又给食品企业的生存发展开拓了空间。由于政策取向兼顾了这两个方面，重庆跳出了过去食品监管"一管就死，一放就乱"的循环。自 2011 年 9 月到 2015 年底，重庆没有发生过一起重大食品安全事故。

沃尔玛事件

重庆整顿食品安全的新规出台不久，沃尔玛就撞到了枪口上。工商部门在执法过程中发现，沃尔玛在渝的 10 家分店及其收购的 3 家好又多分店，以普通猪肉冒充"绿色猪肉"销售，共计 6.3 万多公斤。为此，决定依国际惯例、重庆市已到位的"连坐"法规对涉案门店全部实施停业整顿 15 天，按罚款规定上限处违法所得 5 倍罚款。

沃尔玛不怕罚款。工商局表示，自 2006 年入渝到 2011 年 9 月，沃尔玛因销售过期食品、不合格食品、虚假宣传等行为，被工商部门处罚了 21 次，但是一直都不重视。

但是，它怕"连坐"。2011 年 10 月 21 日，沃尔玛全球副总裁贝思哲先生专程到重庆，就假冒"绿色猪肉"事件致歉。跟我见面时，他诚恳务实地讲了一番，我告诉他："我们已经注意到沃尔玛对重庆公司采取了五项整改措施：一是对管理层主要领导进行调整，让更能干、对顾客更负责、理念更优的人来接任，这是非常必要的；二是对员工特别是骨干员工加强培训，这是改进服务的重要环节；三是严格规范超市的采购、销售等流程；四是对重庆 13 家门店不规范的商品进行下架调整；五是由贝思哲先生接管中国区业务，显示出沃尔玛对这次事件的高度重视。而贝思哲先生不仅对出问题的地方进行了巡访，而且接连巡访了 6 座城市，表明沃尔玛开始深刻反思，并决定引以为鉴。可见沃尔玛是个值得尊敬的企业，欢迎你们在重庆开更多的门店。"

"连坐"事件后，沃尔玛加强了对重庆 13 家门店的管理，重庆市政府自然一如既往地为它们做好服务。此后两三年，出于种种原因，沃尔玛在中国关闭了一批门店，成为 2012 年底、2013 年初媒体热议的焦点之一。而重庆沃尔玛无一关门，2013 年 5 月"渝洽会"期间，沃尔玛还派人员来寻求新的投资机会。

六、解决民营企业融资难、融资贵问题，关键在于建立资本金市场化、常态化补充机制

民营企业贡献了 50% 以上的税收，60% 以上的 GDP，70% 以上的技术创新成果，80% 以上的城镇劳动就业，90% 以上的企业数量，在经济发展中意义重大。截至 2018 年底，我国从事第二、第三产业的个体经营户 6 295.9 万个，私营企业 1 565.4 万家，全口径小微贷款余额 33.49 万亿元，占各项贷款余额的 23.81%，金融资源分配不够合理。

供给上，我国传统银行业不能完全解决民营小微企业的融资要求。截至 2018 年底，我国共有 134 家城商行及 1 427 家农商行，提供了 13.22 万亿元的小微企业贷款，高于国有商业银行与股份制银行提供的贷款 11.67 万亿元，是小微企业贷款的主力。但与此同时，

不良贷款率也在持续走高，农商行不良率最高触及 4.29%，高企的不良率迫使银行收缩信用，放缓小微企业贷款发放。农商行与城商行不能完全解决小微企业的融资需求。

需求上，2018 年起实体经济企业金融需求分层，呼唤新金融供给解决痛点问题。2019 年底，规模以上工业企业应收票据及应收账款 17.40 万亿元，比上年末增长 4.5%，实体经济融资需求旺盛。同时，由于信用分层，小微企业融资难、融资贵问题日益严重。小微企业属于金融企业长尾客户，存在业务规模小、抵押品不足、信用质量差、信息不对称、生命周期短、融资成本高等问题，银行通过传统手段进行风控的成本很高，导致小微企业金融供需的不匹配。

解决民营企业融资难、融资贵的问题，除了民营企业自身需要注意在发展运行中保持资产负债率、现金流平衡之外，关键还在于始终保持充足的资本金。民营企业如何才能做到这一点呢？这就需要企业在运行中审慎、稳健、不冲动，做到不花高地价竞标买地、不用高利贷融资借款、不加高杠杆融资投资。总之，任何时候都要保持充分的资本充足率，这是解决融资难、融资贵的基础。

长期以来，许多民营企业都面临资本金短缺、低效无效资产较多、资本运作能力不强等突出问题，制约着民营企业应有功能的发挥。为此，亟须建立民营企业资本金市场化补充机制，增强民营企业金融工具运用能力，形成与资本运营相适应的民营企业资本金常态化自我修复机制，使得整个"肌体"始终充满活力、提升效率。具体而言，应突出抓好三大环节。

第一，建立民营企业资本金市场化补充机制。多年来，我国民营企业始终没有跳出举债扩张的怪圈，负债不仅呈现明显的顺周期特征，而且比国民经济总体负债情况更为严重。面对 L 形经济增长态势，寄希望于政府救灾，即大规模注入资本金，是不现实的。关键是要建立股本市场化补充机制，主要有以下五个渠道。一是民营企业之间相互参股。这既有利于实现民营投资主体多元化，稳定股权结构；又有利于企业之间互相抑制分红要求，增加企业留存利润，充实企业股本金；还有利于企业多渠道筹措资金，降低筹资成本。二是各类资本运营公司及基金注入。社保基金、保险资金以及民间资本大量"沉淀"，可以拿出一定比例设立产业投资基金或资本运营公司，以股权方式注入民营企业。三是民营企业上市及增资扩股。上市及增资扩股不仅可以使民营企业迅速补充股本，降低融资成本，还可以把占用的银行信贷资源让渡出来，使银行更好地支持小微企业发展。四是财政性产业扶持资金注入。中央和地方两级财政每年有上万亿元产业发展资金，以前主要以补贴方式分散在各行各业，弊端日益显现。应该改革产业发展资金的使用方式，划出一定比例设立产业投资基金，投向民营企业的优质项目，补充其股本。五是企业利润留存及经营预算转为资本金。可出台措施鼓励将民营企业利润留存部分用于充实企业股本。

第二，顺应资本市场发展趋势，使资本市场成为民营企业资本金市场化补充机制的源头活水。上述五个渠道得以贯通，在很大程度上依赖于我国资本市场特别是股票市场的健康发展。我国股票市场存在三个弱化问题：一是国民经济晴雨表功能的弱化，二是投入产出功能的弱化，三是资源优化配置功能的弱化。要通过对股票市场有关基础性、机制性制度的改革和调整，扭转整个市场长期资金供应不足、机构投资者供应不足和市场悲观预期的状况，让股权资本回归应有的市场地位。为此，提出六个方面的思考和建议：一是鼓励上市公司回购并注销本公司股票；二是建立监管部门对收购兼并、资源重组的审核批准快车道，支持和鼓励上市公司通过并购重组做强做优做大；三是建立上市公司愿意分红、国内外机构投资者愿意更多、更久持有我国股票的税收机制；四是遏制大股东本人或家族一股独大的现象；五是防范大股东高位套现、减持股份的行为，遏制大股东大比例股权质押，顺周期高杠杆融资发展，逆周期股市跌破平仓线时踩踏平仓，造成股市震荡的问题；六是遏制一些上市公司长期停牌、随意停牌的现象。这六条措施如果落实到位，股票市场就会逐步修复功能，民营企业直接融资渠道会进一步拓宽。

第三，增强民营企业金融工具运用能力。一些大型民营企业往往有两种不合理的发展倾向：一种是脱实就虚，热衷于涉足与主业无关的金融业；另一种是过于专注实体产业发展，对金融体系丰富的工具运用得很不充分，不利于企业集团降本增效和资源优化配置。各大型民营企业除了与商业银行合作，还应积极谋划与非银行类金融平台合作，用好各类金融工具，拓展金融资源供给来源，降低企业经营成本，提高企业运行效率。比如财务公司相当于企业集团的"内部银行"，不仅可以为企业集团及各子公司节省一笔不菲的财务成本，还能为上下游产业链企业提供融资支持。再如金融租赁公司具有强大的资金通融功能和集聚辐射能力，通过设备租赁，可将一次性投资变为租金成本，降低企业负债率；通过实物转租，可促进产能转移、企业重组和生产资料更新换代；通过售后回租，可回笼初期设备或厂房购置资金，盘活大量沉淀资产，缓解企业经营压力。又如金融保理公司可将供应商的应收账款以债权形式变现，还能提供销售分户账管理、应收账款催收、信用风险控制与坏账担保等综合性金融服务，有助于提升供应商的资金运营效率，增强整个产业链的竞争力。还如消费金融公司顺应了"互联网+"时代购物和支付方式的巨大变化，促使大型消费类企业与零售机构、生产企业、互联网企业深度合作，挖掘消费者的有效需求，不仅可以帮助企业扩大客户量，还能降低运营成本。

　　总之，民营企业解决融资难、融资贵的问题，不仅需要政府相关政策的扶持，还需要民营企业拥有善作善成的智慧。我们要全面贯彻中央各项决策部署，坚持问题导向，强化改革思维，采取科学方法，加快改革发展步伐，为推动供给侧结构性改革、促进经济持续健康发展做好基础性制度安排。

第二部分

行业的
重组与管理

第六章

城市土地、房产规则的变革与重组

在现代城市经济中，房地产市场是资源重组最为活跃的领域。它涉及土地和房产的买卖、租赁、抵押等交易活动。房地产市场作为市场体系的重要组成部分，具有市场经济的一般规律，受价值规律、供求规律、竞争规律等制约。与此同时，房地产市场本身受土地资源的不可再生性、市场供给的非同质性、市场需求的广泛性和交易主体心理诉求的多样性等多重因素的影响，表现出有别于其他商品市场的独特属性。自我国推行住房制度改革以来，房地产业在国民经济中占据越来越重要的地位。总体来看，房地产业调控经常会面临两难问题：一方面，要考虑它的持续发展，可以为推进城镇化、促进地方经济发展提供强大动力；另一方面，要考虑它的过热发展可能导致高房价问题，将影响民生、侵蚀居民消费能力，以及增加工商产业用地成本、挤占工商企业融资空间、催生资产泡沫化等问题。因此，搞好房地产市场调控是一项复杂的系统工程。本章重点讲述房地产市场调控之道，主要涉及土地市场调控和房产市场调控两个方面，概述了2000年以来重庆按照国家要求在土地批租、土地储备等方面的基础性制度建设情况，以及推进房地产领域调控、公租房建设、房产税改革的一些基本做法。

一、地价形成机制是土地管理的关键

成渝土地收入相差4倍

2002年1月，我到武汉参加建设部城建方面的会议，遇到了成都市市长，便询问成都的土地出让情况。他说："2001年成都出让土地10平方公里，收入12亿元。"这让我很吃惊。重庆土地出让规模和成都大体相当，但土地出让收入仅3亿元，只有成都的1/4。成渝同属西部城市，面积、人口、层次都差不多，为什么土地出让收入差距这么大？

当时我感觉其中一定有问题，因为我一直有个观点：城市土地是重要的公共资源，而土地出让收入是地方政府的"钱口袋"，对政府完善公共服务意义重大。在具体操作上，同样的土地资源，出让方式和地价形成机制不同，实际出让价格会有很大的差异，这反映了不同地区的政府管理经济的基础制度和定价机制的不同。成渝土地收入的巨大差距，不由得让我想到了这一点。

关键是定价系统出了问题

武汉会议结束的当天，我打电话给市国土局局长，要求当晚召集国土局有关负责人，我要和他们研究重庆地价问题。

一下飞机，我就直奔市国土局，开门见山地说："重庆和成都城市发展水平相差不大，2001年批租土地面积也差不多，土地出让收入本应该相当，但现在成都是我们的4倍，这让人难以理解。如果仅仅是贪污腐败，那么造成的土地出让金流失最多不会超过

20%，不可能出现这么大的差距，所以一定是我们的制度安排有问题，尤其是定价系统出了问题。今晚我们就讨论一下重庆地价是怎么构成的。"

于是，国土局的同志开始汇报。原来，重庆的地价等级定于1986年前，直到2001年均未做过调整。而且在操作中存在两个问题。一是认为地价越低越好，把基准地价定得很低，仅相当于成都的1/3。二是主城土地等级划分不合理。按国家规定，一个城市的土地按区位可分为12个等级。重庆则划分过粗，只分为8个等级，并且每一个等级差距很小，尤其是高等级地块的面积划分得过小：一等土地仅1平方公里，二、三等土地不过10多平方公里，位于市中心区位的观音桥、杨家坪等主城商圈被划为四等或五等，其他80%的土地都是七等或八等。这样的土地等级划分，既反映不出土地的实际价值，也难以体现级差地租。由于基准地价比成都低2/3，土地等级又尽量往低处划分，那么成渝土地出让收入相差4倍就不足为奇了。

运用动态发展眼光看地价

听了这些汇报，我问大家："这个地价你们研究过没有？觉得合理吗？"他们说："国土局成立了地价工作小组，集中了3名博士、6名硕士，通过两年来对200个采样点的分析，得出的结论是重庆地价基本合理。"

他们是怎么研究的呢？首先选定200个固定采样点，然后统计当地房价和地价进行对比分析。他们认为，由于地价与城市基础设施投放、商业设施配套、教育卫生等公共服务投入强相关，因此城市配套跟不上，房价低，地价也就应该低一些。以江北嘴为例，当时这是一片棚户区，破破烂烂，房价跟解放碑没法比，于是，尽管江北嘴距离一等地块解放碑的直线距离才1公里左右，土地等级竟被划为城市土地最低等级，即第八等级，比解放碑地区低了7个等级。这套理论看似像模像样，实则是刻舟求剑，是完全用静态眼光看待动态发展问题。

我对他们说："大家要有些想象力，要用发展的眼光看问题。土地价格等级，一是与规划有关，二是与地段有关，三是与地铁、道路等基础设施有关，四是与教育、卫生等公共设施配套条件有关，五是与人口密度和城市发展趋势有关。在这五项因素中，城市规划和地段等级的确定，对一个地区的地价具有引领功能。现在江北嘴的条件确实很差，但它与解放碑仅一江之隔，只要桥修通了，就可以和解放碑、朝天门连为一体，共同打造为中央商务区，形成珠联璧合的都市核心区。从规划上看，江北嘴地块完全可以确定为一等地块。如果仅就现状做分析，缺乏发展的眼光，那么得出的结论显然是荒谬的。另外，虽然目前主城部分地区还未通地铁，交通有些不方便，但重庆的城镇化进程在快速推进，因此只要在城市控制性详细规划和专业规划中确定了相应的地铁轨道、城市道路，几年后这些问题就会解决，届时房价、地价都会水涨船高。因为买地、建楼总有3~5年的过程，土地批租也是基于3~5年后基础设施建设的预期。所以，划定地价要立足城市规划，运用动态的、发展的眼光看问题，不能简单地就事论事。总之，一个城市地价不能太高，太高了就会抬高房价，破坏投资环境，影响民生。但是，一个城市的地价也不能没有级差地租，如果低到了几百平方公里几乎没有级差地租，就必然导致不知不觉中开发商'把西装料做成衬衫'，都市就会变成乡镇。"

讨论到最后，大家达成共识：既然成渝两市面积都是 300 平方公里，规模、层次相当，加上重庆还是直辖市，因此同一等级的地价至少应与成都持平。调整地价是大势所趋。与此同时，主城土地等级以及相应等级的区块面积，也要按规划原理重新划分，从 8 个等级划分为 12 个等级。

三大调整盘活土地资源

2002 年 2 月，市国土局按照要求，抓紧制定了新的基准地价、土地等级以及区块面积界线划分方案。当年 3 月，市委批准了市政府关于重庆主城区地价调整的方案，并决定于 6 月 18 日，即重庆直辖 5 周年纪念日之后推出。6 月 20 日，市政府常务会审议通过，并于 7 月 1 日生效。

这是重庆土地管理的一次重大调整。几个月后，我们推出了另外两项改革：一是按照中央要求，在全国率先建立土地储备制度；二是在完善控制性详细规划的基础上，推行土地招拍挂出让。这些都是遵循市场规律和地价逻辑，做出的重大管理方式调整，实质也是一种资源重组。通过三步重组操作，重庆收回本应归属政府但过去由房地产商占有的超额利润，将其转化为城市基础设施建设和民生事业的财力投入，实现了资源优化配置，有效化解了历史积淀的矛盾，破解了城建资金困局。

通过实施地价调整、土地储备和招拍挂制度，重庆土地出让收入从 2001 年的 3 亿元猛增至 2002 年的 12 亿元，赶上了成都的水平。2003 年增至 22 亿元，2004 年超过 70 亿元，2006 年以后每年扣除征地动迁成本后的土地出让金进账 200 亿~300 亿元，2010 年以后则达到 700 亿~800 亿元。与此同时，得益于土地收入的快速增长，重庆建设性财政逐渐宽裕起来，许多原来想建设而无法建设的基础设施项目得以启动，大大加快了城市化进程。由于土地管理规范有序，土地级差标准合理，土地资源的市场化配置得以优化，重庆的城市规划设计在城市建设和房地产开发中得到了落实，重庆土地市场稳定，房地产业保持了健康平稳的发展。

二、土地管理的五条原则

控制性详细规划缺失阻碍了招拍挂

对于城市房地产市场调控而言，土地问题太重要了。一方面，土地收入一般占到地方财政收入的1/3，是地方政府名副其实的"第二财政"和平衡城建资金的主要"钱口袋"。另一方面，我国人多地少，在城镇化进程中既要坚守 18 亿亩耕地红线，又要努力保障合理用地需求，城市用地矛盾尤为突出。因此，必须精打细算，规范管理，优化配置，节约集约用好每一寸土地，管好用足每一笔土地增值收益。

2002 年 1 月，当我发现重庆的土地批租市场 90% 是协议转让，没有按国家要求搞招拍挂时，就问市国土房管局的同志，为什么重庆只有 10% 的土地招标出让、90% 是协议转让？他说："很简单，重庆的土地基本没做控制性详细规划，用地性质、开发强度等都不清楚，没办法组织拍卖。"我又问规划局的同志："为什么不做详细规划？"他说："做一平方公里的控制性详细规划要花 30 多万元，主城区几百平方公里面积都搞完，至少要上亿元资金，而每年的规划性管理经费仅二三百万元，建委和财政局不拨款，规划局也是有心无力。"

两人说的都是实话，当时这是各地区的一个通病。城市没钱做规划，控制性详细规划覆盖率较低，土地就没办法公开拍卖。控制性详细规划管的是地块的土地使用性质、开发强度和道路、管线、建筑的布局，涉及建筑容积率、建成区绿化率等各种参数。土地使用性质不同，容积率不同，地价标准自然就不同。比如，同一地块，既可以建造写字楼，地价是 100 万元一亩，容积率是 1∶5；也可以修建住宅，地价是 50 万元一亩，容积率是 1∶2。因此比较来看，建造写字楼的成本较低。只有控制性详细规划覆盖率提升了，相同参数的土地在拍卖中由价高者得，才算公平公正。

2002 年之前，重庆 90% 的土地没做控制性详细规划，少数做了的，也是由开发商出钱。既然是开发商出钱，再搞招拍挂出让，基本上也是大忽悠、挂空账、走形式，一般是谁出钱做规划，土地就归谁。围绕土体出让环节存在的问题，2002 年 7 月，我主持召开整顿规范房地产市场秩序专题会议，从完善控制性详细规划入手，明确了土地管理的五条原则。

土地管理的五条原则

第一，所有土地必须深度规划后再出让。所谓深度规划，包括五种规划。一是城乡总体规划，这是全局性、综合性、战略性的规划，一经确定，规划期限一般是 20 年甚至更长时间。二是控制性详细规划，涉及建设区块的土地使用性质、开发强度和道路、管线、建筑等布局结构，是城市建设的路线图。三是重点区块的形态规划，应高低结合、疏密有致，尤其要注意保护天际线、楼际线、水际线，彰显城市轮廓之美。四是地标性建筑设计，包括色彩搭配、建筑风格，应与周边协调统一、和谐有序。五是各类专业规划，包括"七通一平"基础设施、安全设施等，应相互匹配、结构完整。上述五种规划的覆盖面和整体质量，决定着城市的未来面貌，一定要精心谋划。

也就是说，土地出让之前，除了要有城乡总体规划，还必须做好控制性详细规划、各类专业规划和形态规划。当然，关键是控制性详细规划。土地有没有详细规划，出让价格差别很大，一般相差30%，最高可达一倍以上。由开发商出钱做规划，一方面，开发商也会将规划成本计入，最终体现到房价上；另一方面，这样的规划集中体现的是开发商的意图，不一定符合公众利益，很容易影响城市整体规划的质量。因此，理应由政府出钱做规划，这样既能让城市规划更好地体现政府意图和公众利益，又能使政府更好地掌握土地增值收益。不过，当时重庆财政的确没钱，我就让国土房管局每年拿出两三千万元垫支给规划局。规划局拿到钱就做规划，等国土房管局拍卖土地后，从收益中先扣掉这笔规划费，剩余的钱再上缴财政。通过这样的横向流动，城市规划主导权回到了政府手中，不仅增加了土地出让收入，而且提升了规划的整体性、协调性。

"没有规矩，不成方圆。"在城市建设领域，这个规矩就是规划。我们常说，规划是城市建设的"宪法"，对一个具体建设项目而言，控制性详细规划就是法律的实施细则。从 2003 年起，重庆市一直是"富规划"，规划部门经费得到了充分保障，短短 3 年就拿到了上亿元，做了 300 多平方公里的主城区控制性详细规划，重点地区和标志性地段还做了形态规划、地标性建筑规划和相应的基础设施专业规划。得益于此，重庆主城任何一个地块的开发，基本做到了各类规划全覆盖，而且具体设计时往往是多方案比对，优中选优。由此，阻碍土地招拍挂的技术性难题迎刃而解，城市形象和品位也得到较大提升。

第二，经营性用地必须实行招拍挂。2001年，国家开始要求并建立土地招拍挂出让制度，要求加强土地招标拍卖市场的管理，加快土地有形市场建设。之前，各地都是怎样开展招拍挂的呢？大概流程是，如果开发商想买某块地，土地管理部门登报，披露消息，挂牌公示。但由于各地普遍没有建立土地公开交易市场，即使有人得到消息，想参与竞标，也无从下手。这样的招拍挂，一来公开范围有限，二来难以形成有效竞争。

为改变这种状况，重庆决定建立一个功能齐全、服务优良的土地公开交易市场，规定国有土地使用权招标拍卖挂牌出让、转让、出租、抵押等一律进场交易，把原来的多渠道转让土地变为一个窗口对外。政府也不再纠缠于各种烦琐的审批手续，而是花更多精力来优化服务，加强监管，确保土地出让工作公开、公平、公正。土地交易市场成立后，2003年，重庆土地批租中的招拍挂占比从10%跃升到90%。2004年，重庆在全国率先实现100%招拍挂出让。这一年，经国务院分管领导同意，建设部在全国各地推广了重庆的做法。

第三，坚持只卖熟地不卖生地。所谓生地，就是未经征地动迁和"七通一平"的土地，主要包括三类。第一类是城市规划红线内未开发的建设用地，可能是农田，也可能是"四荒地"。这类土地交给开发商后，可能难以保障依法拆迁、公平补偿，一旦遭遇拆迁纠纷，开发商也容易受到损失。第二类是城中村或危旧房占用的土地。一些地方在旧城改造时，以地换路、换公共设施，甚至以地换拆迁安置，存在不少灰色交易，这是造成社会不稳定的重要原因。第三类是国有企业"退二进三""退城进园"涉及的老厂区，如果企业负责人私下交易，罔顾职工利益和安置问题，也会诱发社会矛盾。第二类和第三类土地中的不规范行为，实质都是卖生地。因此，把土地一级开发控制在政府手里，由政府土地储备机构负责动拆迁，土地整治后再出让，不仅能保障相关各方利益，也能大幅提升土地资产价值，还可以避免腐败和国有资产流失。

第四，建立土地储备制度。前文在谈地产集团时提到过土地储备问题。在城市起飞阶段一次性储备相当数量的可开发用地，建立土地资源配置"一个渠道进水、一个池子蓄水、一个龙头放水"的良性机制，不仅能增强政府对房地产市场的宏观调控能力，为经济社会发展提供有力的用地保障，防止公共资源增值收益流失，而且通过储备土地的"两个循环"，还能为地方政府开辟"第二财源"，平衡城市建设资金缺口。为此，我刚到重庆后不久，就下决心建立土地储备制度，并向市委、市政府主要领导做了报告。

2002 年，市政府出台《重庆市国有土地储备整治管理办法》，明确了土地储备的机构、范围和具体流程，并在 2002—2003 年集中储备了主城 40 万亩土地，占当时主城可开发用地的一半。2007年 11 月，国土资源部、财政部、中国人民银行联合制定发布《土地储备管理办法》，我们又进一步完善了重庆的土地储备制度。

第五，动态监管并清理回收闲置土地。前述四条有利于规范土地出让，但加强土地管理还需要后续机制，那就是拍卖出去的土地，如果因开发商囤地不用或开发遇阻，变成久划不拆、久拆不完、久拆不建、久建不完的"四久工程",政府也要在考虑开发商权益的基础上,及时依法收回土地,为国家和群众挽回不必要的经济损失。前文提到的处置地铁中心花园烂尾楼,就是一例。近10年,重庆主城处置了70多座"烂尾楼",还依法收回了近300宗、770多公顷闲置土地。

三、土地储备的五条原则

在土地管理的五条原则中,最关键的一条就是建立土地储备制度。它作为政府调控土地市场的重要手段,可以有效显化国有土地的资产价值。香港地区利用土地储备制度,强力推动国际大都市建设,就是一个成功案例。土地储备做好了,不仅可以为城市发展提供有效的资金支持,还可以保障重大基础设施和民生工程用地需求,推动城镇化健康发展。同时,土地储备和金融有机结合、良性循环,还能平衡政府财政收支,稀释债务并降低风险。具体到重庆而言,重庆在土地储备方面始终坚持五条原则。

第一,超前储备,一步到位;细水长流,逐年供应。土地储备是有技巧的,不同城市的操作要根据各自实际情况而定。如果城市发展已比较成熟,土地储备就很难展开;在没有发展空间的地方储备土地,也没有实际意义。关键是把握好发展时机,在城市起飞阶段一次性完成储备,然后"细水长流"。2002年,重庆主城建成区仅有200多平方公里、城市人口不到300万。当时我们预测,未来一二十年,主城将从一环拓展到二环,而整个二环内的土地面积超过2 000平方公里,扣除山山水水,可建设用地约1 000平方公里,再扣除已建成面积,还有将近700平方公里、近百万亩土地可供开发。一般来说，政府储备地不宜超过城市可开发建设土地总量的50%。于是，2002—2003年，重庆集中储备了主城40多万亩土地，之后就"细水长流"，20年内每年只开发5%，即2万亩左右。这是基于土地资源可持续利用的需要，也有对储备地未来升值的考虑。2008年前后，上海土地储备中心时任负责人到重庆来观摩，听说我们储备了40多万亩土地，她非常羡慕地说道："上海现在想储备也没土地了。"

第二，对储备地的使用，要做到公益性开发和商品房开发大体对半开。如果储备地都用来搞商业开发，一方面，会造成公益设施供应严重不足，配套设施跟不上，最终会出现老百姓无法居住生活的"空城""鬼城"；另一方面，也会导致商品房修得过多，扰乱市场、扭曲房价。当然，如果储备地都用于公共事业，土地收入下降，储备地就丧失了"金库"功能。正确的做法是，公益性开发和商业开发大体对半开。到2013年，重庆已实际用了20多万亩储备地，有10万亩左右用于公共服务和公益事业，如公租房、大学城、铁路、机场等用地；10万多亩搞房地产开发，每亩拍卖400万~600万元。扣除这两类20多万亩土地的整治成本，还有3 000多亿元用于基础设施和公共事业建设。2002—2013年的这10多年里，重庆修了2 000多公里高速公路、1万多公里高等级公路、1 000多公里铁路、200多公里地铁轨道以及大量城市道路、大桥和隧道等，总共花了6 000多亿元资金。市政府的土地储备收益，加上中央政府给予的一部分投资和补助，占总投资额的比重超过60%，余下的缺口约2 800多亿元作为平台公司的债务，形成政府的二、三类债务，这些债务有的可以通过收费偿还，比如高速公路、高等级公路，有的可以通过今后的土地出让收入来偿还。假如没有这笔储备土地出让收入，要建设这些基础设施是不可想象的。

第三，储备权相对集中，储备收益各级政府共享。土地不能由各级政府层层储备，不能在一个城市中搞出大大小小几十个储备机构，而应该相对集中储备权，以便整体开发利用。同时，土地储备不应改变公共财政收入的分配比例，土地出让金扣除征地成本后的净收入，应在各级政府间合理分配，从而调动地方积极性。自建立土地储备制度以来，不管重庆卖了哪块地，扣除成本以后的收入，总是按照财政体制规定的合理比例在市区之间进行分配。区里卖地得到的钱按比例交给市里，市里储备机构卖了土地之后也按比例分给区里，公平合理。而且，市级储备平台帮助区里整理、策划、转让的土地的收益更高。因此，在土地储备方面，区县政府与市级有关部门多年来整体协调、相处融洽。

第四，土地储备要把握"两个循环"。第一个循环，即土地储备手续办完后，成为有价资产，通过银行抵押融资，搞征地动迁和"七通一平"，实现生地变熟地的循环过程。这一循环是"蜻蜓吃尾巴"，一环扣一环，切忌资金挪作他用，否则就会陷入借新债还旧债的"无底洞"。第二个循环，是"七通一平"后，及时完善规划并分批招拍挂出让，回笼资金用于清偿贷款，抵扣一级开发的成本后，增值部分纳入财政预算，用于滚动开发或其他片区建设。重庆自建立土地储备制度以来，市政府、国资委每年都会对储备公司进行全面考核。不仅考核储备地管理，而且考核一级开发、出让金收支，绝不把土地储备变成套取信用的工具。这是合理举债、避免泡沫的边界和底线。

第五，严格设置风险"隔离墙"。重庆有一个操作逻辑，就是"按规划、带项目、批土地"，核心就是做到"大对应、小对口"。

大对应，就是做到土地收入与城建资金需求长期总体平衡；小对口，就是当期单个地块开发与一捆重大基础设施项目时间对应、资金平衡，"一个萝卜一个坑"，确保微观平衡、风险可控，以免形成糊涂账。比如，有 30 万亩储备地，远期价值 5 000 亿元。你不能把 5 000 亿元当作一个大"闷包"，去对应 5 年、10 年的几百个基建项目。正确的操作方法是，首先针对每年要开发的土地，假如是 3 万亩，结合其规划用地性质计算征地动迁成本、"七通一平"成本和出让净收益。假如算下来净收益是 100 亿元，就用这笔收益带一批由政府投资的项目，这些项目都要与具体的地块出让捆绑起来，一一对应。

2002 年以来，重庆按照上述土地管理和土地储备两方面共十条管理原则，有计划、有节奏地管理储备土地、调控土地市场。2007 年 7 月，国家从严格财政管理的角度，要求全口径统计土地出让收益，把征地拆迁、"七通一平"的成本也纳入土地出让收入统计。到 2010 年，扣除土地出让成本，重庆的土地出让收益达到 400 亿元，2015 年后大体稳定在 800 亿元的水平上。土地管理产生的综合效益，带动了重庆近 10 年的城市建设和经济社会发展。其间有许多生动的案例，下面试举三例。

照母山地块的"资产项目包"

2009 年前后，市政府和北部新区管委会联合策划照母山旁 3 万多亩地块的商业开发。当时我们测算，该地块交给地产集团，征地动迁、"七通一平"的成本大约 100 亿元，预计 5 年内完成出让，按当时的地价计算，总收入应该有 600 亿元，也就是说，净收益在 500 亿元左右。于是，我们"按规划、带项目、批土地"，要求该地块开发时捆绑 500 亿元的基础设施项目。具体操作中，土地净收益按 5 年开发周期，每年由地产集团上交市财政 100 亿元。这些钱用到哪里呢？100 亿元给建委搞城市道路等基础设施项目，100 亿元用于地铁轨道建设，100 亿元补贴机场工程，100 亿元作为重庆铁路建设的配套资金，剩下的 100 亿元用作两江新区成立的开办费。这样的安排，确保了一个地块开发与一捆重大基础设施项目的时间对应、资金平衡，实际效果也很理想，由此成为重庆以土地开发带动城市建设的一个典型案例。

江北嘴改造贡献了五座大桥

自重庆直辖后，江北嘴棚户区就是市政府的一块心病。这个片区虽然与解放碑仅一江之隔，但却是全市最大的棚户区，整体环境很糟糕。6 000 亩的地块里，聚集了一批濒临破产的小企业，12 万居民住着破旧的老房子，根本就没有达到现代城市社区基础设施、公共设施最基本的"五通"要求，江北嘴棚户区当时不通自来水、不通天然气、不通电话、不通电、不通下水道，居民晚上点蜡烛、早上生煤炉、倒马桶，白天提井水，群众生活不便，怨气很重，上访堵路现象时有发生。市委、市政府多次提出拆迁改造，但当时重庆地价仍在沿用 1985 年标准，江北嘴土地等级被划为第八等级，每亩出让收入不过 50 万元，一次把地卖光也凑不足征地动迁、"七通一平"的费用。重庆财政紧张，也拿不出钱搞开发。于是，问题一拖再拖。

2003 年，我陪同时任市委书记黄镇东到江北嘴调研，看到群众的生活状况这么差，难受得直掉泪。黄镇东书记说："这种困难状况，几十年没有变，我们对不起你们。"他从改善民生的高度出发，要求尽快启动改造开发，并责成我具体负责。

其实，在我的观念里，当时江北嘴地块虽然破破烂烂，但实则是一块宝地。它和解放碑、弹子石隔江相望，只要把大桥修通，三地就可联合打造重庆的中央商务区。从一定意义上讲，江北嘴就是重庆的"陆家嘴"，是未来主城升值潜力最大的区块。

有了这样的认识，我在具体操作中，就让城投公司组建了江北嘴金融商务区开发公司，并启动储备江北嘴的 6 000 亩土地。其中，扣除约 2 000 亩公共用地，可以搞商业开发的有 4 000 多亩。于是，城投公司抵押融资 130 亿元，启动征地动迁和"七通一平"，把生地变熟地。在这个循环中，我明确禁止出让土地，因为基础开发阶段的土地卖不上好价钱，所以急于出让会造成增值收益流失。等到中央公园、大剧院、科技馆相继竣工，两座跨江大桥先后施工后，江北嘴城市形态初显，国内外地产巨头蜂拥而至。此时，土地开始陆续出让。最初，土地只能卖到 500 多万元一亩，后来水涨船高，一路涨到了 4 000 多万元一亩。到 2013 年初，江北嘴地块共出让 2 700 多亩，土地出让收入达到 307 亿元，远高于最初的预期。在扣除各类成本和合理利润后，江北嘴金融商务区开发公司向市政府上缴了 100 亿元，用于建设长江二桥、菜园坝大桥、朝天门大桥、嘉华大桥和鱼洞大桥。这五座桥早在 10 年前就规划好了，因为缺钱一直没敢动工，得益于江北嘴的成功开发，2012 年全部竣工投用。

垃圾围城事件的处理——如何使坏事变好事

2004 年 7 月，重庆主城的垃圾清运车全部停运，大街小巷堆满了垃圾，臭气熏天。当时，我已不再分管城建环卫工作，但作为常务副市长，也有责任把问题尽快解决，于是召集市级相关部门开会，了解事情的来龙去脉。

原来，主城原有7个垃圾处理场，都建在内环线以内，这与城市发展趋势明显不符。2003年，市政府决定，在内环以外新建3个垃圾处理场，取代原有的7个。2004年，位于南山的长生桥垃圾填埋场竣工。由于这个垃圾场设计先进、填埋容量大，而且配建了德国进口的垃圾污水处理设施，有关部门随即决定关停原有的7个垃圾场，将主城垃圾集中运往长生桥填埋。

做这样的决定，初衷是好的，但操作起来却有问题。按照垃圾填埋工艺要求，每倒一层垃圾就要覆上一层土，以防止气味扩散，现在主城垃圾都集中到长生桥了，一天24小时倾倒，根本没时间覆土，致使周围几平方公里臭气弥漫。此外，垃圾清运车也不加盖，一路扬撒，恶臭不堪。加之配建的垃圾污水处理设施开工不足，只处理了不到一半的垃圾场污水，还有一半的垃圾场污水在地面四溢。对此，周边群众自然不满，此前7次围堵垃圾场大门都未引起有关部门重视，这次一连堵了7天，把事情闹大了。

听了介绍，我当即提出四个问题，并明确了四点处理意见。

第一，在3个新的处理场未全部投用的情况下，为何急于关停原有垃圾场？这不是好心办坏事嘛！正确的做法应该是，投用一个新场，先关停垃圾堆放体量相当的4个旧场，等所有新场都建成，再全部关停老场。这样做，群众虽然不能完全满意，但也不至于激化矛盾，违反垃圾填埋工艺要求。从即日起，恢复被关停的3个垃圾场，严格遵守层层覆土的填埋工艺。

第二，重庆垃圾水分含量本来就高，长生桥又配有先进的垃圾污水处理设施，为何不全力开工以避免二次污染？市政部门的答复是，这套设备处理工艺先进，处理后的垃圾污水纯净度超过99.99%，相当于纯净水，这在全国都领先。但达到这个纯度，就会降低污水处理的效率，处理量会减少50%以上。如果把所有污水都处理掉，纯净度仅降到97%，完全合乎排放标准，但"纯净水"这样一个标志就失去了。我听了很生气："你们为了追求莫名其妙的领先，任由垃圾场污水四溢，直排长江，真是岂有此理！"随即要求垃圾厂污水全量处理，保证所有污水都得到净化。

第三，当时世界银行援助重庆 1 000 万美元，足够购买 300 多辆封闭式垃圾清运车，为何现在路上跑的垃圾车都还是没加盖的？相关部门的回答是，进口加盖的专用垃圾清运车太贵，他们想省钱——这又是莫名其妙的理由。世界银行的贷款须专款专用，有严格的审计，省下来不花也不能挪为他用，还会产生项目落实不到位的问题。我当即要求市政委下达任务，立即采购封闭式垃圾清运车。

第四，长生桥垃圾场周围 500 米内居民要求搬迁，为何迟迟不动？回答是，搬迁涉及 4 000 多亩土地，费用要 4 亿多元，他们想省钱，只想动迁 100 米范围内的住户。我听了就来气："现在政府想征地千难万难，除了要指标，还得想方设法征求居民同意。现在居民自愿搬迁，你们却来扯皮。要知道，这个垃圾场就在内环附近，10 年后填满了，上面栽树种草就是花园，周边地价至少 500 万元一亩，4 000 亩地就值 200 亿元，你们竟然连送上门的钱都不要！"于是，我要求立即答应群众的搬迁诉求，由地产集团具体操作。

四个问题厘清了，当天下午市政府就召开新闻发布会，宣布了四条具体措施，事情就此尘埃落定。

在处理围堵长生桥垃圾场事件中，最关键也最困难的问题就是周边居民的搬迁安置。当时，市财政确实拿不出钱，环卫经费也没有此类开支。而且，按照惯常逻辑，在房地产商手中囤有大量低价好地的情况下，垃圾场周边那些条件不好、开发周期长的土地短期内是卖不上好价钱的。但是，如果转换思考问题的坐标系，充分认识主城土地资源的稀缺性，由地产集团先期介入开展土地储备，待10年后条件成熟了再出售，就能够以时间换空间，将坏事变成好事，既能及时满足当地群众搬迁的诉求，又能储备一批有巨大升值空间的土地。

上述就是重庆土地管理和储备的几个典型案例，类似的案例还有很多，不再一一列举。到2015年底，重庆土地储备还有约20万亩，按照公益事业用地和商业用地对半开的原则，大约还有10万亩商业开发用地。当时，重庆主城商用地平均地价是500万~600万元/亩，10万亩就是5 000多亿元。这笔资金平摊到未来10年使用，每年将有500多亿元投向基础设施、公共设施或其他民生急务。可以说，土地储备既为重庆的基础设施建设提供了平衡资金的来源，又为重庆未来的发展留下了一口"大米缸"。

四、房产市场调控的六条原则

房地产业事关国计民生

放眼全世界，大到一个国家，小到一座城市，都必须对房地产业有一个明确的定位。第一，它是一个支柱产业。一座城市的发展不管处在初级阶段还是高级阶段，不管这座城市有几百年还是几十年历史，不管城市规划怎么调整变化，房地产业占GDP的比重一般都在 5% 左右，构成支柱产业。第二，房地产业是龙头产业。如果房地产业发展得好，就会带动钢铁、建材、家电、家装等几十个行业的发展，进而带动整个国民经济持续稳定增长；反之，如果房地产大起大落，就会对经济造成重大冲击，甚至造成颠覆性影响。第三，房地产业是一个民生事业。衣食住行、安居乐业，"住有所居"是民生之要，老百姓最关心的就是住房问题。第四，房地产是一种资本品。随着时代变迁和国民经济不断发展，房地产一般都会保值增值，除非遇上战争、瘟疫、地震、经济危机等大灾大难。在一般情况下，中国城市居民家庭财富的 70% 以上表现为住房，房地产已成为老百姓家庭财富的重要象征。第五，房地产是一种金融品。老百姓买房款的百分之七八十要靠银行按揭贷款，房地产开发商建房时也会高比例地向银行抵押贷款，金融债务往往占到房产总值的百分之六七十，如果房地产业崩盘，就会出现大量居民资产和银行坏账，甚至引发金融危机。总之，房地产业事关国计民生，既是发展问题，也是民生问题，扮演着民生品、资本品、金融品等多重角色，必须确保平稳健康发展。

房地产市场调控有其内在规律，涉及房产总量、地根、银根、税收政策、房企有效供给等根本性因素。要从这些根本性因素入手，制定长周期、稳定性、系统化的政策措施，而不能一味采取短期化、碎片化、局部性措施，否则无法形成稳定的市场预期，势必会对老百姓的生活习惯、价值观念、家庭稳定带来影响，也会对金融市场和实体经济造成破坏。因此，我们必须善用长远的、稳定的法律法规和制度安排来约束和规范房地产市场发展，绝不能因为一些短期问题干扰长期政策走向。基于上述思考，在实践中我们逐步形成了房地产市场调控的六条原则。

房地产市场调控的六条原则

第一条，严控房地产投资占比，将其保持在固定资产投资的25%左右。

商品房作为一种商品，受供求规律影响，供不应求就涨价，供过于求则跌价。要保持供求关系的大致平衡，关键是确定房地产开发总量。从国内外实践看，一个城市不管处于平稳发展期，还是快速上升期，房地产投资都应该控制在全社会固定资产投资的25%左右。即便像巴黎、纽约这类已进入成熟期的城市，由于其固定资产投资总量下降了，工业投资下降了，房产投资也降下来了，最终算下来，房地产投资的占比也会维持在这个水平。

将房地产投资控制在固定资产投资的25%左右，就能从宏观层面上控制住房地产开发总量。从产业发展角度看，一个城市如果长期超过这个比例，房地产领域就会吸附过多资金和资本，实体经济就会被削弱。房地产业和实体经济长期处于结构性失衡的状态，就会影响城市的可持续发展后劲。从城市配套条件看，如果一个城市1 000亿元固定资产投资中，有600多亿元都投资于房地产，房地产投资占固定资产总投资的比重高达百分之六七十，虽然房产建设大干快上，但城市基础设施和工商实体经济的投资没有跟上，以后要么就是没人居住的"空城"，要么就是无法居住的"烂尾楼"。基于此，从2002年起，重庆始终把25%左右的投资占比作为调控房地产市场的一道"硬杠杠"，而且年年都达到了调控目标（见表6.1）。

可能有人会问，重庆年年都如此，会不会是巧合？实际上，我们调控的方法很简单。每个楼盘开工建设前，都必须交分管副市长审批。如果这个月房地产投资占比超过25%，那就"官僚主义"一点，把该楼盘开工建设往后推两三个月；如果投资比例合适，那很快就签字通过。这就是其中的一点技巧。

表 6.1　2002—2015 年重庆市房地产开发投资一览

项目 年份	固定资产投资（亿元）	房地产开发投资		项目 年份	固定资产投资（亿元）	房地产开发投资	
		总额（亿元）	占比（%）			总额（亿元）	占比（%）
2002	996	246	24.7	2009	5 318	1 239	23.3
2003	1 269	328	25.8	2010	6 935	1 620	23.4
2004	1 622	405	25.0	2011	7 686	2 015	26.2
2005	2 006	518	25.8	2012	9 380	2 508	26.7
2006	2 452	630	25.7	2013	11 205	3 013	26.9
2007	3 162	850	26.9	2014	13 224	3 630	27.5
2008	4 045	991	24.5	2015	15 480	3 751	24.2

第二条，合理调控供地量，按每万人 1 平方公里规划建成区面积。

规划是城市发展的龙头。从规划角度看，各类房地产开发建设总量是由城市供地量决定的。一个城市的建设用地规模究竟多大合适呢？应按照每人 100 平方米、每万人 1 平方公里来平衡，100 万城市人口有 100 平方公里城市面积就够了。如果一个城市有 1 000 万人，就必须配置 1 000 平方公里城市建设用地。如果一个城市明明集聚了 1 000 万人，只供应 500~600 平方公里土地，那么这个城市的地价就会因供不应求而疯涨，进而造成房价过快上涨，无法满足老百姓的居住需求。反过来，如果 50 万人口的城市供应了 100 平方公里土地，那么肯定会造成土地资源的闲置浪费，从而出现"空城""鬼城"。

作为一个城市管理者，一定要注意把控好城市人口与城市用地之间的比例关系，即大体上按每万人 1 平方公里配置城市建成区面积，这是城市规划控制方面的顶层设计。考虑到建成区包括道路、桥梁、学校、医院等基础设施、公共设施用地，以及工厂、仓储用地，还有写字楼、商铺和住宅用地等，还应注意几个参数的平衡，即城市建成区的用地大体应按基础设施和公共设施用地占50%~55%、工业用地占15%~20%、房地产用地占25%~30%来平衡。有些城市往往把30%左右给了工业用地，房地产开发的建设用地只占15%~20%，扣除商业住房设施用地，住宅用地只占10%左右，这就造成住宅用地严重不足，这也是这几年出现地王现象、地价高的重要原因。总之，如果一个城市的这几个参数比例关系长期失衡，要么就是在土地使用上大手大脚，由着开发商的性子买地造房，房地产总量供过于求；要么就是出现了土地供应不足，造成商品房严重短缺、房价飙升。

第三条，合理调控地价，将其控制在当期房价的1/3左右。

住房作为附着在土地上的不动产，地价高，房价必然也会高，地价低，房价自然也会低，地价是决定房价的根本性因素。很多人认为，近10年M2（广义货币供应量）从10多万亿元上涨到100多万亿元，增长了10多倍，房价也差不多上涨了10倍，从逻辑上判断好像房价上涨是由货币膨胀导致的。但殊不知，同样与老百姓生活密切相关的柴米油盐酱醋茶，为什么没有上涨10倍？这说明货币膨胀只是房价上涨的必要条件而非充分条件，只是外部因素而非内部因素。如果只有货币市场这个外因存在，地价这个内因不配合，那么房价想涨也是涨不起来的。因此，控制房价的关键是控制地价。

我国城市建设用地市场实行拍卖制，这种制度设计要求价高者得。土地出让收益是地方财政收入的重要来源，政府不能刻意压低地价、搞利益输送，致使土地增值收益白白流入开发商的腰包。当然政府也绝不能唯利是图，不能希望地价越高越好，对地价疯涨听之任之，从而导致"面粉比面包还贵"的局面。要知道，高地价必定导致高房价，而高房价不仅会让老百姓不满意，还会削弱第二、第三产业实体经济的发展，终究是得不偿失的。

一般而言，一套房子的总价值中，1/3是地价，2/3是造价（包括建设施工、贷款利息、宣传广告等各种成本和开发商合理利润）。因此，把楼面地价控制在当期房价的1/3左右是比较适宜的。用好这个"撒手锏"，房价就会得到比较好的控制。比如，一块拟拍卖地所在地区的已建成住宅价格是1万元/平方米，折算当期楼面地价只是3 000元/平方米，却拍卖成了1万元/平方米，3年后这块土地上的房子建成，楼面售价必然会涨价到3万元/平方米左右，周边居住的老百姓也会形成这样的心理预期。反过来，如果现在这个地块上的房价本身就是2万元/平方米，折算的楼面地价大体是6 000多元/平方米，而这块地协议出让的楼面地价却只有3 000元/平方米，那么一眼就可以看出里面有猫腻，必然导致国有资产的流失。这个时候，政府就应该予以监督检查。当然，如果楼面地价拍卖价过高，政府的明智之举就是运用土地储备等调控工具，加大周边区域的土地供应，土地供应多了，地价自然也就降下来了。总之，一个基本原则就是，政府要遵循市场规律，既不要刻意压低地价，也不能刻意少供和有意地推高地价。

第四条，规范房企土地批租的资金来源，买地的钱不负债，必须是房地产企业的自有资金。

房地产开发的起步环节是土地批租。要避免房地产商高地价炒地、高负债开发以及地王现象层出不穷的乱象，关键在于规范房地产企业批租土地的资金来源。地方政府要将房地产企业买地资金的来源渠道管控好，防止房地产企业"背着银行"——依托银行的高杠杆拿地；只要对房地产企业拿地资金的来源进行严格审核，房地产想炒也炒不起来。

中国房地产开发商的负债率往往高达80%~90%，与房产项目开发过程中的三个环节均高额负债有关：一是批租土地资金高负债，二是开发造楼环节高负债，三是预售房环节高负债。而欧美发达国家以及中国香港的房地产商的负债率一般都在40%左右。房地产业是重资产产业，一般不宜高负债运行，做到这一点的关键就是房地产商买地的钱必须是自有资金、买地的钱不负债。按照我国法律法规相关规定，房地产开发商买地的钱，一般应该是自有资金，而不能是高杠杆融资来的钱。如果房地产企业用自有资金买了地，抵押给银行得到贷款去建房，当房屋建到70%以上时即可预售，得到购房者的预付款。如此滚动，房地产开发的负债率在60%左右。如果房地产企业拿地的钱也是借款，房地产开发的过程就几乎成了90%以上的金融借债。赚了钱，就成了房地产商的暴利；坏了账，就是金融机构的危机。因此，在所有开发商拿地前，都应当对其买地资金进行全面"体检"，其资金来源不能是银行贷款，不能是信托资金，更不能是乱集资、高利贷，以及各种互联网P2P（点对点网络借款）平台资金。其中涉及开发商的资金来源的核查问题。对于一个城市本土的房地产企业，核查其资金来源是比较容易的，拿地的钱无论是来自信托、小贷，还是来自银行理财资金，只要各专业部门相互配合，很容易分得清。总之，重庆市政府规定，开发商不能"背着银行"来参与土地批租，开发商参与土地批租的关键准入门槛是，检查它的资金来源是自有的还是借来的。政府一定要管控好开发商拍地的资金来源，限制开发商用金融杠杆，特别是高息、高杠杆资金来拿地。总之，在整个土地供应链上抽紧资金，宽松土地供应，高地价的地王现象就会得到遏制。

第五条，规范老百姓按揭贷款杠杆比，不随意搞行政性的限购限贷。

从老百姓按揭贷款这一端看，调控好房地产市场的一个有效办法就是，在零首付与零按揭之间设计一个合理的比例。如果搞零首付，则极易造成泡沫，引发危机；如果搞零按揭，则会造成房地产市场窒息。比如美国在2000年以后，为了刺激经济，搞次级贷、零首付，结果引发了2008年的全球金融危机。危机发生后，奥巴马政府一开始矫枉过正，不仅停止了次级贷，而且停止了美国整个房地产业的住房按揭贷款，隔了两年发现，零按揭阻碍了美国房地产业的发展，于是2010年又恢复了按揭贷款，只不过是把首付款和按揭比例调整为50：50。从我国实际情况看，可实行差别化的住房按揭贷款政策：第一套房，自有资金和银行贷款比例按二八开或者三七开比较适宜；第二套房，按对半开或者四六开；第三套房，必须全款购买，不留任何炒作机会。毕竟，不管是谁，只要全款购买房子，是不会对国民经济造成冲击的。金融风险来源于过度的杠杆，一个没有杠杆的购房行为是不会带来泡沫性风险的。对购房行为实施差别化按揭贷款政策，会涉及购房者信用认定的问题。这方面可以借鉴国外通行惯例和成熟做法，核查购房者的缴税单或工资单。所以，对购房者是否利用高杠杆买房的监管，关键在于对其还款能力的审核。不管是民营银行还是国有银行，一定要管好这个环节。

搞好按揭贷款政策，还要解决好首付款的来源问题，要切实防范"首付贷"之类的金融产品异化，导致间接产生零首付现象。比如某个阶段，为去库存，首套房的银行首付比例从原来的30%降至20%，杠杆比已达1：5。但一些房产中介、开发商、小贷公司、互联网金融平台通过"首付贷""赎楼贷""过桥贷""换房贷"等，以信用贷款或房屋二次抵押等方式，对20%的银行首付款再放贷50%甚至更高，杠杆比达到1：10甚至1：20，不仅把杠杆发挥到了极致，实质上是间接的零首付，同时也加重了购房利息成本。这种楼市交易，无异于股市里面经常出现的"场外配资"，杠杆加大后，风险同步累积，一旦贷款人还款能力不足或房屋大幅贬值，按揭贷款大于房屋市场价格，就会引发系统风险。总之，无论是银行直接推出零首付，还是中介公司伙同房地产商推出首付贷，以这样的办法刺激房地产，无异于饮鸩止渴，极易引发类似美国次贷危机那样的风险事件。

总体来说，各种限购限贷的行政性措施固然重要，但只要控制好按揭贷款的比例，管好个人信用的真实性，管好按揭贷款的来源，防止购房者采用首付贷、消费贷、房抵贷等形成高杠杆、实际零首付按揭的情况发生，调控效果就会好很多。

第六条，合理推进以住宅商品房套内面积为主的定价原则。

商品住宅房的销售定价方法有两种：一种是欧美方式，普遍以套内面积，也就是住户实际使用面积来定价；另一种是中国香港方式，以住宅的建筑面积来定价。改革开放以来，我国商品住宅房的定价方式普遍采用香港卖楼的定价方法，以建筑面积定价，每套商品房的总价等于建筑总面积乘以每平方米建筑面积的单价。按理说，这两种算法没多大区别，因为一个住宅小区所有楼宇的建筑面积与套内面积一旦确定，一套房的总价格，无论是以套内面积计算，还是以建筑面积计算，都应该是一样的。但在实际的城市房地产开发、销售和管理的实践中，还是会有很大的不同，表现在以下三个方面。一是同一套房以建筑面积计价与以套内面积计价，会产生一个相应的折扣差价，使买家产生价格相对较低的感觉，有利于房地产商的房屋销售。二是每幢房的建筑面积与套内面积在设计建造中，可以有 1∶0.8、1∶0.75、1∶0.7 的比例差别，以套内面积计价，会刺激房地产商与建筑设计师尽可能减少公共使用面积，提升套内面积的比重，提高居民的得房率。三是居民住房每年要缴的物业费，一般按住房购买的面积计算，以建筑面积计算，会比套内面积多 20%~30%。总之，我们认为，按套内面积计算，按老百姓实际使用的面积计算，有利于房屋整体设计更加集约、更加实用，有利于抑制房价，降低房价上升的速度，也有利于降低物业费，减少公用面积的物业费用摊派。考虑到全国各地普遍采用商品住宅建筑面积计价的实际，重庆采用了以套内面积为主计价和建筑面积参考计价的双轨计价方法。在实际推行中，该方法得到了广大市民的支持。

五、探索地票交易制度

地票制度① 对重庆房地产调控发挥重要作用

改革开放以来，我国每年新增城市建设用地七八百万亩，30 多

---

① 重庆市地票交易的改革试验，已被 2020 年修订实施的《中华人民共和国土地管理法》所吸纳，形成了建设性用地沿海各地区占补平衡、增减挂钩指标可以跨省跨地区易地交易的国家土地制度。

年用掉了 2 亿多亩耕地，现在总量降到了 20 多亿亩。从保证粮食安全的角度看，我国每年人均口粮消费约为 150 公斤，肉禽蛋奶折合人均饲料粮在 300 公斤左右，按现有 13.7 亿人口规模和耕地亩均 360 公斤粮食单产计算，就需要 17 亿亩耕地，再加上蔬菜、水果等需求，20 亿亩耕地显得捉襟见肘。在这种情况下，18 亿亩耕地红线必须守住，这事关发展大局和国家战略安全。为此，国家逐步收紧新增城市建设用地指标供应，2015 年供地 800 万亩，2016 年供地 780 万亩，2017 年计划供地 600 万亩左右。考虑到我国人多地少的基本国情，这将是一个长期的趋势。

国家下达的城市建设用地指标，具体使用过程中呈现出两个特点。一是从结构上看，约 30% 用来保障水利基础设施、铁路、高速公路等城乡间基础设施及与农村发展相关的建设项目，30% 左右用于城市范围内的基础设施和公共设施建设，25% 左右作为工矿仓储用地，剩下的 15% 左右才是房地产开发用地。相比欧美发达国家工业用地一般占城市建设用地的 15%，房地产用地占 25% 左右的情况，我国工业用地占比显然偏高，挤占和压缩了房地产用地。二是从区域上看，并不宽裕的房地产用地，在各个城市之间的配置也不均衡。往往人口和产业集聚能力强的大城市控制严格，中小城市和中西部地区相对宽松。这种逆向调控的结果是，大城市用地日益紧张，地价居高不下，直接推高了房价，而大量二、三线城市的住房却库存积压。

解决城市房地产用地问题，必须从三个方面入手。一是合理控制土地供应总量。按照城市建设用地人均 100 平方米的标准来平衡，实行地随人走。我国城镇化主要表现为农村人口大规模进城，是一个农民市民化的过程，所以各类城市，尤其是东部地区一、二线大城市的用地规模普遍增长。今后农民进城现象还会延续，中小城市的部分人口也会进一步向大城市集聚，土地配置也应该适应这种趋势。具体而言，就是采取爬行钉住的策略，将土地视为城市发展的殿后因素而非先导因素，按照"产业跟着功能定位走、人口跟着产业走、建设用地跟着人口和产业走"的原则，构建科学合理的土地调控逻辑链条，避免人为逆向干预导致城市土地供应失衡。二是科学调整用地结构比例。我国已进入工业化城镇化中后期，大型基础设施建设项目逐步减少，工矿仓储用地因前期大量投入也有不小的存量，适当调减基础设施和工业用地比例，腾出 10 多个百分点来补充房地产建设用地，不仅能够更好地满足居住需求、平抑房价，也有利于工业化、城市化过程中土地的集约节约利用。三是通过地票制度促进城乡建设用地增减平衡。我国城镇化用地增长和耕地红线约束都是刚性的，要在保护耕地的同时保障城市建设用地供给，就应当用好地票制度的置换作用。从实践来看，地票主要有两大来源，一类是农民进城后闲置的宅基地，另一类是农村闲置的乡镇企业用地或公共设施用地，这两者都有很大的潜力可挖。鉴于农民进城后，地票释放是一个缓慢的过程，因此在进城农民退出的宅基地通过复垦产生地票的同时，应加强农村其他闲置性建设用地的挖潜，这样就能更好地推动城乡建设用地总体平衡。

在这方面，重庆已经做了很好的探索。国家每年下达给重庆的建设用地指标在 20 万亩左右，其中 50% 左右用在了基础设施建设上，20% 多用于工业开发，剩下的指标基本用来支持远郊区县城和小城镇建设及其房地产项目用地，大都市的房地产建设用地主要靠地票来保障。当时，主城区每年 2 万亩房地产建设用地中，有 1.9 万亩来自地票，覆盖率超过 95%。由于地票生成与农村人口进城直接相关，进城人口越多，腾出的农村建设用地相应就越多，地票供应也就越充足，通过这样的运作机制，重庆的房地产用地需求与地票供给之间实现了良性循环、动态平衡。2016 年我国城镇化率为57.35%，预计到 2030 年将达到 70% 左右，还会有近两亿农民进城，按人均 40 平方米的住房标准计算，意味着需要新增 600 万亩左右的住宅用地。如果将地票制度在全国推广，那么每年通过农村建设用地复垦将形成五六十万亩地票，就能在守住耕地红线的同时，推动城镇化持续健康发展。

所谓地票，就是将闲置的农民宅基地及其附属设施用地、乡镇企业用地、农村公益公共设施用地等农村建设用地，复垦为耕地而产生的建设用地指标。其作为土地交易所交易的主要标的物，与国家下达的年度新增建设用地计划指标、占补平衡指标具有相同的功能，可以在重庆市域内凭票将符合土地利用总体规划、城乡总体规划的农用地，按照法定程序征转为国有建设用地。地票的形成和使用须经过四个基本环节。一是复垦。即以规划为指导，在农民自愿和农村集体经济组织同意的前提下，按照复垦整理规程，将农村建设用地复垦为耕地。二是验收。实行三级验收制度。在土地整理完毕后，首先由项目业主自查复垦质量，再由区县国土部门会同农业、水利等部门严格验收，并按一定系数折算为有效耕地面积，最后由市国土部门核发农村建设用地复垦验收合格证，以此作为地票的来源。三是交易。地票在土地交易所面向社会公开交易，具有独立民事能力的自然人、法人或其他组织均可参与竞买。四是使用。持票人可选择符合规划要求的待开发土地，凭票申请办理农用地转用手续，并按招拍挂有关规定取得国有建设用地使用权。通过上述四个基本环节，地票完成其"生命周期"，实现农村闲置低效建设用地向城市建设用地的指标转换。这样的制度设计,具有三个方面的理论和实践价值。

第一,地票制度是破解我国城镇化进程中耕地总量只减不增难题的制度探索。全球城镇化的普遍规律是,由于城市土地利用相较农村更为集约,人口从农村进入城市会节约耕地。具体而言,城市居民人均所需的住房、公共基础设施、工矿仓储等建设用地大体为100平方米,农村居民人均为200~300平方米。一个农民进城,理论上可节约150平方米建设用地,由此腾出的土地资源,用以满足人口增长和经济发展新增的建设用地需求,基本可以保证耕地总量平衡。1980—2016年,我国城镇化率由19.39%上升至57.35%,城镇居民增加了6亿人,农村居民减少了2亿人。按理说,农村因人口减少应退出1亿亩左右建设用地,城镇因人口扩张会增加1亿亩左右建设用地,两者大体相抵,耕地面积应该保持不变。可实际情况是,这36年间,我国耕地总量减少了2亿多亩。出现这种反常现象,既有城乡建设用地粗放利用的因素,也有耕地灾毁、生态退耕、农业结构调整的原因,但更重要的原因在于城乡二元分割的土地和户籍制度。由于全国有2.8亿农民工,他们在城市工作、生活,城市同样要为其匹配建设用地,而留在农村的建设用地又无法退出,算大账,这种城乡"两头占地"估算会增加1亿亩左右耕地,成为我国耕地总量只减不增的重要原因。要破解这个难题,根本还是要靠制度创新。重庆鼓励进城农民在符合规划的前提下,自愿将闲置的宅基地等农村建设用地复垦,形成地票后到市场公开交易,就为农民自愿有偿退出农村建设用地开辟了一条制度通道。这有助于破解我国城镇化遭遇的"土地困局",是推进土地城镇化与人口城镇化协调发展的"撒手锏"。

第二，地票制度是恪守"三条底线"的审慎试验。土地是农民的命根子。中央反复强调，推进农村土地制度改革，必须"坚持土地公有制性质不改变、耕地红线不突破、农民利益不受损"三条底线，这是检验改革成败的试金石。我国是社会主义国家，农村土地集体所有是由国情决定的，宪法也明确规定，农村土地改革绝不能把集体所有制改掉。实行土地用途管制、严格保护耕地是世界各国的通行做法，我国人多地少，更应坚守耕地红线，确保"中国人的饭碗必须自己端着"。农民是农村改革的主体，让他们更多分享改革红利，是改革的出发点和落脚点。三条底线不能突破、必须坚守，这是重庆地票制度设计和实践的基本准绳。为此，重庆设置了三道"保险"。一是充分尊重农民的意愿，规定宅基地复垦必须是农民自愿，且经集体经济组织书面同意；农村公共用地复垦必须有2/3以上成员同意，不得搞强迫命令。二是科学分配收益，地票价款扣除必要成本后，按 15∶85 的比例分配给集体经济组织和农户。集体经济组织虽然只获得 15% 的地票交易净收益，但还能获得复垦形成的那份耕地，不仅没有任何损失，还有一部分现金收益，充分保护了集体所有权。农户获得地票净收益的大头，主要是对农民退出土地使用权的补偿，切实维护了农民利益，同时也有增加农民财产性收入的考虑。三是落实土地用途管制，规定地票的产生、使用都必须符合规划要求，复垦形成的耕地必须经过严格验收，避免了"先占后补"落空的风险，确保守住了耕地红线。

地票制度具有反哺"三农"的鲜明特色

地票交易探索符合我国深化农村土地制度改革的方向，符合健全城乡发展一体化体制机制的要求。截至2015年末,重庆累计交易地票21.6万亩,成交额426.5亿元,每亩均价稳定在20万元左右,对促进"三农"发展、带动农民增收奔小康发挥了重要作用。

第一,加强了耕地保护。为了守住18亿亩耕地红线,国家出台占补平衡办法,要求各地通过土地复垦等方式,确保耕地总量平衡。但实际操作中,占补平衡制度遭遇三大瓶颈。一是"先占后补"的政策要求打了折扣,出现占多补少,甚至是只占不补的现象。尤其是高铁、高速公路、大型水利设施等国家重点项目,由于占补平衡责任主体不明确,项目落地地区缺乏积极性,最后常常变成一笔糊涂账。二是经过几千年农耕文明,我国可垦土地已经基本开发完了,耕地后备资源匮乏。为了完成占补平衡指标,一些地方选择开垦25度以上的坡地、林地,或者采取围湖填海、河道取直等方式造地。这样做不仅破坏生态,所得耕地质量也令人担忧,往往几年后不得不退耕还林。三是耕地占补平衡费每省每年几十亿元,几年滚动下来就是上百亿元,这些资金使用环节多、不透明,落地周期又长,容易出现挪用,诱发腐败。重庆的地票来源于农村建设用地复垦,实行的是"先补后占",从制度设计上就避免了只占不补或占多补少现象的发生。同时,农村住宅、学校、乡镇企业等基本建在地势平坦、水源充足的地方,将其复垦,既无破坏生态之忧,也能够保证耕地质量。此外,重庆还制定了农村建设用地复垦工程质量标准、农用地分等定级和产能核算标准,复垦产生的耕地经过等级折算,可以确保占补之间数量与质量的"双平衡"。得益于此,地票制度推行几年间,重庆城镇化率有所提高,在这个过程中耕地面积不降反增,耕地质量也有所提升。

第二,使远郊农民共享城市近郊的级差地租。国土部门现行城乡建设用地增减挂钩制度规定的置换范围严格限定在县域以内。这个规定在实物交换的前提下，有其合理性、稳定性，但在实际运行中有两个问题：一是大城市土地供应紧张、地价较高，却缺乏可置换的指标；二是经济落后的市县，置换指标用不完，地价又太低；两者之间不能调剂，限制了级差地租作用的发挥。地票作为一种虚拟的标准化交易品，通过在土地交易所平台公开交易，打破了土地资源配置的空间局限，让身处千里之外偏远地区的农民得以享受大城市近郊的级差地租。这种运作模式带来了五大好处。一是发挥交易所价格发现功能，通过公开公平有序竞争，由供求关系决定地票价格。二是让供需双方直接见面，有效减少了中间环节，降低了交易成本。三是实现了城乡建设用地资源远距离、大范围优化配置。重庆已交易的地票，70% 以上来自渝东北、渝东南等相对落后地区，95% 以上用在了主城及周边地区。四是运用交易所结算功能，实现了地票交易价款直接拨付农村集体组织和农户，防止了资金截留挪用。五是改变土地资源要素由政府直接配置的方式，规范了市场秩序，减少了腐败发生。

第三，赋予农民更多财产权利。2013 年以来，尽管我国城乡居民收入比已缩小到 3 倍以下，但农村居民收入依然较低，最大的问题就是缺少财产性收入。2016 年全国农村居民人均可支配收入 1.24 万元，其中，40.6% 是工资性收入，38.3% 是家庭经营性收入，18.9% 来自财政转移支付，财产性收入仅占 2.2%。增加农民收入，关键是要提高农民财产性收入。重庆每亩地票均价 20 万元左右，扣除 3 万多元的复垦成本，净收益大约 17 万元。其中，农民每亩地能拿到 15 万元左右，这是一笔很大的财产性收入。同时，地票作为有价证券，可用作融资质押物，并为农房贷款的资产抵押评估提供现实参照系，从而解决农民信用不足的问题。截至 2016 年，重庆办理农村集体建设用地复垦项目收益权质押贷款 131.48 亿元、农房抵押贷款 201.39 亿元，极大地缓解了农民融资难，为其增加财产性收入提供了有力支撑。

第四，支持了新农村建设。危旧房改造、易地扶贫搬迁历来是新农村建设的难题，主要原因就是农民手里缺钱。农村建房一户一般需要投资 8 万 ~10 万元。按现行政策，政府补贴一户 2 万 ~3 万元，不足部分要农户自筹，这对他们来说是很大的压力，政府也无力全包下来。重庆农村户均宅基地 0.7 亩，如果复垦形成地票后交易，可一次性获得 10 万元左右现金收益。有了这笔钱，建房的资金缺口就能补上，还有余钱置办家具、家电。实践中，重庆把农村闲置宅基地复垦与农村危旧房改造、地质灾害避险搬迁、高山生态扶贫搬迁等工作有机结合、共同推进，几年下来，完成了近百万户改造搬迁，达到了"一票带三房"的效果。搬到农民新村后，农民人均建设用地比原来减少 50% 以上，基础设施和公共服务设施配套也更完善。这项政策不仅促进了农村土地集约节约，还有效改善了农民的生产生活条件。

综上所述，地票制度是产权经济学的创新实践。产权是所有制的核心。诺贝尔经济学奖获得者科斯认为，产权制度安排是优化资源配置的基础，凡是政府宏观调控管制的公共资源、要素指标，都可以形成有价的资源，形成产权的要素，可以进行市场化交易。这种要素指标，一旦明晰产权，通过市场方式交易，能比政府指令性配置更好地降低交易成本，更好地实现资源优化配置，更好地增进社会福利。比如碳排放，作为政府控制的指标，形成碳排放减排指标后就可以成为有价产权，在交易所交易。地票与碳排放指标一样，也是基于这个原理形成的。在我国，建设性用地也是一种政府严格管控的稀缺品，每年的农村土地征用尤其是耕地占用，都由国土部门严格管控，按项目批准的建设性用地指标进行征地动迁。地票制度的创新之处在于两个方面。一方面是对农村建设用地产权进行确权分置，即土地所有权归集体，将土地使用权视为一种用益物权归农民，所有权与使用权按比例获得各自收益。在产权明晰的基础上，允许将农村闲置建设用地复垦为地票，实现从"不动产"到"虚拟动产"、从实物指标向有价证券的转变。另一方面是设立土地交易所，推动地票公开、公平、公正交易，在更好地发现价值的同时，推进城乡建设用地资源的优化配置。这样的制度设计，没有突破我国现行政策法律，创造性运用了科斯定律，使得农村闲置低效建设用地以市场化方式优化配置到利用水平更高的城市区域，实现了农村、城市、企业之间的多方共赢。

六、公租房建设管理的五条原则

住房与普通商品最大的区别在于，它兼有商品特征和民生保障的双重属性，完全市场化交易或完全计划分配都不能满足实际需求。从国际上的主要城市看，新加坡是完全市场化的城市型国家，其居民住房却由政府保障了 75% 左右。我国香港作为世界自由经济港，也有 50% 左右的居民住在政府提供的保障房里。从我国内地看，新中国成立后几十年，城市居民主要是靠政府分配解决住房问题的。当时的主要问题是政府财力短缺导致供应严重不足，居民住房需求难以满足。20 世纪 90 年代初期，我国住房改革启动后，居民住房逐步从单一计划分配过渡到市场化购买，同时，对低收入群众通过经济适用房、廉租房以及危旧房、棚户区改造安置房等予以解决，但这个比例一般只占城市房屋供应总量的 5%~10%，满足不了占城市总人口 20%~30% 的中低收入群体，导致城市居民住房逐步演变成最大的民生问题。

进入 21 世纪，随着住房制度改革的深化，党中央、国务院明确提出了住房"双轨制"的改革思路。在具体的工作实践中，要实现中低收入群体"住有所居"的目标，应该跳出单纯的计划或市场思维，在多措并举调控房价以满足居民商品化购房需求的同时，还应用政府"看得见的手"建设保障性住房，用来为在城市买不了商品房的中低收入群体的住房托底。具体而言，城市存量住房中，70% 左右是 20 世纪末居民政策性公房按房改价购置的私有产权房。城市增量住房中，则以商品房为主。如果在城市新生代中，第一，通过父母在 20 世纪末房改中的住房代际转移过来，比如转移了一半就有 30%~35%；第二，通过城市拆旧建新的安置房可解决 5%~10%；第三，通过公租房可保障 20% 左右，那么这三个方面加起来就有 55%~65% 了。按此思路，从 2010 年起，重庆启动实施了今后 5~10 年陆续建设 4 000 万平方米公租房的工作计划，采取"一房套三房"模式，即用公租房覆盖了廉租房、经济适用房，形成"三位一体"的公租房体系，帮助中低收入群体实现住房梦想。其中，主城区建 3 000 万平方米，主要是因为当时主城区有 670 万人，预计到 2015 年主城区人口会达到 800 万人左右，按需要公租房的中低收入群体占 20% 的比例计算，就是 150 万 ~160 万人，人均 20 平方米就需要 3 000 万平方米。到 2015 年底，已累计基本建成公租房 2 998 万平方米，其中建成投用公租房 1 488 万平方米，配租 21.4 万套，惠及 58 万人。

公租房建设管理五条规矩

没有规矩，不成方圆。公租房建设与管理，对于地处内地的重庆来讲，还是一个新生事物，为保证其顺利推进，并更好地服务民生，当时我就立下了五条"规矩"。

第一，明确保障对象。公租房主要针对进城农民工、新生代大中专毕业生和城市原住民中的住房困难家庭。一是我国城镇化进程中形成了 2.7 亿农民工，他们大多已习惯城市生活，理应分享城市住房保障。二是新生代大中专毕业生充满朝气，正处于事业起步期，将其纳入保障范围，有利于新生代成长。三是城市住房困难家庭，要做到应保尽保。这三类群体，住房困难特征比较清晰，确认办法简洁明了，操作起来也便捷易行，很难"浑水摸鱼"。比如进城农民工，让机关干部、有钱人去模仿，肯定不像。至于刚毕业的大学生，学校还保留学籍档案，也好查证。住房困难家庭往往一家几口挤在三四十平方米的小房子里，隔壁邻居互相了解得一清二楚。这方面如果仅按常规办法划定所谓的收入限制线，则漏洞太多。一方面，如果收入高出限制线几十元钱就不能租，明显不公平；另一方面，开具的收入证明水分很大，也难以一一核实。重庆公租房准入管理避免了烦琐的审核，整个工作轻松愉快，上百万群体、几十万套配租规模，基本没有出现冒名顶替、弄虚作假的情况。在已获得配租的家庭中，进城农民工占 50%，原住民中的困难家庭占 35%，大中专毕业生占 15%，充分体现了对中低收入群体"住有所居"的保障属性。

第二，科学规划布局。在国外城镇化过程中，不少城市出现"贫民窟"现象，至今仍饱受困扰。公租房如果集中在特定区域，也容易形成城市"贫民窟"。因此，公租房应该与商业楼盘布局在一起，互通互融，共享配套和服务，弥合社会分层而形成的裂痕，避免形成新的城市边缘区域。重庆的公租房项目布局在内外环线之间的 21 个大型聚居区中，公租房楼盘与商品房楼盘按一定比例配置，共同形成一个个 20 万人口左右的城市生活大社区，其中每个社区公租房人群 6 万 ~7 万人。这种"插花式"布局，既可以解决就近就业，实现职住平衡，还可以避免贫富分群。同时，让公租房和商品房共享交通、教育、医疗、商贸等基础设施和公共设施体系，也有利于促进社会和谐共融。在户型设计上，我们也突出基本保障特点，将人均住房面积控制在 20 平方米左右。

第三，始终坚持"五率并举"。所谓"五率"，即开工率、竣工率、配套率、配租率和社会管理服务机构到位率。开工率，对当年拟开工的项目，年内必须开工。竣工率，一旦开建，3 年内要基本建成。配套率，基础设施、道路交通、社区服务、学校、医院等配套设施建设同步跟进。配租率，已通过竣工验收的，要及时组织配租。社会管理服务机构到位率，公租房小区形成后，会突然冒出几千人、上万人，街道办、派出所、社区居委会等基层机构要布局到位。自 2010 年开始，上述"五率"就成为重庆市政府对负责公租房建设的相关区县、委办局及投资公司进行工作考核的一个重要依据。

第四，强化投融资平衡。宏观上讲，公租房是不动产，商品房价格上涨，公租房租金也会涨，因此它是不会坏账的"聚宝盆"，只要现金流能够平衡利息，公租房就会不断增值。2010 年前后，重庆的建设成本每平方米在 3 000 元左右，4 000 万平方米公租房大体需要 1 200 亿元建设成本。公租房的资金来源主要分为三块：一是国家补助 15%，住建部补贴了 180 亿元，这是中央对重庆的特别关怀，是对重庆公租房建设力度大的一种鼓励；二是地方财政配套130亿元；三是800多亿元银行贷款。我们是怎么来平衡800多亿元贷款资金的呢？首先，通过租金收入平衡掉贷款利息。按年息6%计算，一年的利息就接近50亿元，4 000万平方米公租房的年租金也有近50亿元，这样，贷款利息就基本平衡了。其次，4 000万平方米公租房，按至少10%配建商业设施用房，就是400万平方米，受益于公租房巨量的居住规模，商业设施效益都不错。这些商业设施的基本造价只有3 000元/平方米，但完全可以按1.3万元/平方米卖出去，每平方米赚1万元，400万平方米扣除一些必要成本后，能够获利300多亿元，即可冲抵800多亿元贷款中的300多亿元。最后，公租房住了5年，住户可以按共有产权房买下来，售价是在3 000元/平方米造价的基础上，综合考虑房价增长等因素来合理确定的。一方面，土地由划拨变出让，楼面地价摊入成本可增加1 000多元；另一方面，如果周边地块的商品房市场价在1万元/平方米，公租房售价哪怕打对折卖也应随行就市涨价1 500元。这样算下来，如果公租房每平方米按4 500元卖出，卖1 500万平方米就足以抵掉另外500多亿元银行贷款。剩下的2 500万平方米公租房，还可以长期有效运营或择机卖出一部分，实现收支平衡有余。总体上看，重庆的保障房建设是不会赔本的，是现在的市政府留给下届、下下届政府的一笔巨大财富，而且这个制度形成的体制机制是可以长期循环周转的。

第五，堵住两个"黑洞"。公租房建设和运营环节保持一定形式的封闭性，可以有效避免利益输送，也有利于承贷主体责任明确。在这个过程中，我们通过制度设计，堵住了两个"黑洞"：一是承租户不得转租当"二房东"，不能利用低房租去赚高房租，退租只能交还公租房管理机构，避免无休止建设的"黑洞"；二是承租户不能利用公租房牟取房屋产权买卖的暴利，租期满后可购买有限产权，今后想转让，要么只能卖给公租房管理机构，要么按照共有产权方式出售，这就从制度上防止了利益输送的"黑洞"。经济适用房最大的缺陷，就是购买5年后可以当作商品房上市交易，由于购买之初有巨大价差，业主一出手就能牟取暴利。因此，这个"后门"必须关死。

破解公租房运作主体和资金平衡的困惑

构建住房保障体系是一种制度创新，核心要义在于明确公租房的建设运营主体并做好当期与远期的资金平衡。

第一，公租房投资是较长周期的动态平衡。公租房作为保障性住房，不像普通商品房开发那样能够为"土地财政"做出贡献；相反，政府还需要无偿划拨土地，投入前期资本金，以此融通社会资本，满足建设资金需求。由于限制租金，建设资金回笼也不可能在短期内"立竿见影"。因此，政府和社会都不能有过度的功利观。政府在民生上投入，虽然要避免"赔本的买卖"，但也不能放大逐利行为，只能通过较长周期的资产运用，逐步实现动态平衡。如果想通过建设公租房"赚钱"，那么必然会荆棘丛生、寸步难行。

第二，公租房具有长期保值性，完全可以多方融资。作为政府公共服务产品，公租房通过免收土地出让金和相关税费，并限制企业的一定利润，会形成低得不能再低的成本，不会产生房产泡沫或成为不良资产。政府以现价形成资产，以后就是很好的储备资产。同时，公租房的商业配套具有良好的市场前景，这是公租房项目的有力支撑，公租房在一定周期完成还本付息后，每年的租金还会形成稳定收益，其价值也可能与商品房一样水涨船高。有远见的投资者应该会青睐它，社会融资的路子是宽广的，前景是良好的。

第三，公租房建设应当也只能由政府来主导。有人倾向于将公租房的营建主体让位给社会，建议政府不要大包大揽，应从主导地位"隐退"到引导地位，并责成民间资本在建设商品房小区的时候，划出一部分房屋作为公租房，以平衡社会的需要。这些观点虽然有一定的道理，但都没想明白一件事，美国纽约、中国香港、新加坡等地奉行市场原教旨主义运作的体系，为什么它们的公租房建设均由房屋局建设和管理，而不委托私人房产公司建设运作？这是因为，为低收入群体提供保障房、公租房是政府的职责，是社会稳定的基石，属于政府公共服务的范畴，不能也不应用市场化的名义回避矛盾，放弃责任。总之，由社会资本主导公租房建设，虽然能缓解资金的一时之需，但由于政府不持有产权，不主导运营，也就难以保证公租房政策的有效性，甚至可能重蹈经济适用房利益输送的覆辙。政府主导公租房建设，体现了政府的公共服务职能，理所当然。

基于上述三个判断，公租房的建设和运营必须坚持公有、公建、公营、公益的方向，这就需要有一套科学合理的制度设计，具体而言包括以下四个方面。一是公租房建设所需土地全部由政府划拨，由具有政府背景的国有企业承建并持有产权。政府在优化布局、完善配套、减免税费等方面发挥作用，目的是最大限度地降低成本，体现公益属性，绝不与民争利。建设用地以划拨方式提供，享有减免政府性基金、税费优惠政策等公共资源，全部体现在公益方面，不会使公共资源成为个别人"发财的阶梯"。二是公租房租金主要支付贷款利息和房屋维修管理费用，原则上不超过同品质商品房市场租金的60%。三是为实现公租房公营，需要专门组建公租房管理局，履行房源储备、审核配租和监督管理等职责，确保公租房申请、配租的阳光操作，并在政府与市场中间找到一个结合点，避免纯市场化的逐利行为。四是算好公租房建设资金的平衡账，这是推动公租房建设的最大难点和关键所在。就这样，通过资金开放筹措确保建设所需，通过资产封闭运转实现良性循环，二者结合实现阳光建设与市场化运营的有机统一，公租房的资金平衡就有了制度保障。

七、先行先试房产税改革

2011年，重庆有幸和上海一起成为全国首批试点房产税的两个城市之一。对房地产的税收管理，我一直以来的主张就是"低端有保障、中端有鼓励、高端有遏制"的"三端调控"系统观点。低端有保障，就是不仅不收税，政府还帮助建好公租房，用低价格保障老百姓住有所居。中端有鼓励，就是让一般老百姓买得起自住房，比如首套房按揭贷款的钱可以抵扣个人所得税，这是全球通行的房产税政策。高端有遏制，就是主要靠税收，比如高端房交易的契税税率和房产税的税率相对高一些。为此，我们努力向财政部争取到了房产税试点资格。

2011年1月底，重庆正式启动房产税试点。由于房产税改革是"摸着石头过河"，国内没有先例，为降低风险，重庆立足本地实际，选择了先易后难、循序渐进的路径，在方案设计上体现了五大特色。一是范围上，聚焦主城，由点及面。选取经济条件好、房地产发展水平高、登记管理较完善的主城作为试点区域，先积累经验，待时机成熟后再稳步推进。二是对象上，房产税是财产税，不是人头税，并不是家家、人人要缴税。重庆规定的房产税起征点是家庭人均住房面积为 60 平方米。没有达到起征点的，就不收他的税，就这一条使得重庆城区 75%~80% 的居民房产税得到了豁免，体现了公平公正。三是税率上，分档累进，约束有力。实行差异化税率，对独栋商品住宅和新建高档住房，按交易单价在前两年主城九区新建商品房成交建面均价 2~3 倍、3（含 3 倍）~4 倍、4 倍（含 4 倍）以上，分别实行 0.5%、1%、1.2% 的分档税率。对在重庆无户籍、无企业、无工作的个人在渝购置第二套以上住房，按 0.5% 征收。四是优惠上，合理抵扣，保障基本需求。为保障纳税人基本居住需求，对新购的独栋商品住宅、高档住房，给予 100 平方米的免税面积，存量独栋商品住房按 180 平方米抵扣。但对"三无"个人购买第二套以上住房不予抵扣。五是操作上，化繁为简，便于征管。以上两年商品房交易均价为基准，既能够较大限度矫正某一年度房价大幅波动造成的价格偏离，基本反映房价变化水平，又可以让征税和缴税双方便于计算税基和税额，从而减少征管矛盾，降低改革成本。

由于制度设计比较合理，工作扎实稳健，改革试点基本达到了预期目标。截至 2015 年底，全市应税住房共 1.5 万套，年度税源总量约 1.3 亿元。当然，改革探索往往伴随着争议，房产税试点同样如此。很多人认为收房产税是为了打压房价，也有人说收房产税没用，房价压不住，有人说收房产税无法操作，也有人说收房产税是政府想多收点钱，甚至还有人说收房产税是违反现行法规的。诸如此类的各种评论都有。其实，政府启动房产税改革探索有四个目的和意义。

一是健全财税体系。我国70%以上的税是间接税。间接税的缺点是，面向企业征收，但最后还是会转嫁给最终消费者。由于收入越低的群体，必需品消费占其总消费的比重越大，实际上他们消费可选择的余地就越小，即专业经济学所讲的收入越低的群体消费的弹性系数越低，间接税自然就会更多地被转嫁到他们头上。所以，以间接税为主体的税收体系，很难起到调节收入分配差距的作用，也很难发挥宏观调控杠杆的作用。税制改革的潮流是向直接税方向发展。这方面，国内从主管部门到理论界均已达成共识。房产税就是一种非常重要的直接税、财产税，其最大的特点是，今年的"新增"就是明年的基数，对于一个大城市而言，经过10年、20年的逐步积累，这个税收可以增长到几十亿元、几百亿元，变成重要的稳定税源，最终替代跟土地批租相关的预算外基金收入。

二是遏制高档住房对房价上涨的带动。房地产调控有多种手段，从税收角度讲，政府的政策取向应当是"低端有保障，中端有市场，高端有遏制"。"低端有保障"，就是我们公租房没有税收，不收土地出让金、配套费、所得税、交易税、契税、营业税、增值税等。公租房造完之后也不会有企业利润，基本以成本价转租给老百姓，这是对中低收入者的保护、关怀。"中端有市场"，就是说对购买普通自住商品房的老百姓，不仅保证供应，还要保证价格合理，在税收上面也应该有适当优惠。"高端有遏制"，主要针对独栋商品住宅和高档住房，其调控主要体现在税收上。这样的住房在交易环节，它的契税会比普通商品房高一点，土地增值税也会高一点，另外增加持有环节的房产税，也会起一定的遏制作用。截至2015年，在实施房产税的5年里，重庆主城房价平均增幅为6%，处于相对合理的区间。

三是调节收入分配。房产税入库后的用途，主要是补助公租房建设。把占有公共资源较多房产的税征收后，全数用来建造公租房，实际上这也是对困难群体的补助和支持，所以它有调节收入分配的作用。

四是适当改变社会的住房消费习惯。有了房产税以后，首先，对于买房自住的人来说，如果是买高档房，会交持有环节的房产税。在这种情况下，购房者会根据自身的财力理性地选择，从而改善住房户型消费结构。其次，如果购房者是囤房用来养老的，会觉得现在房子空着不划算，就会把它出租，这也是一种社会资源优化配置，会促使租房的供应量增加，房租随之下降。再者，对投资投机性住房的购房者而言，因为年年缴税会增加持有成本，所以也会起到抑制作用。

可以说，房产税试点是中央对重庆的信任和支持，具有重要的现实价值和长远意义。要把这个试点做好，我觉得还需要在三个方面深化。一是研究建立个人逃税处罚制度。以前征税对象是单位，几乎没有对个人征税，所以缺乏这方面的惩戒制度。我们要为国家建立新规则探路。二是建立房产的科学评估体系。房价有涨有跌，无论涨跌都要科学评估，按实算账。三是统一全市住房登记体系。无论是机关、事业单位还是企业，也无论是普通商品房、别墅还是公租房，都应联网登记，不能有遗漏。

第七章

工业产业发展条件的重组与改善

工业化是实现现代化的必由之路，是衡量一个国家和地区社会经济发展水平的重要标志。2000 年初的重庆，作为全国六大老工业基地之一，表现为典型的"东北现象"和"西部现象"叠加。一是工业规模小。2001 年，工业总产值刚刚超过 1 000 亿元，工业投资只有 160 多亿元。二是债务包袱重。全市工业企业的负债率高达 75% 以上，更有 200 多亿元坏账。工业企业信用等级低，几乎无法从银行获得贷款。三是工业效益差。重庆工业在 2000 年刚刚整体扭亏为盈，但企业亏损面高达 30% 以上，盈亏相抵后仅有 10 多亿元的利润，工业经济效益指数只有 83.8，劳动生产率仅为 2 万元 / 人。四是产业结构落后。"傻大黑粗"的东西多，资源型工业多，汽摩产业"一业独大"，2003 年实现产值占全市工业的 38.6%。五是技术进步水平低，R&D（研究与开发）占工业销售值的比重不到 0.2%，技术创新能力很弱。六是缺乏工业园区。2003 年以前，重庆除了刚刚起步的北部新区和 20 世纪 90 年代起步的高新区、经开区，偌大的重庆所属的各个区县基本上没有工业园区，工业后劲不足、发展乏力。怎么改善重庆工业经济困难的发展状况，加快实现突破呢？我认为，既需要尽快补齐短板，也需要着力改善投资环境；既需要明确发展目标，也需要搭建发展平台；既需要创新产业组织模式，也需要创新投融资模式和招商引资方式。总之，需要进行"大手术"。

一、补齐工业经济发展"短板"

工业经济的发展首先需要一些基本的条件，比如资源能源、交通物流、工业园区等。然而，重庆在这些方面的条件太糟糕了，某种程度上说，重庆还不具备发展大工业的基本条件，必须尽快实现突破，解决好"有没有"的问题。

健全工业园区体系

开发区是现代产业集中布局、系统发展的直接要件。没有开发区，产业布局又散又乱，四处"羊拉屎"，环境污染也难以治理。搞开发区建设，意味着"七通一平"，意味着水电气统一供应，意味着环保统一治理，意味着标准厂房统一建设，让工业投资者进入开发区后就可以拉开生产线开工，而不用征地动迁、"七通一平"、吃喝拉撒睡"大而全、小而全"的事情通通都要管，其中不仅是几十个、上百个图章跑断腿的手续烦琐问题，更是资源配置错乱、工作效率低下的问题。20世纪90年代以来，沿海地区工业发展很重要的一条经验就是，形成了几千个工业园区。

2002年下半年，市委主要领导跟我说："总结过去20年沿海地区发展经验，开发区起着重要作用。西部地区经济发展落后，很重要的原因是没有规范的开发区。市政府要想办法推动，让每个区县至少有一个开发区，使产业发展既规范，又有后劲，增强实力。"

当时重庆的情况是，有一批乱七八糟打着建开发区的旗号圈地的"开发区"，但都处于原始状态，往往是围了块地、竖了块木牌，既没有详细规划、基础开发，也没有"七通一平"、招商引资。真正按照产业发展要求规划布局的开发区，当时只有高新区和经开区，到2002年，这两个开发区只有几十亿元的工业销售值。

市委主要领导直接布置任务，我和分管工业的副市长立即商量启动，国土、规划、经委、发改委等部门以及各个区县一起努力，规范推进，大致用了半年时间。对于开发区建设，我们定下规矩，原则上每个区县应该有也只能有一个工业园区，既要有相对集中的特色产业，又要进行差异化布局，防范恶性竞争。在规范审批开发区的同时，我们关闭了乡镇原有的130多个乱七八糟、有名无实的开发区。

到2003年7月1日，全市40个区县中，30多个区县有了特色工业园区。再后来，国家支持重庆建设内陆开放高地，又批准了两江新区和两个保税区。这样，到2015年重庆就形成了"1+2+6+37"的开发区格局。"1"就是两江新区，是中央批准的国家级新区，概念与浦东新区、滨海新区一样；"2"就是两个保税区，即西永综合保税区和两路寸滩保税港区，这也是国家特批的；"6"是国家级开发区，包括万州经开区、长寿经开区、南岸经开区、江津经开区、璧山高新区和九龙坡高新区；"37"就是市级特色工业园区，原来全市有43个市级特色工业园区，后来有几个升格为国家级开发区，就由43个变成37个。

自2003年各区县工业园区获批后，我们立即制定了一套园区管理规定，为搞好开发区的投资环境奠定了基础。一是工业园区要搞好"七通一平"、建好标准厂房。基本上在2004年、2005年，各个工业园区就及时启动"七通一平"、造标准厂房。二是分类制定工业园区产出准入标准，集约节约利用土地。最初，主城区工业园区要求每平方公里产出 100 亿元，渝西地区 70 亿元，渝东南、渝东北 50 亿元，到 2012 年又进一步分别提高到 150 亿元、100 亿元和 70 亿元。三是打造低碳绿色发展环境。每个园区配套好污水、废水、废气等处理设施，大力推动节能减排，减少单位产出能耗。到 2005 年底，全市范围的工业园区，包括经开区、高新区在内，工业销售值达到 320 亿元，虽然总量不大，比重也很低，只有 10%，但为未来发展奠定了坚实的基础。到 2015 年底，全市各工业园区的工业销售值达到 1.9 万亿元，10 年间增长了 50 多倍，占全市工业总产值的比重从 10 年前的 10% 提高到 2015 年底的 81%，也就是说工业产值园区集中度达到了 81%。

着力抓好一批电力项目

2001 年，全市只有 400 万千瓦装机，其中还包括 15 万千瓦以下的电厂构成的 100 多万千瓦，按当时的国家政策，这些电厂是应该被淘汰的。平均下来，全市 3 000 多万人口，有效装机 300 万千瓦，每个人只有 100 多瓦的电力装机，只相当于全国人均发电装机 1/4 的水平。夸张一点说，这些电只够点电灯用的。当时一到夏冬用电高峰时节，拉闸限电是家常便饭。

记得 2002 年，我到彭水县调研，县委书记向我诉苦，他们想在乌江建一个大型水电站，光策划就搞了 10 年。我问："是哪个电力公司来投资做的项目规划？"他说："没有，10 年来一直是县政府、发改委在做方案。"我说："你们做有什么用？你们是政府，只负责投资环境、市场准入，关键是电厂的投资业主，他们既专业又有钱，他们干，才是真的干。总之，你们坐在家里想有什么用，一个水电站需要100多亿元投资，得找大型电力公司。开个玩笑，你们现在相当于想结婚想了10年，但都不知道结婚对象、未来的老婆在哪里。"想着重庆当时有效装机只有300多万千瓦，电力相当紧缺，我决定亲自担任重庆市电力领导小组组长，由于工作抓得紧，我们在半年内就启动了600多万千瓦的建设项目。当时的重庆，全市大小电厂的总装机才300多万千瓦，这个计划相当于存量的2倍。策划建设600多万千瓦的项目，投资就要400多亿元。我们在两个月之内做规划，一个月之内招标。我们的做法是，搞竞争、搞招投标，把这600多万千瓦项目发包给中国的五大发电企业，调动了它们的积极性，通过招投标，由它们来做这些项目的选址、设计、规划等前期工作。很快，这些项目就有了对应的项目业主，并由国家级大企业负责项目论证设计，半年内这些项目就论证完毕，当年即上报国家有关部委。当时，国家停批电力项目已经好几年，我们正遇上全国性电力紧缺、抓紧新批准开工的时节，重庆便成为重新获批电力项目最早的一批，等于抓住了机遇。到2004年底，600多万千瓦的项目全部获批，并陆续开工。比如，前面提到的彭水县乌江电站，是跟大唐电力合作的，装机175万千瓦，到2008年就建成发电了。这些项目四五年后陆续竣工发电，到2010年，重庆就有了1000万千瓦以上的电力装机。这在当时也是一件天方夜谭的事，的确让人意想不到。

到2015年，全市电力装机达到2000多万千瓦，加上每年的外购电量，相当于装机700万千瓦，重庆市3000万的常住人口，大体上实现了人均装机1千瓦的目标，赶上了全国平均水平。

大力关闭小煤矿

21 世纪以来，全国煤炭价格从二三百元一吨涨到六七百元一吨，产量也在不断掘进刷新，从年产 10 多亿吨增加到 40 多亿吨。面对这种情况，我们没有头脑发热，而是做了冷静分析。我认为，重庆的煤矿绝大多数是鸡窝煤矿，整个煤炭可开采储量只有 30 多亿吨，还不如西北地区一个矿的储量。同时，重庆的煤矿不仅开采出的煤含硫量高、品质较差，而且开采条件差，很不安全。2002 年，重庆只开采了 2 200 万吨煤，但有 3 000 多个煤矿法人企业在干活，平均每个企业 1 万吨煤都不到。进一步分析，其中有 800 万吨是五大煤矿公司开采的；剩下的 1 400 多万吨是 3 000 个私人老板开采的，每个煤矿平均开采 5 000 吨。当时我就感觉到，这种小煤窑安全生产条件很差，水、火、瓦斯、煤尘、顶板"五大灾害"俱全，必须坚决淘汰这些落后的产能、污染的产能、"带血"的产能、高成本的产能。基于这样的考虑，对煤炭行业的"十一五"规划，我们确定了三项目标。一是把原来有关部门制定的 5 年产量增长 50% 的目标调整为保持现状、不再增长，到 2010 年煤炭产量保持在 2005年的 4 000 万吨水平。二是关闭 80% 以上的小煤矿，数量从 3 000个减少到 500 个以内。三是煤矿安全生产事故死亡率逐步下降到全国平均水平以下。我们大体用了七八年时间，从产能只有 1 万吨的煤矿开始关起，继而 3 万吨、6 万吨、9 万吨，"十一五"制定的关闭目标实现后，"十二五"期间继续发力，只剩下年产 15 万吨以上产能的 70 多个煤矿。

用重组的方式落实行业政策

在落实国家节能减排、生态环保、安全生产等行业政策的过程中，特别是大力度关闭小煤矿的过程中，涉及的企业大多数是民营企业，虽然每个企业体量很小，但其生产能力也是由民间资金投入形成的，那么，如何避免民企老板的投资严重受损，这是政府应妥帖考虑的问题。

2002—2015 年，重庆关闭了 3 000 多家小煤矿、十几家小钢厂，总体上平稳，原因是我们采取了三招：一是政府出台政策鼓励兼并重组、转业发展，包括给予土地、税费等方面的优惠；二是最大限度保护原投资者的利益，投资者毕竟让出了市场，理应给予合理补偿；三是实施增量调整，如新矿源的开采，在招投标时就限定竞标企业规模，鼓励有实力的企业参与竞争。这三招都符合市场原理和重组思维，也较好地保护了投资者的利益。总之，行业政策调整目标要坚定不移，但实施操作要合乎实际，不能搞"一刀切"。虽然靠行政命令短期内可能把事情搞定，但总会留下一些不安定因素，"按下葫芦浮起瓢"。反之，政府设身处地为企业着想，尽可能用市场手段从根本上化解矛盾，效果就大不一样。

2000 年前后，重庆煤矿安全生产事故频发，每年死亡人数都在 400 人以上，2004 年死亡 419 人，占全国死亡人数的 6.9%，百万吨死亡率达 12~15，是全国平均水平的 4~5 倍。自 2006 年以后，重庆煤矿事故数量、死亡人数、百万吨死亡率连续保持 10% 以上的年均下降率。2013 年，煤矿发生死亡事故 64 起、死亡 92 人。2015 年，发生煤矿事故 23 起、死亡 31 人，百万吨死亡率下降至 1.29。

着力抓好电煤的储运调度

本地大量小煤矿关掉以后，如何保证全市正常的用煤需求呢？这就需要加强铁路、公路、水路运输，加大煤炭采购量和储备能力，以平衡本地区工业用煤需要。这里面也有一个故事。2011年上半年，由于煤电价格倒挂，本来电力就紧张，很多火电厂又缺乏生产积极性，国有电厂必须执行政府要求，无论亏损大小都要保持一定发电量，但很多民营电厂干脆就停产了。全国9亿千瓦的装机，就有2亿千瓦装机停摆。于是出现这样一个现象，从2011年3月开始，上海、江苏、浙江、广东、福建，一路拉闸限电，重庆也碰到这种情况。5月初，市政府常务会通过了提振经济的12条措施，其中有一条就是拿出12亿元，作为买电买煤的补贴。其中，6亿元补贴外购电，另外6亿元补贴买煤。既然煤炭涨价，用煤发电会亏损，那就补贴电煤购买。比如按600元/吨从市场上购进电煤，但还是按500元/吨的合同价卖给电厂，中间的价差由政府补贴。这一措施，一个月内就见效了。到6月底，全市已经有280万吨电煤储备。当时，重庆每天用煤6万吨，这意味着，即使全市断煤一个半月，也可以保证照样发电。2011年，由于政府通过补贴煤价，确保了电厂的电煤供应，调动了电厂的生产积极性，本地电厂开足了装机，再加上补贴了外购电费，整个电力供应充足，即便在7—9月这三个月的用电高峰期，重庆也基本没有拉闸限电。有人可能会问，政府拿出12亿元补贴电煤，怎么平衡好这笔账呢？其实，工业用电通常每年每100万千瓦至少对应500亿元工业销售值，大体可以给政府带来25亿元的税收。这样一算账，12亿元政府补贴是非常划得来的。如果拉闸限电，就会损失上千亿元工业产值，损失几十亿元的税收。

到 2015 年，煤炭市内生产 2 000 万吨、外购 4 000 万吨左右，高峰时电煤储备量可供 2.5 个月，要素保障是充足的。

加强成品油储备

成品油储备，对于经济运行是非常关键的。我国各地区的成品油储备一般能够满足 10 天的需要，美国是 2.5 个月，日本是 4 个月。这些发达国家就算发生战争或者突发事件，其储备油也可以保证较长时间的供应，尽管会占用大量资金，但这是保障国家经济、政治和老百姓安稳的必需品。2001 年前后，重庆每年成品油消费量约 500 万吨，只能靠水运到重庆，成品油储备仅够用一两天，各种车辆加油随时都在排长龙。我在 2010 年第 97 次市政府常务会上，提出重庆地处内陆，交通不便，又没有原油矿产，没有炼油厂，作为一个拥有几千万人口的大城市、大工业基地，必须保障成品油供应。为此，提出两项工作要求。第一，短期措施是抓好存量成品油储备资源，不管是国有还是民营的成品油储备仓库，都要用足用好，力争把重庆的成品油储备从一两天提高到满足 1 个月的需要。第二，长期措施是要用 1 年左右时间新建一批储油罐，力争让重庆的成品油储备满足 2~2.5 个月的需要。没想到，这个措施到当年 10 月居然发挥了重要作用。2010 年 10 月，东部沿海地区出现油荒，沿海地区包括长三角地区的加油站到处发生缺油、断供的问题。重庆因为未雨绸缪，有了 1 个月的储备，没有出现断供问题。于是，出现周边兄弟省市的一些卡车开到重庆境内加油的现象。这些情况反映上来后，市经信委、市商务委的领导提出为了保障重庆运行稳定，不让外地车加油的意见，我否决了这项意见，发出了放开市场、让外地车加油的指令。之所以这么做，一是将心比心，这些外地车往往为了加油来回上百公里，不让加不合情理；二是我们有 1 个月的储备，有底气，同时这种大面积油荒一定会反映到国家有关部门，国家有关部门只要一重视、一出手，半个月一定能恢复正常。到 2015 年，全市成品油供应量达到 2 000 万吨，储备库存可保供 45 天左右。

解决物流运输不畅问题

工业发展对物流很敏感，这是内陆地区最大的短板之一。天然的地形、地貌决定了重庆交通基础设施成本高，交通网络体系建设难，物流条件先天不足。以陆路交通为例，2003 年，全市铁路、高速公路通车里程分别只有 200 多公里、300 多公里。江北机场规模很小，年吞吐旅客不到 400 万人，航空货运不到 1 万吨。高等级公路建设滞后，从偏远区县到主城要一两天时间，而且因为靠各区县民营小公司贷款修路，收费站林立。重庆港吞吐量很低，2002 年只有 8 万多标箱。因此，必须加快实现重庆交通的内畅外联，完备物流体系，降低物流成本。

关于交通的问题，我们在第一章讨论过。2002 年，重庆通过路桥收费制度改革，终结了"半小时主城，10 分钟收费"的窘境。通过变革投融资模式，高速公路通车里程从 2002 年的 300 多公里增长到 2015 年的 2 500 多公里，重庆成为全国各省区市高速公路密度最大的地方之一。新建高等级公路 4 000 公里，总量达 7 000 多公里。2009 年，这 7 000 多公里高等级公路实现了免费通行，这在当年的西部地区是唯一的。这件事的意义，不亚于 2002 年重庆主城路桥收费制度改革。在重庆各个区县，工业园区一般都布局在高速公路或高等级公路两侧，交通非常方便，大大降低了物流运输成本。铁路方面，重组后的开投集团保证了铁路建设的地方投资配套能力，2015 年全市运营里程达到 2 000 公里，比 2005 年翻了近两番。长江水运方面，到 2015 年底，重庆港口集装箱吞吐能力达到了 300 万标箱，实际吞吐量超过 100 万标箱，货物吞吐量达到 1.57 亿吨，均呈几十倍增长。江北国际机场通过改造扩建，航站楼面积从 2 万平方米扩大到二期的 20 万平方米、三期的 75 万平方米，跑道从 1 条增加到 3 条，旅客吞吐量从 2003 年的 428 万多人次增加到 2016 年的 3 588 万人次，航空货邮从不到 1 万吨上升到 36 万吨。与此同时，2011 年重庆还开辟了渝新欧国际铁路大通道（简称渝新欧），随后相继开通了渝沪江海联运、渝深海铁联运、渝欧国际货运空中航线，形成了集公、铁、水、空于一体的综合物流集疏运体系。

二、着力打造"五低"投资环境

补短板，主要是解决重庆工业发展的基础问题；"五低"投资环境，则事关重庆工业长远发展后劲问题。我们认为，一个好的投资环境，应该低税费成本、低物流成本、低要素成本、低土地房产成本、低融资成本。任何一个城市，只要这五个方面比较低，全世界、全中国、全社会的各种资本、企业、要素都会向它集聚。为此，重庆一直致力于打造"五低"投资环境。如何打造"五低"环境，形成独特优势，不能靠血拼，更不能靠蛮干，而是要靠智慧和逻辑。

低税费成本

在西部地区实行鼓励类产业 15% 的企业所得税率，是国家西部大开发的一项重要政策。然而，由于部分地方政府的认识不足和财力困难，包括重庆在内的西部许多地区没有落实到位。2002 年，重庆有 1 万多家工业企业，只有 3% 的企业享受了这一政策。2003 年初，我召集相关部门负责人开会，问大家："西部大开发最重要的一条政策，就是对鼓励类产业企业按 15% 的税率征收企业所得税，为什么全市只有 3% 的工业企业享受到了？"原来，他们是这样理解西部大开发政策的：一是开发区内的企业可以享受，区外的则不能；二是外资企业可以享受，内资企业不行；三是新办的企业可以享受，老企业不可以；四是就算企业有资格，也要申报，经过批准才能享受；五是文件里没有明确审批权限，所以还要报国家税务总局审批。这五条，就把 97% 的工业企业挡在了门外。会上，我要求重庆必须把这个西部地区最有吸引力的国家级招商引资优惠政策用足、用好、用活，在重庆 8.24 万平方公里的土地上，任何符合条件的企业都要覆盖。首先，不管是国有还是民营、内资还是外资、新企业还是老企业，是不是在开发区，只要是鼓励类产业、行业及产品，通通都该执行 15% 的税率。其次，西部大开发政策条款里，没有明确规定必须先报中央批准才能实施，所以地方政府就可以做。最后，既然是一项普惠政策，只要有一个负面清单——什么工业产业不属于鼓励类，不在清单上的企业都可以享受 15% 的所得税率，也没必要让每个企业都来申报，否则不仅扰民，还增加行政成本，只需要税务部门服务上门、核定到位，把税票改过来就行了。我特别强调，当年在上海浦东、沿海特区、沿海经济技术开发区都是采用这种做法落实的。有优惠政策不落实，就是在收"过头税"。"思想解放"不是一句口号，中央给了我们充分的优惠政策，我们还不落实，实在是不应该。

这件事情报经市政府常务会通过后于2003年6月操作到位。全市税务系统统一行动，用3个月的时间通知到所有工业企业，符合条件的通通改过来：2003年已经按照33%的税率征收的企业，在下半年应收税金中予以抵扣。重庆也因此成了西部真正的"特区"，凡鼓励类的工业产业一律执行15%的所得税率。所得税率调整以后，2003年重庆工业企业利润增长了88%。有关部门负责人向我"报喜"的时候，我开玩笑说："你们有功劳，但也有所得税率调整的原因。33%的所得税率，税负太高，企业难以承受，有利润也少报或者干脆不报。15%的所得税率，企业负担不重，而且涉及企业的形象和融资能力，大家都乐意交，利润当然就'冒出来'了。"

2008年，为应对国际金融危机，我们又来了一次思想大解放：将西部大开发15%企业所得税率的优惠政策，不仅覆盖鼓励类工业企业，也扩大覆盖到生产性服务业、服务贸易、旅游业等鼓励类服务产业，因为西部大开发的政策条文本意涵盖的就是鼓励类产业，并没有具体规定局限于工业范围，可以理解为不管是工业还是服务业，只要是鼓励类产业，都可享受15%的企业所得税优惠政策。工业中除了"三高一低"（高污染、高消耗、高能耗、低附加值）行业，大部分是鼓励类的；为工业直接服务的生产性服务业也是鼓励类的，服务贸易同样也该鼓励，商业零售、旅游业也是国家鼓励的服务业，我们都将其纳入了15%企业所得税率的优惠范围。当然，房地产业没有享受到这个政策，金融业则因其全国性行业的特点，不在地方政府管辖的范围中，所以也没享受这一政策。应当说，重庆在西部大开发15%所得税政策的执行上，是西部地区最彻底、最到位的。当 2010 年政策要到期的时候，中央审时度势，又做出了将这一政策延长到 2020 年以后的决策，受到了西部各省区市的衷心拥护。此外，对于国家推出的各类结构性减税政策，重庆都是严格执行减到位、减彻底。"十一五"期间，重庆共减免企业各类税费 700 亿元。降低税费，看似会减少税收，实则是企业税负降低之后，发展能力增强，反而把税基做大了，重庆连续 5 年税收增长都在 30% 以上。"十二五"期间，重庆减税让利力度更大，每年为 300 亿~500 亿元，而全市税收年均增长了 18.5%。这就是辩证法，多予少取，最终结果是税收总量增加。

低物流成本

2020 年，我国的物流费用占 GDP 的比重为 15% 左右。重庆因为是山城、江城，地形复杂、交通不便，物流成本大大高于全国平均成本。这对重庆的工业发展是一个严峻挑战。地方政府努力作为，尽可能把它降下来。

一是从社会宏观层面，前面已经讲到的建设综合交通枢纽、实施路桥费改革、率先取消全市城内高等级公路收费、解决内陆通关问题等，这些措施都极大地降低了企业物流成本。

二是从产业布局层面，尽量使重点产业上中下游产业链集约化布局，避免东南西北"天女散花"式的布局，从而减少物流成本。后文将要讲到创新"垂直整合"模式，通过实现进项物流、出项物流和保税物流"一体化"，大幅降低企业物流成本，促进沿海地区加工贸易向内陆地区转移。

三是优化轮船、汽车、火车物流配送比例，多式联运无缝对接，主要包括三个方面。首先，优化货运结构。重庆坐拥长江黄金水道便利，水运理所应当成为重要途径，占整个货运的 15% 左右。在公路、铁路运力的配置上则出现了问题，2010 年重庆铁路密度 215公里／万平方公里，高于全国平均水平，但铁路货运占全市货运量的比重只有 2.4%，远低于全国 9.7% 的水平。为此，我们提出 5 年内，铁路货运比重要翻一番，将公铁水货运结构优化为 80：5：15，并力争 10 年内，铁路货运比重翻两番，达到占比 10% 的目标。为此，实施了一批铁路进入重要港口、重点物流园区、大型工厂区和公路货站工程，搞好铁路建设的"最后一公里"，形成网络化货运铁路体系，并与公路、水路、航空等其他货运方式形成多式联运、无缝衔接。其次，推动综合交通物流枢纽与物流园区布局相互衔接。重点打造一批全国性综合交通物流枢纽、区域性交通物流枢纽、区县级交通物流枢纽建设。最后，多措并举降低交通物流费用。实施多式联运一体化降费措施，探索降低国际物流通关等费用，将在水运口岸免除外贸企业在海关查验环节发生与海关查验工作直接相关的集装箱（重箱）吊装、移位、仓储费用的享受范围扩大到铁路、公路等口岸。

低要素成本

人力成本是企业用工成本的"大头"，重庆在这方面有很大的比较优势：每年毕业 20 万大学生和 20 万职校生，青壮年劳动力也很丰富，有 800 多万农民工，其中 400 万在市内，400 万在市外。因此，企业发展最宝贵的人力资源、劳动力资源很充足，企业用工非常稳定，工人流失率不到 10%。另外，重庆水、电、气等要素的综合成本，总体比我国沿海地区低 30%~40%。比如，页岩气开采利用已成为全国主战场并实现产业化，2016 年产量超过 50 亿立方米，占全国的 80%，价格比天然气每平方米便宜近 1 元。重庆发展天然气化工就有了优势，这成为 2015 年、2016 年全国化工产业低迷，而重庆化工产值却增长 15% 左右的重要原因。

低土地房产成本

低土地房产成本是一个地区重要的竞争力，高地价、高房价会逼走一些企业。如何有效管控地价、房价，第六章已经进行了详细阐述。控制地价，最关键的是超前进行土地储备，有效管控土地一级市场，同时不唯利是图、不刻意抬高地价，而是"细水长流"，与需求相适应逐步投放土地。这些年来，重庆将房价稳定在全国 30 多个主要城市中的最低价位，2016 年底主城区商品住宅成交均价只有 7 100 元。

低融资成本

解决融资难、融资贵的关键，实际上是要把金融系统的融资结构，包括银行信贷、直接融资和非银行金融机构贷款这三者之间的比例调整得科学合理，总体控制在银行信贷占 50%、直接融资占 35%、非银行金融机构贷款占 15%，是比较合理的。过去，融资体系 90% 以上靠银行，渠道过于单一，难以满足企业需求。非银行金融机构快速发展，有力挤压了高利贷、地下钱庄等非法融资渠道的生存空间，但融资利息一般比银行高 1 倍以上，又加剧了融资难、融资贵问题。直接融资规模扩大会减少对小贷、租赁、信托等较高利息融资渠道的需求，也会推动银行将腾出的资金转投到"三农"和小微企业等实体经济。更重要的是，企业对银行和非银行金融机构贷款资金需求的减少，会倒逼金融机构的融资利息下降，从而从整体上拉低全社会的融资成本。在相关单位的支持下，重庆融资结构有了明显变化。10年前，90%以上的新增融资来自银行，直接融资和非银行金融机构贷款占比很小，到2015年前后，大体上银行信贷占比为45%左右，直接融资占比提高到30%左右，小贷公司、信托公司等占比不到25%。2016年，重庆信贷融资增长10.9%，直接融资增长32.6%，非银行金融机构贷款下降49%，人民币贷款加权平均利率总体比全国低了1个百分点左右。

三、做实产业项目库，增加有效供给

项目库看似平常，实际上它不仅是具体工业项目的载体，而且承载着工业发展的方向和目标。项目库的形成有两种路径：第一种是自下而上，把各区县、各委办、各国有和民营企业正在实施的、准备开工的、正在谈判的各类项目集合起来，形成一个3年滚动计划，每年都有一批新项目开工，一批老项目在建，还有一批老项目竣工；第二种是自上而下，通过顶层设计，围绕重要支柱产业、新兴产业的集群发展，谋划和设计一批重大项目，逐个定向招商引资。通过将这两类项目群合成一个项目库，经过论证一旦形成，项目库本身就具有产业政策、产业导向的功能。政府关于转变增长方式、调整产业结构的要求，都能通过项目库来落实和体现。同时，对项目库进行动态调整，这一过程也是完善产业链的过程。有项目库在手，市里和各区县招商引资就有了依据与方向，不再盲目了。重庆工业系统形成比较完整系统的 3 年滚动计划，还是在 2004 年的时候。当时，重庆市委二届五次全会召开，形成了关于加快推进新型工业化的决定，提出要大力发展汽摩、装备制造、资源深加工、高新技术等六大支柱产业。打造支柱产业，形成产业链，就需要项目库和项目储备。项目库里的项目，必须有战略规划、市场调研、可行性论证，是要能操作到位的，而不是空中楼阁。而且，项目库是动态的，历年结转项目有一批，当年开工项目有一批，未来两三年新开工项目有一批，"三个一批"形成滚动。我还有一个理念就是，一个地方要有年度投资量两三倍的项目摆在那里，供年度投资进行选择，这是一种开展工作的思路。由于有了这样的工作思路，并积极付诸行动，到 2007 年，重庆的项目库里就有五六千亿元的项目，到 2008 年已经上万亿元了。

面向全球性产品构筑支柱产业项目群

2003 年时，重庆工业存量不大，仅靠自己一点一滴积累，或寄望于产业梯度转移，实现老工业基地改造振兴的过程一定是漫长的。出路在哪里呢？我认为，关键是面向全国乃至全球市场寻找主打产品，进而构建起完整产业链，做大集群规模。

从经济发展规律中，我们不难看出，每个时代都有进入千家万户的主打产品，谁能成为这些产品的生产基地，谁就会成为经济发展的领跑者。比如，20 世纪六七十年代，进入中国家庭的主打消费品是自行车、手表、缝纫机、收音机"老四件"，在这几种消费品上，北京、上海、广州等城市拔得头筹；到了八九十年代，空调、冰箱、洗衣机、彩电等成为新时代的主打产品，珠海、合肥、青岛等城市脱颖而出；21世纪以来，汽车、电脑、手机、平板电脑等产品则逐渐走进平常百姓家庭。20世纪六七十年代重庆的工业领域没有什么主打产品，八九十年代流行的洗衣机、冰箱、空调这些消费品也跟重庆基本无关。2005年以来，重庆瞄准汽车、电脑、手机、平板电脑这些主打产品，全力以赴地干，终于抓住了机遇，走到了全国前列。

比如汽车项目群。我国汽车产业迅速发展，2005年全国产销只有500多万辆，到2015年就接近2500万辆。重庆过去有长安汽车集团，2005年汽车产量为42万辆，但主要是微型车，轿车占比只有22%，比全国48%的平均水平低一半多。2005年以来，重庆围绕轿车、SUV（运动型多功能汽车）、微型车、MPV（多用途汽车）、商务车、重型汽车、特种车等整车全谱系车型，价格包含ABCD各档次，滚动实施了一批重大项目。此外，还围绕发动机、变速器、制动系统、转向系统、车桥、内饰系统、空调等零部件配套体系，储备引进了一批企业和项目。经过几年的发展，到2016年全市汽车产量达到316万辆，占全国的11.2%。

再如笔记本电脑项目群。2005年全球出货笔记本电脑6500万台，2010年超过2亿台，2015年保持在1.6亿台。过去，我国电脑产业主要在我国沿海地区，重庆基本为零。2008年开始，我们从引进惠普笔记本电脑项目入手，逐步形成了年产6000万台的产业规模，占据全球1/3的份额。此外，还有1000多万台打印机，占全国产量的1/4。另外还有1000多万台台式电脑和平板电脑。

又如手机项目群。在2010年，全球手机产销量为16亿台，重庆仅有700万台。2010年以来，我们抓住产业转移的机遇，引进了vivo、OPPO等全球性品牌，集中了近百家国产智能手机生产企业。

2016 年，重庆造手机产量 2.87 亿台，占全国手机总产量的 13.9%，仅次于广东，位居全国第二。

正是得益于围绕国内外市场需求量最大的汽车、笔记本电脑、手机等产品，滚动实施了一批重大项目，才推动了电子信息、汽车等支柱产业气势磅礴地发展起来。面向未来，包括 VR（虚拟现实）、AR（增强现实）在内的穿戴式智能终端、物联网智能终端、机器人、3D（三维）打印机等产品，可能成为全球性主导产品。为此，重庆已经在这些方面储备了一批龙头项目和配套项目。

立足"有市场、有资源、有技术"构建战略性新兴产业项目群

人无远虑，必有近忧。任何产业都会有市场饱和的时候，都会碰到"天花板"，即便原来的结构再好，也会出现青黄不接的状态。这样持续三五年，它的增长率就会掉头向下。考虑到这种情况，2014 年 8 月，我们按照国务院制定的《中国制造 2025》的要求，提出发展十大战略性新兴产业的规划，该方案既借鉴了美国"先进制造业伙伴计划"、德国"工业 4.0"，也分析了重庆工业实际可行的基础条件和能力，包括集成电路、液晶面板等电子核心部件，物联网，机器人及智能装备，新材料、轨道等高端交通装备，新能源及智能汽车，综合化工，页岩气，生物医药，节能环保产业。

选择这些产业，首先是因为它们的市场空间极大，其次是因为重庆有发展这些产业的资源、基础、条件，能够做。一方面，这些产业的产品都是中国市场短缺的。我们从 2014 年的全国进口商品目录中发现，在中国 2 万亿美元进口中，集成电路进口了 2 000 多亿美元，液晶面板 1 700 亿美元，天然气和原油 2 000 多亿美元。

也就是说，这些产业是国家长远的进口大项，也是世界市场需求增长较快的产业。另一方面，重庆的市场需求也很大。比如，重庆已经生产出全球 1/3 的笔记本电脑以及各类台式电脑、平板电脑、打印机、手机等互联网终端产品，这些都需要集成电路作为"心脏"，都需要液晶面板作为"眼睛"，都需要各种 PCB（印制电路板）基板作为"脊梁"。再如，页岩气开采及其天然气综合化工，重庆地下有丰富的页岩气，根据勘探开发情况，重庆页岩气田有五大特点。一是储量大。2 万多平方公里页岩气富藏区，潜在储量 12 万亿立方米，已探明可开采量 2 万亿立方米，可以开采近百年。二是丰度高。一般每立方米岩石被打碎后最高产气不超过 7 立方米，低于 2 立方米就没有开采价值，重庆基本在 5 立方米以上。三是衰竭期长。重庆页岩气井气量充足，衰竭期一般在三年半到四年，而美国气井衰竭期平均在两年左右。四是纯度高。重庆页岩气甲烷含量高，硫化氢等有毒气体极少，是难得的优质气。五是埋藏浅。在重庆已开采的气井中，大部分深度在 1 500~2 000 米，开采成本较低。经过几年的努力，重庆市单井开采成本已从最初的 1 亿元降至 2015 年的 5 000 万元，随着气井量的增多，单井开采成本将降到 4 000 万元。保守估计，20 年后重庆页岩气年度产气量将达到 300 亿立方米，当然可以成为天然气化工、天然气产品的主战场。

以产业链集群方式推进战略性新兴产业发展

确定了十大重点发展的战略性新兴产业后，重庆就按照"上中下游产业共生、研发设计与创新制造连接"的原则，围绕各产业链的形成，分析该领域的全球领先企业和未来技术发展趋势，分别制定了产业规划，确立了产业发展目标，形成了重点企业项目库。每个产业链上下游展开，都形成上千亿元的产值。比如新型显示产业项目群。重庆先后引进国有控股企业京东方、民营企业惠科、台资企业富士康和外资企业康宁等一大批项目，成为全国产量最大的地区之一。2016 年，生产液晶显示屏 3 949 万片，同比翻了一番。此外，还围绕终端和材料配套，储备了一批重大项目，现已基本形成"玻璃基板—液晶面板—显示模组—显示终端"的全产业链群。再如集成电路项目群。围绕形成集原材料、单晶硅晶圆切片、芯片设计、芯片制造、封装测试等于一体的较为完整的产业链，瞄准并引进了韩国 SK 海力士、美国 AOS、奥地利 AT&S（奥特斯集团）、中电科技、中航微电子、西南集成等企业，已初步形成全产业链。2016 年，生产集成电路芯片 3.3 亿片，较 2015 年增加了 35.3%。又如机器人项目群。已聚集有瑞士 ABB（阿西亚布朗勃法瑞）、德国库卡、日本发那科等工业机器人巨头，引进了中关村双创服务机器人产业联盟、洋娃娃服务机器人云平台，成立了机器人融资租赁公司，正加快构建"资本＋市场＋研发＋配套"的产业生态链。总之，每个领域都有实实在在、看得见、摸得着的具体项目。这十大产业的总产值，在起步之初的 2014 年只有 600 多亿元，2015 年达到 1 600 多亿元，2016 年增加到 2 700 亿元。这些战略性新兴产业的培育为重庆经济持续健康发展打下了良好的基础。

落后和过剩产业领域项目绝不纳入项目库

在市场机制的作用下，产能过剩或者短缺是一种常态。就一般情况而言，如果行业过剩 10%~20%，市场优胜劣汰，这属于良性竞争;一旦过剩超过 20%,恶性竞争就会出现;过剩超过 40%,几乎所有企业都泥沙俱下,形成行业性亏损。2013 年,我国传统产业供给能力大幅超出需求,钢铁、水泥、船舶等五大行业产能严重过剩,轻工、纺织等六大领域 10 多个行业产能也不同程度过剩,导致工业品出厂价格持续下降,企业普遍经营困难,由此产生的坏账会向银行传导,增加了系统性风险。

重庆认真贯彻落实中央对产业结构调整和化解过剩产能的要求,严防死守,严格执行能耗、环保、安全和质量技术方面的标准及法律法规,绝不把过剩产业领域项目纳入重大项目库,没有在过剩领域新增产能。比如,在全国钢铁产能由 1 亿吨增加到 10 亿吨的过程中,重庆始终保持在 800 多万吨。煤炭、电解铝等也都没有出现产能扩张。

与此同时,大力推进产业禁投负面清单管理,严格执行环保、能耗、质量技术、安全生产等控制标准,对产能过剩行业建立有区别的阶梯性、惩罚性水电气等价格,综合运用市场、行政、法治办法淘汰落后产能。煤矿产能从 6 600 多万吨压减到 2 000 万吨,去除了一些区县擅自违规建设的"地条钢"产能 300 万吨,淘汰了铁合金、焦炭、水泥等行业产能 2 000 多万吨。由于没有受到过剩产能的太大拖累,重庆工业企业利润持续以较高速度增长。

四、创新理念方式加强招商引资

产地销和销地产是跨国公司全球产业链集群选址布局的基本原则

跨国公司在全球布局和构建产业链集群上,通常有两种策略。

一种是"产地销"，就是在一个地方生产产品后直接销往世界各地。在这种模式下，一般需要当地营商环境符合五个条件。一是当地产业链配套比较齐全，更容易形成各种产业集群。二是交通、物流、电力等基础设施条件优越。三是制造成本低，中国制造业的劳动力不仅成本低、素质高，且足够充裕；而且中国国内超大规模市场优势，使得中国制造包含科研成本、固定资产投资成本、采购成本、新产品推销成本在内的综合制造成本也相对较低。四是开放条件好，生产加工地区不仅有综合保税区，还有国家一类口岸的海关服务，便于进出口贸易高效运行。五是教育、医疗、文化等公共服务配套齐全。比如，苹果手机有一半出自中国河南省郑州市的富士康，2021 年出货将近 1 亿台手机，绝大部分由苹果公司销往世界各地。这背后是郑州围绕着富士康，做了大量的产业配套，集聚了零部件供应商、运输企业、其他组装环节厂商等，甚至为富士康设立了综合保税区，形成了超千亿元的电子信息产业集群。

另一种是"销地产"，即在主要的销售市场组织生产，直接满足当地需求。这就需要当地市场足够大。与在别地生产后通过进口来满足当地市场的模式相比，"销地产"至少有四个优势：一是可以绕开进口保护关税的限制；二是由于在销售地组织生产，自然降低了物流成本；三是可以更加及时准确地掌握市场信息，根据客户需求调整产品设计，更加敏捷地满足客户需求；四是由于在当地组织生产，税收、利润和 GDP 都留在了当地，产生的就业也都是当地的，自然形成与当地政府的良性互动，也更容易减少各种非贸易壁垒。比如，2021 年美国通用汽车全球销售 600 多万台，在中国上海、柳州的工厂每年合计生产 300 万台，在中国销售 290 万台，这就是典型的"销地产"。

跨国公司选择这两种模式是精心计算的结果，是考虑了各种不确定性后的理性选择和最佳方案。因为这两种模式可以在很大程度上消弭各种不确定因素带来的冲击。比如"产地销"模式，苹果公司和富士康之所以选择郑州作为生产组装基地，是因为这里的劳动力资源丰富、物流和相关产业配套较好、营商环境不错，是经过系统考察、精心计算后的决策，绝不是随意的投资冲动。同样地，通用汽车之所以选择中国上海、柳州作为"销地产"的基地，也是因为可以近距离获得客户，而获得客户是应对一切不确定性的最大确定性。所以综合这两种模式，我们反过来思考全球化。未来只要人类社会各种消费需求在不断增长，跨国投资贸易就会继续增长，不会停滞，只不过将会以更加集约、更加经济的方式来呈现。

扬人所长、补人所短，以资源优化配置把握产业链招商的主动权

　　招商引资是经济增长的外在动力，对一个地区来说，如果通过招商引资，每年把几百亿元甚至上千亿元的国内外资本引进来，发展步伐就会大大加快。招商虽然不是新事物，但在不同历史时期招商方式有所不同。过去靠土地、税收、资源等优惠政策，说到底，这是原始的"自残式"招商，造成各地区恶性竞争，互相挖"墙角"。现代招商，是政府和市场基于效益最大化和效率最优化形成互动的结果。招商的时候不需要一味地讲自己有多么好的营商环境、多么优惠的政策，这些政策写成一个宣传材料发给对方就行，也不需要一味地说好话、捧场、赞扬，希望以此来取得对方的好感，达成招商的目的。既然招商，好话自然会说一些，但关键不在于此。招商引资的准备工作中最重要的事是什么？既然希望企业来

投资，就应该充分研究了解它的短板，并能帮它弥补短板、解决问题，这是招商引资的第一要义。要了解招商对象的薄弱环节、内在困难，了解此时此刻的它最希望解决的问题是什么，再想一想自己所在的地区、所辖企业有些什么资源、条件或能力能帮助它。只要问题和困难是客观的、经济的，都该当成自己的事，发挥政府特有服务功能把它们配置好。只有这样，各方面才能活化运转起来，真正实现双赢、多赢。那么，怎么用现代招商理念和方式来招商呢？总体可以概括为以下八种方式。

产业链招商

按上中下游产业链，利用已有的上游企业招引中游、下游企业，利用中游、下游企业招引上游企业，或利用中游企业招引上游、下游企业，形成上中下游产业链的优化配置。企业有利可图，愿意集聚在一起，招商就能事半而功倍。比如，过去重庆一台电脑都生产不出来，为什么现在能做到全国之最？这就是按照"垂直整合一体化"方式，将笔记本电脑品牌商、代工企业、零部件配套厂一体推进的结果（第八章将详细阐述）。再如，康宁的玻璃质量确实好，全世界都在买它的玻璃，一般向康宁发出招商邀请，它往往不理不睬。我告诉康宁："重庆有京东方、惠科等几个液晶面板企业，是全国最大的市场之一，你不到我这儿做玻璃，远距离把玻璃运到重庆，不仅运费高，而且易破碎，理应到重庆建玻璃厂。"康宁核实调查后，了解到重庆真有实实在在的产业链，而且是上游、中游、下游产业链配套，是规模巨大的市场，于是很快下定决心落户重庆。总之，一个能上中下游互相配套的、有较大市场规模的产业链体系，往往具有较强的产业集聚能力，能实现资源优化配置、降低运行成本，而这正是吸引世界级巨头来重庆发展的"撒手锏"。

资本注入招商

招商引资往往关注的是引进资金、资本，但在资本的时代，更应该关注引进能够驾驭先进技术、人才、产品和市场的一流企业，并以本地集聚的资本吸引这类企业。战略性新兴产业领域的项目往往投资额巨大，只靠企业自身的资本积累是难以持续投入的。比如液晶面板，中国以前一年要进口1 000多亿美元，缺口巨大，但投入一个项目少则300亿元、多则400亿元。一个有一定市场占有率的优秀企业，往往要建四五条甚至七八条生产线，投资高达2 000亿元到3 000亿元。尽管这类产品市场短缺、效益前景良好，但由于资本、技术门槛高，有能力干的企业并不多。而液晶面板产业既是笔记本电脑、手机产业最重要的上游配套，本身又是高科技产业和战略性新兴产业之一，所以2014年初，重庆决定引进京东方，投资一个8.5代线项目。这样一个项目大体要330亿元投资，京东方作为中国最优秀的液晶面板类公司之一，生产能力世界排名第五，生产的产品供不应求。为此，我找了京东方董事长王东升说："重庆每年生产6 000万台笔记本电脑、2亿台手机，有巨大的液晶面板市场需求，希望京东方来重庆建生产线。"王东升表示，他本身也想投，希望占领这个市场，也有这个技术，但是缺钱，尽管是上市公司，但拿不出这330亿元。我说："你拿不出钱，我帮你拿，我可以推动重庆有关企业买你的股票，你定向增发100亿股，按市场价2.1元一股卖给我，你得到210亿元，再向银行融资120亿元，就有330亿元，投在重庆，投产后每年可以形成几百亿元的产值。"这是一个很好的投融资项目。双方一拍即合，时不我待，仅用两个月时间，就签订了合作协议。本来，我抱着支持民营经济的态度，想把这个投资机会介绍给重庆的民营企业，但由于它们看不清效益和前景，都没有实质跟进，倒是重庆的一些国有企业，还有上海、北京的一些外地企业很睿智，都争着来投资。1 个月时间，210 亿元的股权融资、120 亿元的银行融资全部到位。只用了 1 年时间，2015 年 4 月初，项目就竣工投产了，重庆多了一个产值 300 亿元、利润 30 多亿元的高科技企业，京东方多了一个 300 亿元资产的下属公司，重庆国有企业也因为购买增发股赚了 200 多亿元。以这 200 多亿元盈利为主导，我们组建了 800 亿元规模的战略性新兴产业股权投资基金（前文有专述）。此后，双方又以合资的方式，共同投入 480 亿元搞了一个柔性液晶面板项目。在这一案例中，既有资本市场的资金供给，又有高科技企业的技术供给，还有产品供不应求的市场供给。

牌照资源补缺式招商

重要的政府许可性资源，包括上市公司、金融牌照、现代服务业牌照等，会吸引没有这种资源的内外资企业前来投资，通过捆绑项目或其他资产方式"投桃报李"，互相优化资源配置。在企业尚未取得这类政府许可性资源的情况下，尤其对差一口气就能谈成的项目，承诺帮助企业向国家争取所需牌照也是一个办法。比如一个大型企业集团，全国有几十个工厂，每年几千亿元产值，这么一个庞大的系统，如果还没有财务公司，我们可以支持它办一个财务公司的牌照，财务公司牌照需要中国人民银行、银监会批准，我们可以帮助企业做好具体的沟通，以期有关部门批准。这也是招商引资的合理措施。

收购兼并式招商

对现有的国有或民营企业资产，转让部分或全部股权，引入战略投资者，是国内外流行的发展方式。对在本地发展不好的企业，可以通过引进国内外企业将其直接收购或兼并，一方面能够盘活企业，另一方面还引进了新的资本。对在外地或国外发展困难的企业，在对该企业的行业特征、核心技术、市场前景、财务状况都有实质性了解的情况下，看清楚了方向，也可以直接买断对方的控股权，将其整体搬到本地来生产。本书第五章中，有关金龙铜管集团的项目落户万州经开区的案例，就属于以收购兼并的方式解决外地企业的困境。

资源要素招商

资源要素招商是指充分发挥各自的资源要素优势，有针对性地引进项目。重庆生产页岩气、天然气，那就可以定向去招商开发页岩气的企业和天然气深加工企业。天然气是清洁能源，同时我国的能源总体上缺油少气，天然气只占7%，页岩气、天然气的市场需求极大。重庆是我国页岩气资源富集的三大省区市之一。2012年，地质勘探查明，重庆地区潜在的页岩气资源约为12万亿立方米，可开采的页岩气有2万亿立方米左右，先后被确定为国家页岩气先导试验区和国家级页岩气示范区，已成为全国页岩气勘探开发的主战场。总体上看，以天然气做原料搞现代化化工深加工的企业，一般都能做到1立方米天然气生成25元左右的工业产值。若干年之后，当重庆页岩气产量达到200亿立方米以上时，如以气招商，用40亿立方米页岩气做化工原料，届时将形成上千亿元级规模的天然气化工产业集群。为此，我们把页岩气确定为重庆十大战略性新兴产业之一，因地制宜地以资源招商，通过开采地块招投标，招来了中石化、中石油等一批油气开采企业，短短 3 年形成了几百亿元的页岩气产业投资，到 2015 年形成了 70 亿立方米的年产能、50 亿立方米的实际产量。页岩气、天然气不仅是很好的清洁燃料，也是重要的化工原料，凡是要用天然气做燃料或者作为原料的企业，在对其进行招商时都可以以此为吸引力，有针对性地开展招商工作。

产业引导基金招商

产业引导股权投资基金具有"四两拨千斤"的作用，一般会产生 1∶3 或 1∶4，甚至更高的杠杆比。政府出资 30 亿元，凭借良好信用，通过杠杆撬动，可吸收 100 多亿元社会资本参与，整个投资基金规模就会变成 150 亿元。这种放大效应，使财政资金可以更多投入各种技术改造、科研成果产业化过程中，还能推动企业重组和并购。同时，股权投资基金本身是一种市场化选择机制，具有优胜劣汰的功能，由基金管理人选择项目投资，总体上会选到技术含量高、市场前景好的优质项目，从而助推产业结构调整和优化升级，是一种优秀的招商方式。

以补短板招商

招商的时候不需要宣传自己的长处来吸引招商对象，比如一味地讲自己有多么好的营商环境、多么优惠的措施。做这些事是没必要的，因为普惠待遇的政策写成一个材料，简明扼要地发给对方就行，一目了然。最重要的是什么呢？既然找到企业，希望它们来投资，就应该研究、了解它们的短板，这是招商引资的第一要义，要了解招商对象的短板是什么，最缺少的东西是什么，最需要解决的问题在哪里，发展中的困难在哪里。比如，物流途径和成本、融资途径和成本、劳动力成本和供应、金融结算、知识产权保护中的问题等。有一句话叫"问题导向，采取措施"，这句话本来是说，先了解自己有什么问题，然后应该采取什么措施克服问题。现在也可以用来说明如何以补短板招商。首先，要搞清楚招商对象的命脉问题，或者它求之不得想要解决的事，然后与企业家见面，三言两语寒暄过后，就可以直奔主题地说："首先我们研究一下你有什么问题，然后看看我们怎样才能帮你解决问题。"如果真抓住了对方的脉搏，他一般就会感到激动，因为任何一个负责任的企业家都想解决企业的问题。如果你真帮他解决了，使企业产生经济效益、资源得到优化配置，实现规模化发展，那么大家就能一拍即合——我们帮你解决了问题，同时也希望你把产业转移到我们这边来合作——这样这家企业就可能被你招过来了。

以现有闲置资源招商

凡招商不能"货船到了再造码头"，而应该"先造码头再造船"。对工业园区来说，都会先搞"七通一平"和标准厂房建设，让投资者能够"拎包入住"，大幅节省开办时间，抢占瞬息万变的市场。对地方政府来说，一般都会着力打造交通物流、口岸平台等城市基础设施，使本地区形成良好的营商环境，以吸引投资者。但是，在招商引资中还有一个值得重视的问题，即怎么把闲置资源变废为宝，成为招商引资的有效资源。闲置资源之所以闲置，在于它的生态链上一定缺了什么，使之无法形成有意义的产业链、供应链、价值链。在这种情况下，政府和有关企业一定要开动脑筋，研究这些资源闲置的原因，搞清楚这些资源为什么会形成产业链中的短板，缺政策的要补政策，缺配套的要补配套。总之，缺什么就补什么，使政府的服务成为资源优化配置的催化剂。现在，各地区都有不少厂房、仓库、写字楼等闲置资源，这些现成的资源恰恰可以承接对时间要求较高的招商项目，落地后就可以快速达产。比如，原来闲置或废弃的厂房、仓库可以改成创新、研发企业的孵化楼，或者小微企业的发展基地。这可能涉及调整规划、调整批租性质、补办手续等问题，这时候就要根据项目需要灵活调整，提供便利。这样不仅能够把闲置资源利用起来，也会形成新的经济增量。

在招商引资中，要把是否有利于产业结构调整和带动就业作为重要条件，要确定"三不招""五不搞"原则。"三不招"，即不符合产业政策的企业不招、过剩产能和产出强度不达标的企业不招、环保不过关的企业不招，避免"捡到篮子里都是菜"。"五不搞"，即不搞血拼优惠政策的"自残式"招商、不搞众筹（等同于民间乱集资）招商、不搞 P2P 招商、不搞"空麻袋背米式"招商（比如有的地方为了一个好项目，不惜为招商企业提供全部的无担保质押融资借款）、不搞炒地皮式招商（为一个仅有好概念的项目配置了三倍、五倍的低价土地）。在各地区招商过程中，重大项目要全省统筹平衡，各地各部门要充分沟通协调，防止招商引资的恶性竞争和乱象。

五、推动农民工户籍制度改革

改革开放之初，中国的人口红利，形成了劳动力低成本的比较优势，正是由于有劳动力比较优势的红利、改革开放的制度红利，以及融入全球化的红利，中国经济实现了加速度的长足进步。经济发展、城市化发展、制造业进步，对劳动力的要求也进一步提高，要求具有稳定的、经过严格训练的、高素质的熟练工人。一个现代化的工业城市，需要有稳定的户籍人口职工，而不能是每年大规模候鸟式返乡返城的农民工，由于农民工的候鸟式迁徙，工业企业每年总会有 1/3 左右需要重新培训的新工人。农民工现象是改革开放过程中，随着城市化、工业化发展而出现的一个阶段性的现象，长远来看，这种现象必然会通过农民工户籍制度的改革，最终消失在历史长河中。

绕不开的农民工问题

改革开放以来，我国统筹城乡发展面临的一个重大结构性问题，就是农民工问题。到 2010 年，全国已有 2.4 亿农民工在城乡间"钟摆式"流动，2020 年的规模是 2.8 亿。这样大规模的人口迁徙，全世界都罕见，客观上造成了五种问题。

一是有失公平公正。农民到城里打工一二十年，年纪大了被企业解雇，还得回到农村种地。打工期间，子女在城里入学难，自身养老、医疗等社保缴得比城里人低，回农村时也带不走。农民工在城里干着最辛苦的活儿，成为新生工人阶级的重要组成部分，实际上却受着不公平的待遇。

二是增加社会管理成本。仅"春运"探亲往返一项，每年客运量就有三四亿人次，其成本可想而知。

三是影响农村劳动生产率的提高。按理说，农民工进城后，留在农村的人口减少，人均资源占有量应该增加，可以提高劳动生产率。但实际上，由于农民工进城后无法转户，留在农村的耕地、林地等，只能攥在手里，甚至撂荒，留守农民的人均资源量提不上去，是很大的浪费。

四是制约人口红利的释放。欧美发达国家一般城镇化率达到 70% 以上才会出现"刘易斯拐点"，我国 2013 年城镇化率达到 53.7% 后，部分地区就出现了"用工荒"。这看上去是人口红利衰减了，其实根源在于农民工问题。一般而言，城市职工工作到 60 岁才退休，而农民工年龄超过 45 岁，企业就不愿再雇用他了，这样农民工就损失了 1/3 的有效劳动年龄；再加上每年春节返乡过年，一来一去就用掉两三个月，又损失了 1/6 的劳动年龄，这样总计损失的劳动年龄就占到了 1/2，导致我国的"刘易斯拐点"提前出现。这样的劳动损失，对生产力是很大的破坏。比如，为应对春节农民工返乡，企业或者选择提前备货，或者无奈放弃市场，年后复工又得培训新员工，这些都会增加企业的运营成本。

五是制约内需潜力的释放。我国城镇居民人均消费支出大约是农村居民的 3 倍，城镇人口比重的提高会极大地促进国内消费需求增长。可 2 亿多农民工由于社会保障不到位，往往省吃俭用，不敢花钱，潜在消费需求释放不出来，影响着我国经济转型升级。

无论是算社会账还是算经济账，解决农民工户籍问题都不能再拖了。2010 年初，我们就做过一个摸底，发现重庆每年有 800 多万农民外出务工，大体一半去外地、一半在市内，如果通过改革打通城乡户籍转换的制度通道，相当一部分农民工愿意落户城市，各方面的客观条件也是具备的。恰好当年全国两会上，国务院《政府工作报告》明确提出，加快探索农民工及新生代户籍制度改革，解决好农民工待遇问题。重庆市政府经过再三研究，认为作为统筹城乡综合配套改革试验区，应该按照中央精神加强在该领域的探索。于是，2010年8月，市政府正式出台方案，启动了农民工户籍制度改革。

重庆户改的制度设计与成效

农民工户籍制度改革绝不是简单地改写户口本，核心是解决同等市民待遇问题。这既不是对农民工的怜悯，也不是恩赐，而是农民工用自己的青春和汗水换来的基本权益。以此为出发点，重庆在农民工户籍制度改革政策设计中，确定了五项原则。

一是明确对象，以在城镇稳定就业并有固定住所为前提。这是改革的关键环节。重庆遵循城镇化发展规律，注意把好进城落户的入口关，将转户主要对象限定为常年在城镇务工的成熟农民工。同时，分类确定落户条件，转入大城市必须有5年以上的务工经历，转入中小城市必须有3年以上的务工经历，确保农民工进城后有业可就，留得下来。

二是保障到位。农民工转户后必须一步到位地同等享受城市社会保障和福利，这是改革的核心。为此，我们提出，确保农民工转户进城后的就业、养老、医疗、住房、子女教育"五件衣服"一步到位，跟城市居民完全一样。这样的转户，才具有实质性的意义。

三是自主处置农村权益。农村土地承包经营权、宅基地使用权、林权作为用益物权都是法律赋予农民的合法财产权利。农民工转户后是否退出，要充分尊重他们的意愿。制度设计上，重庆为他们提供了保留、流转、退出等多种选择方式和通道。自愿保留土地的，可继续享有与土地相关的种粮直补、征地补偿等各项权益，以及与身份相关的计划生育、购房契税减免等优惠政策。自愿退出宅基地的，可通过土地交易所等平台产生公允合理的财产性收益。承包地则可通过流转、入股、抵押融资等市场化方式获得收益，这样还能有效避免土地撂荒闲置。

四是合理分布，充分考虑各类城市的综合承载能力。我们按照宽严有度、分类设计、分级承接的原则，适度放开大城市、进一步放开中小城市、全面放开小城镇的落户条件，引导转户居民在大城市、区县城、小城镇大体按4：3：3的比例梯次分布。这样做，既避免人口过度向大城市集中，也防止大量农民落户小城镇，增加当地就业压力和社会管理成本。同时，人口合理布局，可以让政府更加从容地配套城市交通、住房、学校、医院等公共服务设施，满足转户居民的基本公共服务需求。

五是合理分担改革成本。对农民工户籍制度改革，政府除了履行应当承担的责任外，更重要的是制定规则，让总体成本"化整为零"，由政府、企业、社会共同分担。重庆市规定，政府承担部分，主要是城市基础设施建设和公共服务的投入，根据城市发展需要，缺什么补什么，不断进行完善。企业依法履行责任，承担转户居民的就业、养老、医疗等相关保障的单位解缴成本。社会承担部分，包括企业通过购买转户居民退出宅基地后形成的"地票"，使农民工从中获益。农民工作为受益主体，承担包括社保个人解缴部分、租购房屋等成本。大体上，企业、政府、转户居民各自承担的成本比例为4：4：2。

由于制度设计兼顾各方利益，重庆户籍制度改革推进得比较顺利，用了两三年时间对城市化、工业化十几年累积的300多万农民工及其家属进行了存量改革消化，同时又展开了制度安排，形成了长效机制，2010年以来又对符合条件的100多万增量农民工进行了落户。截至 2016 年底，全市农民工累计转户 449.7 万人，户籍人口城镇化率从 2009 年的 29% 上升至 47.9%。大量农民转户并未增加城市负担，反而成了重庆独特的核心竞争力。国际金融危机爆发的头几年，东部沿海地区外贸进出口呈现下滑态势，而重庆进出口总额却从 100 多亿美元一路上涨到七八百亿美元。这种强烈的反差背后很重要的原因就是，沿海地区 2 亿多农民工有一个"九三现象"，即每年只工作 9 个月，春节前后 3 个月返乡。而重庆几百万农民工转户后，与城市产业工人一样，春节七天假，节后照常上班。在沿海地区和重庆同时投资的企业，为了保订单、降成本，春节前后纷纷把订单拿到重庆。这是改革带来的红利，也成了重庆改善投资环境的"撒手锏"。所以说，重庆农民工户籍制度改革，对于保障农民工同等享有市民待遇、提高农业劳动生产率、稳定扩大内需、降低社会管理成本、延长人口红利期，都产生了重要的促进作用，达到了一举多得的效果。

六、推动产业集群化发展

找到了工业发展的方向，还得为这些工业产品创造发展的条件。宏观上，重庆在产业扶持政策、资源要素保障、开发园区平台建设等方面已经有了显著改善，但要形成竞争优势还是不够的。为此，我们在发展方式上动了脑筋。按照集群发展理论，集群式发展不仅可以使产业链的上中下游企业之间的资源要素实现有机整合，避免行业内的供需错配，使供给更加精准有效，还能通过产业链条上生产技术和工艺的良性竞争，推动企业不断创新，促进优胜劣汰，延长产业的生命周期，实现产业能级的快速跃升。对于地处内陆的重庆而言，更具现实意义的是，产业集群化发展能够有效降低物流等成本，补齐创新等短板，形成核心竞争力。具体方式上，重庆推动了三种集群的发展。

一是产业链上游、中游、下游的集群。比如汽车产业，一辆汽车有上万个零部件，我们就把上游零部件产业的百分之七八十都实现本地化生产。再如电子产业，我们同样采用这种模式推进，笔记本电脑有 2 000 多个零部件，我们引进了 860 多个零部件企业，从集成电路到液晶面板，从印刷线路板到机壳，各式各样的关键零部件都能实现本地生产。如此一来，上游、中游、下游产业链就能贯通，形成集群。

二是促使同类产品、同类企业扎堆形成集群。打个比方，就像一个地方有希尔顿也有喜来登，有可口可乐也有百事可乐，这样就使得这个产业"东方不亮西方亮"。否则，如果一个地方只有一个世界级企业，今年它的订单多了，就可能大发展，明年如果丢了几个大单子，就可能出现20%或30%的负增长，导致一个地区的经济大起大落，进出口也大起大落。在重庆，汽车产业形成了"1+10+1 000"的格局，即使有个别汽车企业遇到困难，全市汽车产业整体也是稳定的、持续向上的。电子产业也一样，重庆的 6 个代工企业生产了全球90% 的同类电子产品。如果某个企业的订单减少，那么其他企业的订单就会增加，对重庆而言，总订单量就会保持平稳，整个电子产业集群就能健康发展。

三是生产性服务业和制造业形成对称孪生集群。产品销售过程中，会产生结算和物流等环节。重庆的汽车、电子产业在全球、全国销售，就会使得与结算、物流相关联的各种服务型企业也在重庆集聚扎堆，围绕着制造业集群来布局产业链。

上中下游产业链的集群发展，同类产业、同类产品、同类企业扎堆的集群发展，生产性服务业和制造业的集群发展，构成了重庆产业集群发展模式，它为重庆调结构、转方式起到了核心支撑作用。在重庆"6+1"支柱工业中，汽车、电子、装备、化工、材料、能源以及轻纺等消费品工业都是按照这种模式加以推进的，效果是比较好的。本章主要讲重庆汽车产业和化工产业集群，第八章专门讲电子产业集群。

形成"1+10+1 000"的汽车产业集群

推动福特汽车在重庆形成完整产业链

2007年春天，市委主要领导让我准备好会见福特公司总裁。原来，福特公司要在华投资几十亿元，建设三期工程，做20万辆高档轿车。福特公司总裁认为南京、上海等沿海城市比重庆好，重庆这种地方只适合做中低档轿车。见面当天，我针对福特公司总裁最关心的五个问题，讲了五段话，其中有四个问题与前面提到的产业发展边界条件有关。

第一，重庆物流成本比沿海城市低。如果福特在中国制造汽车的目的是"两头在外"，产品是卖到美国、日本、韩国，那么就应该在沿海城市设厂。但是，我相信福特的目标是中国市场。比较一下中国市场的物流半径，重庆比上海等沿海城市物流成本低得多：重庆处于中国的地理中心，可辐射全国，而且交通体系健全，四通八达，拥有7条高速公路、6条铁路、长江黄金水道等交通优势。

第二，重庆的零部件配套优势。中国有一条政策，如果零部件国产化率低于60%，就按整车进口征收关税。重庆的汽车零部件配套体系齐全，基本上 50% 的零部件都可以实现本地采购。而且，福特在重庆本来就有工厂，可以实现规模效益。

第三，重庆的要素成本优势。重庆的油电煤运、土地、劳动力等各种要素成本，几乎都是上海、南京等沿海城市的 70% 左右，而且保证供应。当时，我们还给福特提供了一个详细的比较表格。

第四，重庆的税收优惠政策。包括西部大开发 15% 的所得税率等。可以说，重庆是中国少数的各项优惠政策叠加的地区。

第五，在中国的股市里，股价最高的汽车股票在重庆。我向他们介绍了 2007 年 2 月几只汽车股票的股价：长安汽车每股 15~16 元[①]、上海汽车（上汽集团）每股 10~11 元、一汽（一汽解放）每股 6~7 元、二汽（东风汽车）每股 4~5 元。长安汽车正好是福特的合作伙伴。福特为什么放着一个成本最低、效益最高、股价最高的地方不投，而要去投资一个成本、效益、股价都不如重庆的地方呢？

我按照这五个最基本的经济学常识、五个市场规律做完介绍后，福特总裁说："我现在想不出重庆有什么地方不好了。"

福特三期工程不久便在重庆开工了。后来，福特又把发动机、变速箱系统的生产转移过来，跟原有的体系形成了一个完整的产业链。

打破国内汽车制造"井田制"布局

2010 年的时候，我和当时分管工业的副市长商量：中国的汽车产业，大企业和地方政府之间呈现一种紧密的"一夫一妻制"状

[①] 当时的除权价格。

态，比如上汽、一汽、二汽、北汽都不在同一个城市发展，上汽就在上海，一汽和长春"联姻"，二汽和湖北结合，一个地方一个品牌，不像芝加哥，美国三大汽车巨头云集于此。重庆已有长安汽车集团，在全国排名第四或第五。如果按照老逻辑，有了长安集团，就不能再招商其他的汽车大品牌商。但我们考虑，既然重庆已形成与长安集团相配套的1 000个零部件厂商，条件已经具备，就应该向芝加哥学习，打破常规，把上汽、二汽、北汽等国内知名汽车厂商都引进来。

在2011年的时候，重庆汽车本地化配套率已达到60%。这个有利条件，再加上大力度招商引资，多品牌汽车产业集群逐渐形成。当时，二汽在重庆生产30万辆东风小康；上汽计划在重庆生产汽车30万辆以上；北汽生产20万~30万辆，选址在合川；一汽也表达了进入重庆的强烈意向；长安意向很明确，到2015年，生产汽车300万辆，在重庆至少布局200万辆。而且，汽车厂在重庆扎堆发展，零部件系统会更全面，规模会更大，经济效益会更好。本来做1 000亿元的零部件规模，以后可以做到2 000亿元。这就是一个发展的产业集群，呈现快速发展的趋势。

就这样，现在重庆形成了"1+10+1 000"的汽车产业集群："1"就是长安汽车，总部在重庆；"10"就是福特、现代、铃木、五十铃、依维柯、通用、上汽、北汽、二汽、力帆等；"1 000"就是1 000个汽车零部件厂。"十二五"期间，重庆汽车产量从161万辆提高到304万辆，成为全国最大的汽车制造基地，占全国汽车产量的比重由8.8%提高到12.5%。年工业总产值由1 809亿元提高到4 708亿元，对全市工业增长的贡献率达23.6%。

到2020年，长安集团生产了203万辆汽车，包括长安在内的重庆汽车企业则生产了 158 万辆。在保持产量扩张的过程中，重庆汽车企业增加中高端车产品，不断提高单车价值，同时将新能源汽车和智能汽车产业发展成产值超过 1 000 亿元的战略性新兴产业。

MDI 项目带动化工产业链形成

2015 年，随着巴斯夫年产 40 万吨 MDI（二苯基甲烷二异氰酸酯）等一大批项目陆续投产，重庆形成了年产 40 万吨 MDI、230 万吨甲醇、32 万吨己二酸、6 万吨氨纶、10 万吨聚氨酯树脂、6 万吨 BDO（1,4- 丁二醇）、4.6 万吨 PTMEG（聚四氢呋喃），以及 2.5 万吨工程塑料的生产能力，这为重庆市发展聚氨酯、聚碳酸酯等产品奠定了坚实的原料基础，MDI 一体化产业集群步入快速发展的新阶段。

MDI 项目与重庆结缘还是在 2005 年冬天。因为 1998 年我作为上海市经委主任，担任过上海漕泾化工开发区 MDI 一体化项目协调小组的组长，巴斯夫因此邀请我参加上海 MDI 项目的竣工投产仪式。MDI 是聚氨酯工业的关键性原料，聚氨酯则是一种现代化、多用途和高质量的塑料产品，广泛应用于汽车、建筑、家电等各行各业，市场潜力巨大。MDI 生产工艺技术含量高、附加值高，国内能生产的企业很少，上海企业投产后，国家每年还要进口几百万吨。为此，我萌生了与巴斯夫合作，利用重庆天然气资源丰富、产品市场需求大的条件，再建一个 MDI 一体化工程的想法。2006 年，受巴斯夫邀请，我率领重庆代表团到德国参观考察并与公司高层会面，同年 6 月双方正式签约。项目方案由巴斯夫设计，再加上两三年的前期准备，整个项目进展很快，其间，项目各方高度重视环保、安全和市场等技术层面的可行性，国家有关部委在审批过程中也是高度重视，最终于2012年初经国务院批准开工，经过4年的工程建设，2015年正式投入运行。在这个过程中，重庆MDI项目创造了"四个之最"。

第一，是当时亚洲投资量最大的单体化工项目。总投资300亿元人民币，折合40多亿美元。

第二，是当时工艺流程和配套装置最复杂、协调难度最大的化工项目。MDI项目作为一个大型的工业联合体，有20多套装置，涉及德、中、美"三国四方"，以及与之配套的6个企业，所有装置必须同时开工、同时竣工，否则一个环节出现问题，其他装置也得停摆，是一场"海陆空"联合大会战。为此，我们把整个组织指挥工作交给有组织管理经验的第三方公司来负责，几乎每月、每季度、每个节点都在进行项目的总体协调，实现了20套装置联合运行、一步到位、开车成功，这是一个非常经典的科学管理、协同作战的案例。

第三，首次实现了上中下游产业链、物流运输体系、基础设施、安全环保体系、社会服务体系的"五个一体化"。一是实现了上中下游产业链一体化。二是产品、原料、物流一体化。MDI的20套装置中，一种装置生产的产品是另一种装置的原料，另一种装置生产的产品又是其他装置产品的组成部分，整个物流可谓犬牙交错，通过一体化设计，实现了高效配置。三是基础设施一体化。十几平方公里的整个园区，不仅实现了一般意义的"七通一平"，而且消防、自来水供应、污水处理等各种基础设施、公共设施都围绕着上中下游各套装置进行一体化配置，可以满足未来产业集群发展所需。四是安全环保体系一体化。MDI生产车间的排污标准高于整个长寿化工园区排污标准，长寿化工园区排污标准高于国家的环保标准，达到了世界顶级的环境水准。由于有了如此严格的标准和环境控制，得到了国家的认可，项目才得以推进。五是社会服务体系一体化。国家要求化工厂周围 1 公里半径内不准有人居住，对 MDI 项目的要求是 2 公里半径，我们自我加压，把范围扩大到 3 公里半径，将 3 公里半径全部变成森林绿地，形成了很好的生态环境，同时搞好搬迁安置移民、园区企业职工生活设施等配套，园区企业与周边群众生活十分融洽，还经常开展一些互动活动。这"五个一体化"是中国化工项目建设中最成功的案例之一，重庆成功复制了德国路德维希化工厂"五个一体化"的成功经验。

第四，在项目建设过程中，"三国四方"共同努力，克服了征地拆迁、天然气涨价、存量装置盘活等多重困难，这在化工发展史上也是非常少见的。

长寿区完成了十几平方公里、几万人口的征地动迁，没有什么上访，非常平稳，为项目建设营造了安全稳定的环境，立下了汗马功劳。"事非经过不知难。"项目起步时，所在地到处是小山包、小山沟，千辛万苦才把近 10 平方公里的山地改造为一马平川。同时，铁路、公路、电力加"七通一平"共 10 个方面的基础配套，100 多亿元的基础设施投资，这是非常艰难且十分巨大的工作量。

化医集团当年只有几百亿元的产值，相较于几千亿美元产值的巴斯夫，算是"小弟弟"，与之合作有点"傍大款"的感觉，在 300 亿元的合资项目中化医集团承担了 120 多亿元的配套装置投资，真有点"小马拉大车"，而且第一次和全球化工巨头合作，不管是资金平衡还是技术衔接都十分困难。开工半年，巴斯夫就非常尖锐地提出化医集团施工进度严重滞后，会导致它们的项目晚一年半竣工。化医集团紧赶慢赶，进度差距从 9 个月到 6 个月，再到 3 个月，逐步缩小，终于在 2015 年 3 月赶上进度，并于当年 9 月进行了开车运行，圆满实现了同步。这个过程中不仅有资本的协调、技术的衔接，还有组织施工中的协同合作、市场采购设备的配合等，化医集团十分努力，付出了百倍的艰辛，各方面投入效益很快就体现了出来。

巴斯夫集团也在攻坚克难中表现出了跨国公司的三个水准。第一，体现了高超的管理水平。项目的顶层设计、协调指挥、组织方法，包括前文提到的第三方公司统筹指挥，是项目顺利推进的灵魂和基本原因。巴斯夫 20 世纪 80 年代在莱茵河畔的成功，90 年代在上海的成功，21 世纪在重庆的成功，一路走来都是成功案例，重庆与之合作不吃亏，是真正和巨人同行，学到了很多东西，得到了成长壮大。第二，展现了严谨的工作作风。谈判"丁是丁、卯是卯"，一旦谈定就严格执行，如果合作伙伴执行不到位，出于公心、出于合作、出于项目的最高利益，会直截了当地提出意见要求，在小事上不"小肚鸡肠"、斤斤计较，比较大气，合作的过程令人感到十分痛快。第三，体现了国际企业的包容精神。平时工作上非常友善，当合作伙伴遇上了困难，会主动帮忙出主意解决，展现出了德国朋友友善、互助、合作的精神。比如，天然气市场价格突然从原先的 1.5 元 / 立方米涨价到 2.5 元 / 立方米，直接增加了 18 亿元的生产成本，面对突如其来的输入性因素，原有方案被彻底打乱，一些已经订货的装置没用了，一些装置要增加订货，遇到这些困难，大家共同努力把闲置装置都盘活了，没有造成设备浪费，而且效益更好。同时"天公作美"，全球天然气价格下跌，MDI 则因生产门槛很高、产品供不应求，产品价格上升，使得原料的跌价部分和产品的涨价部分都成为利润，所以说机会总是留给有准备、有能力抓住的人，巴斯夫属于这样的公司，有这样的能耐。

无论是巴斯夫，还是重庆、中国乃至亚洲的化工产业，都将从中受益。一是对巴斯夫而言，作为全球最大的化工集团，又增加了一个亚洲地区单体规模最大、达到年产50万吨规模的MDI一体化装置，进一步增强了其在全球MDI行业的领先地位，扩大了在全球的市场份额和整体规模。二是对中国化工行业而言，完善了中国短缺化工原料的生产体系，有效缓解了中国长期进口MDI的局面，将有力助推中国化工行业迈上新台阶。三是对重庆而言，也有三个方面的推动作用。首先，进一步壮大了化医集团，中国西南地区也拥有了世界级水平的MDI制造体系，重庆的化工技术和生产能力也跃升至国内较高水平，提升了重庆化工产业的整体实力。其次，MDI不是单体项目，而是作为中间体，其本身价值200多亿元的产品可以带动上游天然气化工、下游聚氨酯产业链形成上千亿元的产业集群。比如，落户涪陵的华峰集团当时已经向巴斯夫订货，一年要采购15万吨的MDI，产生上百亿元的下游化工产品。最后，将带动其他关联性化工企业成本下降，促进新兴产业加快集聚。

MDI项目于2015年8月生产出合格产品。2017年，MDI产品价格出现了一路飙升的市场行情，从年初的2.5万元/吨涨到了年底的近4万元/吨，相较2016年效益增加了15亿元以上。预计不久，MDI直接带动的下游产业链可达2 000亿元，再加上其他间接带动，会形成一个新的富有市场前景的、有竞争力的化工集群。

回头打量2000年以来的发展，得益于工业发展环境的改善和产业发展方式的转变，重庆工业实现了做大总量与调优结构的凤凰涅槃，重庆老工业基地改造焕发出勃勃生机，国家重要现代制造业基地建设迈出了坚实步伐，显示出三大显著特征。

第一，重组了产业发展的边界条件，补齐了短板，把劣势变成了优势。产业发展的外部环境搞不好，企业老板不愿意来投资，产业结构调整和快速发展就会成为无源之水、无本之木。首先，重庆补齐了工业园区、能源保障、交通物流等短板，解决了"有没有"的问题；其次，着力打造低税费成本、低物流成本、低要素成本、低土地房产成本、低融资成本的"五低"投资环境，形成了工业发展的比较优势。

第二，以引入惠普4 000万台笔记本电脑项目为契机，创新产业集群化发展模式，构建起"6+1"支柱产业体系，支撑工业经济连续多年保持全国前列。主要抓了三类集群：一是上中下游产业共生，二是同类产品、同类企业集聚，三是制造业与生产性服务业融合，形成了一批千亿元级和百亿元级的产业集群。

第三，为促进支柱产业接续成长，顺应全球产业和科技发展趋势，推动一批战略性新兴产业快速成长。一是瞄准市场需求布局产业，形成完整的产业生态链。二是抓好龙头企业和重点项目布局，充分发挥龙头企业带动作用。三是创新招商引资方式，增强招商引资的针对性和有效性。四是加强创新启动，既包括科技创新，又包括管理创新、模式创新等。五是加强金融引导支持，2015年创设了800亿元规模的战略性新兴产业股权投资基金，以此撬动企业资本金投入和银行贷款融资。

这一系列的重组创新，让重庆工业总产值、增加值增速和盈利水平跻身全国前列，奠定了重庆产业结构优化和超常规发展、可持续发展的坚实基础。概括起来，主要取得了五个方面的成绩。

第一，工业规模迅速扩大。全市工业产值从2005年的3 500亿元增加到 2015 年的 2.1 万亿元，10 年增长了 5 倍。即使遭受全球金融危机的影响，年均增长率也达到了 20%。

第二，工业结构不断优化。2004 年市委做出推进新型工业化决定后，各种产业开始全面发展、齐头并进，改变了汽摩"一业独大"的格局。经过努力，2015 年电子信息和汽车产业产值分别达到 5 700 亿元和 4 700 亿元，对全市工业增长及工业利润的贡献均超过 50%，成为全市工业经济的主要支柱。装备制造、电子信息、材料工业、轻纺工业产值都跃上了千亿元规模。

第三，工业投资快速增长。2005 年全市工业投资只有 565 亿元，2015 年达到 4 990 亿元，10 年增长了近 8 倍（见表 7.1）。内资、外资和本地企业的自我投资，都在不断提升。大投资促进结构变化、引发工业转型，工业竞争力和工业装备能力都得到了巨大的提升。

表 7.1　2002—2015 年重庆市工业投资一览

项目 年份	固定资产 投资 （亿元）	工业投资		项目 年份	固定资产 投资 （亿元）	工业投资	
		总额 （亿元）	占比 （%）			总额 （亿元）	占比 （%）
2002	996	179	18.0	2009	5 318	1 793	33.7
2003	1 269	262	20.7	2010	6 935	2 234	32.2
2004	1 622	398	24.6	2011	7 686	2 531	32.9
2005	2 006	565	28.1	2012	9 380	3 064	32.7
2006	2 452	736	30.0	2013	11 205	3 530	31.5
2007	3 162	1 059	33.5	2014	13 224	4 164	31.5
2008	4 045	1 377	34.0	2015	15 480	4 990	32.2

第四，工业效益大为好转。2005 年重庆的工业经济开始摆脱困境，规模以上工业企业实现利润 113 亿元，2015 年增加到 1 393 亿元，10 年增长了 11.3 倍，主营产值利润率达到 6%，资本收益率提高到 15% 左右。劳动生产率 2005 年为 7 万元/人，2015 年达到 30 万元/人，

10 年增长了 3.3 倍。

第五，工业布局较为合理。"十一五"期间，重庆全面铺开工业园区布局，工业项目向园区集聚。工业园区产值增长 10 倍，占全市工业总产值的比重从 2005 年的 20% 上升到 2010 年的 60%。到 2015 年，已形成千亿元级园区 3 个、500 亿元级 8 个、百亿元级 20 个，工业产值园区集中度超过 80%。

第八章

内陆加工贸易模式的重组与突破

加工贸易是改革开放的一个重要成果，在我国工业化和国际化进程中发挥了举足轻重的作用。但在 2000 年以前，改革开放起步的年代，加工贸易主要集中于沿海，广袤的内陆地区的加工贸易基本上是空白，难以享受到加工贸易所带来的好处。党的十七大报告提出，"拓展对外开放广度和深度，提高开放型经济水平"，并强调"加快内地开放""促进加工贸易转型升级"。在当时，如何推动内陆地区加工贸易加快发展并实现转型升级，已成为亟待解决的问题。

一、内陆加工贸易路径的探索

我国加工贸易的布局及特点

　　加工贸易是一国利用本国生产能力和技术，进口料件加工成成品后再出口的一种国际贸易方式，是经济全球化的产物。随着 IT（信息技术）和交通技术的突破性进展，全球通信和物流成本大幅降低，为各种生产要素实现世界范围内的优化配置提供了条件。许多产品的生产和价值链，在全球范围按专业分工展开，其生产环节大多选择在成本最低的国家和地区，加工贸易由此诞生，并成为各国尤其是发展中国家参与国际分工的重要方式。改革开放以来，我国顺应时代潮流，积极发展加工贸易，把劳动力优势与国际化的市场、资本、技术和管理优势相结合，参与国际经济大循环，取得了显著成效。

但是，我国加工贸易的地区分布却极不均衡。广东、江苏和上海3省市占到了总量的大头，中西部地区所占比例较低。我国加工贸易之所以大量集中在沿海地区，一方面，在区位条件上，东南沿海地区的优势显而易见。加工贸易的原材料和零部件大部分来自海外，产品也销往海外。这种"两头在外、大进大出"的模式，决定了物流成本是加工贸易企业选址布局的关键因素。加工贸易的物流成本包括进项物流成本和出项物流成本，物流成本大致占综合成本的20%以上。内陆发展加工贸易，必须面对2 000多公里的口岸距离这一无法回避的现实，无论采取哪种运输方式，物流成本都是十分高昂且难以承受的。另一方面，加工贸易必然伴生进出口物资的大进大出，必须有保税区提供便利。过去，我国保税港区、保税区大多数分布在沿海地区。内陆地区也曾提出设立保税区等保税物流平台，但由于距沿海地区上千公里，海关查验与边防检查脱节，势必造成在内陆和沿海的重复查验，手续繁杂，费时费力。因此，内陆地区发展加工贸易也就缺乏必要的保税条件。

2000年以来，社会各界都呼吁加工贸易向内陆地区转移，内陆地区也竞相出台优惠政策鼓励发展，但总体上收效甚微。如果不能从根本上解决物流成本过高和没有保税区的问题，这只能是一厢情愿。内陆地区要发展加工贸易，就必须着眼于降低物流成本、实现保税通关便利化，并着力转变加工贸易的发展方式，把"两头在外、大进大出"的加工贸易模式转变为"一头在内、一头在外"的加工贸易模式，探索出一条内陆加工贸易发展的新路径。

从电子信息产业起步

2005 年，重庆的 GDP 为 3 069.1 亿元，工业总产值 3 508 亿元，进出口贸易 42.93 亿美元，外资投资到位数 5.16 亿美元，进出口贸易占 GDP 的比重不到 10%。作为西部内陆城市，重庆与沿海城市最大的差距就在于开放不足。在推进西部大开发过程中建设内陆开放高地面临两大问题：一是缺少与之配套相称的口岸高地；二是缺少大进大出的产业高地。重庆工业存量毕竟规模不大，外向度低，仅靠自己一点一滴积累，或寄望于产业逐步的梯度转移，实现老工业基地改造振兴的过程一定是漫长的。只有把重庆工业置于国际产业大重组、大转移的大背景下来思考，通过超常规做增量、调结构，才能够实现真正意义上的脱胎换骨。

2008 年 7 月，我在重庆工业半年工作会上提出，要抓住全球电子产业大发展的机遇，推动电子信息产业在重庆发展壮大，力争到 2015 年，电子信息产业成为重庆第一支柱产业。当时，汽车摩托车行业的老板窃窃私语，甚至有些愤愤不平：重庆汽车摩托车产业干到现在这个规模已经是电子产业的 10 倍之多，电子产业怎么可能用七八年就超过汽摩产业？政府的同事、媒体，甚至市经信委的大多数人以为这是痴人说梦。

我的判断从何而来？首先，从全国看，尽管汽车产业历来是工业产业的支柱，但电子产业的营业收入早在 2000 年就超越了汽车产业，2006 年我国电子产业内外销收入达到了 11 万亿元，已是 3

万亿元汽车产业销售值的 3.5 倍。这种情况不仅发生在中国，在全球也是如此。其次，从重庆看，重庆的工业产业结构与全国相反，2008 年重庆汽车产业收入为 1 000 多亿元，电子产业收入只有汽车产业的 1/5，有 200 多亿元。因此，重庆在进一步做强做大汽车产业的同时，应当着力发展电子产业，补上这方面的短板，这成为调整产业结构的战略措施。基于此，我们将发展电子产业作为重庆工业崛起重中之重的战略。但是，电子产业的品种门类很多，应该将哪个方面作为战略突破口呢？

到沿海地区"取经"发现机会

2008 年春，我们到沿海地区"取经"，发现大量工厂停工。这是危机到来的征兆。同时，我们发现，在国内外加工厂纷纷停工的情况下，笔记本电脑的产量却逆势上扬，年增长率在 20% 以上。短短 3 年，全球笔记本电脑产量几乎翻了一番，由当时的 1 亿多台增长到 2 亿多台。这种情形是不是偶然的？我马上组织人员进行研究，原来这是电脑技术发展和三网融合、三屏融合、电脑手机化趋势在产业上的反映。

笔记本电脑生产采取的是加工贸易模式，地处内陆的重庆能不能做呢？我决定去碰一碰，于是把目标锁定在惠普，因为惠普是世界电脑行业中的领导者，此前已与我们合作在重庆建立了被称为"五朵金花"的五个软件开发和服务贸易项目。当时，惠普落户在西永微电园，尽管那里还只是一片工地，但毗邻重庆大学城，能让惠普联想到斯坦福大学旁边的硅谷，从而刺激其下定投资的决心。

产业链垂直整合引来惠普笔记本电脑大单

2008 年 5 月 12 日，我带了一个工作小组到美国与惠普洽谈。刚到洛杉矶，半夜两点半左右就接到电话，说重庆地震了。我立马核实，但重庆的电话全都打不通，在忐忑不安中上网查询才发现是汶川发生了地震，重庆基本无恙。我马上联想到明天洽谈时怎么应对，于是连夜花了 1 个小时准备中国地震的相关资料和图表。果然，第二天与惠普的董事长、CEO（首席执行官）一见面，他们就提到地震，担心重庆是否经常发生地震，会影响电子产业的发展。我说："隔壁邻居的地震令人非常悲痛，震源离重庆并不远，但两个地方分属于两个地质板块。过去 1 000 多年，根据有记载的历史资料，重庆没有发生过 5 级以上的地震。"我还用详细的数据和资料告诉他们，在地质学上重庆发生强震的可能性不大，这打消了他们对布局大项目集群的顾虑。

我问他们："未来 3 年全球笔记本电脑产量将翻番，你们有什么打算？"同时告诉他们："如果想要保住全球市场第一的位置，必须保持年产销 4 000 万台左右，而要想保持这样的产能，并具有国际市场的比较优势，应当把你们公司产能的 50%~75%，也就是2 000 万 ~3 000 万台产能布局在重庆。"

惠普当即发问："物流问题怎么解决？重庆到沿海 2 000 公里的物流成本，抵消了煤电油运和劳动力等要素成本的所有优势。"

我给出的方案是，以"'整机＋零部件'一体化，80% 的零部件本地造"来解决进项物流问题。出项物流怎么解决呢？惠普 40%的产品出口到欧洲。重庆地处中国的地理中心，通过铁路运输，比海运更快、更便宜。

惠普问，做不到怎么办？我说："如果只给重庆400万台的订单，我们肯定做不到。如果给3 000万台的订单，全球重要的零部件厂商就能集聚重庆，就能就地供应零部件，解决进项物流远距离运输的成本问题。要是3年内做不到，我们就补偿比沿海地区建厂多出的物流成本。"

我的底气是什么呢？一方面，是源自中央的支持。西部大开发是国家战略，中央把重庆定位为西部的重要增长极，只要符合国家战略和西部大开发大局的项目，中央是一定会支持的。另一方面，是基于经济和市场规律的分析。对电子行业，零部件只要做到2 000万台以上，就能产生规模效应，产生相应的利润，就可以"发财"了。所以，只要有4 000万~5 000万台的订单，何愁零部件厂商不蜂拥而至？

跨国公司的董事长、CEO、高管都具有开阔的眼光、精深的分析、严密的逻辑，只要论点合理、可行，就能产生良好的效果。令人高兴的是，我们的论点说服了惠普的管理层，几个月后，重庆就与惠普签订了具有里程碑意义的战略合作协议，跨国公司第一次把几千万台电脑制造基地的大单落到重庆这一中国的内陆地区。

构建起"5+6+800"笔记本电脑产业体系

一个地区要崛起一个产业，仅仅靠一个龙头企业，哪怕是惠普这样的世界级大企业也是不够的，还应当吸引一批能研发、生产、销售的同类产品、同类性质的国际品牌企业扎堆在一起，形成产业集群。有了这个考虑，我们马不停蹄地对全球笔记本电脑企业中市场占有率和品牌处于前10位的企业进行定向招商。有了惠普成功落户重庆的案例影响，这方面的系列招商总体顺利。当时，惠普落户重庆完全出乎它们的意料，由于事关市场竞争的利益格局，这些公司都在内部进行专题研讨，因为按道理来说，地处内陆的重庆怎么可能搞加工贸易？怎么可能形成电子产业基地？惠普作为这个行业的领导者，这么做一定有它的内在原因。基于这种情况，那段时间我两次去中国台湾和美国硅谷，点对点地和这些电脑企业交流洽谈。经过我们的招商沟通，全球笔记本电脑的行业翘楚很快与我们达成共识。惠普落户重庆后不到一年的时间里，宏碁、华硕、东芝、思科等一批世界著名的笔记本电脑品牌商，广达、富士康、英业达、仁宝、纬创、和硕等世界知名的代工企业，都与重庆签约，进而以惠普的 3 000 万台订单为基础，按照"整机＋零部件"垂直整合一体化的思路重组，笔记本电脑、平板电脑、台式电脑从无到有、快速崛起。到 2011 年，已经形成了"5+6+500"的产业集群，即惠普、宏碁、华硕、东芝、思科五大品牌商，富士康、广达、英业达、纬创、仁宝、和硕六大代工商和 500 个零部件商。这个产业集群体系，2011 年就产出了 2 000 多万台笔记本电脑。2013 年零部件企业进一步集聚，笔记本电脑相关的 800 多个零部件厂商落户重庆，真正形成"5+6+800"的产业链集群，并连续 10 年保持 6 000 多万台笔记本的出货量，使重庆成为全球最大的笔记本电脑生产基地，形成全球布局"三分天下有其一"的局面。照此做法，我们顺势推动打印机、手机等各类智能终端的发展，到 2015 年，笔记本电脑、打印机、手机等各类智能终端产量达到 4 亿台件，发展势头稳中向好，令人十分高兴。

说到这里，再回想当初提出的那个目标，很多人认为难以实现。实际上，到 2015 年，得益于笔记本电脑的带动，形成了包括笔记本电脑 6 000 多万台，手机 2 亿台，台式电脑、打印机、监视器各几千万台，以及集成电路、液晶面板、PCB 线路板等各种核心零部件在内的 1 000 多个零部件企业体系。重庆电子信息产业产值超过了 5 000 亿元，占全市工业的比重由过去的 3.5% 左右提高到 20% 左右，成为名副其实的第一支柱。

二、对于内陆加工贸易发展的三点认识

重庆作为西部内陆城市，何以推动内陆加工贸易的迅速发展，并以此构建起万亿元级产值的电子信息产业体系？关键在于对加工贸易中的代工厂功能、产业链的水平分工与垂直整合，以及内陆保税加工口岸三个方面有深度的认识；对代工龙头企业招商到位，对产业链布局配套到位，对保税区这一内陆开放平台实施到位。

对于代工厂功能的重要认识

在 21 世纪初，内陆地区对于加工贸易类企业的现状、地位和重要作用往往缺乏深刻的了解。误解大体上有两类：一是认为这类企业只是劳动密集型产业，做一些低端的来料加工组装，技术含量不高；二是认为加工贸易类企业只有 3%~5% 的利润率，是食之无味、弃之可惜的"鸡肋"。抱有这些想法，就说明既不了解业内领先厂商的实际水平，也不了解现代电子产业的发展现状。在这方面，至少应有三个认识。

首先，以现代智能数字技术为基础的电子信息产业链集群形成了千亿美元级别代工外包的新特征。以智能数字技术为基础的电子

信息产业具有以下特点。一是高度精密，电子产品整机往往由成百上千个零部件构成。可以说，工业革命近 300 年以来，人类文明大批量生产、大规模消费的最精密复杂的产品，就是现代的高端电子整机产品。二是产业链条长，从原材料到最终产成品之间涉及多道工艺流程，覆盖大量的生产企业和配套供应企业。三是横跨多学科、多领域，电子产业与生物、材料等行业相互渗透、交叉融合、群体突破，进一步扩大产业链、供应链的覆盖范围，有利于创新成果的产生。四是制造与服务深度融合，专利授权、设计软件、品牌建设等服务环节在电子产品整机的成本中占比很高。五是下游需求驱动，消费终端不断对电子产品的性能提出更高要求，各大厂商迅速响应，新技术、新功能源源不断地投入使用，这是驱动电子信息产业线性发展、技术迭代的源头动力。

其次，现代电子信息产业代工外包既是劳动密集型产业，更是技术密集型、资本密集型产业，要求代工企业具备极强的技术开发创新能力。现代电子整机产品高度精密，对这类产品的组装、加工本身就是一项具有高技术含量的系统工程。电子信息行业体现出典型的下游驱动特征，下游消费终端不断对电子产品的性能提出更高要求，各种新设计、新功能、新材料源源不断投入应用，这就要求代工厂具备极强的技术开发创新能力。比如智能手机，2015 年前后，各大品牌的旗舰机型往往采用金属边框、玻璃背板，这背后是代工厂精密开模能力的体现。又如智能终端的显示面板，正在从主流的 LCD（液晶显示）向 MiniLED（小型发光二极管）、MicroLED（微型发光二极管）和 OLED（有机发光二极管）迭代升级，需要代工厂的显示模组技术作为支撑。再如可穿戴设备，要求产品尽可能便携小巧，需要由具备系统级封装技术的代工厂进行制造。类似的例子不胜枚举，品牌商、"链头"企业每提出一项颠覆性创新，背后都需要代工厂进行技术开发，解决大量工程技术难题，将工业设计从图纸上的模型转化为样机，再形成大规模量产。

相应地，代工厂为了维持技术上的领先地位不仅需要保持高强度的资本开支，而且要不断在机器人、数字健康、电动汽车等行业和人工智能、半导体、新一代通信技术等领域进行前瞻性布局。比如纬创、友达等投入了大量资金进行研发，是典型的技术密集型、资本密集型企业。

最后，这类代工企业的背后是强大的全球供应链组织管理能力。这类复杂电子产品的组装代工厂，固然仍停留在"微笑曲线"的中间，与掌握三链的"链头"企业相比增加值较低，但也不要小瞧了这一能力，这是企业运营管理水平、供应链组织能力的集中体现。现代电子终端产品每1~2年迭代一轮，还往往临时调整生产计划。各品牌商为了加快产品投放，要求下游组装代工厂能够在最短时间内完成产能爬坡。代工龙头往往可以综合运用智能上料、设备故障预测、设备智能保养与防错、在线质量监测等技术手段，使产线之间、设备之间、工人之间紧密协同，让动辄上万人的生产线如臂使指，整体成为一架运转高效的精密仪器。此外，现代电子产品产业链条极长，并且追求极致的高效率、高周转，对掌握中间制造环节的代工厂的供应链组织管理能力提出极高的要求。比如，产业链上的零部件企业要准时将零部件中间品送至代工厂进行组装。一方面，如果提前送达而其他环节还没有完成，就会成为库存，产生相应的资本利息；另一方面，如果供应链出现堵点，导致任意一个零部件无法到达，即使其他所有部件都已经到位了，也会延误工时、影响交货。

正是因为具备极强的生产运营和供应链组织管理能力，代工龙头形成了响应需求迅速、工艺成熟、供应链高效集约、高度标准化、具有超级柔性的大规模生产能力，让全球消费者都能够享受到价低质优的电子产品。我国台湾地区之所以能够在电子代工领域一骑绝尘，绝不是因为全球其他地区的企业嫌毛利率低而不愿意做，恰恰是因为组装代工有极高的技术门槛、资金门槛，而台商具有勤奋、聪慧等中华民族的传统优秀品质，将组装代工这一产业做到了极致，成为当之无愧的代工龙头。

产业链既要水平分工，又要垂直整合

为探索内陆地区加工贸易的发展，2008年全球金融危机爆发以后，重庆抓住全球产业重新布局的机遇，结合内陆地区特点，以发展笔记本电脑产业为主要抓手，在加工贸易的产业组织模式上进行了创新，将在沿海地区以"水平分工"为主、"两头在外、大进大出"的笔记本电脑生产方式（即原材料、零部件等配套和产品销售大部分来自海外，国内主要搞组装），变为"一头在内、一头在外"的生产方式（即原材料、零部件等配套和整机产品加工生产主要在国内，销售主要在国外），致力于通过"整机＋零部件"垂直整合一体化，切实解决笔记本电脑加工的进项物流问题。通过产业链的垂直整合，惠普、宏碁、华硕等区域总部和研发分支机构纷纷入驻重庆，富士康、广达、英业达、纬创、和硕、仁宝等代工巨头先后抢滩，带动一大批零部件研发、生产企业集聚，实现了80%以上的零部件本地制造，推动集研发设计、零部件加工、整机组装、物流销售、贸易结算"五位一体"的内陆加工贸易基地的加快构建，形成了全球最大的智能终端产业集群。

这种组织模式产生了三大集群效应。一是降低了物流成本。零部件实现本地配套，节省了 2 000 多公里的物流运费。二是归集了零部件、配件的生产利润。一般而言，一台 500 美元的笔记本电脑，其财务构成大致为品牌研发、售后管理 75 美元，零部件、原材料250 美元，物流成本 100 美元，OEM（原厂委托制造）总装大概只有 75 美元。在整机组装和零部件制造中，利润更多地体现在零部件企业中。比如，组装一台 500 美元的电脑，企业的利润约 3%，只得 15 美元；而制造一个高档电脑的机壳，可以卖 40 美元，企业的利润约 40%，能得 16 美元。重庆的电子制造业致力于"整机＋零部件"一起做，就把 80% 左右的零部件、配件制造的生产利润留在了重庆。三是抢占了产业链的结算环节。我们把惠普、广达等结算中心留在重庆，形成了每年近千亿美元的离岸金融结算量，带来了一定量的银行结算收益和政府税收。以上三条，是重庆电子产业利润保持较快增长的重要原因。

"引凤筑巢"形成内陆保税区

笔记本电脑产业的发展，带来进出口物资的大进大出，必须有保税区提供便利。2005 年以前，我国一共批准设立了 27 个保税区，但全部都在沿海地区。沿海保税区的大发展，也出现了一些问题，一部分保税区是铁丝网围了一片地，里面却门可罗雀，一般房地产商进不去，真正能干的却不知道怎么干，因此就出现一部分保税区空置着的现象。当时，国务院有个会议纪要，就是要求在全国范围内暂停保税区、各种监管区的审批。

2009 年，随着几千万台笔记本电脑项目的布局，重庆迫切需要一个保税区。所以，我们把重庆的情况跟国务院分管领导和商务部做了汇报。国务院领导明确批示，既然重庆已经招了商，来了个"凤凰"，有了"凤凰"就需要"筑个巢"，需要一个开放平台，这应该支持。过去十几年，沿海保税区的招商方法是筑巢引凤，先批准建立保税区，再搞招商引资。而内陆的保税区可以按照"引凤筑巢"的模式来推进，重庆既然已经引来了跨国公司笔记本电脑生产基地这个大凤凰，就可以批准建立相应的保税区。海关总署、发改委、商务部等十几个相关部委都给予大力支持，仅仅 3 个月的时间，到 2010 年春节，国务院就出了文件，一下子就批给重庆两个保税区。其中，两路寸滩保税港区成为国内唯一的内陆保税港区和全国首个水港加空港"一区双核"的保税港区，规划面积 8.37 平方公里，分两期于 2010 年 5 月和 2011 年 12 月通过正式验收。西永综合保税区规划面积 10.3 平方公里，2010 年 12 月 1 日正式封关运行。

与此同时，为了让企业在内陆也能享受与沿海保税区同样便利化的通关服务，解决内陆保税区远离边境，货物通关重复查验、费时费力等问题，重庆在海关总署等相关部门的支持下，借助 GPS（全球定位系统）等物联网高科技手段，与边境海关建立起通关互认的机制，实现了运输全程只需"一次报关、一次查验、一次放行"。进口货物，可以直接到重庆保税区查验；出口货物，重庆保税区查验后即可直接放行；进入保税区的货物，一律享受境内关外的优惠政策。这样就解决了 2 000 公里物流距离的在途海关监管问题。

通关模式的创新，使货物通关效率和安全性大大提高。周边地区进出口货物也纷纷通过重庆海关查验出境，重庆的国际物流聚散功能不断增强，内陆开放高地效应初步显现。保税区成为扩大进出口贸易的主战场，2015年两个保税区进出口总值350多亿美元，占全市总额的48%，近乎半壁江山；另外400多亿美元的进出口值，也有一半与两个保税区密切相关。比如笔记本电脑产业的800多家配套零部件企业，这些企业虽然不在保税区内，但跟保税区内的龙头企业处于同一产业链条，并且它们在为保税区龙头企业做零部件配套的同时，自己也做一般贸易，创造了更多的进出口。保税区也拓展了开放型经济的回旋余地，加工贸易和现代服务业，一般贸易、转口贸易、总部贸易、跨境电商等多种贸易业态，都可以并行发展。保税区还引领了内陆开放的制度创新，保税区内委内加工、选择性征税、离岸金融结算、跨境电子商务、汽车整车进口的平行贸易、保税消费品展示销售等都是有益的尝试。

继重庆之后，湖北、河南、安徽、四川、陕西等内陆兄弟省份也快速跟进设立保税区，一个内陆开放的新时代启幕了。由于有了先发优势，2014年，重庆的两个保税区的进出口总量，几乎是内陆地区其他十几个保税区的总和。2015年8月，全国海关特殊监管区域现场会在渝召开，对重庆的工作给予了充分肯定。

三、推动渝新欧铁路建设，打通新的国际贸易大通道

物流周期长、效率低、成本高，是内陆地区发展大进大出产业的致命短板。过去，内陆出口都要先运到沿海，再通过海运绕道销往欧美，走了不少弯路，既增加了物流成本，也拉长了物流运输时间。

2009年，重庆引进笔记本电脑产业时有个承诺，那就是对于

巨量整机产品的出口，相比沿海地区多出的出项物流成本要给予补贴。如果重庆不能把比沿海地区多出的 2 000 公里的出项物流成本降下来，就要补助很大一笔钱。怎么办？当时，惠普的产品 40% 左右要销往欧洲市场。重庆往欧洲，除了运到沿海地区再走海运，还有没有更便捷的通道呢？

我们发现，其实亚欧大陆桥"南线"，即从新疆阿拉山口出境，进入哈萨克斯坦，经俄罗斯、白俄罗斯、波兰后到达西欧的铁路 1990 年就已贯通，但受制于国别之间运营体制机制差异以及市场障碍等因素未能真正开通营运。笔记本电脑产业大规模出口欧洲的市场需求，推动我们萌生了打通这一通道的念头，倒逼产生了渝新欧铁路的概念。对于这个问题，重庆和国家海关、铁路等有关部门开展讨论，这条铁路几十年前就有了，为什么之前不能把它当作货运线路呢？

问题的关键是，欧亚大陆桥的要害不在于硬件而在于软件。铁路早已有之，只是跨国运行条件不到位，关键在于各国海关、各国铁路的协调，以及运输体系、物流公司之间的协调，是一个跨国的组织化工作。而现实中的中欧铁路存在三个问题。一是没有实现通关一体化。渝新欧铁路的基础设施硬件虽然很早就有，但是到欧洲沿途途经的五六个国家没有一体化通关，通关不便捷，每到一个国家就重复关检，对跨国公司极其不便，还容易损坏货物、浪费时间，检验费用也高。二是没有统一的班列。途中六个国家的铁路各有运行时刻表，没有经过统一编排，运输时间就大大延长。三是没有解决运输途中的安全保障。比如，运输防盗、冬天防寒防冻等。针对这类问题，自 2010 年以来，连续 3 年，海关总署、铁路总公司（原铁道部）、口岸办等有关部门会同并组织了俄罗斯、哈萨克斯坦、白俄罗斯、波兰、德国等渝新欧沿线国家的铁路、海关部门，协调解决了五大方面的事项。

第一，启动中欧"安智贸"（中欧安全智能贸易航线试点计划）和多国海关"一卡通"试点。渝新欧全程1.1万多公里，涉及六个国家的海关。在国家口岸办、海关总署等部门的推动下，渝新欧启动中欧"安智贸"试点。在内陆的口岸和欧洲的铁路搞"安智贸"是破天荒的第一个。2010年12月29日，中国和几个相关国家在莫斯科签订渝新欧海关"一卡通"协议，学术一点讲就是"安智贸"协议，具有里程碑意义。有了这个协议以后，多国之间在渝新欧铁路上就实现了"信息互换、关检互认、执法互助"。

第二，建立跨国铁路的国际协调机制。渝新欧途经六个国家，要使跨国运输成为一个统一的有机体，就要有一个跨国铁路的国际协调机制，我们叫作"五定班列"。比如，渝新欧起点是重庆，终点是德国杜伊斯堡，中间有120个车站，六国协定只停12个车站，这个叫定站点。又如，因为各国铁路运价不同，就要统一价格，就是定价格。总的来说，"五定"就是定站点、定线路、定车次、定时间、定价格。

第三，组建渝新欧物流公司。六个国家组建了一个共同的物流公司，叫渝新欧物流公司，负责渝新欧跨国运输中的装卸货、沿线物流供货。最初公司的股权按照铁路公里数划分，后来为了更好地推动渝新欧发展，按照六个国家大致占15%的比例控股，总部设在重庆，有了这个公司以后，各国货物进出、物流分拨都比较容易协调。

第四，强化运输安全保障。一是在海关、铁路等部门的支持下解决了安防问题。一个集装箱几百万元，就涉及防盗的问题。在这方面有一套安防系统，在货物电子封签以后，任何时候如果有人上去偷东西，铁路监察系统都可以即时发现。运行以来只发生过一次集装箱被打开的情况，但马上就有铁路人员上车检查，立即解决了问题。二是解决防冻的问题。一般商品在零下 20 摄氏度以内都没有问题，但是到了零下三四十摄氏度，有些高档产品就会损坏，所以就需要保温。一个专列 50 个集装箱，如果保温成本很高也是不行的，所以通过试验决定了是用材料进行保温包装，还是使用保温集装箱。这个试验不是我们掏钱，而是在我们的协调下，欧洲、美国的世界顶级跨国公司自己出钱做试验，2012 年底完成试验，之后就基本解决了保温问题。

第五，协调各方降低运输费用。2011 年渝新欧运营之初，每个集装箱每公里 1 美元，全程近 1.2 万美元 / 箱，这是因为刚开始规模效应小。到了 2012 年，通过各方协调，加上规模效应逐渐显现，运价就变成 0.8 美元 / 箱公里，全程运费就降到 8 800 美元 / 箱。2013 年，通过全球竞争性谈判，渝新欧国外段运价已降至 0.7 美元 / 箱公里。2014 年，有一件可喜的事情，在国家有关部门的协调下，重庆和中铁公司协商，渝新欧只要每年开行 100 列以上就实行国内段 0.6 美元 / 箱公里的运价，从 2015 年 1 月 1 日开始实施。这件事有极强的战略意义，0.6 美元 / 箱公里意味着渝新欧全程 1.1 万多公里的运费大约就是 6 600 美元，这是一个和海运竞争的价格平衡点。因为大体上海运一个集装箱 3 000 美元，从重庆到沿海 2 000 多公里还要加 2 000 美元运费，加起来就是 5 000 美元。一个集装箱如果装了 200 万元人民币的货物，走海运比走渝新欧要慢差不多一个月，200 万元人民币的资本利息差不多是 2 000 美元，所以走海运实际上是 7 000 美元，渝新欧 6 600 美元是有运价比较优势和时间优势的。总体上看，0.6 美元 / 箱公里是海运、铁路运输成本市场化运作的基础，是渝新欧的生命线，到这一步就不需要任何的政府补贴，渝新欧已具有纯市场化机制的价格优势。总之，2014 年将渝新欧运输价格定为 0.6 美元 / 箱公里，是具有里程碑意义的一件事。

重庆推动的这五件事，不仅是对渝新欧，对中欧其他线路，包括现在延伸到的郑新欧、蓉新欧、西新欧，都有同等效果。国务院办公厅纪要中说重庆做了这五件事，属于中欧铁路内陆开放可移植、可复制、可发展的基础性工作，这是对重庆工作的肯定。在这个基础上，中央又赋予了重庆五个含金量极高、对渝新欧未来具有里程碑意义的政策。一是重庆团结村铁路口岸成为国家一类口岸。因为有了渝新欧，2013 年 12 月，国家口岸办正式批准重庆团结村中心站成为一类口岸。二是成为汽车整车进口口岸。中国现在进口整车主要是海运，2014 年 7 月获批后，重庆整车进口口岸是全国首个设在西部内陆地区的整车口岸。三是配套内陆铁路保税物流园区。在铁路一类口岸、整车进口口岸旁边配置一个重庆铁路保税物流中心（B 型），也于 2015 年 11 月 18 日正式通过国家验收，并封关运行。四是开放铁路邮包运输。自 1950 年以来，中国铁路和国际铁路之间不通邮包，一般邮包走水运，高档邮包走空运。但随着跨境电子商务的发展，每年都会有价值上千亿元的商品需要通过邮政运输，邮政会变成未来国际贸易物流的一个重要平台，如果邮包只通过飞机和轮船运输，是不能适应跨境电子商务发展的。为了打破这一僵局，2014 年 1 月，重庆会同邮政部门和铁路部门在渝新欧铁路运行了一个邮政班列，但在哈萨克斯坦边境遇到了问题，经过一周左右的协调沟通，获得了该国运输部门通行特许。该邮政班列由此继续前行，经俄罗斯、白俄罗斯、波兰、德国，每到一国都会遇到一个星期左右的阻拦、协调、放行的过程。可以说，这趟班列发现了问题，撞开了问题，也解决了问题。2014 年 5 月，海关总署、口岸办、中国邮政、铁路总公司发起召开了联合国万国邮政重庆会议，渝新欧沿线国家一起参加协商，从而将邮政班列开行起来。第一个邮政班列的开通不仅对渝新欧，对整个中欧班列都有一通百通的效应。2016 年 4 月，在重庆召开了 2016 中国（重庆）跨境电商邮政高层论坛，与会的 26 个国家和地区的邮政代表共同通过了《重庆宣言》。该宣言内容包括将积极探索利用中欧铁路开展多渠道业务合作的可能性，推进铁路运邮单式的标准化。五是渝新欧进一步提速。原来时速 50 公里，即使 24 小时不停地开也要开 11~12 天才能到欧洲。后来我国铁路部门把渝新欧国内段提速到每小时 120 公里，10 个小时就能开 1 200 公里，国内提速之后，也联动欧洲几个国家提速，使得重庆开往欧洲和欧洲开往重庆的"80001"和"80002"次列车变成特殊专线，享受国际列车大通道待遇。也就是说，只要渝新欧班列开出去，国内的客运、货运列车都要给它让车，连国内特快客车也要给它让车，渝新欧就变成特快中的特快。在中国的推动下，欧洲地区铁路部门、俄罗斯铁路部门都开始提速，所以渝新欧理论上的全程时间已经从 16 天缩短至 12 天，这是效益的极大提升，价格不变，时间节省 1/4，当然很有经济意义。2014 年，渝新欧从重庆到欧洲要 14 天，2015 年缩短至 13 天，兰渝高速铁路开通以后又省了一天，在宽窄换轨的地方再协调一下，还能省一些时间。

随着关检便利、运价降低、班列畅通、回程货增长五大措施到位，功能不断发挥，渝新欧班列运输能力迅速增长，2014 年开行班列达到 130 班，增长了 1.9 倍；2015 年，开行班列达到 257 班，其中去程 156 班，回程 101 班，又增长 1 倍；2016 年实现了每天 1 班常态化运行，货运价值总量占经阿拉山口出入境货物的 80% 以上。与此同时，重庆团结村铁路中心站是渝新欧的起点站，2013 年底获批国家铁路开放口岸试点，促进了口岸物流的大发展。2017 年更是进一步实现了每天 2 班驶往欧洲、每天 1 班从欧洲来货的常态化运行。如今，渝新欧成为欧亚大陆桥的主通道，改变了我国内陆地区出口"一江春水向东流"的格局。2014 年 3 月 29 日，习近平主席访德期间，参加了德国政府在杜伊斯堡举行的渝新欧货运班列到达仪式，并给予了高度肯定。习近平总书记指出，"中德位于丝绸之路经济带两端，是亚欧两大经济体和增长极，也是渝新欧铁路的起点和终点。两国应加强合作，推进丝绸之路经济带建设"。①

此外，为提高物流效率、降低出项物流成本，重庆还在两个方面做了努力。一是发展航空物流。就航空物流而言，我国内陆与沿海到世界各地的成本差距不大。重庆及时进行江北机场的改扩建。2010 年航空货运能力可达 100 万吨，2017 年第三跑道和 T3 航站楼投入运营后，航空货运能力可增至 200 万吨以上，为成为国内一流的大型国际门户枢纽机场奠定基础。二是打通铁海联运通道。在铁道部的支持下，开通了重庆至深圳盐田港定起点、定终点、定路径、定时间、定价格的"五定"集装箱班列，运时缩短一半，运抵欧洲的时间比经"长三角"还快两天左右。几条国际贸易大通道的打通，使重庆由曾经的对外开放末梢变成了内陆对外开放的桥头堡。

---

① 《习近平参观德国杜伊斯堡港》，中国政府网，2014 年 3 月 30 日。

四、加工贸易的发展给重庆带来综合性的开放优势

实践证明，加工贸易不仅可以在内陆地区发展，而且能够成为内陆地区扩大开放、优化结构、加快发展的捷径。党的十八届三中全会《决定》明确提出："创新加工贸易模式，形成有利于推动内陆产业集群发展的体制机制。"内陆地区发展加工贸易，由此迎来了重要机遇期。经过这些年的发展，回头看加工贸易给重庆带来的变化，这些变化不仅体现在电子产业本身，而且给重庆的城乡劳动力就业配置保障、工业产业转型升级、产业链集群、科技创新、金融清算以及整个工业产业、生产性服务业都带来了全方位的变化。

加强人力资源储备保障

智能终端产业，既是技术密集型产业，也是劳动密集型产业，用工量大，不仅需要具有比较优势且相对稳定的劳动力供应，还需要解决好传统产业模式下可能引发的各种社会问题。重庆在推进智能终端产业发展的过程中，不仅对生产供应环节进行创新，还注重对企业员工的生活服务机制进行完善，努力提供人性化、社会化的服务，帮助他们尽快融入城市生活，让企业能够轻装上阵。重庆主要抓了四件事。

一是改革农民工户籍制度。对达到一定工作年限的农民工，不管是来自市内还是市外，其户口均可转为重庆城市户口。这不仅解决了企业经营者的烦恼，更增加了员工对城市和企业的归属感。曾经出现这样一个有趣的现象：自 2011 年起，重庆外贸进出口每年第一季度往往会猛增，之后逐步回调到正常状态。原因就在于，沿

海地区 2 亿多农民工每年只工作 9 个多月，春节前后近 3 个月返乡。企业年底要么停工，任由市场流失，要么增加库存量；春节后招工时，一半农民工另谋职业，企业又得培训新人。2010 年以来，重庆 300 多万农民工转户后，与城市产业工人一样，春节七天假，节后照常上班。对于在沿海地区和重庆同时投资电子产品整机和零部件的外资企业来说，为了保订单、降成本，春节前都会把一部分订单转到重庆，节后重庆稍作挽留，一半的新增订单也就长远地留下来了。这是户籍制度改革带来的红利，为重庆工商产业发展提供了稳定的用工保障。

二是建设公共租赁房。重庆在全国率先启动了 4 000 万平方米的公租房建设计划，连同棚户区和危旧房改造，可解决 200 万 ~300 万新就业大学生、农民工和低收入群体的住房问题。这些保障房面向来自全国各地的企业员工，不受户籍限制。这既解决了职工的后顾之忧，也改变了企业办社会的固有模式，减轻了企业建职工宿舍的压力。

三是创新社区配套管理模式。重庆的工业园区在规划时就配套了相应的社区，有人性化的职工宿舍或公租房，教育、卫生、购物、休闲娱乐、治安等设施或机构一应俱全。员工走出厂区就能进入社区，充分融入社会，有效解决了企业与社会隔离的问题。

四是加强人力资源教育培养。重庆在西部率先实现了财政教育投入占 GDP 的比重达到 4% 的目标，基本实现"普十二"，高等教育毛入学率达到 30% 以上，每年可输送 17 万高校毕业生和 20 万中等职业学校毕业生，为企业发展提供了人力资源支撑。

通过上述四项措施，重庆形成了以人为本的员工服务新模式。加工贸易是劳动密集型产业，用工量大。在传统加工贸易模式下，企业办社会的问题十分突出，员工的生产、生活都局限在厂区狭小的空间，几乎与世隔绝，员工极易产生心理障碍，引发严重的社会问题。重庆在发展加工贸易的过程中，不仅对生产供应环节进行创新，还坚持以人为本，对企业员工的生活服务机制进行创新，努力提供人性化、社会化的服务。加工贸易园区在规划时就配套了相应的社区，建设了人性化的职工宿舍或公租房，教育、卫生、休闲娱乐等设施一应俱全，员工走出厂区就进入社区，充分融入社会。重庆还在全国率先开展户籍制度改革，农民工达到一定工作年限就可以转户为城市户口。这样做不仅解决了企业经营者的烦恼，更增强了员工对城市和企业的归属感，有效解决了企业与社会隔离的问题，实现了真正的安居乐业。与此同时，重庆加强人力资源教育培养工作，为加工贸易企业长期提供量足、质优的劳动力。

推动加工贸易向价值链高端拓展

内陆发展加工贸易不能停留在简单的制造、装配环节，还应积极抢占研发、设计等高端领域，推动加工贸易转型升级和跨越发展。

引进具有核心竞争力的研发中心。在加工贸易生产、供应、销售的全流程中，还有一个处于价值链高端的研究开发环节。加工贸易企业一般只做了"低端"的整机组装，投资规模不大，技术含量不高，附加值也很低，而具有核心竞争力的研发环节基本控制在外国企业手中。在重庆"一头在内、一头在外"的新模式下，全流程企业的集聚必然对新技术产生旺盛的需求，研发机构也需要跟进品牌商、代工商和零部件供应商的需求，及时解决技术来源问题，提高技术支撑的针对性、有效性。这就使加工贸易研发中心落户内陆成为可能。一方面，研发机构的集聚落户使我国加工贸易从技术链的低端跃升到高端，较高利润和附加值也随之而来；另一方面，研发机构的技术"外溢效应"，有利于我国自主创新能力的提升，助推产业升级和发展方式的转变。重庆笔记本电脑生产基地的工作目标，就是在品牌商、代工商和零部件制造企业大量集聚的基础上，努力成为 IT 研发机构的集聚之地。

改革开放以来，我国沿海地区凭借"两头在外"的加工贸易模式，创造了世界加工贸易的奇迹，顺利实现了经济"起飞"，这是历史的一种必然。但社会上有一种观点，认为加工贸易技术含量低、附加价值少，沿海和内陆地区都不宜发展。其实不然，加工贸易并非价值链低端的代名词，而是人类生产方式和组织形态的创新。它顺应了社会化大生产合理分工的必然趋势，改变了企业研发、生产、销售、结算等"小而全"的传统模式，将整个产业链条分为若干环节，每个环节由全球最具优势的企业生产经营，从而提高了专业化程度，降低了成本，提高了效益。而连接这些环节的是生产性服务业，服务贸易也应运而生。尽管组装等制造环节处于加工贸易"微笑曲线"的底部，但它是研发、结算、销售等高端环节的基础，而且提供了大量的就业岗位。没有制造业的发展，也难有服务贸易的兴旺。我们绝不能因噎废食，轻易丢掉加工贸易。除了生产链条很短、劳动密集型、"两头在外"的加工贸易可以适度向工资成本更低的东南亚国家转移，对于电子、装备类行业的加工贸易，尽管同样需要大量劳动力，但是这些行业的产业链条较长、资本投入很大、技术含量较高，完全可以在中国沿海和内陆地区得到充分发展。正确的做法应该是：夯实制造基础，补上薄弱环节，抢占高端领域。这样，加工贸易的"大厦"就能拔地而起，我们就能掌控整个"微笑曲线"，真正"微笑起来"。

加工贸易给内陆地区发展带来综合性效应

在此，我想从经济学理论上澄清一些概念。有时候有些专家认为代工企业只产生 3% 的附加值，就等而下之，轻描淡写地看轻加工贸易。这些专家基本是不懂现代经济、产业集群的。

我们以价格为 500 美元的笔记本电脑为例来分析。笔记本电脑产品生产出来后，品牌商通过整个营销渠道把它卖出去，所包括的物流费、仓储费、柜台费等就是 100 美元。其中包含的利润，不是品牌商自己赚到的，而是各种各样的服务商在渠道里赚取的。剩下的 400 美元，有 250 美元被上千个零部件厂商拿走，余下的 150 美元中，有 70~80 美元被品牌商赚走，这也是它负责研发、品牌创意、品牌经营等应得的。但这 70~80 美元并非都是利润，真正的利润可能只有 20 美元。还剩下 60~70 美元，是留给代工企业的，但它要支付工人的工资，以及厂房建设费用、设备折旧费用、水电气等流动成本，最后只剩下十几美元，约占 3%。这样看，代工企业在价值链中确实只占很小的一部分。但是，一个地方如果能把"微笑曲线"的大部分流程，即从零部件制造、研发到整机总装，再到销售结算，尽可能多地在本地拉开战线，那么这个地方就会尽可能多地占据整个价值链。2010 年，重庆就是按照这个指导思想布局的，一开始就把 80% 的零部件、原材料本地化，那么 250 美元里至少有 200 美元是由上千家配套企业在重庆制造的，它们制造的增值和税收就留在重庆了。因此，重庆就不是一个简单的整机组装代工基地,而是包含了零部件、原材料的制造和整机组装的产业链集群,重庆至少把 500 美元中的 300 美元留了下来。虽然不是"吃干榨净",但也尽量把产业链、价值链的大部分留在了重庆。因此,客观地分析,在发展加工贸易时,如果采取整机加零部件集群配套、垂直整合的方式,就非常有意义,大有可为。由于重庆把产业链集群各个方面所需要的条件配备到位,良好的投资环境产生了综合效应及竞争力,使得重庆产业链集群化发展加工贸易的魅力吸引了五六个世界级品牌商集聚。

基于上述分析,重庆引进和发展笔记本电脑等加工贸易的初衷,是在信息技术引领产业变革的背景下,寻求电子信息产业的突破,进而推动重庆产业结构的整体提升。以笔记本电脑为主导的加工贸易对重庆经济发展发挥了重要的支撑作用,这种作用不仅直接表现为加工贸易额的增长,而且带来了涵盖产业、就业、交通等各方面的综合性效应。

第一,拉动了经济增长。2010 年,重庆智能终端整机产业产值只有 164 亿元,2016 年增加到 2 074 亿元,年均增长 52.6%,带动包括零部件、原材料、配套件在内的电子制造业产值从 978 亿元增加到 4 999 亿元,年均增长 41.7%。这些年,比照笔记本电脑零部件加整机、上中下游一体化发展的模式,重庆的手机行业也引进了 OPPO、vivo 两大品牌,形成了年产量达 2 亿多台手机加零部件整体配套的生产基地。笔记本电脑、打印机、监视器、台式电脑等智能终端产业对全市工业产值增长的贡献平均在 30% 左右,支撑了全市工业增加值增速始终保持在 10% 以上。

第二,助推了产业结构升级。通过发展笔记本电脑等加工贸易,重庆电子信息产业比重从 2009 年的 3.5% 提高到 2015 年的

20% 左右，改变了过去汽车产业"一业独大"的局面，形成了"两轮驱动、多点支撑"，应对经济周期波动的能力大幅提升。而且，智能终端产业的发展壮大，对下游零部件的需求形成了巨大的市场，京东方、惠科、SK 海力士、奥特斯等关键零部件企业纷纷抢滩重庆，重庆因此形成了以集成电路、液晶面板、显示终端为核心的电子核心部件全产业链。

第三，加快了重庆内陆国际物流枢纽建设。笔记本电脑产品出口欧洲的需要催生了渝新欧大通道，最初 3 年货源占比超过 95%，随着货品的不断拓展和开行频率的增加，加工贸易中 IT 产品的货运量仍占总货运量的 40%。加工贸易的发展也推动了国际航空货运网络的形成，2010 年以前重庆只有 1 条国际货运航线，货运量 0.9 万吨，随着加工贸易的发力，到 2015 年，国际货运航线增加到 17 条，货运量 36 万吨。此外，渝深国际铁海联运通道应 IT 产品出口需求开通后，运输总量达到 15 万标箱，是中国铁路"白货"[①] 第一品牌，使深圳港成为继上海之后重庆的第二个外港。

第四，促进了口岸经济的发展。大力发展加工贸易后，重庆进出口额和 FDI（外国直接投资）大幅提升。2012 年，重庆进出口总量在全国的排名从 2008 年的第 23 位跃升到第 10 位；2012 年之后，重庆实际利用外资也一直保持在每年 100 亿美元以上，位列全国前10。同时，受加工贸易迅猛增长的带动，自贸试验区、跨境电商综合试验区、进口整车口岸等开放大平台、大口岸顺利获批，跨境电子商务、保税贸易、跨境金融结算等加快发展，服务贸易额年均增

---

① 铁路运输货物划分为 26 类，第 1~14 类基本上属于大宗货物，如煤、石油、焦炭等，称为"黑货"；第 15~26 类，包括化工品、金属制品、工业机械、电子电气机械等在内，称为"白货"。

长率保持在 30% 左右。

第五，提高了就业水平。在加工贸易的带动下，全市智能终端企业直接吸纳就业人数达 5 万人。按照制造业带动服务业就业比例 1∶1.2 计算，智能终端产业带动就业超过 11 万人。这成为重庆每年城镇新增就业人口 60 多万、人口净流入 30 多万的重要支撑。

实践充分证明，内陆地区不仅可以发展加工贸易，而且能够发展得很好，可以成为内陆扩大开放、调整结构、加快发展的捷径。只要把条件创造好，推动沿海加工贸易企业向内陆地区转移是可行的。只要我们在政策上操作得当、运用得法，内陆加工贸易的发展一定会越来越好，并能为国家缓解经济下行压力、推动供给侧结构性改革开辟出新空间、拓展出新路子。

第九章

教育资源的优化重组与发展

扩建县城高中卡在钱上

2002年9月，我为"8小时重庆"去城口县调研，路上问县长最想办的事是什么，他的回答让我感到意外："我们想扩建县城的高中，已经想了10年，市里能不能帮忙？"

我问他："一年初中毕业生有多少？县城的高中能收多少人？"他说："县城里每年初中在校生约9 000人，每年毕业约3 000人，其中至少有1 000人想进高中，但县城高中每年只能招100人。每年的七八月，找路子、批条子想读高中的人太多了，躲都躲不掉。一直想建一个能容纳1 000多人的高中，但是没有钱，两届政府就这样拖过来了。"

我很感动，一个县长能把教育的事情摆在这么重要的位置，很不容易，应该帮他们。于是，我当天晚上就打电话请上海轮胎集团捐了200万元，让市教委补助了300万元，又通过土地出让补助了七八百万元。一年之后，扩建后的城口县中就开始扩大高中生的招生了。

各阶段教育发展普遍滞后，源于缺钱

市政府主要领导高度重视教育，为了体现对教育的支持，在 2003 年 1 月，特别关照我，让我这个常务副市长直接分管教育。一周后，作为分管教育的副市长，我首次参加了全市教育工作会。当有同志说重庆高考的升学率达 85% 的时候，我想起了城口。

如果重庆初中毕业生升入高中的比例达到 70%~80%，高中升大学的比例仍然有 85%，就达到了上海、北京的水平，这将是非常了不起的成就。但是，当时重庆远郊区县初中毕业生升入高中的比例只有 10%，虽然主城区高一点，但平均下来也只有 30%~40%。可以说，高考升学率这么高，是过低的中考升学率导致的畸形现象，是高中毕业生的基数小而形成了"水落石出"的现象。

那么，高中有 85% 的升学率，是不是重庆的大学发展得很有规模呢？也不是。当时重庆的大学毛入学率也远低于全国平均水平。本来直辖之初只有 8%，比当时全国平均水平低 6 个百分点；在此后几年的大学扩招中，由于软硬件受限，扩张速度又远低于全国平均水平。

再看看义务教育，和兄弟省区市一样，"普九"倒是快马加鞭，覆盖率从直辖之初的 18.9% 提高到 2002 年的 90% 以上，但校舍建设、师资力量跟不上，产生了很多矛盾。1997 年，全市只有 60 万个中小学生读书，2002 年已经有 300 多万，只有新建 1.5 亿平方米校舍，才能满足扩招的需求。当时，政府并没有那么多钱，但大家还是拼命地干，结果产生了五个问题。其一，中小学教育系统形成了 20 多亿元债务，包括拖欠工程款，拖欠农民工工资，拖欠教师集资款等。这既是重庆教育系统的一个老大难问题，也是中西部地区的一个普遍现象，当时中西部中小学教育欠款总共有 500 多亿元。其二，由于新校舍都得紧赶慢赶地建造，原来的旧房子就腾不出手去改造，农村中小学危旧房不断增加，其中 D 级 [①] 危房就达 400 多万平方米。其三，由于校舍建设速度跟不上学生人数的增长速度，出现了较大范围的大班额，七八十个学生坐在一间教室、二三十个学生住一间宿舍、两个学生挤一个床位的事，比比皆是。其四，由于学校快速扩张，根本没有维修运营经费，中小学乱收费横行。其五，学校扩招后教师数量不够，大量代课教师应运而生，他们工资很低，教学质量也下降了。

高中和大学普及率很低，以及义务教育出现的上述五个后遗症，归结起来都是钱的问题。

一、用重组的思路创新教育投融资

10 条举措拓宽教育投融资渠道

"再穷不能穷教育"，这句话说了几十年，教育也穷了几十年。真的就没法解决教育发展的资金问题吗？在 2003 年 1 月的全市教育工作会上，我提出，用重组的思路，加大教育领域投融资体制机制改革力度，拓宽教育经费筹措渠道。一共有 10 条措施。

第一，按照《中华人民共和国义务教育法》的要求，做到"三个增长"（各级政府用于实施义务教育财政拨款的增长比例应当高于财政经常性收入的增长比例，保证按照在校学生人数平均的义务教

---

① 根据房屋的危险程度划分等级，D 级：承重结构已不能满足安全使用要求，房屋整体处于危险状态，构成整幢危房。

育费用逐步增长，保证教职工工资和学生人均公用经费逐步增长)，尽快让财政教育投入占 GDP 的比例达到国家要求的 4%。

第二，依法多渠道筹措教育经费，国家规定的教育费附加以及相关税费，要应收尽收，避免"跑冒漏滴"，并切实管好用好。

第三，按照教育部的要求，对需要配套的经费切实配足，绝不打折扣。在这方面重庆有过教训。1998—2002 年，教育部总共只投给重庆教育经费 9 000 多万元，不是教育部"小气"，而是重庆配套没跟上，第一年的配套不到位，第二年的拨款就会受影响，形成了恶性循环。

第四，对非义务教育阶段，探索教育产业发展的运行机制，调动社会力量兴办教育，鼓励和支持社会力量办学，大力提倡民间机构、企业公司、个人投资办学。非义务教育阶段不能单纯依靠财政发展，关键是建立起规范的市场秩序。

第五，建立和完善教育成本分担机制，适度提高学费在教育培养成本中的比例。有些费用该由家长负担，有些费用该由社会和政府共担。也就是说，在合情合理的情况下，应该提高学费标准，提高后贫困家庭的学生通常可以获得减免。如果为了照顾低收入群体而降低学费标准，让高收入群体也享受了低标准的好处，但财力却跟不上，就会得不偿失。从这个角度讲，有必要研究如何建立合理的教育成本分担机制。

第六，对于办学捐资，税务上可以抵扣。后来，对民办学校的发展，重庆出台鼓励政策，专门量身定制了 10 条实打实的优惠政策。

第七，在增加教育资金投入的同时，盘活存量教育资源用于再投入。凡是已经进入大学、中学、小学的教育资源，都归教育系统利用。比如学校已经占有的土地，如果退出搞商业开发，产生的增值就归这所大学、中学或小学所有。教育资源不能流失应该成为一个基本政策。过去，一所学校如果关停并转了，那么这块土地可能就被其他单位拿走了。其实，如果一所学校要搬迁，那么原来的土地可以置换转让，所得的土地收入可以成为新校区建设的重要资金来源。

第八，在金融机构的支持下积极探索教育贷款、教育储蓄、教育保险等融资新途径，引导和推动教育消费。比如，许多学校投资是通过银行贷款来周转的。如果一所学校要搬迁，要先建成新校区，才能关掉老校区，搬迁后再把这块地卖掉，得到一笔钱补充新校区的建设投资，这中间就需要银行贷款作为周转。另外，在教育储蓄、教育保险等方面，也要加强鼓励。

第九，完善和落实贫困家庭学生资助政策。坚持教育的公平性，必须关注困难群体的教育需求，要通过奖励、贷款、补助、减免等多种形式帮助贫困家庭学生完成学业。

第十，确保企事业单位提取的职工教育经费达到职工工资总额的 1%，并逐步提高到 1.5%，用于职工教育。一个优秀的企业，理应拿出工资总额的 1%~1.5% 投入企业职工的培训教育。这种投资虽然是企业为自己投入的，但最终会流向教育单位，包括成人高校、技校、职业培训中心等，这样就形成了一种良性循环。

这 10 条措施，相当于重组了政府、社会和个人的资金，形成了现代教育投入保障机制；同时，综合运用财政、金融、税收等政策吸引更多社会力量办学，形成了良性的教育投融资系统。

实现财政性教育投入占 GDP 的 4%，关键在于"三个等比例安排"

教育是事关国家民族未来的大事，教育投入的关键还是在各级政府。1993 年《中国教育改革和发展纲要》要求，财政性教育经费支出到 20 世纪末要达到 GDP 的 4%。有一个简单的算法，财政收入占 GDP 的比例一般为 20%，只要财政收入的 20% 用于教育，就可以达到 4% 的目标。但直到 2010 年，全国财政性教育经费支出占 GDP 的比例仅为 3.66%。《国家中长期教育改革和发展规划纲要（2010—2020 年）》再次明确提出，提高国家财政性教育经费支出占 GDP 的比例，2012 年达到 4%。

重庆在"十一五"期间就实现了教育经费支出占 GDP 的 4% 的目标。除了在认识上重视，在措施上，重庆主要抓住了三个要害，即"三个等比例安排"。

其一，地方财政预算内、预算外等比例安排。常规情况下，地方财政支出有预算内和预算外，人民代表大会及其常委会讨论审议的是预算内财政，如果预算内财政安排 20% 给教育，就足额列入。预算外财政方面，往往可能由于教育系统代表或干部不熟悉，被无意地忽略了。但重庆做到了预算内、预算外等比例安排，就相当于多出了一笔教育投入。

其二，地方财政预算、决算等比例安排。通常情况下，预算安排都比较谨慎，比如预算增长 15%，但到了年末决算时可能实际增长了 25%。一般地，超过预算增长率的这 10 个百分点的增量部分，往往不会补给教育，而是用到别的地方。对于年底决算的增量部分，重庆依然会等比例安排给教育。

其三，地方财政决算、中央财政决算等比例安排。一般地，每年4月，中央决算就出来了，往往也会超收，为实现年度平衡，就会把超收的一部分转移给各省区市。对于这笔钱，是否会想到也分20%给教育？重庆做到了这一点，这确实是因为作为分管财政的常务副市长，我深知财政分配的奥秘，又热心于教育。许多教育专家是不知道这些的。

实际上，只要盯着三个比例——预算内和预算外、预算和决算、地方决算和中央决算，都按20%的比例安排给教育，就可以达到教育经费支出占GDP的4%的目标。不按4%这一比例进行支配，通常有两种理由。穷的地方的财政说钱太少，要办的事太多，拿不出4%的钱办教育，有一定道理。富的地方的财政说，教育已经很发达了，用不着数百亿元投入教育，乍一听也有道理：校舍、实验室各种设备都很好，师资力量和老师的待遇都不错，如果GDP为2万亿元，按4%的比例安排给教育，那么每年就是800亿元投入教育，看似没有必要。实际上，2012年美国的GDP超过16万亿美元，即便受金融危机影响，政府债务很重、财力很紧张，教育支出仍占到GDP的5%左右。可见，对教育的投入是多了还是少了，实际上是一个对教育重要性理解是否到位的问题。

对学校负债约法三章

总体看，2003—2010年，重庆财政性教育投入达到700多亿元，其中200多亿元投向义务教育，300亿元左右投向高等教育，100多亿元投向包括普通高中和中等职业教育在内的高中阶段教育。这是一次性"硬件"投入，学校运行就会涉及负债经营的问题。对于学校负债问题，关键是把握尺度。

重庆与各学校约法三章：大专院校可以负债，但负债率不能超过总资产的 30%，如果超过 30%，学校校长就会忙于找钱、躲债，把教学放到次要位置；普通高中、中职学校的负债率不能超过 20%；初中、小学属于义务教育，财政保障投入，不能负债。只要做到这三条，教学秩序、经费保障都会比较稳妥，否则就会出问题。重庆把这三条作为地方性财务制度来约束各区县、各学校。

8 年实现"三大突破"

在教育普及阶段，资金保障是最重要的问题。投融资问题解决后，教育事业就会得到快速发展。重庆用 8 年时间走了三大步。

第一步，在西部地区率先实现全面"普九"。直辖之初，由于渝东南、渝东北有大量贫困山区，重庆义务教育普及率只有 18.9%，是中西部省份中最低的地区之一。到 2006 年，重庆率先在西部地区 12 个省区市中实现了百分之百全面"普九"，并通过了国务院的验收。这是一个重大突破。

第二步，在"普九"的基础上用 4 年时间实现了"普十二"。2003 年以前，高中阶段教育一直是重庆教育的瓶颈。当时，全市中考升学率仅有 30%。随后几年，我们努力推动普通高中和职业教育并行发展，高中阶段教育也补上来了。到 2010 年，重庆中考升学率达到 90% 以上，按照教育部的标准，实现了高中教育的全面普及。当时全国中考升学率的平均水平只有 80% 左右，作为西部地区，重庆能够超过全国平均水平，与东部地区同步实现"普十二"，又是一个重大突破。

第三步，大学毛入学率达到 30%，步入大众化阶段。直辖之初，重庆大学毛入学率只有 8%，全国是 14%。2010 年，全国平均水平达到 26.5%，重庆则提升到 30%，领先于西部其他地区。到 2016 年，进一步达到了 43%，赶上了沿海地区的平均水平。

办好六件教育民生实事

教育是最大的民生，教育公平是起点上的公平。教育出了问题，影响的是一代人甚至几代人。在教育普及率大幅提高的过程中，我们集中力量办了六件事。

一是全面实现免费义务教育，2008—2010 年，重庆共免除了 83 亿元学杂费。

二是健全贫困家庭学生资助体系，实现了从幼儿园到研究生教育的全覆盖，每年涉及 400 多万名学生。

三是健全农民工子女入学保障机制。我们确定了几百所城镇中小学招收农民工子女，并实现"两免一补"等；2010 年以来，380 多万农民工转户为城市户口，他们的子女与城市原居民小孩一样就近入学。

四是健全农村留守儿童培养关爱机制。涉及 130 万农村留守儿童，采取了建设寄宿制学校让留守儿童在学校过集体生活、代理家庭、托管、"10+1"模式互助等方式，让孩子们学习有着落、生活有照顾、安全有保障。

五是实施中小学营养餐推进工程，让农村贫困家庭学生中午有一顿爱心午餐。一顿饭、一袋牛奶，一年投入 8 亿元，其中市里补助 1 亿元，区县承担 7 亿元。

六是促进大中专毕业生就业，专门出台了十条措施，效果良好。最近这些年，重庆的大学毕业生就业率始终保持在 90% 左右，中专毕业生就业率达到 95% 以上。

二、解决十大历史遗留问题

资金有了保障，一些历史遗留问题自然就迎刃而解了。

中小学危旧房改造

最难实现"普九"的是欠发达地区特别是农村。这些地方本来就穷，还要努力实现"普九"，因此扩招了大量学生，原来的危旧房只能继续使用，由此埋下了安全隐患，这成为普遍问题。

按照 2001 年的口径，全市有 400 多万平方米 D 级危房。2005—2006 年，重庆花了 20 亿元，消除了中小学校的所有 D 级危房。

2008 年汶川地震后，国家推动"校安工程"，有些校舍的抗震等级不够，需要改造，我们又花了 26 亿元。

解决"大班额、大宿舍"问题

一边拆危旧房，一边继续扩招，于是不可避免地出现了"大班额、大宿舍"现象。有的学校，一间教室里坐七八十个人，一间宿舍里住二三十个人。2002—2006 年，这种现象在主城以外的所有区县都存在。于是，我们下定决心，再投入几十亿元，新建了一批校舍。

寄宿制学校建设

重庆农村多为山区，居住分散，过去到处是"袖珍"学校，一个学校几个年级在一个教室上课，两三个老师教几十个学生，教学质量难以保证。如果实施并校，那么有的学生每天要走一两个小时才能上学，特别是女童，不只会影响学习，连最起码的安全都成问题，因此就需要建设寄宿制学校。到 2010 年，重庆建成了寄宿制学校 2 080 所，提前两年超额完成了 2006 年提出的目标，基本解决了农村寄宿制学校建设问题。

解决农村代课教师问题

在中西部地区，农村非常缺教师，城里的教师、大学毕业生都不愿意到农村任教。

本来农村的教师就不够，又大量扩招学生，于是产生了大量的代课教师。当时，全国有几十万名代课教师，重庆就有 1 万多。代课教师教书一二十年，但是到退休的时候，不能像编制内教师一样有退休保障，只能回去当农民；而且，上同样的课，编制内教师每月工资 1 000 多元，代课教师往往只有五六百元；同时，编制内教师有津补贴，代课教师却没有。这显然是极大的不公平。

2004 年前后，我收到几十封代课教师的来信，发现这是涉及 1 万多名教师的问题，就下定决心加以解决。当时想把他们吸收为正式编制，但有人说这些代课教师水平不够，转为"公办"教师会降低农村的教育水平——明明已经教了一二十年，过去没有人觉得他们水平不够，要将他们转成正式编制时却说他们水平不够。

为了妥善解决代课教师问题，2005 年我们组织了一次体现教师基本面的水平考试，把重庆历史遗留的 1 万多名代课教师，90% 以上转为了正式编制，剩下的 10% 是考试不合格的，予以了清退。考试及格的被吸收转正的原代课教师还是上原来的课，他们的工资每月至少增加到 1 000 元，一年就是 1 万多元。为此，全市需要补助 1 亿多元，区县政府拿不出钱来，就全部由市级财政承担。

义务教育经费保障机制

2006—2010 年，连续 5 年重庆义务教育生均经费保障标准都比周边省区市高出 1 倍多。义务教育经费保障是中央出 80%、地方出 20%，各地都一样，为什么重庆会这么高呢？

2003 年前后，学校乱收费现象很普遍，这一情况反映到了市政府。我为此做了深入调研，发现当时的收费标准确实太低，小学一个学期 40 多元，初中一个学期 90 多元，高中一个学期 190 多元，如果不"乱收费"，学校根本办不下去。当时的乱收费，责任不在学校，而在制度。道德批判也好，把校长们撤职也罢，都无济于事。为此，我做了一个决定，只要钱都用在了学校，没有塞进个人腰包，一律不予追究。同时考虑收费标准应该实事求是，适度提高。经过深入论证，大体上，小学一学期收费 200 元、初中 300 元、高中 400~500 元，2004 年按照此收费标准运行，并对那些提高收费标准以后还乱收费的学校领导严惩不贷。

收费标准提高了，会不会有学生上不起学呢？不会。对贫困家庭学生，不仅不收费，连课本费都给予补助，2004 年的补助额就达 2 000 多万元。

新收费标准于 2004 年秋季实行，到年底，市监察局报告，反映中小学乱收费的举报少了 80%。

后来，到 2006 年底，国家义务教育经费保障制度出台，中央财政按过去两年地方政府实际的平均收费标准对地方给予补助，而且确定后 5 年不变。因为重庆收费标准高，所以获得的生均经费补助就比周边兄弟省区市多，比如，贵州 530 万学生，国家补助 5 亿元；重庆 370 万学生，补助了 7 亿元。

上面这五件事，是"普九"过程中无法回避的。面对这五个难题，必须实事求是，迎难而上，采取切实措施，解决问题。如果绕道走，仅仅为完成工作任务和任期目标去完成"普九"，相当于"在沙滩上盖楼"，是靠不住的。

历史性地还清了教育欠债

2003 年，我在基层调研，了解到一个情况：一到过年过节，许多校长到处躲债，有的学校大门都被承包商、包工头锁上了，不让学生上学。一查原因，是"普九"欠债造成的。到 2002 年底，全市共欠了 20 多亿元，涉及几千所中小学校。我深深地感到，这不仅是一个社会稳定的问题，而且是一个涉及学生、教师的教育秩序问题，是一个涉及拖欠工程款特别是拖欠农民工工资的问题，是一个政府不能回避、必须迎难而上予以解决的问题。当时，地方财政还很困难，我下决心从市财政先挤了 1.2 亿元，大体上按照市级和区县 1：1 的比例来偿还这笔债务，用完再追加，要求 3 年内还清。

到 2005 年初，再到区县调研时，发现学校被堵门要债的情况还在继续，原来市财政安排的 1.2 亿元才用了 4 000 万元，究其原因，是许多区县没有能力配套——当时有些区县政府的债务相当于当年本级财政收入的200%。为此，我再次专门开会研究，加大对区县的补助力度，第一笔安排了5.9亿元，要求用一年左右时间，在2006年内必须将欠账还清，不得打折扣。在具体落实上，又实行三条措施。

一是实行销号制。市里对区县补助的5.9亿元，不搞平均主义，不是在全市2 000多所学校平均分配，而是集中火力，解决重点，分批销号。首先，各区县把20多亿元"普九"欠债的账单列出来；其次，把20多亿元欠债中最急迫、最不稳定、最不平衡、必须首先偿债的学校名单列出来；最后，各区县根据各自得到的补助额度，实事求是地分配给这些学校。如果某个区县拿到2 000万元，能还清10所学校的"普九"欠债，就先用于解决最急迫的这10所学校的欠债，3个月以后这10所学校就要从"普九"欠债名单中销号。这样，还一批就少一批，用一年时间，逐步偿清这2 000多所学校的欠债。

二是绝不"搭车"。这笔资金必须专款专用，绝不允许弄虚作假，绝不允许挪作他用，绝不允许出现贪污等违法违纪行为。市政府要求各区县绝不能把其他欠债往教育欠债里装，绝不要辜负市委、市政府对教育事业的关心。

三是加强领导。各区县立即成立专门的领导小组和工作班子，加强调查研究，做好基础工作。把"普九"欠债的学校数量、欠债金额等统计好、核实好，把索债、偿债情况摸清楚，按轻重缓急排出次序，第一批钱给哪些学校，第二批钱给哪些学校，工作要做细致，措施要周密。要求各区县在2006年8月底之前把计划报到市财政局和市教委；9月底之前，市财政局和市教委汇总平衡后，将资金划拨到各区县；10月之内，各区县把资金安排给相应的学校；学校拿到资金后，必须立即向债主清偿欠债；年底之前，各区县必须向市财政局和市教委销号。

到2006年底，20多亿元欠债全部还清——这些债务盘根错节，账本堆了半间屋子。这些债务普遍表现为乡镇政府欠债，欠债之后包工头讨钱，学校校长逃难，学校的教育秩序被搞得混乱不堪，区县政府、乡镇政府又没钱，就变成了三角债，造成了社会的不稳定。重庆在全国率先解决了教育欠债问题，很多兄弟省区市也积极跟进。这引起了教育部的高度重视，以重庆的做法为参考，将中西部地区的教育欠债作为全国专项予以支持，最令人感动的是，不鞭打快牛，一视同仁，按同比例将重庆20亿元清欠款予以报销。

重庆的教育欠债除了表面上的"普九"欠债，还有三峡库区学校迁建遗留下来的债务问题，库区辖内需要迁建学校429所，移民聚居区需要新建学校6所，涉及学生24.5万。这些学校按照国务院三建委"原规模、原标准、原功能"的标准提供迁建费用，与实际建设需要的资金相比有20多亿元缺口，如果不解决这些欠债，同样会困扰库区学校的正常运行。为此，我们向国务院三峡办反映情况，后来该问题得到了重视，并在"十五""十一五"期间由三峡后扶资金解决了一部分，重庆市财政补助了一部分，问题得到有效解决。

农村教师津补贴问题

《中华人民共和国义务教育法》规定，教师的平均工资水平应当不低于当地公务员的平均工资水平。事实上，这个问题在2005

年以前是不存在的，因为本来工资水平就差不多。2006 年，国家对公务员工资进行了改革，公务员津补贴普遍提高，比如西部乡镇公务员的工资从过去每月三四百元增加到每月 1 000 多元——但教师津补贴没变化，还是几百元，教师的工资水平与公务员的差距明显拉大。此外，过去学校普遍是通过收取各种杂费来发放教师津补贴的，义务教育经费保障机制改革后，全部是由财政出钱，学生不再交学费，学校也不能收各种杂费。于是，出现了两个反差：公务员工资涨了一大截，教师工资因为经费来源不足，原有的几百元津补贴都保证不了，扣发、少发甚至不发。教师队伍普遍出现不稳定的现象。

2008 年国家出台《关于义务教育学校实施绩效工资的指导意见》。按照文件要求，我们算了一笔账，重庆有 30 多万名教师，每名教师每年 1 万元，全市全年需要投入 30 多亿元。我们下决心按照国家要求，不折不扣地执行落实。重庆由此成为全国第一个执行义务教育学校绩效工资的省级地区。

大力发展中职学校以优化高中阶段教育结构

除了普通高中，重庆在中职学校建设上下了很大功夫。2006 年，市政府出台政策，凡是农村学生、城市贫困学生、库区移民子女等"五类学生"就读中职学校，不仅不收学费，还给生活费补助。大体上，政府对每个学生每年补助 4 500 元，全市每年共补贴几亿元。

政策刺激的结果是，中职生源大大增加，中职学校也加快扩张，形成了"一体两翼"的格局——重庆主城加万州、永川，每年中职学校招生约 20 万人，普通高中也招生 20 万人左右。

努力抓中职教育，不仅让重庆在"普十二"上达到东部发达省市水平，而且实现了国家要求的中职教育与普通高中教育相当的目标，这也符合科学发展观的要求——我国工业特别是制造业竞争力不足的重要原因就是缺乏高水平的技术工人。

中小学标准化建设

教育公平体现在三个层次。第一，普及是教育公平的第一要义。如果适龄青少年中有一半人有书读，另一半人没有书读，哪还有公平可言？

20世纪90年代以来，党中央、国务院大力推进教育的普及发展，包括义务教育的普及、高中阶段教育的普及、大学毛入学率的提高。我认为，这是新中国成立以来中国教育最伟大的进步。

如果熟悉中国人口增长的数学模型，就会更加深刻地体会到，1990—2010年这20年来的教育成就有多了不起——因为这20年正好赶上中国人口生育高峰，适龄儿童、适龄青少年爆发式增长。如果没有"普九""普十二"，没有高校扩招，中国各阶段教育的普及率是会下降的。以高等教育为例，全国大学毛入学率1999年为14%，2010年达到26.5%，在校生则从600万人增长到3 000多万人。学生数增长了4倍，为什么大学毛入学率只提高了10多个百分点？这就是人口基数增长的缘故。同样地，依据人口增长的数学模型，未来我国人口增速将呈下降趋势，哪怕不搞任何扩招，保持现在的招生规模，全国大学毛入学率也可以至少提高10个百分点。

第二，教育普及以后，就要推动均衡发展。在这个阶段，均衡就是最大的公平。普及之后，如果农村的教育设施很差，而城市的教育设施很好，就是不公平。最近七八年，我们把新增教育经费的70%~80%都投向农村，就是基于这样的考虑。

第三，当城乡教育资源配置基本均衡以后，就应当进一步要求城乡学校标准化了。

在消除历史欠债后，重庆的教育公平，就是按照这"三步走"的节奏在逐次推进。到2010年，重庆花了100多亿元解决中小学标准化问题，使60%的中小学校达到标准化要求。到2015年，全市中小学校办学条件标准化率达到84%。

保障扩招后的高校生均经费投入，提升高校学科建设水平

当时流行的一句话——"教育大发展，学术大滑坡"可能失之偏颇，但如果高校扩招后，生均经费得不到保障，大学教学质量肯定会受到影响。解决高校扩招经费问题，也是一笔历史性欠债。20世纪90年代，教育部直属高校扩招了，地方高校也扩招了。扩招前教育部直属高校的生均经费一般为8 000~9 000元，地方高校生均经费为5 000元左右；扩招后，教育部直属高校生均经费有了保障，地方高校则由于地方财政教育经费没有跟上，对扩招的部分，往往是按照原来标准的50%划拨经费，等于"把干饭变成了稀饭"。长期下去，高校的发展就会受到很大影响。

2006年，重庆市政府确定了一个目标，到2010年逐步把扩招前后的生均经费拉平，也就是少了的50%要补上——当时定的标准是生均达到5 000元。为此，每年要投入几十亿元，因为扩招前重庆高校在校生不到20万人，扩招后增加到70万人，新增的50万学生也要按原来5 000元的标准来安排生均经费，算下来就是几

十亿元。之后，我们又提出新课题：1997 年的 5 000 元与 2010 年的 5 000 元，购买力是不一样的，考虑到通货膨胀，生均经费标准提高到 1 万元也是应该的。于是，重庆又进一步增加投入，到 2012 年把生均经费提高到 1 万元，与教育部直属高校相当。

当一个地区的高中阶段教育发展起来后，如果没有成规模、高水平的大专院校，又会形成一个新的瓶颈。在 2006 年之后的七八年里，重庆市政府投入 250 多亿元用于发展高等教育。这个过程中，新办、升格了一批大专院校，高校数量从直辖之初的 20 所左右增加到了 2015 年的 78 所，在校学生数量由 20 万人左右增长到 70 多万人，其中 6 所本科院校经教育部批准成为大学，7 所大专院校升格为本科院校，还有七八个中专升为了大专——这不是揠苗助长，而是硬件投入、师资力量、学科建设提升的结果，是经过教育部专家验收并批准的。

2006 年以来，我们按照教育部有关大学教育每 15 名学生要配 1 名教师的师生比，加大了全市大专院校师资队伍的建设投入，加大了学科建设的投入，在推进"985""211"等一流院校建设的同时，各大专院校也努力推进形成一批一流学科以及一大批博士生、硕士生学位授权点。

三、推动社会力量兴办教育

在重组财政性投入的同时，我们也鼓励各种社会资金办教育。基本的观点是，初中小学，民间资本可以办，但只能办双语学校之类的特色学校；幼儿园在乡镇以公办为主，在城市以民办为主；普通高中、中职学校鼓励民办；大专院校也欢迎有能力的民营企业来办。

推出"十条政策"鼓励社会力量办学

为鼓励支持社会力量办学，重庆市出台了"十条政策"。到 2010 年底，全市民办教育机构达到 2 954 所，在校学生达到 60.2 万人。这"十条政策"在全国具有开拓意义，得到了教育部的高度肯定，并在全国推广。

第一，补助办学经费。一是对中职学校学生的资助，公办、民办一视同仁。市政府对中职学校学生实行资助政策，包括对"五类学生"的生活补助，公办、民办一视同仁。二是适当补助民办高校生均经费。公办高校除了学生缴费，国家还向其拨付生均经费。由于体制不同，这一政策应该有一些差异，对民办高校也可以考虑给予一定比例的补助。

第二，办学优惠政策一视同仁。只要是办学，不管是在城区办学还是在郊区办学，不管是民办还是公办，优惠政策一视同仁。在土地出让金、配套费减免方面，民办学校与公办学校享有同等的政策。但是，绝不能借办学之名划拨土地，然后拿去开发房地产。一旦发现这种情况，政府一定回收土地，绝不允许借办学之名发不义之财。

第三，允许社会资本办学有合理回报，但是教育教学资源与企业资源一定要分开。

第四，教师职称评定政策一致。

第五，学生学籍和学历证书公平对待。

第六，民办学校学生就业一视同仁。政府部门和社会企事业单位在招聘毕业生时，不能对民办学校的学生有任何歧视。

第七，民办学校认证、升格同等支持。市委、市政府不遗余力地推动一部分学校认证、升格，无论是公办还是民办都一样支持，比如帮助永川信息工程专修学院升格。凡是民办高校申请升格，只要条件真正具备，经得起教育部专家的审核，我们都大力支持。当然，民办高校要达到公办高校的水平，不可能一蹴而就，需要经过长期积累，逐渐发展。

第八，对民办教育的资本运作和投融资予以政策扶持。政府支持社会力量办学，做好相关投融资工作。一是支持民办学校投融资。二是政府可给予贷款贴息支持，并发展一些政府贴息的基金，封闭运行。三是推动一些有条件的企业设立民办学校基金会。多种形式的基金会是西方国家高校重要的资金来源。比如，哈佛大学有毕业生捐给母校的基金，由基金公司管理运作。斯坦福大学、纽约大学毕业生捐赠母校的基金，也由费城一家基金公司管理，赚来的钱就是学校的发展资金。社会力量办学发展到一定阶段，一定要进入这个循环。

第九，在招生计划指标、自主招生上支持民办教育。

第十，合理确定高校的收费标准。2012年，我们还把高校学生生均经费覆盖到了民办高校。

此外，对于社会捐赠办学，重庆也有一条政策，即社会捐多少，政府补多少，比如慈善家捐给学校3000万元，重庆市财政就配套给学校3000万元。

我们还在全国首创了教育担保公司，帮学校担保贷款，主要就是面向民办学校，因为公办学校一般不需要担保融资。当时，重庆有300所中职学校，其中民办学校60所，全部资产加起来只有2

亿元，大部分学校是租借中小学的校舍办学。如果一所学校的规模发展到一定阶段，所有设施还是租用的，就可能贻误学生，哪怕办学人的出发点很好，最后也可能搞得很糟糕。所以，需要教育担保公司这样的平台，为民办学校的建设提供帮助。到 2010 年底，教育担保公司同 8 家银行建立起 60 亿元的授信规模，已经对 20 多所学校发放了担保贷款。

普通的初中和小学不鼓励民办

一直以来，重庆不鼓励民办普通初中和小学。初中、小学是义务教育，理应公事公办，有特殊理由办几所国际学校亦无可厚非，但如果办学动机是想通过办初中、小学赚钱，则往往导致"金融三乱"。这方面，重庆有教训。20 世纪 90 年代，在政府财力还比较弱的时候，办了几十所民办中小学，其中一些学校乱集资。这些学校以教育储备金的方式办学，小学生进校时，收取每位学生 10 万元或者 20 万元，到了第 9 年，学生初中毕业后返还 10 万元或 20 万元本金，这些学校在 1993 年、1994 年刚开始办学时处于"只收不还"阶段，运行一切正常，到 2001 年和 2002 年第一批入校学生毕业要还款了，校方还不上，引发学生和家长大量上访，甚至出现堵公路的情况。2003 年，情况反映到我这儿后，我跟教委的同志严厉说道："等到学生家长上访了才想到解决问题，太没有预见性！这实质上属于'三金三乱'，凡搞教育储备金的，不管有没有出现上访，都坚决予以取缔。"当时我提出四条要求：第一，集资的钱全部还给学生；第二，学生按教育部规定的收费标准付费上学；第三，原来的出资人如果破产，由新的出资人投资托盘，还账运行；第四，今后严禁再搞这种乱集资、"老鼠会"式的民办中小学。

推动民办大学办出水平

发展民办大学是现实需要。当时，我们定了一个目标，到 2020 年高校毛入学率达到 50%。测算下来，以重庆 3 300 万人口为基数，到 2020 年的时候，高校在校学生应该从 2011 年的 75 万人发展到 100 万人左右。经测算，新增的 25 万人中，公办承担 40% 左右，其余的 60% 主要是靠民办。重庆市政府鼓励创设民办大专院校，在进一步扩招中发展，对民办大学给予优惠政策和鼓励措施，就是要从体制机制上解决这些问题。可以引进国际力量、沿海力量，也可以依托重庆本土的各种教育投资者。

体制机制问题解决后，学校要办出品牌还得靠自己。学校不论是公办还是民办，"山不在高，有仙则名；水不在深，有龙则灵"，以什么为办好学校的标志呢？杨福家先生任复旦大学校长时讲的一番话很到位，一共六条：一是有良好的硬件资源；二是有好的师资，特别是"大师"；三是学科建设有特色；四是校长是一个教育家，有理念、有风格、有魅力；五是校园文化；六是资金要有保障。这六条，是包括民办学校在内的各类学校办得好的标准。

四、建设"五个一体化"大学城

整合资源建设大学城

20 世纪 90 年代，在全国大规模扩招前，全国 600 万名在校大学生，重庆有 8 万名，约占全国的 1/70。到 2004 年，全国有 2 000 多万名大学生，人数翻了两番，重庆只有 20 多万名，占比已下降为不到 1/80，增长率明显落后于全国。

当时，重庆 40 多所高校可谓"螺蛳壳里做道场"，总共占地 5 平方公里，生均占地仅 20 平方米左右，许多大学的占地只有四五百亩——唯一超过 1 000 亩的是重庆大学，但学生有 3 万多人，生均占地面积只有 17 平方米，仅相当于国家标准——生均 50 平方米的 1/3。在重庆几乎所有高校，很多新生已经住不进学校宿舍了，有的学校在校外租房作为宿舍，有的学生独自在校外老百姓家里租住——不只是学生宿舍不够，教室、实验室、仪器设备也都不够。

为了解决学校空间狭小的问题，2000 年以来，许多学校各自提出了就地扩张或异地搬迁的规划，但是几年下来，由于存在各种烦琐的基建手续办理问题、动拆迁问题、基础设施建设问题，对于学校管理者来说是秀才遇上兵、举步维艰，真正开建的只有西南政法大学。了解到这些情况后，我逐渐形成了集中建设大学城的思路，并提了出来。

2003 年，"大学城"曾是过街老鼠，原因是 20 世纪 90 年代中后期，一些地区打着建设"大学城"、兴办教育的旗号大搞房地产开发，建了上千万平方米的房子，然后去找北京、上海的高校来开分校。一大堆学校无中生有、有名无实，就形成了泡沫，受到国家有关部门的批评。但重庆的情形完全不同，国家批准了重庆 20 多所高校异地扩建或者就地扩张，其中异地扩建的就有 10 多家。于是，我们把需要异地扩建的 10 多所高校集中到沙坪坝西永地区，建设一个真正的大学城。为什么要把大学建在一起呢？这样至少有两大好处。

第一，可节约土地资源，提高土地资源和资金使用效益。重庆直辖以来，城市建设突飞猛进，建设用地十分紧张。每所高校都在城区内征地扩建已不可能，必须到主城周边异地建设。若干所高校集中在一起，可避免基础设施和公共设施的重复建设。

第二，优化配置教育资源，形成教育规模优势、集合效应。大学城建成后，得益于优化配置教育资源，共享优质教学资源，各院校优势互补、突出特色、竞相发展，各院校的综合实力和水平必然大大提升。同时，十几所大学集合在一起，可形成明显的规模优势，产生强大的集合效应，增强重庆高等教育的发展优势。

达到这样的效果，必须以"五个一体化"为前提，这是在2003年做出集中异地扩建决策时就明确的：一是教室、计算机网络等教学设施一体化，二是实验室等科研设施一体化，三是学生宿舍、食堂等生活设施一体化，四是科技馆、图书馆、博物馆、文化馆、医院、体育场等文化体育设施一体化，五是超市、餐厅、银行、书店等后勤服务设施一体化。

"五个一体化"首先要体现在规划上，但最初各高校做出来的规划都不太理想，我就让市教委带领各个大学的校长和工作人员，分组到欧洲、美国考察。我认为，这些人在考察后做出的校区规划方案与考察前相比，其内涵、境界大相径庭，高下立判。此后，就按照"五个一体化"的规划一直做了下去。

向土地要大学城建设资金

十几所大学完成高水准迁移新建，至少需要200亿元。钱从哪里来？财政是没有这个能力的——2003年重庆地方预算内财政收入只有 207 亿元。

这时，"八大投"中的地产集团上场了。当时，市政府在西永地区划拨了 3 万亩地，其中 2 万亩作为学校及道路等基础设施建设用地，1 万亩作为储备地，由地产集团担当业主，2 万亩地的基础设施及校园以外的公共设施的建设由地产集团负责，1 万亩储备地交由地产集团用以资金平衡。按 2003 年的行情，大学城基础设施建设成本要 50 亿元，而当时大学城所在区域还是远离主城的郊区，一亩地的市价只有 20 万元，1 万亩地只值 20 亿元。从静态看，资金是无法平衡的。但从长远看，按照土地储备的逻辑，情况就大不一样了——当基础设施修建好，大学建起来，学生入驻时，储备土地自然会增值，如果地价涨到 100 万元一亩，就完全可以实现资金平衡了。现在，这个区域的地价已经远远超过 100 万元一亩了。

基础设施和公共设施建设的资金有了来源，各个大学的校园建设的钱又从哪里来？土地置换——因为老校区都在主城核心区，把老校区的土地以几十万元一亩卖掉，到新校区所在地买几万元一亩的土地，通过级差地租就解决了校园建设的资金来源问题。为此，大学城领导小组开会决定，进入大学城的高校可以享受以下优惠政策：一是公益性项目的建筑施工营业税及附加按"收支两条线"的办法全额返还；二是土地出让金和城市建设配套费按"收支两条线"的办法全额返还，用于大学城基础设施建设；三是新增建设用地费和耕地开垦费优惠收取；四是进入大学城的高校，凡因搬迁而置换老校区所产生的交易契税、土地出让金，按"收支两条线"的办法全额返还学校，用于新校区建设；五是校区置换产生的利益全部留给学校。此外，还有一条：入驻大学城的高校，新校区每亩地除了向国家缴纳 2 万元税收，征地动迁成本只需出 5 万元，另外的

7万元由地产集团负担，一并从土地储备收益中平衡。

由此，重庆大学城的建设快速推进，2003年启动，2005年第一批2万名学生就开始上课了。到2010年，规划中的15所高校已经建好，初期10多万名学生全部入驻。这时，到大学城走一遭，已经有国际名校大学园区的感觉了。

整个大学城建设累计投入200多亿元，其中80多亿元是学校自身投入，120多亿元由地产集团投入，从资金的投入回收来看是平衡有余的。

大学城补上了重庆高等教育基础设施的欠账

以大学城建设为龙头，重庆恶补高等教育基础设施欠账，大学城占地面积增加了10多平方公里，其他11所就地扩张和"单飞"异地扩张的大学也增加了10平方公里，各区县为推动高等教育发展推进的一些单个项目又扩张了10多平方公里。于是，重庆高校的占地面积从原来的5平方公里增加到40平方公里——70万名学生，生均60平方米，超过了教育部规定的生均50平方米的标准，因此既补了欠账，又为今后的发展留下了空间。从建筑面积看，2003年全市高校只有500万平方米，2010年增加到2 000万平方米。

有人说，大学不能光靠建大楼，关键要有大师。这话非常正确。如果只造大楼，没有精气神、没有大师，也不重视学科建设、不重视科学研究，那是办不好大学的。在大学城规划建设的时候，我们就致力于打造一个互相促进、资源优化配置的体系。入驻大学城的高校，有两三所重点大学，它们的校风学风、学科建设、校园文化会互相感染，带动其他10多所大学形成比学赶超、互动提升的良好氛围。

大学城已经成为重庆建设西部教育高地的基础平台。在中国西部，重庆大学城是目前为止学校集聚最多、学生数量最多、教育规模最大、城区布局最优的大学城。我们继续推进三个融合：一是学校与学校之间的融合，也就是"五个一体化"；二是学校与城市之间的融合，把大学城周围的商业、住宅、金融、娱乐等协调推进——这里也是重庆中央商务区的分中心，就像牛津街一样，游客可以游玩半天；三是学校与产业的融合，推进产学研一体化，这一点在大学城建设之初就体现出来了。

笔记本电脑生产基地的起点

到 2015 年，重庆无中生有地创造出年销售值 5 000 亿元、全球"三分天下有其一"的笔记本电脑生产基地，最初的起点就在大学城。在争取西永综合保税区获批的过程中，大学城和已经有数百亿元产值的西永微电园成为重要的加分因素。之所以有西永微电园，也离不开大学城的号召力。

2005 年，台湾茂德芯片项目、惠普软件项目落户西永时，西永还是一片荒芜，是大学城让它们下了决心——当时主要还是看到大学城的规划，有 20 万名学生，这些让它们想到了硅谷、新竹，信息产业就有了支撑。

大学城直接推动了西永微电园的诞生。有了大学城，有了西永微电园、西永综合保税区，一个西南最大的集装箱运输枢纽也布局到了紧邻的团结村——这里已经成为渝新欧国际铁路联运大通道的起点站，是内陆变为开放桥头堡、西向欧洲的出发点。围绕这个枢纽，一个有 20 万人为之服务的物流中心正在形成。如此一来，加上大学城里的三四十万名师生、西永微电园的四五十万名员工，一个集结百万人口的现代化新城区就形成了。

高效的工作推进机制

大学城建设是全市各部门及相关区县通力合作、高效运行的典范，有一些推进工作的体制机制后来被运用到了两江新区的建设上。

在大学城建设过程中，我们没有让校长搞征地动迁、"七通一平"，而是请他们直接交钥匙——校长们只管校园内的建筑和布局，善于征地动迁的地产集团和大学城所在沙坪坝区政府，对 15 所学校占地 2 万亩的校园统一动迁。在校区外部的基础设施、"七通一平"方面，修了 60 公里道路，建了 100 多万平方米安置房，搬迁了 100 多家企业，还包括贯通污水管道、自来水管道、电力管道等，都是地产集团、沙坪坝区政府和市政府各部门、相关企业一起联动完成的。下一步就是大交通建设。大学城建得再好，如果与城市系统的联通不畅，就会变成"盲肠"、死角。2003 年从市中心到大学城要 1 个多小时，2005 年渝遂高速公路紧邻而过，2011 年二环高速公路也通车了，从市中心到大学城只需要半小时。再进一步，地铁一号线终点站设在大学城。仔细想一下，其实整个重庆主城的基础设施都为大学城的建设做出了贡献，才会使大学城各方面的条件得到极大的提高和改善。

在大学城建设过程中，重庆还采取了市区共建模式。地产集团和沙坪坝区合资成立了大学城开发建设公司，过去市级企业和区县政府往往是博弈关系，现在变成了利益共同体。两江新区、北部新区的很多重大项目开发也采用了这种模式。这种模式更大的好处在于，没有对行政体制进行过多的调整——因为行政体制调整往往会伤筋动骨。

　　得益于上述一系列资源重组，重庆教育事业蓬勃发展，面貌有了极大改观，得到了教育部的充分肯定，受到新华社、《中国教育报》等媒体的广泛关注，被誉为"中国教育的重庆现象"。回顾重庆教育的发展，这是在落后的起点上实现的涅槃。人还是那些人，钱还是那点钱，土地还是那片土地，只是改变了事物运行的原有路线，重组了存量资源之间的既有结构，整个棋局就盘活了，从而开创了一段精彩的发展历程。

第十章

地方金融资源的优化配置与管理

2002 年时，重庆的金融发展很困难。首先，重庆是一个金融资源贫瘠的地方，内资银行的省级分行只有 17 家，外资银行 1 家，保险公司 7 家，信托投资公司、证券经营公司、期货经营机构、财务公司、资产管理公司等非银行金融机构凤毛麟角。各项存款余额 2 800 多亿元，贷款余额 2 200 多亿元。上市公司只有 27 家，上市公司数量占全国的比重从 1998 年直辖之初的 1/30 降至 2002 年的 1/40，上市公司总市值仅有 500 多亿元，平均每股收益只有 5 分钱，且普遍亏损严重，有 10 多家公司已经 ST 或者将被 ST。保费年收入不到 50 亿元，保险密度不到 2.5%，低于全国平均水平 1 个百分点。其次，金融机构亏损严重，几乎每家银行都是亏损的，特别是前面章节已经提到的重庆市农村信用社、重庆市商业银行、重庆信托、万州商业银行、西南证券等地方金融机构，坏账多，资本金不足，现金流断裂，全部濒临破产的境地。再次，金融不良率很高，全市银行贷款余额 2 200 多亿元中，不良资产高达 420 多亿元，不良率接近 20%。最后，金融业占 GDP 的比重很低，只有 3.8%，低于全国平均水平 0.8 个百分点。这种状况使我忧心忡忡。

对一个地区的经济社会发展来讲，金融的重要性是不言而喻的。货币政策、宏观调控、金融机构监督管理的主要职能在国家相关部门，作为地方政府抓金融工作，我认为，最主要的是抓好四个方面的事：一是着眼金融为实体经济服务，引导金融机构将更多金融资源投向经济社会发展的重要领域；二是帮助金融机构构建良好的地区金融生态，着力帮助金融机构解决困难，弥补发展短板，特别是消除薄弱环节，健全金融生态体系；三是帮助地方金融机构申请各种牌照，形成全牌照金融体系，增强金融机构为实体经济更好服务的能力；四是发展区域性要素市场体系，使得资金和资源要素得到优化配置，在优化社会融资结构上下功夫。总体上说，地方政府抓金融，应主要围绕上述四个方面展开。

一、推动金融更好服务实体经济

金融的要义是为实体经济服务。如果不为实体经济服务，这个中心就变成以自我为中心，就会异化为一个"卡拉 OK"、自拉自唱、虚无缥缈的东西。金融只有在为实体经济服务的过程中，在围绕实体经济运转的过程中，才能成为中心。"百业兴，则金融兴；百业稳，则金融稳"，这两句话应该成为金融界的基本信念。金融更好服务实体经济，根本是要提高金融服务实体经济的效率和水平，促进经济发展质量改善、效率提升、动力转变。这是银行、证券、保险等各类金融机构发展各类业务的根本宗旨。在具体推进中，关键是要把更多金融资源配置到经济社会发展的重点领域和薄弱环节。具体而言，应该主要抓好以下六个方面。

引导信贷资源促进产业优化升级

以技术创新为基础，以金融支持为杠杆，推动产业做大做强和转型升级。不断完善工业企业投融资体系，搭建起银企常态化对接合作平台，积极通过银行授信、银团贷款、项目融资、专项贷款等融资方式，支持千亿元级产业集群、百亿元级企业集团顺利发展。重点投向有三个方面。

一是支持汽车、电子信息、石油化工、机械装备、钢铁有色、轻工纺织等传统支柱产业的升级改造，支持包括集成电路、液晶面板等电子核心部件，物联网，机器人及智能装备，石墨烯及纳米新材料，轨道、通用航空等高端交通装备，新能源及智能汽车，新材料化工，页岩气，生物医药，环保产业在内的十大战略性新兴产业。

二是支持以生产性服务业、新型服务贸易为重点的现代服务业，包括从产品到部件的产业链研究开发，产业链金融服务，产业链物流，产业链各环节市场准入的检验检测，产业链环保生态服务，产业链数字技术赋能服务，产业链产出产品的贸易、批发零售及售后服务，产业链关联企业的会计、律师、信息咨询等专业人才服务，产业链的专利保护、品牌推广和服务外包等。

三是支持以产销一体化为特征的农业产业链发展，包括柑橘、榨菜、生态渔业、草食牲畜、中药材、茶叶、调味品七大特色农业产业链。

充分发挥资本市场作用

多层次资本市场的快速发展，为企业多样化直接融资提供了便利。鼓励企业通过发行股票上市，以及通过股权投资基金、产业投资基金、信托、债券等方式拓宽直接融资渠道。大力挖掘和培植上市后备资源，简化拟上市企业辅导监管流程，培育更多企业上市和在新三板挂牌。支持上市公司及其他符合条件的企业扩大债券发行规模。推动更多优质企业到新加坡等国外市场挂牌上市或发行债券。

并购重组是资本市场的一项基础性功能，是盘活资本市场的重要举措。鼓励上市公司通过资产注入、引入战略投资、吸收合并、整体上市等多种方式做优做强。督促业绩较差的上市公司开展资产重组，恢复持续经营能力和再融资能力。对自救无望的上市公司，帮助其引进有实力的战略投资者，注入优质资产恢复持续经营能力。

支持证券基金期货机构创新发展，服务金融薄弱环节。支持西南证券大力推进业务和产品创新，获取更多业务资格，提升国际化发展水平。鼓励有实力的基金公司设立分支机构。鼓励期货公司增资扩股，设立风险管理子公司，依托股东背景拓展业务范围。促进私募基金依法诚信运作，引导民间资本、外资参与创业投资，促进中小企业发展。

强化供应链金融

供应链金融的本质是按照供应链的交易特点，将核心企业和上下游企业联系在一起，提供灵活运用的金融产品和服务的一种融资模式。一方面，通过将资金有效注入处于相对弱势的上下游配套企业，解决中小企业融资难和供应链失衡的问题；另一方面，将银行信用融入上下游企业的购销行为，能够增强其商业信用，促进中小企业与核心企业建立长期战略协同关系，从而提升供应链的竞争能力。

供应链金融通过应收账款融资、未来货权融资、存货融资等方式进行融资，可以由银行提供服务，也可以是小贷、信托、保理等非银行金融机构提供服务。可以说，鼓励各类金融机构参与实体经济的供应链金融服务，形成金融机构主导、核心企业信用支持，为供应链的上下游企业提供完整的金融服务，是地方政府明智的工作措施。

这些年，重庆以产业链的龙头企业为依托，支持银行并设立财务公司、租赁、保险、小贷、担保等一大批非银行金融机构，围绕产业链、供应链开发金融产品，根据上下游中小企业资金需求，及时提供金融服务。比如，设立了全国第一家专注于汽车产业链销售和消费环节，提供全国性、全品牌、全车型服务的创新型汽车金融公司，到2016年底，该公司累计为400多家企业提供金融服务。再如，华夏银行重庆分行推出"汽车全链通"产品，对长安汽车等整车企业和300多家销售、维修、售后服务商授信40多亿元，极大地缓解了中小企业的资金难题，帮助其扩大了产品市场规模。

发展科技金融

建立以科技天使投资、科技信贷、科技担保、科技保险等为重要支撑的科技金融服务体系。推进知识产权质押担保、股权质押担保、应收账款质押担保，探索建立知识产权质押融资担保风险分担和补偿机制。鼓励科技企业通过多层次资本市场实现融资。引导创投（风投）机构加大对创业企业的投资力度。设立创业种子投资、天使投资、风险投资引导基金各 10 亿元，到 2016 年底科技创业风险投资总规模达到 220 亿元。支持科技型中小微企业在新三板挂牌，推动有条件的企业 IPO 和增资扩股。

弥补"三农"和小微企业金融服务短板

强化金融支农支小。实施银行差异化信贷审批、风险管理等制度和激励考核机制，完善农村地区商业性金融、政策性金融与合作性金融的融合发展机制，提升农村金融服务的能力和水平。抓好"两权"抵押贷款试点，做大农村产权抵押融资规模，保持涉农信贷持续增长。扩大大病保险、农业保险、行业责任保险等覆盖面，推广土地收益保险、指数保险等产品，启动巨灾保险试点。规范发展农村合作金融，开展村级金融服务组织试点。搭建小微、创客金融服务平台，做实无形资产质押、仓单质押、保单质押、无还本续贷、循环贷款等新产品和服务，力争实现小微贷款"三个不低于"目标。机构方面，推动村镇银行覆盖全部区县，发展一批小微企业专营支行，有序发展银行科技支行、社区支行、小微支行、小贷公司、融资担保公司等机构体系。产品方面，积极推动创新一批信贷、保险、互联网小贷、消费金融新产品，涉农、小微企业贷款余额年均增长多年高于全市平均水平。服务机制方面，深化农村产权抵押融资改革，发挥政府、银行、担保公司合力，逐步构建以支持小微、三农为导向的财政补贴、风险分担机制。基础服务方面，到 2016 年底，设立了 4 093 个金融网点，流动服务覆盖 85% 以上行政村，银行卡跨行助农取款实现涉农区县全覆盖。

加强金融精准扶贫

出台了关于金融精准扶贫的实施意见，创新金融产品与服务机制，完善金融基础设施，发展农村普惠金融，对贫困地区实行金融政策、资金、技术等倾斜。比如，完善不良容忍度机制与优化激励考核机制相结合，区分贫困区县与非贫困区县经济发展基础、社会信用环境等，因地制宜、一行一策，科学制定"涉农"与"小微"不良贷款容忍度，积极推行尽职免责，发挥考核"指挥棒"作用，大力缓解对精准扶贫经济主体的慎贷、惜贷情况。优先满足贫困区县700多个基础金融服务空白村"存、取、贷、汇、缴"等基础金融服务需求，优先支持贫困区县物理网点转型升级与村镇银行等新型农村金融机构下沉服务重心，优先推广电子化手段助推农村普惠金融发展。进一步探索农村产权抵质押产品创新，拓宽建档立卡贫困户财产性收入渠道。积极开展银政、银保、银担、银协合作创新，为建档立卡贫困农户融资增信。围绕渝东南、渝东北农村人口特别是贫困人口向城市发展新区、区县城、小城镇梯度转移，积极创新金融产品与服务。

二、构建全牌照金融体系

金融具有全局性、穿透性、复杂性、叠加性、系统性等显著特征，要求顶层设计、自上而下推动。如果肆意放纵下属单位无厘头创新，这种自下而上、由点及面的改革，往往是无根之木、不成气候，不问本原而盲目创新，最终必然无疾而终、有始无终。我认为，作为地方政府，金融改革不是自己去搞所谓的"创新"，这样迟早是会闯祸的，工作重点要立足于把国家出台的政策用足用好用活，围绕服务于实体经济，服务于产业链，争取各类金融机构和牌照系统配套、应有尽有、有效运转。而国家相关部门每年都会根据形势发展需要推出一批改革开放创新的新举措、新政策，最终体现为新的牌照、新的许可。为此，每年初，我都会密切关注相关部门年度工作报告中出现的新政策、新牌照，然后要求市金融办会同相关部门驻重庆机构认真研究，积极争取重庆成为试点单位。因为我知道，作为一个金融企业、一个地市以下规模有限的地区，没必要脱离实际需要去争取全牌照运营体系，但对于一个省级地区、一个直辖市而言，面对各式各样的经济发展需要，多一些不同类型的金融牌照，形成全牌照的金融体系，对经济发展有重要的推动功能。这些金融牌照的功能一旦发挥出来，就代表了一个新市场的崛起，代表了金融资源要素的优化配置，代表了各类专业人才的集聚，就会为重庆金融业发展不断拓展新的空间和领域，不断增强集聚辐射和带动效应。

比如，2007 年前后，中国银监会出台了发展小贷、租赁、担保公司的政策，于是我督促市金融办等部门积极跟进，5 年发展了 500 多家非银行金融机构，形成了 1 000 亿元资本金资产规模。在此基础上，着重提高质量、优化结构，保持了稳定发展态势。又如，相关部门相继推出了金融租赁、消费金融、第三方支付、金融保理、互联网信用服务、财务公司等新的金融牌照，重庆精心策划、积极申请，银监会非银行金融机构牌照基本实现全覆盖。到 2015 年底，地方非银行金融机构达到 1 500 家，资本规模达到 2 851 亿元，增加值占到全行业的 17.3%。

担保公司助推中小企业融资

担保公司的作用体现在，当个人或企业向银行借款的时候，银行为了降低风险，不直接放款给个人，而是要求借款人找到第三方（担保公司）为其做担保。担保公司会根据银行的要求，让借款人出具相关的资质证明并进行审核，之后将审核好的资料交到银行，银行复核后放款，担保公司收取相应的服务费用。

解决中小企业融资难、融资贵问题，担保是不可或缺的环节。一般来讲，中小企业大多缺少融资信用，要想让银行在企业没有太好信用的情况下直接发放贷款就会很困难。而担保公司具有中介作用和催化功能，它们熟悉这些企业的经营状况和发展潜力，在贷款过程中通过收取适度的担保费，一方面可以降低银行信贷风险，保障金融债权的安全，另一方面可以解决企业信用不足的问题，帮助企业成功获得融资，可谓"两全其美"。当然，担保费率也不能收得太高，《中小企业融资担保机构风险管理暂行办法》规定，一般控制在同期银行贷款利率的50%以内。由于担保公司主要是为中小企业提供融通服务，具有一定的公共服务属性，如果完全靠社会资本来投入，可能出现唯利是图或鞭长莫及的情况，为此，国有、民营要"两条腿"走路。2006年，在大力支持100多家民营担保公司发展的同时，我要求市金融办、市国资委筹备一家国有资本控股的担保公司。于是，重庆成立了当时全国资本金规模最大的国有担保公司——三峡担保，到2016年底注册资本金45亿元，其中重庆市国资委注入30亿元，国家开发银行注入15亿元，累计为近5万家企业项目提供各类担保金融2556亿元，在中西部担保机构中率先突破2000亿元大关，平均担保费率不到2%。为盘活"农房、农地、林地"等农村沉睡的资产，2011 年重庆成立了全国第一家专司农村"三权"抵押融资的兴农融资担保公司，市国资委注入 30 亿元，再吸引中国农业发展银行注入 15 亿元，形成 45 亿元注册资本金，兴农融资担保公司又在 30 多个区县各组建一家注册资本金在 1 亿元左右的子公司，逐步形成具有 80 亿元资本金的覆盖全市的"伞"形担保体系，可担保贷款 800 亿元左右。此外，还组建了中小企业担保公司、教育担保公司等国有担保机构。

与此同时，重庆也发展了一批民营担保公司。2003 年以前，重庆担保公司资本金只有 2 亿元。截至 2016 年底，形成了以国有资本为主的担保机构体系，市属融资担保机构数量、资本规模、业务量分别占全市的 45%、60%、75% 左右。2016 年底，全市担保机构达到 148 家，注册资本总额近 400 亿元，总资产 500 多亿元，在保余额 3 000 亿元，担保放大倍数 3.4 倍。

小贷公司发挥融资急救功能

小额贷款公司，是由自然人、企业法人与其他社会组织投资设立的，不吸收公众存款，经营小额贷款业务的有限责任公司或股份有限公司。与银行相比，小额贷款公司更为便捷，适合匹配中小企业、个体工商户的资金需求；与民间借贷相比，小额贷款更加规范，贷款利息可双方协商。

小贷公司能解决什么问题？小额贷款公司的最高利息可以是银行基准利率的 4 倍，是中小企业救急用的，不能用于长期项目——如果一个项目需要几年，那会承受不了这个利息。但当某家企业的一笔贷款到期了，下一笔贷款到位还要等上 10 天，这 10 天里小贷公司的资金就可以先垫进去，为这 10 天的资金周转花 4 倍于基准利率的利息，也不至于伤筋动骨。当然，如果小贷公司的年利率达到 50% 甚至 100%，就变成放高利贷的公司了，那它肯定也不会有市场。正因为小贷公司具备这种救急功能，它才可以发展成一种产业链金融。如果一家大企业和金融企业合作，创办了小贷公司，利息比民间融资低一点，一方面可以为产业链上游提供零部件和半成品的各类中小企业解决资金困难，另一方面可以稳定供应链，而且不容易坏账。这方面，重庆的四联集团做了一个尝试：重庆出口信用担保公司和四联集团联合组建的小贷公司，为几百家供应商提供了服务。民营企业也快速跟进，苏宁公司在重庆开办了它在全国的第一家小贷公司，阿里巴巴也在重庆布点，它们瞄准的都是产业链金融。到 2016 年底，在重庆开业的小贷公司有 270 多家，注册资本金近 700 亿元，居全国第二位，累计贷款过万亿元，贷款余额1 200 亿元，居全国第一位。

财务公司增强企业集团融通能力

财务公司又称金融公司，是在集团内部形成资金池，为企业技术改造、新产品开发及产品销售、原材料采购提供金融服务，以中长期金融业务为主的非银行金融机构。中国的财务公司不是商业银行的附属机构，是隶属于大型集团的非银行金融机构。

21 世纪以来，财务公司得到了较快发展。这类新型金融机构发展起来有什么好处呢？一是通过资金管理和使用，促使企业从粗放型向集约型转变。二是以资金为纽带，以服务为手段，增强集团公司的凝聚力。三是及时解决企业集团急需的资金，保证企业生产经营的正常进行。四是增强企业集团的融资功能，促进集团公司的发展壮大。五是打破现有银行体制资金规模按行政区域分割的局面，促进大集团公司跨地区、跨行业发展。六是促进金融业内部充分竞争，有利于金融机构提高服务质量和效益。后来重庆已经发展出包括化医、力帆、能投、机电等在内的多个财务公司。

金融租赁比商业租赁功能更强

我国的租赁公司主要有两类。第一类是商业租赁公司。通过设备租赁，可变一次性投资为租金成本，降低企业负债率；通过实物转租，可促进产能转移、企业重组和生产资料更新换代；通过售后回租，可回笼初期设备或厂房购置资金，盘活大量沉淀资产。比如，GE组建的租赁公司，购买医疗仪器或者飞机，再把这些设备租给中国企业使用。

第二类是金融租赁公司，经中国银监会批准，以经营融资租赁业务为主的非银行金融机构。金融租赁公司将资金提供给企业，企业拿到钱后去购买设备，但因为购买设备的资金是由金融租赁公司提供的，所以租赁公司拥有设备的所有权，企业必须支付利息和租赁费用。由于租赁业具有投资大、周期长的特点，在负债方面，我国允许金融租赁公司发行金融债券、向金融机构借款、外汇借款等，作为长期资金来源渠道；在资金运用方面，限定主要从事金融租赁及其相关业务。这样，金融租赁公司成为以金融租赁业务为主，兼有融资、投资和促销多种功能的非银行金融机构。

在国际成熟市场，租赁业务约占信贷量的10%。2016年，中国信贷总量100多万亿元，那么租赁业务可以形成10万亿元规模。

但事实上整个中国，不管是商业租赁还是金融租赁，加在一起才2万多亿元，发展空间很大。到2015年，全国共有27家银监会批准的金融租赁公司，数量虽然不多，但年租赁业务规模达到1万多亿元，与全国1500家商业租赁公司的租赁总量相当。可见，与商业租赁公司相比，金融租赁公司的穿透性、辐射性、集聚性更强。为此，我们积极推动金融租赁公司发展，包括中石油和重庆机电集团合资的60亿元资本金的昆仑金融租赁，25亿元资本金的渝农商金融租赁公司，30亿元资本金的钰渝金融租赁公司，国家邮政储蓄银行牵头的中邮金融租赁公司，重庆金融租赁总资本金超过150亿元，可撬动上千亿元社会资本。两江新区率先在全国成立了机器人融资租赁公司，2016年为相关企业提供机器人租赁服务2000多台，租赁规模超过30亿元，不仅大幅增加了当地机器人生产企业的订单，还有力推动了用户企业转型升级。

在推进过程中，重庆鼓励各类企业发展金融租赁和设备租赁，包括帮助企业争取牌照。当时，昆仑金融租赁由中石油拿54亿元、重庆出6亿元，成立3年租赁规模就做到500亿元，每年利润10多亿元，税收几亿元，从全国各地汇集到重庆。凡是这类租赁公司，都可以直接注册在两江新区的保税港区。保税区只对商品进出产权转让征收关税和增值税，产权不转让，直接进行租赁的，可以省去关税和增值税环节，成本可下降30%。租赁业务可以是大型机械设备、医疗设备，也可以是飞机租赁。这是保税区优惠政策的充分利用。

消费金融公司助力扩大消费

消费金融公司，是指不吸收公众存款，以小额、分散为原则，为中国境内居民个人提供以消费为目的的贷款的非银行金融机构，包括个人耐用消费品贷款及一般用途个人消费贷款等。由于消费金融公司发放的贷款是无担保、无抵押的贷款，风险相对较高，银监会因而设立了严格的监管标准。

消费金融公司是西方市场经济中已有400年之久的金融业态，在欧美、日本、中国台湾等国家和地区形成了成熟的运作模式，在个人信贷领域，具有与信用卡业务、商业银行个人贷款业务"三分天下"的重要地位，对解决居民日常消费需求和提升消费水平具有重要作用。消费金融公司发展消费信贷，相比银行具有明显优势。进入"互联网＋"时代，消费场景、购物方式、支付方式都已发生巨大变化，大型消费类企业设立消费金融公司，通过与零售机构、生产企业、互联网企业的合作，深挖消费者的有效需求，不仅可以扩大客户量，还能降低运营成本。2010年，我国开始"破冰"，首批3家消费金融公司获得银监会批准，分别在上海、北京和成都三地率先试点。2015年，重庆争取国家批准成立了马上消费金融公司，该公司作为一家全国性的金融机构，成为全国首家致力于为中国国内居民提供个人消费金融服务的线上线下结合的互联网消费金融公司，在获客、金融市场、身份认证、风控审批、支付结算、客户服务、资产管理等方面自主构建全闭环、全流程能力。消费金融公司不吸纳公众存款，其为居民个人提供的消费贷款来自银行间ABS（资产支持证券）、金融债、银团贷款、交易所ABS、保交所ABS。2022年，马上消费已形成表内信贷资金余额664亿元，联贷（助贷）规模674亿元。

汽车金融公司。汽车消费是中国消费领域的大头，中国的汽车企业一年要卖2 000多万辆车，如果能为50万辆汽车提供租赁服务，每辆车 10 万元，市场规模就达 500 亿元。重庆作为全国最大的汽车制造基地之一，2012 年汽车产量已达 196 万辆，占全国比重超过 10%，具有发展汽车金融公司的先天优势。2012 年 8 月，重庆汽车金融有限公司获批开业，首期注册资本 5 亿元，2015 年 2 月增至 25 亿元。重庆汽车金融有限公司拥有西部地区首家由银监会批准的汽车金融牌照，也是全国第一家专注于汽车产业链销售和消费环节，提供全国性、全品牌、全车型服务的创新型汽车金融公司，专业为汽车经销商及机构和个人消费者提供汽车金融服务。

第三方支付解决跨境电子商务结算

第三方支付，是指具备一定实力和信誉保障的独立机构，采用与各大银行签约的方式，通过与银行支付结算系统接口对接而促成交易的网络支付。在第三方支付模式中，买方选购商品后，使用第三方平台提供的账户进行货款支付（支付给第三方），并由第三方通知卖家货款到账，要求发货；买方收到货物，检验货物，并且进行确认后，再通知第三方付款；第三方再将款项转至卖家账户。

世界贸易结算，即表现为传统的货物贸易进出口结算，贸易企业双方通过银行点对点地直接结算。现阶段随着互联网的兴起，量大面广的跨境电子商务结算越来越多。很多人有这样的经历：上网时心血来潮，10 美元买了一个小玩具，100 美元买了一件衣服——外国人会点击中国的商品页面，中国人也会点击外国的商品页面。这与国内淘宝之类的购物平台有所区别，因为海外购物涉及外汇结算。比如淘宝，北京人买重庆的东西，重庆人买上海的东西，都是用人民币结算，很简单。而中国人买外国的东西，外国人买中国的东西，都需要外汇结算，难道也要像货物进出口公司那样先写一个报告给外管局申请外汇，再去海关查核验收吗？要知道，网购的货物往往都是一些"鸡零狗碎"的小订单，如果结汇手续这么麻烦，那还不如直接去百货商店购买。如果结汇手续不简化、不创新，一方面，客户和商家的结汇手续复杂，外汇管理体系也会忙不过来；另一方面，也会导致不规范的兑换渠道繁衍滋长，形成地下钱庄一类的灰色地带。

基于此，海关总署批准重庆开展了跨境电子商务服务试点，包括"一般进口""一般出口""保税进口""保税出口"4种业务模式，是唯一的全业务试点城市，可以支持现行各种跨境电子商务销售模式和物流模式下的跨境商品出入境通关服务。试点方案的获批，推动了重庆在全国率先打造跨境电子商务全产业链条，带动了货物贸易和服务贸易同步发展，有利于全面提高跨境贸易电子商务的管理和服务水平，在支持跨境电商正规化运营的同时，有效保障了消费者的合法权利，营造了可持续发展的产业环境。截至2016年，重庆第三方支付法人机构达到6家。

保理业务在全球贸易和金融市场中具有举足轻重的地位

保理的全称为保付代理，又称托收保付，是卖方将其现在或将来的基于其与买方订立的货物销售/服务合同所产生的应收账款转让给保理商（提供保理服务的金融机构），由保理商向其提供资金融通、买方资信评估、销售账户管理、信用风险担保、账款催收等一系列服务的综合金融服务方式。保理是商业贸易中以托收、赊账方式结算货款时，卖方为了强化应收账款管理、增强流动性而采用的一种委托第三者（保理商）管理应收账款的做法。

供应商把应收账款转让给保理公司，可将债权变现出来。保理公司还能为供应商提供销售分户账管理、应收账款催收、信用风险控制与坏账担保等综合性金融服务。这不仅能够提升供应商的资金运营效率，也有助于增强整个产业链的竞争力。按照保理业务总量与各国 GDP 的比值估算，英国等欧洲发达国家这一比例超过 10%，我国大陆 2010 年不到 2.5%，市场潜力巨大。基于此，2013 年，重庆获批开展商业保理试点以后，市政府高度重视，到 2016 年底已成立商业保理公司 48 家、金融保理公司 4 家，注册资本金超过 70 亿元，为各类中小企业提供供应链新型金融服务。

民营银行弥补普惠金融的薄弱环节

民营银行，是由民营资本控股，并采用市场化机制来经营的银行。民营银行的核心特征是其有别于国有银行的公司治理结构，不仅在资本金来源上实现了民营化，而且完全实行市场化运作。在中国现阶段建立和发展民营银行，对于启动民间资本、降低政府负担、化解金融风险、完善中国的金融机构体系，具有非常重要的意义。

建立民营银行主要是为了打破中国商业银行业单一国有垄断，实现金融机构多元化。与国有银行相比，民营银行具有两个十分重要的特征：一是自主性，民营银行的经营管理权，包括人事管理等不受任何政府部门的干涉和控制，完全由银行自主决定；二是私营性，即民营银行的产权结构以非公有制经济成分为主，并以此最大限度地防止政府干预行为的发生。

作为金融市场的重要组成部分，民营金融机构特殊的产权结构和经营形式决定了其具有机制活、效率高、专业性强等一系列优点。因此，民营银行是中国国有金融体制的重要补充。民营金融机构的建立必然会促进金融市场的公平竞争，促进国有金融企业的改革。建立一些具有国际先进水平的民营金融机构将有助于我国金融业参与国际竞争，缓和加入世界贸易组织后外资对国内金融业的冲击。

2013年国家启动了民营银行改革试点，首批选择了5家沿海地区的民营银行，股东都是全国知名的民营企业。2016年，在全国几十家第二批申报的民营银行中，重庆富民银行脱颖而出，成为国家批准的第一家常态化发展民营银行、全国第六家民营银行。富民银行的成立，填补了重庆的民营银行空缺，与重庆银行、农商行、三峡银行一道，形成了"3+1""国＋民"的地方商业银行布局，重庆也因此成为中国内陆商业银行机构最完善的省级单元。

普惠金融是民营银行生存发展之母体，要有"穷人的银行家"穆罕默德·尤努斯那样的坚守和担当，着眼自身的特色和优势，在细分市场中谋求长远发展。富民银行的资本金只有30亿元，只达到民营银行设立的基础标准，要做大业务规模，还需要增强信用，建立常态化的资本补充机制，大力发展低资本耗费的融资产品。创新是银行业制胜的"法宝"，更是民营银行的生存法则。还需加强风险预计和处置，重点防范经营风险、流动性风险、员工道德风险。民营银行的资本金主要来自民间，其对利润最大化有着更为强烈的追求，如果没有健全的监管机制进行有效监管，民营银行往往会因为风险问题而陷入失败。民企办银行很重要的动机就是，希望为企业搭建一个资金平台，为企业融资提供便利。一旦关联企业出现问题，贷款无法偿还，民营银行就会面临巨大风险。

通过积极争取新牌照，加大机构重组、引进力度，重庆形成了以"银证保"为主，新型金融机构为辅，门类齐全、互为补充的金融体系。到 2016 年，全市拥有各类金融机构 1 600 多家。全国性股份制商业银行全部聚齐，村镇银行实现区县全覆盖。已设立外资金融机构 120 多家，为中西部地区之最。证券基金期货经营机构262 家，境内外上市公司 60 多家，新三板挂牌企业 100 多家，重庆OTC 挂牌企业 400 多家。已有保险机构 55 家，保费收入 500 多亿元。

三、培育区域性要素市场

全球各种经济要素在流动中组合，交易所往往成为经济要素集聚和辐射的焦点。哪个国家有世界性的交易所，它就是这个要素的世界配置中心。同样地，在国内，哪个地区有国家级的交易所，它就会成为这种要素的国家级配置中心。每一个要素市场往往具备四种功能。第一，优化资源配置，最大限度地减少买卖双方信息的不对称性，让商品资源流向真正需要和更能体现价值的地方。第二，交易过程必须公开、公平、公正，是一个透明的交易平台，可以有效维护市场秩序。第三，一定有价格发现功能，这个价格在区域范围内，乃至全国甚至更大范围内会产生影响。第四，一定是交易结算中心。交易所如果覆盖一座城市，城市结算中心就在这里；如果覆盖一个区域，区域结算中心就在这里；如果覆盖全国，全国的结算中心就在这里。

无论是国家级的要素市场，还是区域性的要素市场。成功的前提是能够在业态上做到三个集聚。一是交易量的集聚能力，某一个商品要素资源，如果每年有 5 000 亿~1 万亿元的潜在现货交易规模，就可以组建一个商品要素市场。而成功的要素市场至少能集聚总交易量的 20% 以上。如果这个交易所的交易量占了这个城市总交易量的 20%，它就是这个城市的此类要素的交易集聚中心，如果这个交易所的交易量占了一个区域或者一个国家总交易量的 20%，它就是这个区域或国家的此类要素的交易集聚中心。二是交易所会员单位对城市、区域或国家相应企业和品牌的归集和集聚，成功的要素市场当然能吸引业内的核心企业、支柱企业、主要品牌商以及上下游配套企业进驻交易所，成为其会员单位。三是物流通信的枢纽集聚能力。作为一种成功的要素市场，理应有水路、公路、铁路、航空等各类运输方式无缝接驳、高效运转的枢纽配套能力，同时，还应具备现代化的仓储配套体系，以及完善的通信基础设施以支撑这个要素市场的大数据、云计算和互联网的有效运行。在国家的支持下，从 2004 年开始，重庆相继组建了联合产权交易所、OTC 股份转让中心、农村土地交易所、药品交易所等 11 家要素市场。目前，这些要素市场运行得都比较好，每个交易所都在各自的领域发挥出独特而重要的作用，2016 年总交易额达到 1.6 万亿元。经国务院清理整顿各类交易场所部际联席会议办公室检查验收，11 家交易场所全部顺利"通关"，并称"总体发展规范、监管有力有效"。更为重要的是，全国第二家石油天然气交易中心在重庆挂牌营运，全国性金融交易市场——中保保险资产登记交易系统有限公司成立，这些全国性市场成了重庆要素市场体系的重要支撑。

中保保险资产登记交易系统有限公司

2016 年以前，我国保险业平均增速 16.6%，2016 年底行业总资产达到 15 万亿元，保费收入突破 3 万亿元。但存在保险资金运用结构不合理、投资收益率偏低、保险资产流动性差等问题。同时，占保险资产 20% 以上的非标保险资产尚无流通市场。设立符合保险投资专业特点的全国性保险交易市场，有利于盘活保险资产，畅通保险业服务经济发展的通道。2016 年，中国保监会批准，在渝建设国家保险资产登记交易中心——中保保险资产登记交易系统有限公司。

作为重庆首家全国性金融要素平台，中保保险资产登记交易系统有限公司将构建一个保险资产交易、转让、登记结算和征信的金融市场，可以做大三个方面的业务。一是保险机构间市场。根据保险资金特点发行和交易各类企业债务融资工具与我国地方政府债，进而为保险公司等金融机构发行次级债、金融债等融资工具以及开发更多的创新金融产品。二是保险资产交易平台。开展保险资产管理产品，创新保险资产证券化产品，保险机构不良资产挂牌转让，保险行业之外融资产品的发行和交易。三是保险产品网络交易平台。开展标准化个人和团体保险产品，大型项目定制采购保险产品，保险业务分保和再保险产品，基于质押登记的保单转让和保单融资业务。这三个方面的业务一旦全面开展，将形成两个方面的功能：一是为保险资金投融资对接提供相关服务；二是为保险产品的发行、登记、交易、质押融资、资金结算、信息披露等提供相关服务。这三个方面的业务、两个方面的功能实现后，可以撬动保险大规模的资产，为全国甚至"一带一路"倡议发展提供更多保险服务和保险资金支持，推动全国保险资产盘活。

全国石油天然气交易中心

随着我国价格改革步伐明显加快，天然气 80% 以上的气源价格由市场主导形成。为进一步深化我国石油天然气价格改革，更好地融入国际能源合作，国家在上海建设了全国首家石油天然气交易中心。交易中心以"先气后油、先现货后中远期、先国内后国际"为运营战略定位，于2015年7月开始试运行，2016年全年天然气单边成交达到150亿立方米，占全国工业消费总量的30%，产品市场已初步形成规模。

重庆石油天然气资源丰富，特别是页岩气产量占全国的70%，是页岩气开发的全国主战场，而且工业大用户集中，管网运输发达，金融市场较为成熟，国家决定在重庆建设我国第二家石油天然气交易中心。按照"服务体制改革，服务实体经济，服务国家能源战略"的原则，重庆石油天然气交易中心将开发管道天然气、液化天然气、成品油和化工产品等即期现货和现货中远期交易市场，与上海实现错位发展，全力打造现代油气交易市场格局。

重庆股份转让中心

重庆股份转让中心积极构建创新型融资平台、定价平台和培育平台，着力解决企业融资难、公众投资难和政府管理难问题，切实提高金融服务实体经济的综合能力，打造全国一流的区域性场外资本市场。2016年底，挂牌企业达到499家，帮助企业融资530亿元。挂牌企业在平均净利润、净资产、纳税等关键指标上，远优于主板和创业板上市企业。

中心设立了"一市两板"挂牌服务架构，在原有非上市股份有限公司股份报价转让系统（成长板）的基础上，新设了中小企业股权报价系统（孵化板）。截至2016年10月末，"成长板"挂牌企业

149 家，"孵化板"挂牌企业 288 家。已有 2 家企业进入主板上市，2 家企业通过并购实现上市，3 家企业进入主板 IPO 申报，21 家企业进入新三板，还有 15 家企业正在申请挂牌新三板；公司私募债累计备案达 117 亿元，成功发行 85 亿元。公司为托管、挂牌企业办理股权质押融资 453 亿元，为小微企业完成定向增资 19 亿元。在参与挂牌融资服务的中介机构中，已成为公司会员的有 521 家，其中挂牌推介机构会员 56 家。特定投资者达 6.9 万余户，其中机构投资者 4 575 户，位列全国第一。

农村土地交易所

重庆农村土地交易所是全国唯一开展地票交易的平台，也是重庆市农村产权流转交易平台，旨在为地票、农村土地经营权流转交易等提供平台，最终显化农村土地价值，拓宽农民财产性收益渠道，实现大城市反哺大农村，是具有一定刚性的制度安排。

交易品种分为两大类：指标交易和实物交易。指标交易，即地票交易，地票运行分三个步骤：一是复垦，二是交易，三是使用。实物交易，即农村产权流转交易流程，包括三个阶段：一是申请审核，二是组织交易，三是公告备案。截至 2016 年底，累计交易地票 20 万亩，带动近 400 亿元资金反哺农村。另外，重庆适合规模流转的耕地有 1 000 多万亩，如果其中 50% 甚至 70% 以上通过土交所实现流转，就可以避免农村不规范的私下协议转让产生灰色交易从而让农民利益受损的现象。

重庆药品交易所

重庆药品交易所按照"公平公开、阳光交易"的理念，建立由政府主导与市场机制相结合、服务于医疗机构与生产企业直接交易的第三方电子交易平台，实施"会员服务、交易服务、交收服务、结算服务、评价服务"五大环节服务，开展药品、医疗器械及相关医用产品电子交易。先后搭建起医药公共交易平台、医药电商平台、医药支付结算平台、医药大数据平台、医药智能物流公共信息服务平台、医药交易监管平台六大业务平台，分批实现了非基本药物、基本药物、低值医用耗材、高值医用耗材、检验试剂和基础设备六大类产品交易。到 2016 年，平台注册会员 1.7 万家，汇集国内外 7 000 多家医药生产经营企业，挂牌交易品规超过 7 万个，初步形成综合性医药交易市场，年交易量突破 200 亿元。重庆药品价格总体保持在全国中等偏下水平，比各省招标均价整体低 5% 左右，与改革之前的招标采购价相比，总体降幅达 28%。药交所发挥了五大功能。

一是价格发现功能。中国的药品市场曾经比较混乱，一种药品从厂家生产出来到医生手中，再到病人口中，整个过程中药价以 10 倍、20 倍甚至更高倍数递增，问题很多。其中，主要问题是供求双方的成交信息不透明，导致药品价格虚高且不断被推高。供销链推高了产业链价格，用现行手段来控制，其实一直控制得不够好。尽管全国各地都加强了对药品市场的管理，但过去一二十年，药品价格涨得的确过快。药交所具有广泛的价格发现功能，也有抑制价格虚高的功能。药交所可以采取行之有效的手段，一是挂牌药品的价格不会高于当下同类品种在全国各类交易市场的交易价格，二是不会高于医药单位采购的历史价格。在交易过程中，由于是网络交易，药品供应方可能有几十个、几百个，购买方会互相比较形成平衡。由于这种机制的存在，药交所的药品交易价格平均低于市场价格28%，有一些单项品种的价格甚至下降了90%以上。这是帮助老百姓减轻医药支出的非常好的方式，极大地完善了医疗卫生体制机制。医药卫生体制改革的重点，一方面在医院，解决以药养医的问题；另一方面在销售环节，解决市场透明度不足的问题。

二是预防腐败功能。各种医疗机构、医药品生产单位，以及病人、医生等各个环节，由于药品买卖透明度低且难以监管，"吃回扣"等现象比比皆是，即使每个县都在搞所谓的集中采购，其实也是招投标的"玻璃门"，各种看不见、摸不着的问题频发，这就是事实上的不正之风。在全国几千个县，对同一个品种的药品在不同的环境下实行同一价格，是不可能实现的，而药交所可以让整个中国对某个药品在某一个时段实行同一个价格。在这个意义上，药交所具有公平、公正、公开的作用，是药品市场反腐败、阻止灰色交易最好的武器。

三是资源配置功能。药交所的资源配置功能主要表现在供应链和生产体系上。市场价格怎么样，需求量是多还是少？有了药交所以后，这些信息能够充分共享，医药品厂商会根据市场信息进货匹配、调整生产规模。在这个意义上的资源优化配置，有利于防止供不应求或者供过于求的状态。比如，有的时候，经常要用的药品，整个城市都没有，其实药是很常规的，可能由于价格低、不起眼，厂家都不配送，也不储备。总之，市场信息、配送信息、生产信息系统在药交所里很齐全。

四是金融结算功能。药交所里既有重庆的药品交易，也有全国范围的药品交易，理所当然的是一个电子商务、电子网络的交易结算中心。药交所配置了几个主体银行提供流动资金，为供药单位、买药单位提供资金周转和担保。同时，药品交易会形成资金结算，产生结算收益或者其他各种费用。就全国而言，随着经济发展和人民生活水平的提高，以及新的医药产品的出现，未来医药品市场销量可能会实现高速增长。

五是产业集聚功能。药交所的发展壮大，对重庆建设成为西部地区的药品生产基地大有好处。因为许多药厂会到重庆挂牌、供药，了解药交所以后，觉得药交所信息量很大、很透明，就可能在重庆设厂。药厂建设地通常主要有两个选择。一个是医疗治疗高地。除了本地病人，一年有 30% 外地病人甚至全国各地的病人来看病。另一个是药品交易高地。有了药交所，就会形成生产与交易的结合。

四、开展农村"三权"抵押融资

农村融资难的症结在于缺乏抵押物

金融是现代经济的核心，推动农业发展和农民增收，离不开金融的支持。但在很长一段时间里，我国城乡金融资源配置极不均衡，2009 年，全国金融机构贷款余额中，涉农贷款占 25% 左右，直接落到农户的贷款更是仅占 5% 左右。重庆的情况更糟糕一些。2009 年，涉农贷款仅占全市贷款总额的 17.9%，比全国平均水平低7.1 个百分点；农户贷款仅占 2%，也低于全国平均水平。农村金融"缺血"，势必影响"三农"发展。

这种长周期、大范围存在的基本面上的问题，必须从制度层面找原因、想对策。一些专家认为，我国农村金融薄弱，是因为银行规模太大，无法对接和服务千家万户的农民，主张多发展一些小银行。回顾当年的农信社，几乎一乡一社，不仅比现在的小银行规模小，且数量有近10万。即便如此，绝大部分还是为集体经济组织、农村的各类中小企业和小城镇项目发放贷款，对农户的放贷几乎没有。主要原因在于，金融本质上是一种建立在抵押、质押基础上的资金融通，大笔贷款不可能只靠信用，如果没有抵押物，那么不管银行怎么改善服务，信贷都难以大规模展开。

农村金融的问题，就在于农民有资产却不能抵押。重庆农村有3 400万亩耕地、6 000多万亩林地、300多万亩宅基地，价值至少1万亿元，如果将其中的10%拿来抵押，就能贷款1 000多亿元，能够有效缓解农民的融资难题。但由于农村土地归集体所有，农民手中的"三块地"的财产权没有明晰量化，金融机构无法将其作为抵押物，融资潜力就释放不出来。激活农村金融，必须明晰量化产权，解决好抵押物问题。

把好"三权"抵押融资的四道关口

基于上述认识，从2010年起，我们依据《中华人民共和国物权法》（现已废止）等法规，在不改变土地集体所有性质、不改变土地用途、不损害农民权益的前提下，把承包地、林地和宅基地"三块地"确权到户，分离量化所有权和使用权，开展了"三权"抵押融资试点。在推进过程中，为确保改革措施规范顺畅运行，我们特别强调要把好四道关口。

第一，开展农村"三权"确权颁证。产权明晰，是农民财产抵押、流转的前提。2008—2012 年，重庆以国土测绘面积为准，妥善解决农村"三权"中地、证面积不符问题，通过确权颁证，农民的物权凭证真正做到了地、证、账"三相符"，并把权属固定了下来。

第二，解析量化农村"三权"，明确其抵押融通功能。根据《中华人民共和国宪法》，农村承包地、宅基地和林地均为集体所有。改革开放后，农民获得并长期拥有土地承包经营权。土地所有权是财产权，使用权作为用益物权，也是财产权，这里面就有一个权重量化的问题。我们根据国家立法精神和重庆实际，探索推进农村土地所有权和使用权解析量化，宅基地量化为财产权时，15% 归集体、85% 归农民，承包地和林地则 20% 归集体、80% 归农民。如果农民向银行贷款，就只能将农民使用权所占的份额用作抵押。这个比例，可根据具体情况进行调整，但基本前提是保证农民得到大部分收益。

第三，明确贷款主体和程序。在主体方面，规定重庆范围内的农户、农村中小企业及农民专业合作社，在发展种植业、养殖业、林业、渔业、农副产品加工和流通等项目，包括在产前、产中、产后服务方面有资金需求，都可以用"三权"申贷。在贷款程序上，规定贷款金额在 100 万元以内的，其抵押物价值认定可由借贷双方协商确定；高于 100 万元的，可委托有资质的专业评估机构评估。同时，推出系列优惠政策，包括抵押物价值评估费按照最低标准执行；抵押登记费实行减免或按最低标准收取；贷款利率在同等条件下优惠 5%~10%；政府有关部门在项目资金的安排上优先支持，科技、信息等服务优先保证，水利、道路等基础设施优先配套，争取贷款项目成功盈利。总的原则就是"政府推动和保障、金融机构公平参与、借款人自愿"，确保有贷款需求的农户及时便捷地获得贷款。

第四，建立多层次风险分担机制。针对可能出现的坏账，不管政府、融资机构、农民中的哪一方单独承担，都将是很难的。为此，我们确立了风险和坏账的分摊原则，坏账贷款损失大体由政府、银行、农民各承担 1/3。具体操作上，一是政府出资成立了农村"三权"抵押贷款风险补偿专项基金，一旦发生坏账，净损失的 35% 由专项资金补助，其中市级承担 20%，区县承担 15%。二是构建农村"三权"抵押融资"伞"形担保体系。组建三峡担保、农业担保和兴农融资担保三家国有涉农担保公司，并按照政府推动、市场运作、统筹管理、两级联动的思路，在区县布局子公司，努力提高担保规模和覆盖面。三是承贷农户自担 1/3。当坏账发生时，农民作为贷款使用人理应承担相应责任。在实际操作中，为保护农民的利益，针对已发生的坏账，融资机构给予适当的宽限期，与借款人协商解决，无法解决的，将资产转让给国有资产管理公司处置，按"优先＋市场化"的原则出租给无力还贷的农民，保障其基本生产生活，避免造成新的社会问题。

"三权"抵押融资的功效

由于政策设计适应农村融资需求，"三权"抵押融资改革迅速在重庆推开，2011 年规模达到 180 亿元，2012 年增至 310 亿元，2013 年增加到 459 亿元。2014 年，鉴于重庆农村旺盛的融资需求，我们又将农村产权融资的抵押物范围扩大到大中型农机具、农村小型水利设施、农民对集体资产股份占有权、农村集体经营性建设用地及农村建设用地复垦指标、地票、保单等，同时，启动土地收益保证贷款试点，允许农业规模经营主体将经营流转土地所获收益和农村产权派生权益用于贷款抵押。抵押物范围的扩展，进一步释放了农村融资潜力，到2017年6月末，重庆农村产权抵押融资累计规模已达到1 072亿元。

农村"三权"抵押融资改革带来多重利好。一是增强农业融资能力，大幅增加农民财产性收入。过去，农村"三块地"产权不明晰、价值未量化，金融机构认可度低，抵押融资渠道不畅。通过开展"三权"抵押融资改革，农民手中最大的资产成为合格抵押物，资产融通功能得以充分发挥，这就打通了资产与收益之间的通道。按1∶1的投入产出比计算，1 000多亿元的融资量注入农村，至少带动1 000亿元的新增农业产值。二是促进农业产业化发展，解决农业生产的规模化、集约化问题。"三权"抵押融资主要用于发展种植业、养殖业、林业、渔业、农副产品加工、流通等农业产业化项目，并满足农业产前、产中、产后服务的支农资金需求，推动了重庆农业朝着规模化、区域化、专业化方向发展。三是刺激城市资本下乡，促进城乡互动发展。以前，由于农民的资产特别是土地使用权难以资本化，城市资本下乡动力不足。"三权"抵押融资的全面展开，吸引了大量城市资本参与农村"四荒"资源的拍卖、租赁、承包等，或与农民开展股份合作，这既为城市资本找到了新的投资渠道，又给农民带来了新的发展机遇。

五、构建良好金融生态环境

金融生态环境是决定一个区域经济竞争力的重要因素。在市场经济条件下，金融资源的流动性、效益性和安全性的强弱更多地取决于地区金融生态环境的好坏。金融生态环境好的地区能打造"资金洼地",吸引各类资金流入,迅速提高本地区的经济竞争力,实现经济金融的良性互动发展。反之,如果一个地区的金融生态环境很差,资金缺乏安全保障,成为金融高风险地区,那么不仅吸引不到资金,甚至可能导致资金外流,进而影响本地区经济的可持续发展。可见,构建良好的金融生态环境,关键是要重视和解决以下三个问题。

主动协调解决金融机构面临的困难和问题

作为地方政府,当金融体系中的一些金融机构碰到了各种困难和问题,理所应当采取一些手段帮它们解决,特别是有些机构可能"大而不能倒",所以需要想办法帮助它们化解。

一是重组地方金融机构。如第三章所述,要让重庆金融生态好起来,首先要做的就是,对那些"大而不能倒"的、濒临破产的地方金融机构进行重组,让这些金融机构起死回生、恢复功能。当时,主要通过债务、资产、股权"三大重组",最终使得重庆银行、农商行(原农信社)、三峡银行、西南证券等地方金融机构"乌鸦变凤凰",重焕了生机。2009 年 2 月,西南证券借壳 ST 长运上市。2010 年 12 月,重庆农商行在香港联交所成功上市,募集资金 17 亿美元,成为中国第一只农商行股票。2013 年 11 月,重庆银行在港交所挂牌上市,成为西南地区首家上市的城市商业银行。重庆还借助资本市场,推动瀚华金控在香港上市,以及重庆信托、三峡银行增资扩股。在这个过程中,地方国有金融逐步发展壮大起来,2015年市属金融资产规模占金融行业的比重已达 30%,净利润占比为

22% 左右，成为全市金融行业的生力军。

二是大规模推进债务重组。2002 年，全市银行不良率一度高达 20%。2004 年，重庆专门组建渝富公司，作为市政府进行资本运作的平台、调节市场行为的工具、资源优化配置的杠杆。总体上，渝富公司先后处置了全市 1 000 多家企业超过 90% 的不良债务，消化了 300 亿元不良金融资产。到 2010 年，重庆的不良资产从 2003 年的 400 多亿元减少到 80 多亿元，而贷款余额从 2 000 多亿元增长到 1.1 万亿元，不良贷款率从 20% 降到 1% 以内，成为全国最低的地区之一。不良贷款率下降了，金融生态就变好了，银行效益也提高了，于是重庆成了中国银行业资产收益率最高的地区之一。

三是为金融机构排忧解难。比如，帮助浦发银行、光大银行等金融机构协调解决了风险、投诉、上访等事件，为中邮金融租赁、中信银行国际业务运营中心、富民银行等金融机构协调解决了办公用房、高管税收、子女入学等问题，为各类金融机构更好服务地方发展创造了良好条件。

加快完善地区金融生态体系

地方政府的重要职责就是，健全金融基础设施体系，优化法治环境和社会信用环境，完善政策环境和政务环境，加强金融消费者权益保护，努力为金融机构创造良好的营商环境。

一是夯实金融基础设施体系。建立地方金融风险监测预警系统，支持银行、证券、保险等行业完善监管信息系统，健全小贷公司、融资担保公司、要素市场非现场监管系统。积极打造金融配套服务基地，完善后台服务机构体系。健全地方金融综合统计体系，完善地方金融信息动态收集、报送、发布机制。

二是优化法治环境。加强金融、司法联动，对非法集资类重大案件实施"挂牌督办制度"。完善地方金融法规，规范金融服务、金融发展、金融监管、法律责任等金融运行重点环节，明确小贷公司等新型金融机构行业定位。

三是优化社会信用环境。加大政府、金融机构、企业间的信用信息共建共享力度，扩大人民银行征信系统对地方新型金融机构覆盖面，推广社会信用体系建设试点区经验，建立信用评级系统。

四是打造地方金融安全区。发挥全市金融工作协调联席会议机制作用，加强中央和地方跨行业、跨市场、跨部门的金融监管协作。按照"谁审批、谁负责，谁主管、谁监管"的原则，明确市级部门和区县政府监管职责和风险处置责任。强化地方新型金融机构事前、事中、事后管控，保持对非法集资等非法金融活动打击高压态势，推进风险早预防、早发现、早处置。

五是完善政务和政策环境。畅通政府部门与金融机构的工作联系渠道，加大公共数据开放力度，优化调整市场准入、抵押登记、资产处置等行政审批流程，探索实施地方金融归口集中管理，优化金融业财税优惠及奖补政策。

六是加强金融消费者权益保护。引导金融机构将保护金融消费者合法权益纳入公司治理、企业文化建设和经营发展战略中统筹规划，建立健全金融消费者投诉处理机制。

七是加大人才引进力度。加强紧缺人才政策引导，定期发布紧缺金融人才目录。依法依规完善金融人才激励机制，借鉴沿海地区、科技等行业对人才的激励政策，在金融人才激励性报酬、股权激励配套政策、高层次人才奖励补贴等方面争取实现突破。强化高端人才培养，推进"百名金融高端人才培养计划"，建立高端金融人才储备库。

着力优化社会融资结构

社会融资的渠道主要有三个：一是以间接融资为特征的银行融通体系；二是直接融资的资本市场体系；三是小贷、信托、租赁、财务公司等非银行金融机构体系。这三个体系如果完全靠"布朗运动"，自我发展，没有政府的适度调控，就会比例失调、失去方向。过去，融资体系90%以上靠银行，渠道过于单一，导致银行担子压得过重，难以满足企业融资需求，也无法分类调控产生结构性改进，大家都"一刀切"。2007年前后，国家相关部门启动非银行金融机构发展，地方政府按照相关部门政策予以支持推动。这几年，全国非银行金融机构的法人数量和融资总量都有惊人的增长。虽然它的融资利息一般比商业银行高1倍，但它是受国家管制的相对规范的非银行金融机构。我们称之为"普惠银行"，是有点褒义和鼓励的意思，也可以称之为"影子银行"，是商业银行的一个分类对比，也没有贬义。发展非银行金融机构的好处在于，凡是非银行金融机构发达的地方，民间的高利贷、乱集资等乱象就会大大减少，大体上会减少一大半，因为既然有充足的利率为15%、18%的中利贷可以借，为什么还要借30%~50%的高利贷呢？重庆的典当行、高利贷公司，在21世纪初可以说非常多，后来我们批准了二三百个小贷公司，形成了上千亿元贷款余额，就大大压缩了高利贷、地下钱庄的生存空间。后来重庆的高利贷和地下钱庄都大大减少了，这是好的一面。当然，非银行金融机构也有其缺点，即利息整体上比银行高 1 倍以上，这个利息还是过高，实际上加重了实体经济的融资成本。曾经有一段时间，全国大量银行信贷资金通过表外业务和理财业务通道向非银行金融机构外借，使得大型商业银行俨然成了非银行金融机构的"银行"，结果是，在银行信贷占比下降到 50% 的时候，表外融资提高到 40%，微观上加剧了实体经济融资贵，宏观上则表现为金融"脱实向虚"。怎么解决这件事？我们的思路是，稳信贷、拓直融、降表外、创造条件增加股权融资。

总之，在宏观上，金融为实体经济服务，避免"脱实就虚"，关键在于改善金融系统的融资结构，既不能因为非银行金融机构利息高就要将其"废掉"，也不能因为银行利息低，就使其占比越高越好。金融系统的市场细分，各类机构各有定位、各有侧重，结构比例十分重要，三者不能偏废。据我的经验，21 世纪前 10 年，全社会融资中，银行信贷约占 50%、证券市场约占 35%、非银行金融机构约占 15%，是比较合理的。长远目标是，力争实现非金融企业的股权融资和债权融资各占 50% 的比例。这一比例，是基于融资便利性、融资成本、融资环境等因素的综合考虑，主要取决于国家的资本市场体制机制健全程度和货币政策的调控目标。

大力发展资本市场提高直接融资特别是股权融资比重

直接融资渠道包括股票市场、债券市场，融资成本更低，渠道其实很宽广。一是 IPO。不管是在深圳、上海的 A 股市场上市，还是到境外上市，包括到美国、新加坡、中国香港去上市，都可以。

由于我国内地上市实行管制式审批，^①能上市的企业很有限，很多大机构、好企业都跑到中国香港或者美国纽约上市，因为中国香港、美国纽约实行注册制，上市快。二是发行债券。企业债券，由国家发改委、证监会审批，最后在 A 股市场上市，也实行审批制。三是到人民银行管理的银行间市场发行中票。实行的是注册制，由银行间市场交易商协会管理，手续简便，仅 2015 年重庆就有 120 家企业发行了 900 亿元中票。四是上市公司的定向增发，这也是一种直接金融行为，比如，2015 年京东方定向增发 100 亿股、融资 210 亿元，在重庆发展 8.5 代线项目。除了上述四种直接融资渠道类型，利用多层次资本市场比如 OTC 市场融资，发展私募股权基金、风险投资基金，也是利用直接融资市场的一种股权融资。

直接融资涉及许多工具、很多方式，把这一块努力拓宽、做好，一是可以降低全社会融资成本，二是可以改善全社会融资结构，解决中小企业融资难问题，金融体系也会因此变得更有活力。为什么这么讲？因为直接融资系统会带来整体的融资成本下降。所有的债券、中票，它的利息一般低于银行利率 1 个百分点左右，是低利贷系统。如果有 1 000 亿元或 2 000 亿元的融资量，利息下降 1 个百分点，就会拉动整个地区的金融系统的利率往下降。除了融资成本下降这一好处，也会带来融资结构的改善。当一些信用比较好的企业通过直接金融系统融资了 2 000 亿元的时候，肯定就会向银行少借 2 000 亿元，银行腾出的贷款额度转向谁？政府会引导银行更多地

---

① 2018 年，上海证券交易所设立科创板并试点注册制；2019 年，首批科创板公司上市交易；2020 年，深圳证券交易所创业板改革并试点注册制正式落地；2021 年，北京证券交易所揭牌开市并同步试点注册制。2023 年 2 月 1 日，全面实行股票发行注册制改革正式启动。

借钱给"三农"、小微企业、高新技术产业等实体经济，实体经济有了这笔钱以后，自然就会少用信托、租赁、小贷公司的钱，整个地区企业的融资成本就降低了。这是政府应当而且必须有作为的地方。

我国经济面临的一个突出问题就是，全社会债务融资规模与GDP之比太高。据国际清算银行的数据，我国全社会的杠杆率从2008年的141%上升到2016年的250%，其中政府部门、非金融企业、居民部门杠杆率分别增加到46%、160%和44%。从结构上看，政府部门杠杆率总体不高，居民部门杠杆率处于合理水平，突出的问题是非金融企业部门的杠杆率太高，无论是绝对数还是年增长率，均高于世界各主要发达国家和发展中国家。分析原因，除了与货币政策（包括利率、汇率、准备金率以及基础货币与M2增长率）的总量调控有关，根本原因在于我国资本市场仍不发达，全社会融资中的间接融资比重过高，直接融资中的债券融资比重较高，而股权融资占比较低，推高了企业杠杆率。2016年，在我国新增全社会融资中，包括贷款、债券、信托等各类债务性融资占90%，非金融企业股票融资仅占7%。而美国、欧洲等发达国家和地区，其全社会融资中，债务融资占比不到1/3。为此，我国必须加快资本市场的改革和发展，提高直接融资特别是股权融资的比重。只要我们把资本市场搞上去，把股权融资市场发展起来，就能把企业杠杆率降下来，那么全社会的杠杆率就会大幅下降，中国经济宏观上的杠杆率过高的问题就会迎刃而解。

金融业要防范好三类风险

金融业防风险，最重要的是防范三类风险。第一类，非金融企业的产业风险问题，即产能过剩带来的库存坏账问题，非金融企业与金融系统存在借贷关系，其坏账会冲击金融机构。第二类，金融系统自身的问题，不谨慎、行为不端或者经营有误造成了危机。第三类，既不是实体经济也不是金融系统出了问题，而是社会上的地下钱庄、高利贷、乱集资冲击了经济，连带金融系统"陪葬"。这三类风险，都是政府、社会和各类金融机构要防范的。

第一类是产能过剩问题。

市场经济天然会创造产能过剩，面对市场经济中利润高的行业，大家会纷纷模仿跟进，供求平衡以后还会有惯性，就会产生过剩。过剩不可怕，市场竞争的优胜劣汰，就是淘汰过剩的动力，良性的过剩是 10%~15%，市场经济中每年有 10%~15% 的企业倒闭，是优秀企业把低劣的企业挤掉了，这很正常。但只要过剩超过 30%，全行业的利润就会归零，到了 40%，全行业几乎不会有企业能获得盈利，再优秀的企业也会跟着赔本，就会产生系统性风险。这是市场经济中铁一般的法则。我经常听到企业家说："即使有 30% 的过剩，只要我资本实力强、技术好、有经营能力，就有办法将这 30% 的过剩转给别的企业，自己能 100% 地畅销，甚至还能提价。"抱有这种"老子天下第一"的思想，最终是会惨亏的。

工业领域，钢铁产业就是这样，截至 2014 年底，我国粗钢产能已达 11.6 亿吨，粗钢表观消费仅 7.4 亿吨，所以全行业亏损。水泥、风力发电、光伏电池、有色金属、电解铝、氧化铝等十几个工业品也都过剩了。2013 年，重庆工业利润增长 42%，2014 年又增长 35%，效益比较好，固然有产品符合市场需求的因素，但很重要的原因是没有产生过剩。全国钢铁 10 年前每年生产 1 亿吨，2014年底达到十几亿吨，重庆这 10 年没有增加 1 吨钢铁产能，还是 10

年前的 600 万吨。煤炭，10 年前全国年产 18 亿吨，现在增长到年产 40 多亿吨，重庆还是 4 000 万吨没有增加。如果在这些领域有产能过剩，就会产生大量亏损，抵销掉现在的许多利润。所以，要按党中央、国务院去产能、去库存、去杠杆的调控方针，老老实实、实实在在、认认真真地干，不为 GDP 搞产能过剩的恶性竞争。大家一定要相信经济规律，要有理性思维。

城市发展也有产能过剩。在土地供应上，一个地方每平方公里的城市建成区一般应该容纳 1 万人，100 平方公里就是 100 万人，这样的产城融合就比较繁荣。但如果一个地方只有 50 万人，土地却开发了 100 平方公里，这样的城市不管造得多么繁华，晚上一定是空城、鬼城、死城，这就是过剩。所以，2005—2015 年，我们始终坚持每平方公里 1 万人这一条基本规律。工业园区发展也有一个经验标准，每平方公里要产出 100 亿元产值，1 000 亿元产值就对应 10 平方公里，3 000 亿元产值就对应 30 平方公里，不能拿 30 平方公里只完成 500 亿元产值，那是糟蹋土地。这种过剩的不景气会像"瘟疫"一样，让所有来地方考察的企业吓得落荒而逃，最终害人害己，绝不允许这么干。

在城市房地产的发展中，有六个类型要防止过剩。一是住宅。人均 40 平方米足矣。如果城市未来最终人口在 1 000 万，住宅则需要 4 亿平方米，多了就会过剩。有的地方人均 80 平方米，肯定是一堆泡沫。二是写字楼。一个基本的经验是，差不多每平方米写字楼对应 2 万元 GDP。写字楼建多了，最后不会有那么多人有办公需求。三是商铺。大体上，大都市 2 万元的零售额需要 1 平方米商铺，区县城级差地租低，1 万元的零售额对应 1 平方米商铺足矣。如果有 5 000 亿元的零售额、1 亿平方米的商铺，就会供过于求，商铺毛利付房租都不够，一定赔本。四是贸易市场。各个省模仿浙江义乌搞几个贸易市场不是不可以，但全国只有一个义乌，如果每个县都想搞一个小义乌，一搞就是几十万、上百万平方米的市场，肯定门可罗雀。五是会展中心。一个千万人口的大都市有几十万平方米的会展中心是合理的，但是如果地市州和区县城搞几十万平方米的会展中心，那肯定会过剩，有的地方一搞还搞几个，每个都十几万或二十万平方米，不可能有那么多展场来配置。六是城市综合体。如果一个城市建20个综合体，每个区县里都建两三个，一个区县才十几万人，哪有那么多消费，肯定也会产生泡沫。综上，房地产的资金消耗量很大，一旦过剩，坏账都是会传导到金融系统的。

总之，对于金融系统来说，不能被动地应付实体经济产能过剩，应该把握三个方面的市场预测。一是地方政府和研究机构的预测，政府应该对这个地区的产能有客观的、理性的预测，提示和预警各类企业不要卷到过剩产业中去，然后拿出一些政策措施，有效地遏止过剩产能的蔓延。二是重点企业自身的市场预测，审时度势地分析自己所处的行业是过剩还是有空间，过剩了就别飞蛾扑火、一根筋地往里挤，要调整结构，转向别的行业，要珍惜自己的发展资本。政府只能算是第三方指导，企业判断失误可是会实打实地血本无归，这不划算。三是银行，不管是有政府指导，还是有企业预防，银行作为资金提供者，应该有独立的行业分析，要像投资银行分析股市、IPO上市企业尽职调查那样。如果银行都分析不了产能状况，那就是"书呆子"。金融为实体经济服务，如果连自己的服务对象都搞不清楚，那还谈什么做好金融服务呢？这是第一类防风险，就是产能过剩怎么防，实际上就是"政府预测性指导，企业自身加强防范，银行不仅要做好企业的尽职调查，还要做好行业风险趋势评估"。

第二类是金融机构自身风险。

金融机构的风险，本质上就是信用、杠杆、风险没控制好。杠杆比太高，最终就会导致金融风险。具体表现有以下几个方面。

一是整个信用风险继续上升，实体经济资金的使用效益下降，杠杆程度上升。2000 年前后，一般一个地方的 GDP 增长 1 元，需要新增 1 元左右的融资，是比较低、比较合理的。2015 年，全国 GDP 每增长 1 元，新增融资在 3 元多，是比较高的。有的地方甚至高达 5~6 元，也就是说新增融资 1 000 多亿元，GDP 只增长二三百亿元，这个杠杆比肯定是有问题的。

二是产能过剩行业的金融风险集中暴露。2015 年以来，产能过剩行业的风险集中暴露，使商业银行、非银行金融机构的不良率有较大幅度的提升。

三是地方政府债务清理带来的金融风险。对银行而言，地方政府债务清理的过程，会涉及金融系统各种各样的转账，杠杆比也是不一样的。在企业间市场和银行间市场发的债券或中票，这是直接融资，比较清晰。这两种之外的债务，不是银行理财业务就是影子银行非标债务，其实都是一笔糊涂账，包括理财业务形成的信托贷款、委托贷款，以及存兑汇票、信用证、应收账款、商票凭证等票据抵押融资贷款等。特别是一些带有再回购条款的股权性融资，虽然股权不是债务，但是过几年连本带息的固定回报是要收回的，其实最终还是债务。金融企业去杠杆、实体经济去杠杆，本质上是由银行、非银行金融机构以及直接金融系统一起操作。在操作过程中，杠杆比高了，风险大了，但是利润和利益的确多，不出风险、侥幸赚到暴利也是可能的，可人一旦有了侥幸思想，就会不可控制地陷进去，最后出事就出在杠杆比过高上，我们要特别当心。从这个意义上讲，金融系统的监管部门要有综合的分析判断，一旦感到有问题，理应站出来提醒纠偏。

第三类风险，既不是来自企业，也不是来自金融单位，完全属于社会上非法金融活动造成的金融风险。

主要包括四种类型。第一种就是传统的民间"老鼠会"、传销活动。第二种是民间的典当行、地下钱庄、高利贷公司。第三种就是不规范的P2P，实际上是披着互联网外衣的民间"老鼠会"。第四种就是最近几年在各地悄悄形成的"投资咨询公司"，这类公司往往以高回报投资项目吸引公众投资，往往有所谓的"专业培训机构"吸引乡村人员进行"专业"培训，诸如如何通过工商登记，如何吸引群众踊跃投资，如何集资行骗，巨款到手后卷款而逃。这类诈骗公司存活率不高，但繁殖率极高，往往以几何级数产生，同一个公司以批量生产的方式，可以在同一个省几十个城市几百个县同时注册登记，开展诈骗活动。

对于这些社会性的金融风险，地方政府务必高度关注，采取有效措施予以防范。比如2015年以来，重庆市政府对此做出明确要求以后，工商局随后做了一件很好的事，对于P2P或投资咨询类公司建立了五条防范风险的措施，非常到位，是真正动脑筋了。第一条，建立注册登记预警机制，实施投资资格限制措施。在工商登记注册系统中开发建设分析监控软件，通过系统识别与警示提醒，对投资咨询类公司同一个主体投资企业数量过多、某地投资者集中投资一个行业、某行业数量增长过快等异常情况进行识别和提示，加强事中事后监管的针对性，建立黑名单管理制度。第二条，加大网络情报监测力度，及时将涉嫌违法信息移送相关部门。依托工商情报信息工作平台，建立搜索非法金融活动数据模型，对全市网站、论坛、博客、微博进行 24 小时搜索监测，抓取分析网络上与非法金融活动相关的情报信息。第三条，主动开展拉网式清理整顿，及时发现涉嫌非法集资行为。对全市以个人名义开办的投资及投资咨询类市场主体，特别是外地人员在重庆市开办的，由各区县工商监管干部逐户上门排查并登记造册，建立排查台账销号制度。第四条，强化投资咨询类广告监管，及时清查取缔违法广告。对出现"无风险""高回报率"等内容的广告一律依法取缔。第五条，实施面对面行政指导，督促企业诚信自律。正是由于这些措施，重庆地区成为受 P2P 和投资咨询公司类金融集资欺诈冲击较小、受害较轻的地区。本章之所以大篇幅地讲风险防范的话题，就是提醒大家注意，要通过日常管理把好前道关，抓好预防体系，不要"事后诸葛亮"，等到几亿元、几十亿元都被卷走了，再来处理就晚了。

第十一章

地方财政资源的优化配置与管理

地方政府抓财政工作，最重要的是做到财政收入合理、合法、合宪，财政支出公平、公正、公开，财政管理有规、有序、有责。实践中，要实现这三大目标，关键要把好五个环节。一是抓收入，强基础。财政联动税收征管部门，既要挖掘税收潜力、做大收入总量，又要坚持依法征管，注重收入质量，同时按照国家规定收缴非税收入，提升和改善地方财政收入的规模、结构和质量。二是抓支出，强重点。按照优先保工资、保运转、保基本民生原则，不断优化支出结构，提升财政保障能力，同时加强资金调度，均衡支出进度，有效保障经济社会发展的需要。三是抓管理，强规范。严格按照《中华人民共和国预算法》及有关法律法规要求，加强一般公共预算、政府性基金预算、国有资本经营预算、社会保险基金预算"四本账"管理，加大相互之间的统筹力度。加强地方政府债务管理，防范财政风险。四是抓改革，强创新。以《中华人民共和国预算法》的颁布和实施为契机，增强财政体制和财税政策改革的主动性，进一步理顺市区县财政体制，建立跨年度预算平衡体系，完善绩效评价管理。五是抓监管，强作风。加强系统党风廉政建设，监督检查财税法律、法规、政策的执行情况，反映财政收支管理中的重大问题，查处违反财经法纪的行为。

一、"十要十不能"工作原则

近十几年，中国地方政府债务特别是投融资平台债务较高，存在过度债务及偿债压力大的风险问题。客观上讲，大量的基础设施、公共设施建设和发展地方经济提高了债务总量；主观上分析，也有地方政府理财不当，超出实际财力过度基建和举债、盲目投资建设的原因。地方政府如何理财，控制过度债务，要遵循"十要十不能"工作原则。

理财理念要坚持多予少取、放水养鱼、涵养税源，不能竭泽而渔、寅吃卯粮、收"过头税"

生财之道最根本的是促进经济可持续发展，在正常的情况下，要坚持"放水养鱼、涵养税源"；在经济下行的周期里，更要发挥财政的逆周期调节作用，着力减税降费，降低企业负担，增强企业发展活力。要树立"税收经济观"，善于把国家的各种税收优惠政策落实好。一是把国家的各类扶持政策用足用好，如果有税收优惠，可以减免的却不减免，就等于收"过头税"；二是加强税收宣传，把有关优惠政策宣传到位，多上门服务，使纳税人知晓、明白，因为财税工作专业性强，不是每个企业都能搞清里面的门道的；三是从服务经济的角度出发，对经济运行中出现的问题，地方政府不能解决的，要及时向中央有关部门报告反映、积极争取支持。

比如，2000 年国家出台的西部大开发优惠政策中，"对设在西部地区的鼓励类产业企业减按 15% 的税率征收企业所得税"是含金量极高的一条。这相当于国际上通行的自由港、自由贸易区的政策，像中国香港、新加坡、爱尔兰等自由贸易区，其所得税率为 15% 左右。深圳特区、上海浦东新区等我国沿海经济开发区，在起步阶段的前 10 年，也是这个税率。在西部大开发的最初几年，由于部分地方政府对文件的理解有偏差，以及牵涉财力平衡问题，相关西部省区市普遍没有落实到位。当时存在五大认识误区：一是开发区内的企业可以享受，开发区外的则不能；二是外资企业可以享受，内资企业则不行；三是新办企业可以享受，存量企业则不可以；四是就算企业有资格，也需要申报，经过批准才能享受；五是文件没有明确审批权限，还要报国家税务总局审批。这五条，就把 97% 的工业企业挡在了门外。

其实西部大开发政策条款里，已经明确这条政策是普惠政策，不需要报国家局层层审批，地方政府可以直接实施到位。不管是国有还是民营、内资还是外资、新企业还是老企业，不管是不是在开发区，只要是鼓励类产业、行业及产品，通通都该执行 15% 的税率。有的省区市领会落实快，执行到位以后，不仅没有出现地方财政"揭不开锅"的事情，反而由于所得税率降低了，企业利润增加了，不仅激励了本地企业的发展积极性，还吸引了大量的国内外企业投资，使得工商企业一派欣欣向荣，蓬勃发展；而且企业逃税避税的动机小了，大量企业不再隐藏利润，使得税基扩大了，税收反而增长了。总之，通过涵养税源，看似在舍，其实扩大了税基，最终是有所得的。"有舍才有得"，放水养鱼才是高明的生财之道。

一般预算财力支出要量入为出、收支平衡，不能搞透支，更不能搞赤字财政

地方政府的一般预算不搞赤字财政，这是《中华人民共和国预算法》的明确要求，我们应自觉遵守，绝不允许动歪脑筋、搞变通。在每年的财力调度运行过程中，政府要坚持量入为出，不管财政收支的矛盾和难度有多大，都要坚持收支平衡。不搞财政赤字的关键，是努力做到收支的"三个平衡"。

第一，静态平衡，就是预算收支要平衡，不搞赤字。在预算的安排上，要想尽各种办法做好"加减法"。做好"加法"，就是对扶贫、农业、教育、社会保障、医疗卫生等领域加大保障力度，确保只增不减。做好"减法"，就是要牢固树立过紧日子的思想，大力压减一般性支出，切实把钱花在刀刃上。

第二，动态平衡，指的是现金流平衡，要善于做到"十个锅子八个盖"。炒菜师傅用十个锅炒菜，十个锅不会同时都加盖焖烧，总有两个锅在炒菜。所以事实上，买十个锅只要八个盖就行了。同样地，在财政资金的运作中，要善于把握好现金流的动态平衡关系。

第三，债务结构平衡，对于历史形成的既有债务，在结构上要做到短期和长期债务的调节平衡，严格控制短期债务的增长。不能短期债务借了一大堆，长期债务反而借得不多。长期债务可以放松一点、借多一点，短期债务则要小心谨慎，严格控制。

要避免好大喜功、无效投资，地方财政不能为过度基建而买单

地方政府避免过度基建的关键在于科学合理的规划、审慎的决

策和有效的监督。综合考虑人口规模和密度、经济发展水平、地理条件、社会需求、环境可持续性、国家政策、资源、财力等情况，制定城市或地区基础设施建设的长期规划，避免对短期需求过度反应而进行不必要的建设，甚至重复建设和超越长期需求的建设。

城市管理者要心中有"数"。领导干部应掌握一些宏观的、战略性的城市规划数据，在决策时体现出经济学逻辑。比如建成区面积的国际惯例是，城市人均占用 100 平方米左右，包括住房、工厂、交通、商业、公共服务等用地。100 万人口的城市，建成区面积大体就是 100 平方公里，少了就会拥挤，多了就是浪费。住房建设方面，发达国家人均住房面积一般在 30~40 平方米。我国人多地少，人均 30 平方米比较合理。这样算来，1 000 万人口的城市建设 3 亿平方米住房就可以了，再多就可能出现泡沫。商业设施方面，每 2 万元的商业零售额可配置 1 平方米的商铺，每 2 万元 GDP 可配置 1 平方米写字楼。垃圾、污水设施方面，每人每天约产生 1 公斤垃圾，综合用水 0.3 吨，并产生 0.25 吨污水，相关基础设施应按此配建。总之，规划是控制总量的学问，要求总量平衡、动态调整，只有明了这些参数，规划时才能收放有度。

政府推动城市建设，一方面，要让这些基础设施、公共设施达标，满足城市基本运行的要求，这是不能回避的硬指标；另一方面，政府一定要把握好其中的"度"，不能搞一些既无经济效益也无社会效益的形象工程，更不能因为要打提前量，就过于超前，建设几十年后也不会用到的项目。比如高速公路建设，一般是在车辆保有量达到每千人 500 辆左右时，按 1 公里 / 万人标准建设。也就是说除了我国西北、西南某些地广人稀、高山狭谷地区，为了当地特殊情况建设基础设施，其他省区市如有 5 000 万常住人口，大体需要5 000公里高速公路。如果某个地区盲目地按照每1万人建2公里高速公路，5 000万人就建了1万公里高速公路，由此将负债投资上万亿元，必然会出现投资大、债务高，高速公路经营差、常年亏损的局面。

总之，务必对计划中的基础设施项目进行全面评估，包括成本效益分析、运营和维护成本、社会和环境影响评估，要考虑可能的风险，如预算超支、建设延期、需求不足等，确保只有对国家、地区和老百姓有实际价值且具备长期回报和社会效益好的项目才被批准，并设定合理的预算限制，确保项目的预算与可用资金、地方财力相匹配。要建立严格的项目审查监督机制，公开透明地接受群众监督，以确保项目的合法性、技术可行性和成本效益。

地方政府在进行基础设施建设和公共设施建设时，一定要严把关口，绝不能为过度基建买单。否则，轻则造成地方财政不健康，使得财政窘迫；重则发生严重的财政赤字甚至财政恶化，从而严重影响当地的经济和社会发展。

积极的财政政策要善于运用财政资本对社会资本的杠杆作用，撬动全社会的投入产出效益，但不能以财政资本过分地加杠杆，不能增加债务融资而扩大债务风险

对地方政府而言，怎样做才是"积极的财政政策"呢？就是在财政资金使用上，要注重将其投放到那些具有"四两拨千斤"效用的领域，发挥财政资本对社会资本的杠杆作用，更好地促进地方经济发展的质量和效益。

具体而言，从资金投入规模方面考量，当前最需要推动的是运

用财政资本对社会资本的杠杆作用，投入新基建、绿色能源、人工智能、数字经济、高端制造业、新材料、研究开发创新、生产性服务业等行业。为此，要加快杠杆财政资本与各种私募基金形成产业股权投资基金，撬动社会资本投向鼓励类产业及战略性新兴产业。必须注意，这里说的是以财政资本撬动社会资本，而不是增加融资债务。比如，通过 PPP、引导 REITs（房地产投资信托基金）等方式，把财政资金作为资本，去吸引社会资本，就会形成 1∶2、1∶3 甚至 1∶4 的杠杆社会资本，而且不会增加政府债务。对于设立引导基金的指标，关键在于要防范形似而神不似的明股实债，防范虚假的社会资本出资，搞成变相的政府举债。特别是不能用财政资本去高比例地加杠杆，形成多层次的杠杆债务资金。总之，要尽可能减少财政资本对债务的杠杆融资，有效增强财政资本对社会资本的杠杆作用，这是最大限度地发挥财政资本功能，又有效避免财政金融风险的奥秘所在。

财政资金发挥杠杆撬动作用，可以体现在经济社会许多领域。比如，用财政资金补短板、花小钱提升经济运行投入产出率。2011年上半年，由于煤电价格倒挂，许多民营电厂停产了，许多地方拉闸限电，重庆本来装机缺口就大，加之碰到这种情况，几乎 1/4 的企业会被拉闸限电。为此，市财政拿出 12 亿元，用于买电、买煤的补贴。其中，6 亿元补贴外购电，另外 6 亿元补贴买煤。由于我们用补贴了的煤价供应电厂，调动了电厂的生产积极性，本地电厂开足了装机，再加上补贴了外购电费，无论是夏季高温，还是冬季取暖，全年保持电力供应充足，基本不会拉闸限电了，12 亿元的能源电力稳定基金的补贴投入，保住了有可能因几个月拉闸限电而损失的上千亿元的工业产值，按产值含税量 6% 计算，至少避免了

60 亿元的税收损失。再如，在支持微型企业发展的问题上，由财政出钱，按一定比例补助创业者资本金，通过创业来带动就业。要知道，微型企业是 100% 的草根经济。政府拿钱鼓励老百姓创业，使社会产生更多的小微企业，带动更多人就业，可以减少失业保险费的支出，长远看还能增加税收，推动整个社会步入良性循环。这实际是变"输血"为"造血"，把买"棺材"的钱用来买"补药"。这个政策推行了一两年，到 2013 年，重庆财政已为 8 万多户微型企业补贴资本金 30 多亿元，带动 80 万人就业，营造了全民创业的氛围，活跃了工商经济。

政府搞基础设施和公共建设的投资是可以透支的，但由此形成的债务率和负债率不能超过警戒线，债务成本不能太高

由于基础设施和公共建设具有投资规模巨大、一次性投入但能长期性使用的特点，政府在这些领域是可以发债、举债、透支的。但是，政府透支形成的债务，其债务率（债务余额与财政收入之比）不要超过 70%，负债率（债务余额与 GDP 之比）不要超过 30%。同时，还要控制债务成本，不能借高利贷。政府要充分利用自己的良好信用，尽量使用利息比较低、周期比较长的资金。

当然，在举债发展的过程中，政府要确保债务在静态层面和动态层面的两个平衡。具体工作上，需要注重抓好五个方面。一是严守省市和区县政府债务警戒线。参照国际上对一个主权国家债务的警戒标准，按照财政部、审计署的管理要求，设定一个从严的管控值，确定一个必须守住的"天花板"。二是乡镇政府不能负债。对乡镇历史遗留债务，要限期逐步消化。三是严控政府为各类企业向

银行举债的担保行为。四是置换短周期、高利息的政府性债务，抓住国家政策机遇，用利息较低且周期较长的政府债置换短周期、高成本的债务。利用中国人民银行下调贷款基准利率的有利时机，指导债务单位与银行等债权人充分沟通协商，下调未置换和未到期的存量债务合同利率，尽可能地把政府债务率控制在安全合理的范围。

地方政府既要善于做好城市规划，实施土地资源优化配置，最大限度地发挥土地财政功能，又不能唯利是图，推高地价房价，最后破坏投资环境

我们的城市土地是国有的，由土地出让形成的所谓"土地财政"，就成为中国特有的制度优势，我们应当把它充分利用好。我国地方财政长期以来有"两个口袋"：一是预算内收入，主要来源于税收，中央财政转移支付也在此列；二是预算外基金收入，一般占地方总财力的30%，占预算内收入的50%左右，主要是包括征地费用在内的土地出让"收入"。土地出让收入，与一般公共预算形成互补关系，相当于减轻了一般公共预算的压力。

在土地财政管理方面，有两个要特别注意防范的问题。一方面，要从资源优化配置、级差地租充分利用的角度，合理利用城市中的每一块土地。比如，2000年，重庆奉节县因三峡工程建设，沿江老县城被淹没，整个县城只能沿山坡向山脊线上迁移，形成了一个长8公里、宽1公里，面积约8平方公里，居住着10多万人口的城区，十分拥挤。2008年，我率领政府有关部门去奉节调研时发现，在县城一端，朱衣河（长江支流）与长江交汇处，有一块

近 10 平方公里的长方形平缓地,完全可以作为移民新县城区的扩展区。但是,有关单位却在此地块中规划建设了一个占地 2 平方公里的大型火电厂和水泥厂,工程项目征地拆迁已完成,前期施工拟开展中。一旦这两个项目落地,不仅占用了奉节移民新城区宝贵的土地资源,而且会导致周边 8 平方公里的城区生活环境变差,仅土地级差地租出让收入至少会损失上百亿元,这对一个年财政收入才 10 多亿元的贫困县是多么重大的损失。我当即询问县领导,奉节有 4 000 多平方公里,空间足够大,这两个企业为何会规划在新城区中? 该县领导告知,这两个企业是这两年好不容易招来的国内大企业,对于奉节这样的贫困地区,项目落地意义重大。它们要求选址此处,否则就会离开。担心煮熟的鸭子飞了,不得已,只好迁就。我当即就此事提出了异议,召集县委四大班子就两个厂区规划调整的事进行了专题讨论,并责成市级有关部门直接与两个企业协商,晓以大义,最终两个企业落产在距离奉节县城 15 公里外的一个煤矿地区。朱衣河入长江区域也成了奉节新县城的城区。另一方面,要防止唯利是图的意识作怪,一些地方政府往往希望地价越高越好,但这是不合理、不明智的认识。政府确实要管控好土地开发,不让宝贵的土地资源流失,但也绝不能把土地价格弄得过高。如果唯利是图,对地价疯涨听之任之,必然会出现"面粉比面包还贵"的局面。高地价必定导致高房价,而高房价不仅会令老百姓不满意,还会削弱实体经济的发展,终究得不偿失。当然,政府也不能刻意压低地价搞利益输送,使土地增值收益白白流入开发商的腰包。一般而言,一套房子的总价值中,1/3 是地价,2/3 是造价(包括建设施工、贷款利息、宣传广告等各种成本和开发商的合理利润)。因此,把楼面地价控制在当期房价的 1/3 左右是比较适宜的。总之,一个基本原则就是，政府要遵循市场规律，既不要违反级差地租规律，"把西装料做成衬衫"，也不能为了增加财政收入，刻意地去推高地价、房价。

政府要善于建设强大的、有信用的投融资平台，但不能层层叠加、搞得又多又滥

这些年的实践表明，地方政府的投融资平台，是一个城市在工业化、城镇化起步阶段，甚至在进入快速发展期时，地方政府整合各类资源，增强融资信用，破解发展资金难题的有效载体，是先于经济发展周期加快基础设施建设的有力推手，是在市场信号薄弱、政府财力不足又不能发债的条件约束下，为工业化、城镇化获取长周期、低利息融资，以加快基础设施和公共设施建设，必要而合理的路径选择。从实际操作看，有四个问题需要特别引起注意。

第一，平台公司数量和规模要严格控制。一个地区需要多少个投融资平台，应当由当地基础设施和公共设施的投资量来决定。一般而言，省级政府可以有五六个投融资平台，地市级政府可以有两三个，区县级最多搞一个，乡镇绝不能搞。

第二，高利息借贷坚决不能搞。搞基础设施建设，发债券可以，跟银行贷款可以，但绝不允许搞高利息回报的BT（建设—移交）、信托、租赁和小贷，更不能搞明股实债、有较高利息、固定回报的BOT。当然，规范的BOT是可以的，这也是国际惯例。

第三，财务监管要加强。投融资平台的钱，往往管得比较粗放。投融资平台用钱量大，恰恰应该像财政一样纳入预算管理，推行综合财务报告制度，绝不能含糊。从全口径的角度，加强对全口

径债务的考核和管理，重点考核负债率、债务率、债务依存度、新增债务率、担保债务比重、债务逾期率和偿债率等指标，进而提高平台公司的举债控制能力，促使其适度举债，合理的负债率范围就是控制在50%~60%，始终让它有弹性。

第四，要像保护生命一样维护投融资平台的信用。一是对于平台公司的资本金怎么注入，应该有明确的规范，不能一毛不拔。如果不给平台公司充足的资本金，它就很容易变成高比例的负债公司，负债多了最终还是政府的债务。二是平台公司不能为任何企业做担保。平台公司的全部信用只能用于政府的基础设施、重大投资融资。此外，平台公司会有一些政府补助性项目，也不能拿专款专用的资金为融资平台做担保。三是平台公司的现金流要平衡。其长期债务、短期债务要平衡，现金流、回款要平衡，绝不能让现金流断裂。

公共财政要重点投向民生领域，不能搞"民粹主义"、泛民生化

总体看，公共财政既与当下的民生密不可分，也与未来的民生密不可分，既与基本面的民生（生存权和物质需要）结合，也与深层次的民生（政治权和精神需要）贯通。公共财政理应是民生财政，但过度福利化的教训必须吸取。政府职能及掌握公共资源的有限性，决定了政府在改善民生问题上不应该也不可能做到无所不能。需要理性地处理好以下关系。一是需要与可能的关系。既要反对在改善民生方面的保守倾向，又要防止为迎合一时之需，设定一些超越发展阶段的指标，吊高群众胃口而不可持续。二是当期与长远的关系。政府需要结合可用财力清醒地把握当前的主要矛盾，解

决最迫切需要保障的民生事项。三是托底与扶优的关系。在财力有限性这一硬约束条件下，财政分配不可能对民生事项面面俱到、平均用力，只能在权衡各种利弊得失后，选择当前最需要保障且有能力保障的民生事项予以重点倾斜。四是政府与市场、社会、公民的关系。统筹考虑政府与市场、社会、个人之间的分担机制，尤其要处理好政府与市场的边界，平衡和调动好各方面的积极性。

社会保险基金要扩收入、紧支出、保值增值，不能不切实际随意提标，也不能放任资金闲置

在社会保险基金收入中，保费收入和政府补贴收入占绝大部分。按照我国现行社会保险费征缴的有关规定，社会保险基金保费收入与缴费人数、缴费基数、费率、征缴率等因素关联。

第一，要广覆盖，千方百计地扩收入。要搞好社会保险缴费群体的强覆盖，绝不能不动脑筋，坐等缴费自然缓慢增长；

第二，推动企业职工基本养老保险实现省级统筹，利用大数法则，互助共济，解决地市州及区县间的收支不平衡问题。

第三，严格控制社保支出，绝不能因为几乎所有人都希望提高社保待遇而随意地调整，提标必须充分考虑社保基金的中长期平衡和可持续运行。

第四，按照供给侧结构性改革的"三去一降一补"要求，降低社会保险缴费率，以增强企业发展的活力。一方面要降费率，另一方面要降最低缴费基数，为企业减轻负担，支持实体经济发展。

财政管理体制的改革要着力做大"蛋糕"、节约开支，而不能只做利益调整、被动支付改革成本

财政管理体制的改革，要多从资源优化配置方面下功夫，从而实现生财有道、聚财有方、用财有度，真正做到当好家、理好财，促进经济社会的科学发展。财政管理体制的改革，大致有三类。一是财力投入型改革。主要涉及公共服务领域，政府不能犯"急性病"，脱离发展阶段，超越财政承受能力办傻事，最终陷入债务危机。改革方案要力求"当期可承受、未来可持续"。二是利益调整型改革。主要对现有"蛋糕"进行重新切分，调整利益格局，"限高、托底、扩中"，促进社会公平与和谐。但若时机、力度、节奏把握不当，很容易引发利益冲突，还可能诱发平均主义抬头，导致走改革的回头路。三是资源优化配置型改革。主要针对不适应市场需要、时代需要和不符合国际惯例的制度性障碍，运用改革思路和创新办法，进一步促进资源要素优化配置，从而使"蛋糕"做大，社会和群众财富增加。

现在，有一种误区和不由自主的惯性：一说搞改革，就要增加投入；一说搞改革，就要增加人员；一说搞改革，就要增加机构。似乎不加钱、不加人、不加机构，改革就会搁置，无法展开。这类花钱型改革，如果不加约束、引导，就会形成"吃大锅饭"的机制，人人都乐于进行这种改革，甚至推波助澜。所以，财政在推动这些改革时要发挥好闸门的作用，为节约型改革铺路，杜绝不合理的花钱型改革。

管理体制从整体上要减少层级，实施"精兵简政"，减少财政供养人口的比例，同时实现财力下沉。直辖之初，为了确保平稳过

渡，重庆财政体制基本上延续了"老四川"的格局，采取比较复杂的"一市两制"，即从四川省划入重庆的万州、涪陵、黔江是一套体制，"老重庆"又是一套体制。同时，"老重庆"辖下的渝西区县和主城区又有区别，甚至主城的渝北、巴南、北碚和其他六区也略有不同；原万州、涪陵、黔江所辖区县，因为有的属于库区，有的属于少数民族地区，也各有差别。种种情况叠加，造成重庆财税管理纵向上有市、地、县、区公所、乡镇五级，横向上直属、直管、代管、共管机构相互交错，形成管理层级多、单元多的"金字塔式"架构，极大地限制了直辖市体制优势在财税管理中的发挥。

这种状况当然得改革。改革的原则就是减少层级、简化管理，把财力更多地向区县、基层倾斜。2003 年，我们开始酝酿并形成方案。从 2004 年开始，重庆 8 万平方公里形成了统一的财税管理体制，同时对渝东南、渝东北困难地区加大了转移支付力度。

财税体制改革后，直辖市行政层级简化的优势开始充分地体现为财税管理体制优势。一是直辖市比省级架构少了地市这个中间层次，大大减少了财政供养人口。重庆财政供养人口与全市总人口之比约为 1：58，全国平均水平为 1：35，西部平均水平则是 1：20。这一优势，使得重庆的财力没有过多消耗在"吃饭财政"上，而有更多财力服务民生、改善民生。二是财政资金分配程序简化，并更多向区县倾斜。在财政资金分配上，一般省、地两级与区县、乡镇两级之比为 50：50。上海、北京、天津三个直辖市没有地市州，市级财政和区县、乡镇财政大体四六开，市级政府用掉预算内收入的40%，区县、乡镇用掉 60%。而重庆明确预算内支出 75% 用于区县、乡镇，市级财政只占预算内支出的 25%，有效提升了基层政府的财政支付能力。就这样，重庆借助直辖优势，全面革新财政管理，探索出了一条富有成效的财税管理路子。

总之，地方政府一方面要通过促进地方经济发展，优化资产管理，优化资源利用，提高税收征收效率，减少行政开支，提高政府运作效率等来增加财政收入；另一方面要采取科学理财措施控制过度债务，维护财政的稳定性和可持续性，从而释放出更多的资源用于公共服务和民生事项，不断提高人民群众的福祉。

二、推进政府与社会资本合作

长期以来，我国基础设施建设都由地方政府或国有企业主导，财政支出和政府预算外支出是其主要资金来源，在很大程度上都依赖于"土地征收—土地出让金收入—地方融资平台债务—城区规划建设—土地增值—进一步的土地征收和出让"这一"土地财政"的收支循环进行平衡。这种运作模式在支撑中国城镇化快速发展的同时，也积累了大量的地方性政府债务。必须看到，一方面，随着规范地方政府投融资行为的财税体制改革和土地制度改革的逐步深入，地方政府的预算约束趋紧，基础设施供给能力有所下降；另一方面，新型城镇化及与之相关的土地制度改革、户籍制度改革的深入推进，带来了旺盛的基础设施需求，中国社科院《中国城市发展报告（2012）》初步测算，未来20年内，要促成4亿~5亿农村人口市民化，至少需要50万亿元基建投入。在这种背景下，PPP模式就成了基础设施投融资改革的重要取向。尤其是在党的十八届三中全会之后，这一模式已为全国各地所重视，并普遍推行开来。

推行 PPP 模式的"五重红利"

所谓 PPP，即为 Public（公共）、Private（私人）、Partnership（合作关系）的首字母缩写，是指公共服务项目由政府和私人企业进行合作投资的一整套模式。它起源于 100 多年前的英国，后来在世界各地普遍推行。我国改革开放以来，特别是 20 世纪 90 年代以来也普遍采用过，它对推动城乡基础设施建设和公共服务项目起到了巨大的促进作用。

从国际国内实践看，PPP 的表现形式越来越多样化。比如已经建成的公共基础设施移交，可以是 TOO（移交—拥有—经营），也可以是 TOT（移交—经营—移交）；在建项目，可以是 BT，也可以是 BOT；规划建设的项目，可以是 BOT，也可以是 BOO（建设—拥有—经营）；等等。从经济学的角度讲，一个推行市场化改革的国家，总是在致力于寻找政府和市场的平衡点，发挥好市场这只"看不见的手"和政府这只"看得见的手"的作用。而推行 PPP 模式，就是要按照市场经济的规律和现代社会的契约精神，在基础设施建设和公共产品供给方面，找准公共投资与私人投资的利益结合点和平衡度，使两者能够相容、互利、共赢。具体来看，它可以产生五重改革红利。

第一，它有利于促进城乡建设和经济发展。不管是发达国家还是发展中国家，随着人们需求的不断增长，都会面临基础设施和公共产品供给不足的问题。让社会资本参与其中，不仅可以解决政府财力投入不足的问题，也可以保证基础设施建设适度超前，还可以在当期保持一定的投资强度和节奏，为稳增长做出贡献。

第二，它有利于提高公共服务的质量和水平。社会资本都是逐利的。社会投资者基于自身的经济效益，其项目经营质量、服务质量和管理水平，一般会比国有平台公司做得更精细、更专业、更富实效，这就为提高基础设施和公共服务水平创造了条件。

第三，它可以有效化解政府性债务和融资风险。以前搞基础设施和公共服务项目，要么向银行举债，要么向社会借钱，总之都是政府负债，由财政"兜底"。通过PPP模式，把社会资本变成了投资主体，融的是股本而非债务，当然就和政府债务无关，财政状况也会因此改变。与此同时，政府"腾出来"的财力也可以集中起来，干好必须由公共财政直接负担的事。

第四，它可以助推政府职能加快转变。市场条件下的经济活动，该市场化的归市场，该由政府直接干的归政府，但也有市场和政府一起干的"中间地带"，这就需要通过PPP模式来实现。PPP模式把基础设施建设和公共服务项目交给市场，让社会投资者来做，政府则集中更多精力发挥监督作用，做好市场的"守夜人"，这更符合市场经济要求。

第五，它是深化国企改革的有效手段。过去，基础设施和公共服务项目都是通过国有独资的投融资平台，以直接举债的方式来操作。现在，通过PPP模式，这些项目由社会投资者来干，或社会资本与国有投融资平台合作来干，这有利于改善产权结构和公司治理结构，推动混合所有制经济发展和国资国企改革。

推行PPP模式的"五条原则"

理论上讲，PPP是一种比较成熟的投融资模式。国外搞PPP模式，政府一般不举债，而是由私人企业举债，政府与私人企业通过契约关系，明确各自的责任、风险和利益分配。过去30多年，我国各地推行的PPP，很多都被"异化了"，风险由政府兜底，私人资本却坐享无风险的固定高回报，这就变成了比政府直接负债还危险的变相高利贷、风险更大的或有债务。根据2014年初审计署公布的数据，当时全国地方政府负债18万亿元左右，其中，政府负有偿还责任的债务约10万亿元，政府负有担保责任的债务约8万亿元。在负有偿还责任的10万亿元债务中，1/3~1/2是通过较高利息的BT和BOT不规范融资而形成的。由此看，我们必须搞清PPP的本质意义和操作原则。如果把控不好，好事也会变坏事，"天使"会变成"魔鬼"，"播下龙种，长出跳蚤"。

推广PPP模式的核心是构建起"利益共享、风险共担"的机制。具体来说，应当把握好五个原则。一是利益共享。所有PPP项目，都要保证政府公共部门、民营企业以及社会投资者能实现利益共享，利益不能由任何一方独享。二是风险共担。一方面，风险与利益对等；另一方面，一旦有风险，大家一起来承担，不能由任何一方独自兜底。三是公共利益最大化。因为PPP项目都是社会公共服务项目，不能唯利是图，必须充分体现和照顾公共利益。四是兼顾社会效益和经济效益。不能只讲公共利益而没有经济效益，否则就吸引不了社会投资。五是既要有激励，也要有约束，保证社会投资者有合理的收益。对于基础设施和公共服务的投资者来说，一定要有盈利，这样才有积极性。但也要有约束，绝不应有暴利。社会资本投资股权、期货市场，可能会有暴利，但风险很大；投资基础设施和公共服务，虽然也有风险，但冲击力小，尽管投资回收时间长，但收益比较稳定。这五个原则是高度关联的，缺一不可。

推行 PPP 模式的"五个边界"

　　PPP 并非放之四海而皆准，它有必要的前提条件。如果前提条件不成立，搞 PPP 就是瞎搞，会"念歪了经"。推进 PPP 模式，政府要厘清以下五个操作边界。

　　一是对于具备完全市场化条件的项目，要放开市场。有些公共服务和基础设施发展到一定阶段，已经完全可以市场化定价。凡是能够真正实现市场化收费的，都可以搞 PPP，甚至完全可以放开给市场干。比如高速公路项目，多数是通过 TOO、TOT 等方式融资的。起初，因为重庆修路成本高，车流量小，收益很低，没有民间资本愿意投进来，只能靠政府自己干。后来随着经济快速发展，高速公路车流量大增，效益逐步显现，通过市场化收费就可以实现盈利，这时社会资本就愿意加入了，所以现在我们把收费项目转给了社会资本，这样就可以减少很大一笔政府债务。又如文化产业发展，当一个地区的人均 GDP 在 1 000 美元以下时，温饱是最大的问题。如果老百姓连吃饱穿暖都实现不了，就不可能拿出闲钱购买文化消费。在这个阶段，文化只能是公共服务，是事业而不是产业，应该由政府出钱来搞。但是，当一个地区的人均 GDP 达到 5 000 美元以上时，文化消费、文化市场、文化产业开始形成，有些项目就可以转给社会来做；当人均 GDP 在 1 万美元以上时，家庭收入的 1/5 会用于文化消费，这时完全可以让市场来做。就像 20 年前，全国大多数电影院是政府投资的。2006—2016 年，我国 GDP 翻两番，人民生活水平大幅提高，电影业进入市场化快速发展的阶段，产值增长了 12 倍。当时电影产业就是充分市场化的，根本不用政府再出钱。

　　二是对于不具备完全市场化条件，但存在调价空间的项目，要逐步调整价格。2006 年和 2011 年，为鼓励支持民营经济发展，全国先后出台了两个"36 条"，向全社会开放基础设施领域，但为什么始终落实不了？价格不调整，怎么做都是亏，谁敢来做啊？比如，从 1996 年起，重庆水务就在寻找合作者，谈了六七年都谈不下来，原因在于重庆自来水价格长期是每立方米 1 元，而成本却要 2 元，谁合作、谁亏损。2002 年，我们通过召开听证会、征求群众意见等法定程序，把水价提高到每立方米 2 元，合资企业立马办起来，合作从北部水厂拓展到全市范围，现在重庆水务成了中国水务行业最大的上市公司之一。由此看，调整价格对搞 PPP 非常重要，该调价的如果不调，就是既要"马儿跑"，又要"马儿不吃草"，让社会投资者干赔本的买卖，是不可能的。如果改革意识不到位，政府部门自己不转身，不把边界条件调整过来，是不可能吸引社会资本来搞 PPP 的。

三是对于调价不能一步到位的项目，要由政府购买。对于老百姓来说，调价也涉及承受能力的问题，有些价格只能调一部分，不可能一步到位。这就需要通过政府采购的方式出钱，补上这个缺口。比如，本来政府要一次性投入 100 亿元搞这个项目，现在改由社会投资 100 亿元来做，但价格调整不能一步到位，这时就需要政府每年拿出几亿元或十多亿元来补贴投资利息和运行成本，这是通过政府购买"以时间换空间"来减轻债务负担的一种手段。比如，污水处理设施建设和运营，发达国家的污水处理费都高于自来水费，而我们中国人的习惯是愿意为自来水掏钱，却不愿意为污水处理买单。2001 年，库区污水处理费征收标准为 0.25~0.4 元 / 立方米（各区县根据本地区实际情况，在此范围内制定具体执行标准），实际成本却是每立方米需要 1 元多。本来，我们应该按成本调整收费，一步到位，但考虑到老百姓的心理承受能力不能随意突破，就以保护长江流域生态环境的名义向国家申请了补贴。这种补贴国家也支持。后来，我们采取逐步上调污水处理费的方式，随后八九年就逐步调整到位了。

四是对于大投资、低收费或免费的项目，政府要配置相应资源。政府采购或补贴，只能平衡项目一部分现金流，对投资"老本"或者折旧，只能"堤内损失堤外补"，进行资源配置。比如，香港地区地铁总共修建了200公里，总投资2 200多亿港元，票价平均每张7港元，只够保障运行成本，投资本金无法平衡。为此，香港特区政府就把80个地铁车站的土地配置给企业，让它们盖楼盘，每个楼盘20万平方米，总共1 600万平方米，按楼面地价2万元计算，就有3 000多亿元。这样，就平衡了地铁投资，包括资金利息和投资回报。当然，这80个车站的土地资源并不是一次性地配置给企业，而是在修建地铁的10年或者更长时间里，逐年配置到位的。由此看，当政府掏不起钱来搞大体量投资时，就可以像香港特区政府那样"掏资源"，"要钱没有，要地有一块"。

五是对于收益很高的公共服务项目，要确定合理收益。一些社会投资到位后，项目一旦运转起来，就会产生很高的收益。这时，如果边界条件设定不好，就会变成暴利。比如，1万亩土地储备，一级开发需要80亿元成本。如果政府承担不了，把项目包给民营企业来干，企业经过几年一级开发，生地变熟地，能赚200亿元，这就是暴利。政府撒手不管，就是利益输送。必须事前确定合理的收益边界条件，形成对暴利的有效约束与遏制。

推行 PPP 模式要注意"五个防范"

上述五条原则和五个边界都操作到位了，就可能产生前述的五重红利；如果上述五条原则和五个边界都没有把握好，就可能出现以下五种不良后果，我们必须严加防范。

一要防范形似神不似。名为PPP，实则让政府背上高息债务，这就不行。就像前文提到李家沱长江大桥的例子，名义上是帮政府卸包袱，实际上是由政府兜底，投资者不仅不承担任何风险，而且有很高的收益，这就违背了利益共享、风险共担的原则，形似而神非，必须坚决卡住。

二要防范公共利益受损。像垃圾处理、污水处理、自来水处理、道路交通等公共服务设施，有些社会投资者可能会为了逐利，利用自然垄断属性，乱收费、高收费，老百姓就会怨声载道。对这种情况，政府要对其制定约束机制。不然，吃亏的不仅是老百姓，政府的公信力也会受损。

三要防范价格标准混乱。同样是地铁，同样是高速公路，同样是自来水，由于不同地区、不同区县的标准不一，搞出来的PPP条件不一、价格不同，就会五花八门，相互攀比会导致约束底线失守。

四要防范灰色交易。PPP价格可以在一对一谈判中产生，也可以通过招投标产生，但一般不会像普通商品那样明码标价、公开议价。需要注意的是，如果只是进行内部操作，极有可能产生灰色交易和利益输送。这是要绝对禁止的。

五要防范项目出了问题撒手不管。PPP项目实施过程中，社会投资者一旦出现经营危机，影响公共服务项目正常运转时，政府部门不能缺乏应急措施。因为PPP项目是公共服务项目，一旦瘫痪，就会影响公众利益，影响经济发展和社会稳定。为了维护公共利益，政府该出手时必须出手。

2014—2016 年的 3 年间，重庆市每年推出 1 300 亿元 PPP 项目，并得到有效实施，带动全市基建投资每年增长 20% 左右。这个过程中，政府债务不仅没有增加，反而减少了 1 300 多亿元，重庆为此成了全国地方性政府债务控制得最好的地区之一，这就是推行 PPP 模式改革带来的制度红利。

三、创设政府产业引导股权投资基金

过去，我们主要采取审批制的拨款方式，对产业发展进行补贴，并通过相关部门分配给一个个项目。每年国家财政拨款有几千亿元，重庆也有上百亿元。这种体制机制，往往造成三种后果。一是资金闲置，结转、结余的资金沉淀多；二是资金使用效果如何，不好评估；三是审批权力过于集中，企业"跑部"前进，一不当心就会出现很多灰色交易。这种问题，如果不在源头上缩小审批权，靠互相监督，或者靠各委办局长两袖清风，解决不了根本问题，照样"一抓抓一窝"。2014 年开始，重庆每年把财政投入产业发展的 1/3 左右的资金（约 30 亿元）拿出来，改为产业引导股权投资基金模式，实行市场化运作，重点投向工业、农业、现代服务业、科技、文化、旅游六大行业的中小微企业。

设立产业引导股权投资基金可以实现多重功效

第一，发挥杠杆效应，撬动产业结构调整。产业引导股权投资基金具有"四两拨千斤"的功效，一般会产生 1 : 3 或 1 : 4，甚至更高的杠杆比。政府出资 30 亿元，凭借良好的信用，通过杠杆撬动，可吸收 100 多亿元社会资本参与，整个投资基金的规模就会变成 150 亿元。这种放大效应，使财政资金可以更多投入各种技术改造、科研成果产业化过程，还能推动企业重组和并购。同时，股权投资基金本身是一种市场化选择机制，具有优胜劣汰的功能，由基金管理人选择项目投资，总体上会选到技术含量高、市场前景好的优质项目，从而助推产业结构调整和优化升级。到 2016 年底，专项基金已投资项目 113 个，投资金额近 100 亿元。

第二，加快转变政府职能。我们用财政投入产业发展的 1/3 左右的资金设立产业引导股权投资基金，政府相关部门及工作人员不再直接参与具体管理运作，这就意味着政府对这些资金的审批少了 1/3。今后，如果 70%~80% 的财政拨款都照这样操作，行政配置资源的基本方式、体制机制就会发生根本性转变，就能从源头上遏制灰色交易。

第三，提高财政资金的投资收益。"千做万做赔本生意不做。" 以前，财政拨款都是无偿的，基本上结的是"无花果"，没什么收益。但产业引导股权投资基金靠市场化运作，市场资金要追求效益，如果 LP 要求 15% 的年收益率，那么政府资金照样也应该有这么高的回报。这样，每年财政投入 30 亿元，5 年投入 150 亿元，理论上 5 年后能就翻番变成 300 亿元。正因为财政资金按照市场化运转，其投入产出效益更好，美国等发达国家一般不直接将国家财政资金拨付给产业部门，主要就是通过各种基金来发挥重要作用。

第四，改善社会融资结构。一直以来，我国社会融资结构严重失衡，银行"一业独大"，直接融资比重偏低，不仅金融风险不断累积，也造成了企业融资难、融资贵。从改善融资结构的角度出发，发展私募股权投资基金，提高直接融资比重，为企业提供面向社会公众的融资渠道，建立起企业股本的市场化补充机制，能有效解决融资结构失衡的瓶颈问题。我们组建产业引导股权投资基金，如果5年投入200多亿元，就会撬动社会资本1 000多亿元，以股权形式直接投入各类企业。

第五，推动混合所有制经济发展。大力发展混合所有制经济，是党的十八届三中全会明确的重要方向。所谓混合所有制，就是国有资本、集体资本、非公有资本等交叉持股、相互融合的一种经济形态。通过基金方式，就可以实现"交叉持股、相互融合"。产业引导股权投资基金不管是投到国有企业还是民营企业，都会推动企业投资主体多元化、融资方式多样化，不仅能增加企业发展资本，而且有助于企业完善法人治理结构和经营管理体制，使其更好地适应市场经济发展需要。

建立对基金管理人的激励约束机制

基金管理人是引导基金的大管家、操盘手。与有良好职业操守、信誉和能力的基金管理人合作，不仅可以大大降低基金运行中的风险，还能在很大程度上降低运行成本。随着引导基金的规模越做越大，第二批、第三批资金是不是继续由第一批选定的基金来做，就要基金靠实力说话。我们按照"三个一批"的方式，来选择基金管理人。

第一，滚动支持一批业绩好的基金管理人。如果第一批18家基金管理人当中有几家很有本事，一年下来不仅按比例、市场化地把LP募集到位，而且把基金全部投放出去，那么未来第二批、第三批基金的GP招募，还是邀请它们来参与。这种激励机制，会产生"马太效应"，谁干得好，钱用得快，效益好，谁就能得到更多投资，基金规模就会越做越大，GP团队的收入也会水涨船高。

第二，招募一批新的专项基金管理人。经过几年的运转，重庆产业引导股权投资基金声名远播，国内成百上千个基金慕名而来，想与我们合作。我们当然不会关上大门，还是会通过公开征集、招标的方式，再招募一批市场公认的、专业化的基金管理团队进行合作。

第三，淘汰一批业绩差的基金管理人。如果有些子基金经营了一两年，但手上握有的资金还迟迟用不出去，漫无目的地谈项目，像"蝗虫一样找不到家门"，那么我们就会把它们淘汰出局，这是正常的市场竞争机制。

通过建立起这样"三个一批"的激励约束机制，会激发出基金管理人的工作干劲，进一步带动引导基金发挥好放大、累积、杠杆的作用，最后形成一个良性循环的良好格局。

基金资金来源和投向坚持"四个不"

作为政府主导的产业引导股权投资基金，资金来源必须"干干净净"，绝不能把不符合《私募投资基金监督管理暂行办法》要求的机构和资金拉进来。具体来说，做到"四个不能搞"。一是不能搞众筹。既然是私募股权投资基金，合伙人理论上就是机构投资者和个人投资中的大户。如果以P2P方式搞众筹，一旦投资出现问题，就会产生混乱，引发社会不稳定。二是不能搞乱集资。尤其是不能向老百姓、散户集资，更不能高息揽储。三是不能搞股转债、债转股。有些名义上是股权，实际上是债券，向银行借债，将固定回报的债权变成股权，这也是不行的。四是不能搞信托融资、银行资金等所谓的"通道业务"。如果投资者的资金来源于其他金融机构，一旦出现问题，风险就会迅速传导至整个金融体系。当然，如果LP本身是上市公司、企业法人或者专业投资者，其拿出的投资中有一部分是银行贷款，这种情况另当别论。

产业引导股权投资基金主要是搞企业投资、股权投资，这和参与市场投机的公募基金、对冲基金有着本质区别。资金投向上，尤其要注意"四个不投"。一是不炒二手房。如果原始投资一个商铺，只要符合产业发展方向，可以介入。但绝不能违背私募股权投资基金的本质，去市场上炒作二手房。二是不炒外汇。外汇交易实质是通过低买高卖，赚取差价，与促进产业发展没有多大关联，这方面也不要去碰。三是不炒股票。私募股权投资基金的要义是股权投资进去，待所投公司上市后套现获利。如果在二级市场买进卖出，就违背了私募股权投资基金的本质。四是不能变成融资贷款公司，不能放高利贷，否则就变成了传统的金融机构。

基金围绕企业生命周期的"五个节点"适时介入

私募基金对企业进行投资，最重要的是要讲究方式方法。产业引导股权投资基金也是如此。问题的关键是，要弄清楚企业在什么阶段需要股权融资。一般来说，企业在成长过程中，会遇到五个不同的节点，对应不同的投资方式。

第一个节点，初创阶段的天使投资。投资初创期，企业一般风险高、投资周期长，一般投资者或者银行机构不太愿意介入，这造成了初创期企业在资本供给上的严重贫血。这个时候，对于更看重企业未来发展的私募股权投资基金，完全可以助其一臂之力。

第二个节点，对科研成果产业化进行投资。无论是私募股权投资基金还是风险投资基金，都可以投到里面去，发掘科研成果的市场价值和企业成长价值，提供增值服务，促进科研成果资本化、产业化。

第三个节点，在快速成长阶段的创业投资。如果企业要引入新兴产业或者扩大再生产，需要扩大股权进行项目投资，私募股权投资基金当然可以往里投。比如，京东方 8.5 代线项目募集到的 200 亿元资金里，有 25% 是私募股权投资基金。

第四个节点，对准备上市的企业进行投资。有些企业在上市之前，需要引入战略投资者。这个时候，私募股权投资基金符合它们对资金的要求，一旦有机会，就可以投进去买 10%、15%、20% 或者 30% 的股权。但只能作为中小股东，不能变成第一大股东，否则就会背离战略投资的本意，这也是分散风险的要求。

第五个节点，企业出现危机时的并购重组投资。当一个企业遇到困难，另一个企业要并购时，私募股权投资基金就可以起到一种"润滑油"的作用，为收购方提供资金，辅助收购。对于这种投入，基金公司一般不会自己成为收购方直接对企业进行并购，不会让企业变成自己的子公司。

总之，任何一家企业的生命周期都有这种成长链条，其"五个节点"就是投资基金介入的切口。基金最大的本事就是各种企业来找你，你们仗义疏财，总在企业最需要的关键节点给它们"雪中送炭"，最后大家都过上好日子。如果靠权力去捞底，去搞灰色交易，谋取不义之财，无论是从精神道义上还是从法律法规上，都是绝对不允许的。

四、大力发展公募 REITs

REITs 在中国的发展历程相对较短，起步较晚。自 2001 年中国证监会首次提出 REITs 概念以来，经过多次尝试和政策调整，REITs 在中国逐步取得了一些进展。但总体来说，中国 REITs 市场还处于起步阶段，离成熟、多样化的市场还有很大的发展空间。

REITs 制度的来源、发展及其关键特征

REITs 的全称是 "Real Estate Investment Trusts"，是指通过汇集投资者资金，由专业机构投向具有可产生稳定、可持续现金流的成熟不动产资产或权益的一种投资工具。这一金融产品发端于美国，1960 年美国国会通过《不动产投资信托法案》，首次在立法层面对 REITs 做出制度安排，明确了 REITs 的税收中性地位；1986 年美国推出《税收改革法案》，一是允许 REITs 对持有物业进行主动管理以提升收益，二是进一步巩固了 REITs 作为投资工具的税收优势；1993 年的《综合预算调整法案》放宽了养老金投资的准入要求，为 REITs 投资引入更多长期资金打下了基础。在历次政策推动和经济周期更迭下，REITs 的发展几经变革，已经成为美国市场中仅次于股票、债券的第三大投资品种。截至 2017 年底，在美国挂牌交易的 REITs 达到 222 只，总市值 1.13 万亿美元，占美国当年股市总市值 42.3 万亿美元的 2.7%、19.4 万亿美元 GDP 的 5.8%。20 世纪后期，REITs 也逐渐在全球范围得到推广，其中日本、澳大利亚、法国、加拿大、新加坡、英国和中国香港等是全球除美国外主要的 REITs 市场。REITs 在制度设计上有四个要点。

第一，强制分红。REITs 必须将年度应税收入中的绝大多数（通常是 90%）作为股利分配给份额持有人。

第二，投资方向主要是不动产。国际成熟 REITs 市场一般要求 REITs 绝大部分资金投资于不动产、抵押贷款以及其他 REITs 相关产品。同时，REITs 的收入也主要来自不动产相关的租金、利息或处置利得。

第三，股权分散。比如美国规定 REITs 的份额持有人至少达到 100 名，并且任意 5 名持有人的份额占比不得高于 50%（养老金除外）。

第四，税收中性。对于符合要求的 REITs，在 REITs 层面和投资者层面不重复课税。同时，部分成熟 REITs 市场对于资产购置或处置、持有运营等环节往往也给予一定的税收优惠。

尽管各个国家和地区根据其现行立法和金融市场发展程度形成了差异化的 REITs 制度体系，但这四个方面的根本性特征却大体相同。

我国 REITs 拥有广阔的发展空间

REITs 在国外发展相对成熟，截至 2022 年 8 月底，世界上 REITs 总市值超过 2 万亿美元，已有 900 多种 REITs 产品，分布在近 40 个国家和地区，其中美国的市场最大，占全球 REITs 市场的 60% 以上。REITs 拥有较好的风险回报，过去 40 年北美权益型 REITs 指数的年化收益率达到 12.5%，其风险回报显著超越标普 500 指数和纳斯达克指数。

从发展时机上看，我国已具备大力发展 REITs 的经济社会背景。从成熟市场发展路径看，各国 REITs 的推出和蓬勃发展的时间点主要是，房地产需求较弱或者刚刚经历经济萧条、银行坏账率较高或者资本金受限较多时。目前我国经济已由高速增长阶段转向高质量发展阶段，商品住宅销售逐步见顶，基础设施投资正处于从增量到存量的转型阶段，而拥有的商业用房及基础设施存量规模很大，租赁住房市场不断扩大，这就为 REITs 的发展奠定了充足的底层资产基础。从投资端来看，我国人口结构转型下，养老产品规模持续扩大，追求长期稳定回报的投资需求比重将得到提升，REITs 拥有低风险、高分红收益的特征，该特征与上述投资需求变化趋势较为契合。

我国 REITs 市场的潜在规模极为可观。截至 2020 年，我国商业不动产存量价值高达 50 万亿元，为全球仅次于美国的商业不动产市场，如果将其中的 20% 转化成 REITs 资产，规模大概为 10 万亿元。对于交通基础设施而言，我国高速公路里程、公路总里程、铁路营业里程和高铁营业里程均位居世界之首，各省经营性高速公路里程 × 可以用作 REITs 资产的比例（考虑公路的成长性和收益性）× 不同地区单位造价，得到的资金规模大概为 1.4 万亿元。清洁能源领域的资产也非常可观，按照目前核电、水电、风电和太阳能发电的装机容量，乘以单瓦造价，得到存量规模为 10.5 万亿元。保障性租赁住房更可期待，预计未来保障性租赁住房总套数 × 单套面积 × 单平方米成本，得到保障性租赁住房的建设成本约为 2 万亿元。由此可见，我国拥有超 24 万亿元的 REITs 蓝海市场，未来可挖掘的潜力空间极大。

发行 REITs 可以有效盘活社会存量资产，缓解债务风险

在我国逐步步入存量时代的经济背景下，国有企业可以利用

REITs来提高基础设施资产和资本金的周转率，从而开拓多元化的基础设施项目投融资来源，显著减轻基础设施建设的投融资压力，进而间接减轻地方财政的负担。许多地方都存在着大量的闲置或未充分利用的商业不动产、住宅和基础设施等各类资产。然而，这些资产由于流动性较低，往往难以迅速变现，给资产所有者带来一定的压力。发行REITs可以将资产变现，从而实现资产的有效流动。这不仅可以为资产所有者创造更大的价值，还能够为投资者提供丰富的投资机会，促进资本的流动，提升整个经济体系的效率。

盘活存量资产回收的资金既可以用来腾挪、替换借贷资金，也可以投入新的基础设施项目建设。由于回收资金基本上都是权益型资金，按照20%的资本金比例测算，如果以REITs方式盘活存量资产回收10万亿元资金，在新的项目投资中，理论上还可以带动40万亿元债权资金。

此外，发行REITs有助于缓解房地产行业的债务风险，特别是对于开发商和房地产公司来说，发行REITs提供了一种创新的方式，可以部分缓解债务风险。通过将一部分房地产资产转移到REITs中，公司可以获得更多的资本，用于偿还债务或投资新的项目。这种方式不仅有助于改善财务结构，还能够减轻债务压力，降低公司面临的金融风险。同时，REITs的收入分配要求也有助于稳定现金流，进一步增加公司的财务灵活性。

积极推动REITs发展与应用能够带来的积极影响

从国际成熟REITs市场的经验来看，REITs的资产类型既包括工业、写字楼、购物中心、酒店、仓储等不动产，也包括收费公路、港口、码头、机场等传统基础设施，还包括数据中心、通信铁塔等新型基础设施。推动 REITs 的发展与应用，大体上能够带来以下五个方面的积极影响。

一是有助于宏观降杠杆，防范化解金融风险。中国的地方政府、国有企业是各类基础设施、公共设施的投建主体，由地方政府、城投公司适度举债先行投入，是我国推进工业化、城镇化进程的重要路径。但随着新增负债产生的边际回报递减，一方面，依靠高杠杆驱动高增长的粗放式发展模式已经逐渐走到尽头；另一方面，传统投融资模式下形成了大量地方债、政府投融资平台负债以及其他隐性债务，高杠杆滋生的金融风险不断积累，一旦债务无法还本付息，会产生局部性的坏账，甚至可能波及整个金融系统，进而对国民经济造成巨大的负面冲击。作为权益型资本工具，REITs 的发展和应用对于帮助防范化解金融风险具有重大意义：政府和企业部门可以将能够产生稳定运营现金流的不动产通过资产证券化打包形成 REITs，并以市场价格出售给各类投资者，将这一部分债务转化为权益资本，进而降低总体杠杆率。

二是吸收增量权益资本，撬动新增投资。2017 年全国常住人口城镇化率达到 58.52%，我估计"天花板"在 70% 左右[①]，按照每年增加 1 个百分点来测算，快速的城镇化进程仍将持续 5~8 年，之后逐步放缓。这也意味着未来大规模基础设施建设、不动产投资的需求仍然存在，并且由于存量资产的规模巨大，即使是局部的优化

---

① 全世界城镇化率的顶点一般在 75% 左右，但中国的城镇化率顶点不会这么高，原因在于中国的城镇化进程有一个特点，即主要是农村的年轻劳动力迁移进城，留在农村的人口中大多数是老人、儿童，并且由于城市户籍制度的存在，农村老年人口不会大规模进入城市。

更新、结构性的改造升级也会产生数十万亿元级别的投资需求。而REITs这一融资工具的应用，能够以市场化的方式为不动产、基础设施项目引入更多的社会资金作为权益资本，有效提升金融资源的配置效率。此外，沉淀在存量基础设施和不动产中的初始投入资金，通过REITs盘活后卸下了沉重的还本付息包袱，既可以偿还贷款，也可以作为资本金带动一批优质的增量项目。如果"投资建设—收益平衡—发行REITs退出—带动增量投资"的良性循环能够形成，意味着同样一笔财政资金可以在不增加杠杆的基础上撬动更多的优质项目，使得经济内生增长的动能更为充足。

三是提升资产运营效率，遏制低效投资。中国的存量基础设施资产规模超过100万亿元，但由于缺乏市场化的运营管理，其中相当一部分潜在效益并没有完全发挥。如果以存量资产中能够产生经营性收入的基础设施、不动产发行REITs，由于REITs强制分红的要求，如果底层资产经营业绩不佳，导致分红收益未达预期或者股价下跌，投资者"用脚投票"就会选择离场，直接影响到REITs经营管理层的绩效考核，而这一压力也将倒逼不动产的运营管理方通过各种市场化手段提升运营效率、拓展收入来源。比如美国的住宅类REITs可以通过为租户提供有线电视等增值服务来获取更高的收益。更进一步地，REITs作为不动产在二级市场上流通和退出的渠道，为类似项目在收益率和定价方面树立了市场化标杆，有助于形成科学的投资预算和决策体系，遏制各类低效投资、盲目投资。

四是优化收入分配格局，助力养老第三支柱建设。《中国家庭财富调查报告（2017）》显示，全国家庭的人均财富中房产净值占比达到了65.99%，持有房产的城市居民享受到了房价上涨带来的红利，但居民之间的房产配置并不均衡，且大多自住的房产很难变现，客观上反而拉大了财富差距。而 REITs 的发展和应用使得居民能够以持有份额的方式投资不动产权益，大幅降低了老百姓参与投资的门槛。作为以不动产和基础设施为底层资产的金融产品，REITs 具备抗通胀、保值增值等特点，同时相较于传统不动产投资，其流动性更好、透明度更高、投资者保护制度更加完善，是居民资产配置的优质工具。此外，REITs 还为养老金投资实现保值增值提供了更多选择，有助于推进养老第三支柱建设。REITs 兼顾股性和债性，同时表现相对独立。事实证明，投资组合纳入 REITs 头寸后能够在有效分散风险的基础上提升长期收益，因此在国际成熟资本市场上，REITs 尤其受到保险、养老金、企业年金、共同基金等长线持有的机构投资者的青睐。以美国 REITs 市场为例，2016 年养老金固定收益计划（DB Plan）持有 REITs 的比重达到了 55%。

五是推动房地产业平稳转型，加快构建租售并举的住房体系。中国家庭自有住房拥有率是 89.7%，这一比例远超全球平均水平 [①]，除了民众普遍持有"居者有其屋"的传统观念外，也与租赁房供给格局有一定关系。中国房地产商几乎都是建好房产以后出售，很少有自持物业出租的。在银行贷款、债券、票据等债务型融资的高成本以及到期兑付压力下，房地产商为了确保现金流不断，被迫搞"快进快出"。可以说，中国房地产商长期以来形成的高负债、高杠杆、高周转的经营模式与其自身的资本结构高度相关。REITs 的应用有助于改善这一局面，房地产商将旗下的物业出租，并作价发行 REITs，租金收益作为 REITs 的分红，不仅能够降低负债率，转向

---

① 根据《2017 中国家庭金融调查报告》的统计，中国家庭自有住房拥有率为 89.68%，远高于全球 60% 的平均水平。

轻资产运营模式，还能够提高自持比例，享有资产长期增值收益。事实上，租赁房具有现金流稳定、运营模式清晰的特点，是非常适宜发行 REITs 的资产。此外，政府出资建设的公租房也可以发行 REITs，用老百姓付的租金平衡 REITs 分红，就能在不增加负债的基础上丰富租赁房的供给，最终形成租售并举的双轨制住房体系。我认为，借助 REITs 等融资工具，今后 10~15 年中国的增量房产供给将逐渐演变成以下格局：50% 是商品销售产权房，50% 是租赁房；在 50% 的租赁房中，20% 是保障性公租房，还有 30% 左右是房地产商开发的商业化租赁房。

发展 REITs 需要把握五个要点

一是项目稳定分红，但不能搞明股实债。发行 REITs 的不动产、基础设施项目应该运营成熟、收益稳定，能够产生可持续、可预期的经营性现金流，并且要严格按照约定的比例对投资者分红。同时也要坚守 REITs 作为市场化的权益型工具的定位，不能为了募集资金而对投资者许以高额回报，成为名义上的股权、实质上的负债。REITs 的分红率一般比存款利息要高，这一部分息差已经包括了投资者承担的不动产、基础设施资产运营风险的补偿，如果还享有高额的固定回报，将有违公平市场的原则。

二是避免项目供给过剩。REITs 本质上是一种权益型的融资工具，并不改变其底层资产的性质。从这个意义上来说，发行 REITs 的不动产、基础设施也要按照经济规律注意供需平衡，可以适度超前，但要避免严重的产能过剩。比如写字楼，大体上 2 万元 GDP 对应 1 平方米。如果严重过剩，不仅新建的写字楼 REITs 项目的收益率难以保证，存量项目也会纷纷陷入经营困境，甚至造成投资者的损失。

三是控制杠杆在合理范围内。REITs 同样可以通过银行贷款、债券、票据、商业按揭支持证券（CMBS）等进行债务融资。事实上，合理的杠杆和较低的融资成本有助于放大投资人的收益率，并且在 REITs 资产运转的关键节点提供资金支持，但负债率应该保持在合理范围内，否则也会引发高杠杆的风险。可以参考地方政府投融资平台，其合理的负债率应该在 50%~60%，REITs 的信用往往不如投融资平台公司，其负债率大体上应该控制在总资产的 30% 以内。作为对比，2017 年第一季度美国全部公开上市交易的 REITs 的平均负债率为 41.1%。①

四是注意平衡好公租房 REITs 的收益和成本。公租房具备社会保障属性，租金水平原则上不超过同品质商品房市场租金的 60%，如何在保证租金低廉的同时兼顾 REITs 份额的分红收益？这就需要一套科学合理的制度安排，其要点在于公租房建设用地以划拨方式提供，享有减免政府性基金、税费优惠政策等公共资源，并限制相关企业利润，在分母端形成足够低的成本，这样一来，公租房的租金收入自然就能够平衡 REITs 分红。

五是适时推出扩募制度。REITs 的扩募相当于股票市场的增发，是一种再融资手段。由于 REITs 强制分红的特征，REITs 基本没有留存收益，如果仅依靠内生增长很难做大，市场会停留在"杂、散、小"的阶段。而通过扩募增发，已上市的 REITs 得以扩大发

---

① 根据 NAREIT（美国国家房地产投资信托基金协会）的数据，2017 年第一季度，美国公开上市交易的 224 只 REITs 的平均负债率为 41.1%，其中 186 只权益型 REITs 平均负债率为 31.5%，38 只抵押贷款型 REITs 的平均负债率为 82.6%。

行规模、补充权益资本，用于并购其他优质的不动产、基础设施项目，从而实现规模效应，并且能够围绕某类资产形成专业化的运营管理能力。在美国、日本、新加坡、中国香港等国家和地区，扩募都是 REITs 市场持续发展壮大的重要制度保障。

围绕新制造、新服务、新业态
推动形成新质生产力 ①

习近平总书记 2023 年 9 月在黑龙江考察时提出，"整合科技创新资源，引领发展战略性新兴产业和未来产业，加快形成新质生产力"。我想就新质生产力谈一点我的理解。我认为，新质生产力大致由三个"新"构成。

第一个"新"是新制造。

我个人理解，新制造涉及新能源、新材料、新的医药、新的制造装备和新的信息技术这五个领域。在这五个"新"的领域，要称得上是"新质"生产力，不能是普通的科技进步、边际上的改进，而是要有颠覆性科技创新。所谓颠覆性科技创新，我认为至少要满足以下五个"新"的标准中的一个。一是新的科学发现。这是从 0 到 1、从无到有、对我们这个世界有新的理解的重大发现，比如量

---

① 2010 年 1 月，我受邀在北大光华新年论坛上发表了题为"世界是可以重组的"的演讲。2024 年 1 月，我再次受邀出席第二十五届北大光华新年论坛，并以"围绕新制造、新服务、新业态推动形成新质生产力"为题做了演讲。弹指 14 年过去了，如今我以当时在第十一届北大光华新年论坛上的演讲为序，以在第二十五届北大光华新年论坛上的演讲为跋，既有因缘巧合，也有事所必然。新质生产力本身就是新一轮科技革命和产业革命变革的产物，是熊彼特所定义的创造性破坏的产物。培育打造新质生产力同样需要重组与突破。

子科学、脑科学的研究可能会将人类对世界的认知、对自身的认知往前推进一大步。二是新的制造技术。即在原理、路径等方面完全不同于现有的技术路线，却能对原有工艺、技术方案进行替代的制造技术，比如未来的生物制造，通过生物反应器的方式制造人类需要的各种蛋白、食品、材料、能源等。三是新的生产工具。工具变革在人类发展史上始终处于重要地位，因为工具的革新带来了效率的提升和成本的下降，这样的例子有很多。比如，EUV（极端紫外）光刻机的出现让7纳米、5纳米芯片的制造成为可能，新能源汽车制造中的一体压铸成型技术让新车的制造成本大幅下降，等等。四是新的生产要素。过去的制造，靠劳动力、资本、能源等要素，未来的制造，除了这些传统要素，还会有数据这一新的要素。新的要素的加入，让生产函数发生了新的变化，规模经济、范围经济、学习效应会发生新的交叉组合和融合裂变。五是新的产品或用途。每个时代都有属于那个时代的进入千家万户的四大件、五大件，近几十年是家电、笔记本电脑、手机、汽车等，未来可能是家用机器人、头戴式 VR/AR 设备、柔性显示器、3D 打印设备、智能汽车等。

回到当下，我们发展新制造需要以发展战略性新兴产业和培育未来产业为重点。"十四五"规划提出，"聚焦新一代信息技术、生物技术、新能源、新材料、高端装备、新能源汽车、绿色环保以及航空航天、海洋装备等战略性新兴产业，加快关键核心技术创新应用，增强要素保障能力，培育壮大产业发展新动能"，"在类脑智能、量子信息、基因技术、未来网络、深海空天开发、氢能与储能等前沿科技和产业变革领域，组织实施未来产业孵化与加速计划，谋划布局一批未来产业"。如今，我们看到，全世界在这些领域的进展都很快，人类正以前所未有的速度推进科技进步，一批颠覆性产品和科技将改变人们的生产生活方式,推动生产可能性曲线实现新的拓展和跃迁。

第二个"新"是新服务。

服务成为生产力的重要构成部分是社会分工深化的结果。新质生产力需要有新服务。这个服务重点在于镶嵌在全球产业链、供应链中,对全球价值链具有重大控制性影响的生产性服务业。

关于服务业,世界经济版图里有三大特征。第一个特征,在各种高端装备里,服务业的价值往往占这个装备或者这个终端50%~60% 的附加值。比如,一部手机有 1 000 多个零部件,这些大大小小的硬件形成的附加值占产品价值的比例约为 45%,其余约 55% 是操作系统、各种应用软件、各种芯片的设计专利等,本质上说,就是各种服务。这些服务看不见、摸不着,但体现了这个手机 55% 的价值。其他如核磁共振或各种各样的高端装备、终端,差不多都有这个特征。第二个特征,整个世界的服务贸易占全球贸易的比重越来越大,30 年前服务贸易占全球贸易的 5%,现在已经占到 30% 以上,货物贸易的比重在收缩,服务贸易的比重在扩张。第三个特征,世界各国,尤其是发达国家,在它们的经济版图中,生产性服务业占 GDP 的比重越来越大。我们经常说美国的服务业占 GDP 的 80%,那美国是不是"脱实就虚",是不是有泡沫?需要注意的是,美国的服务业中有 70% 是生产性服务业,是与制造业强相关的生产性服务业,70%×80%=56%,也就是说美国的 GDP 中,超过 50% 是生产性服务业,是与制造业强相关的高科技服务业。欧盟 27 个国家,服务业增加值占 GDP 的比重是 78%,其中 50% 是生产性服务业,也就是欧盟 GDP 的 39% 是生产性服务业。其他发达国家、G20(二十国集团)国家,生产性服务业增加值占 GDP 的比重也都比较大。

对比之下，服务业的这三个指标恰恰是我国的短板。2022 年，在我国 GDP 中，制造业增加值占比为 27%，服务业增加值占比为 52.8%，但这 52.8% 中有 2/3 是生活性服务业，生产性服务占比不到 1/3，也就是说，我国 GDP 中生产性服务业的占比为 17%~18%，与欧洲的 40%、美国的 50% 相比，差距较大。这也是中国式现代化现在最大的短板之一。换言之，我们实现中国式现代化，要加快发展生产性服务业。

按照国家统计局发布的《生产性服务业统计分类（2019）》，生产性服务业包括为生产活动提供的研发设计与其他技术服务，货物运输、通用航空生产、仓储和邮政快递服务，信息服务，金融服务，节能与环保服务，生产性租赁服务，商务服务，人力资源管理与职业教育培训服务，批发与贸易经纪代理服务，生产性支持服务，总共十大类。这十个板块与制造业是强相关的，制造业的各种附加值、服务性附加值都是由它来代表的，如果生产性服务业不到位，制造出来的产品就不会高端化。目前，虽然我国的制造业增加值占全球的比重接近 30%，但与制造业强相关的生产性服务业的发展却相对滞后，我国在全球产业链、供应链中的位势不高的根源正在于此。

此外，中国的服务贸易也存在结构、比例与世界尚不同步的问题。根据联合国贸易和发展会议的数据，2019 年，全球服务贸易占全球贸易总额的比重在 30% 左右，中国的服务贸易占贸易总额的比重 2022 年仅为 12.4%，与世界平均水平差距较大。2019 年，我国服务贸易出口额 1.96 万亿元，一半以上是生活性服务业，如旅游、景观、接待外宾产生的服务输出，进口的 3.46 万亿元基本是生产性服务业，逆差 1.5 万亿元，逆差的主要来源是外国的服务贸易公司的生产性服务贸易对中国的输出。

在这个意义上讲，培育新质生产力，实际上就是要使中国服务业中的 50% 是生产性服务业，整个 GDP 板块中，生产性服务业要力争达到 30%。尽管这一水平还赶不上欧洲（40%）、美国（50%），但可以由现在的不到 20% 增加到 30%，然后把服务贸易额占贸易总额的比重从 2022 年的 12.4% 提高到 30%，这样可以使我们高端制造中的服务价值达到终端制造产品总体附加值的 50%，这是新质生产力制造业的发展方向。生产性服务业发展起来了，新质生产力的制造也就跟上了。

第三个"新"是新业态。

培育新业态的核心是推动产业变革，是产业组织的深刻调整。我认为，有两大关键推力。第一个关键推力是全球化。新业态的形成要与全球潮流连接在一起，形成国内国际双循环相互促进的新格局。我们要坚定不移地推进制度型开放，促进形成新发展格局。目前，我国的内外循环体制仍处于"两张皮"状态，尚未完全打通。改革开放几十年，外循环是一个圈，内循环是一个圈，以前是由两个部门分管，现在合并了，但管理上还是"两张皮"。出口的东西要内销非常麻烦，内销的东西要出口也很麻烦，不管是税收制度还是检验检测制度，以及各种市场准入的制度，都存在这种现象。我们经常说要做跨境电商，做了 10 年，2022 年跨境电商进出口额达 2.11 万亿元，占 2022 年我国货物贸易进出口总额 42.07 万亿元的 5%。而对比国内电商，国内贸易批发流通的 40% 已由线下变成线上。为什么国内做得那么顺畅，国外做得却不顺畅，因为是"两张皮"，体制不顺，如果打通了，跨境电商也能做国内贸易，国内电商也能做国际跨境贸易，就像亚马逊从来不分跨境与否，对其而言，从纽约卖货到华盛顿和从纽约卖货到伦敦是一回事，都是全球之间的货物移动。这是一个新的业态，是世界潮流。而我们要培育新业态、新模式，需要内外贸一体化。换言之，我们的市场体制必须从规则、规制、标准、管理等方面进行改革，形成内外循环一体化，以及市场化、法治化、国际化的营商环境。对此，2023年12月，国务院办公厅印发《关于加快内外贸一体化发展的若干措施》，提出要对标国际先进水平，加快调整完善国内相关规则、规制、管理、标准等，促进内外贸标准衔接、检验认证衔接、监管衔接，推进内外贸产品同线同标同质。这正是这个改革的深意所在。

第二个关键推力是数字化，形成产业互联网。现在，我们的消费互联网做得风生水起，而产业互联网基本上刚刚开始。产业互联网不仅是国内企业的产业互联网，还包括跨国、国内国际的产业一体化。这种产业互联网有两种，一种是以《中国制造2025》或德国制造4.0中的产业互联网为代表的企业，实现从市场销售的信息到设计、开发、制造、物流的一体化数字化系统。但是市场正在兴起的是另一种产业互联网，依托互联网的平台和各种终端，将触角伸向全世界的消费者，根据消费者偏好实现了小批量定制、大规模生产、全产业链贯通、全球化配送。在这样的平台上集聚了几百家提供研发设计、金融保险、物流运输等生产性服务的企业，上千家制造业企业以及几百家原材料供应商，这些企业之间用数字系统进行了全面贯通。依托这个产业互联网平台，这些企业形成了以客户为中心的、全产业链紧密协作的产业集群，真正实现了以销定产、以新打旧、以快打慢。现在，中国有一大批第二种产业互联网，这样的平台无论放在哪个城市，都可以带来几千亿元、上万亿元的销售值，以及几千亿元、上万亿元的金融结算，还会带来物流和其他各种服务，这个城市从而变成金融中心、贸易中心、服务中心。因此，未来谁能掌控产业互联网全球的平台，谁就是"三中心"莫属。

总之，以战略性新兴产业和未来产业为代表的新制造，以高附加值生产性服务业为代表的新服务，以及以全球化和数字化为代表的新业态形成的聚合体就是新质生产力。我国在这三块——制造业板块、服务业板块和新业态板块都有巨大的潜力。现在的短板，就是未来巨大的增长极。希望通过培育新质生产力，推动中国制造业克服短板，成为未来发展的新增长极。

后　记

　　本书初稿大部分完成于2016年，因此书中各类相关数据大多截至2016年。近两年来，闲暇之余对书稿做了一些补充和校改。经过7年多的沉淀，重读书稿的内容，既有曾经熟悉的工作气息，又有更深层次思考的心灵感悟。在本书即将付梓之际，不禁掩卷长思。我们这一代人，通常讲是"生在新中国、长在红旗下、跨入新时代"，不仅是改革开放这一伟大事业的亲历者、见证者，更是拥护者、参与者，深刻感受到改革开放是决定当代中国前途命运的关键一招，是实现中华民族伟大复兴的关键一招。如今，以习近平同志为核心的党中央正带领我们阔步走在推进实现中国式现代化的伟大征程上，改革开放依然是时代的最强音。改革只有进行时，没有完成时。愿以本书献给那些守正创新、踔厉奋发的人，献给那些正在推动重组解困、力求改革突破的人！